職場の健康づくりを支援する

働く人の心とからだの健康づくりテキスト

中央労働災害防止協会

はじめに

　わが国は、15 歳以上 65 歳未満の生産年齢人口の減少が著しく、その一方で 65 歳以上の人口の割合は増加して「超高齢社会」を迎え、「人口減少時代」に突入する。国立社会保障・人口問題研究所の 2017 年の推計では、総人口に占める生産年齢人口の割合は、2015 年の 60.8％から 2065 年には 51.4％に低下するとされる。また、健康寿命は世界最高水準となり、「人生 100 年時代」を見据え、高齢者から若者まで全ての人が活躍し、安心して暮らすことのできる社会を作ることが求められる。

　このような背景の中で、企業の経営課題としても働き方改革やメンタルヘルス対策など、働く人の心とからだの健康づくりの重要性が叫ばれている。

　中央労働災害防止協会においては、1988 年に厚生労働省から示された THP 指針（トータル・ヘルスプロモーション・プラン＝心とからだの健康づくり）*に基づき、これまで事業場内スタッフを育成し、健康教育、健康相談、保健指導、栄養指導および運動指導、さらに働く人のメンタルヘルス不調の未然防止などに取り組んできた。

　　　　*事業場における労働者の健康保持増進のための指針（昭和 63 年健康保持増進のための指針公示第 1 号）

　しかし近年の産業構造や働き方の変化、労働者の高齢化等を踏まえ、厚生労働省は 2020 年に THP 指針を改正するとともに、事業者をはじめ事業場の健康保持増進に携わる産業保健スタッフ、人事労務担当者等が同指針の改正の趣旨を理解し、事業場における健康の保持増進対策が一層推進されるよう 2021 年に「職場における心とからだの健康づくりのための手引き」を公表した。ここでは職場の健康づくりの実施事項を示すだけでなく、その進め方の記述に重きが置かれている。

　全ての働く人が心もからだも健康でいきいきと働ける快適な職場づくりは、働く人自身やその家族の幸福、人生の充実と直結して「働きがい」「やりがい」を生み、職場の活力を高め、企業経営の成果にも反映される。キーワードは「元気な心とからだ」。

　本書が、新 THP 指針に沿って、それぞれの実情に応じた働く人の健康づくり、メンタルヘルス対策に取り組む事業場のお役に立つことができれば幸いである。

　2022 年 6 月

　　　　　　　　　　　　　　　　　　　　　　　　　　　　中央労働災害防止協会

執筆者一覧

氏　名	所　属	担当箇所
江花　昭一	神奈川大学 保健管理センター　センター長	第4章第3節
小島　美和子	㈲クオリティライフサービス　代表取締役	第3章第3節
甲斐　裕子	（公財）明治安田厚生事業団 体力医学研究所　上席研究員	第2章第7節
加藤　憲忠	富士電機㈱ 大崎地区健康管理センター　所長	第3章第4節
澤田　亨	早稲田大学 スポーツ科学学術院　教授	第3章第1節 1)〜3)
品田　佳世子	東京医科歯科大学大学院 医歯学総合研究科　教授	第3章第2節
髙野　知樹	神田東クリニック／産業精神保健研究所　院長	第4章第2節
堤　明純	北里大学 医学部 公衆衛生学　教授	序章
土肥　誠太郎	三井化学㈱ 本社健康管理室　室長 統括産業医	第2章第1節〜第6節
中村　正和	（公社）地域医療振興協会 ヘルスプロモーション研究センター　センター長	第3章第5節
樋口　進	（独法）国立病院機構　久里浜医療センター　名誉院長・顧問	第3章第6節
廣　尚典	産業医科大学名誉教授 厚生労働省 労働保険審査会 常勤委員	第4章第1節
森　晃爾	産業医科大学 産業生態科学研究所　教授	第1章第1節〜第9節
矢内　美雪	キヤノン㈱ 人事本部 安全衛生部副部長 健康支援室長	第2章第8節
湯本　洋介	（独法）国立病院機構　久里浜医療センター　アルコール科	第3章第6節
中央労働災害防止協会　健康快適推進部		第1章第10節〜第14節 第3章第1節 4)

（50音順　所属は初版発行時）

謝　辞

　「職場の健康づくりを支援する～働く人の心とからだの健康づくりテキスト」の制作にあたり、職場の健康づくりに造詣の深い先生方にご執筆いただきましたことに心からお礼申し上げます。

　特に堤明純氏には全般にわたる取りまとめ役として、刊行にあたり終始適切なご助言を賜りました。ここに、深謝の意を表します。

2022年6月　中央労働災害防止協会

目　次

ヘルスプロモーション

職場における健康支援

職場におけるメンタルヘルスケア

序章
これからの働く人の心とからだの健康づくり

はじめに

　本稿では、わが国の労働者の働き方に関わる産業構造、人口構造、雇用形態の変化および労働者の疾病構造の動向を概観し、改正された「事業場における労働者の健康保持増進のための指針」（THP 指針）が目指すこれからの健康づくりについて述べる。

1　産業構造の変化

　1950 年代から 70 年代にかけ、急速な工業化を通じてわが国は高度経済成長を達成した。各産業に従事する就業者が就業者総数のうちに占める割合でみると、第一次産業の割合は一貫して低下している。第二次産業の割合は、1970 年代前半まで上昇し、その後、低下に転じた。第三次産業の割合は、1950 年当初 3 割台であったものが、近年は 7 割強を占めている。第三次産業内では、工業化に伴ってまず商品流通経路が発達し、卸売・小売業や運輸・通信業が拡大した。ポスト工業化の現在、サービス分野や、IoT や AI による自動化が進む情報通信産業が拡大している（**図表 1**）。

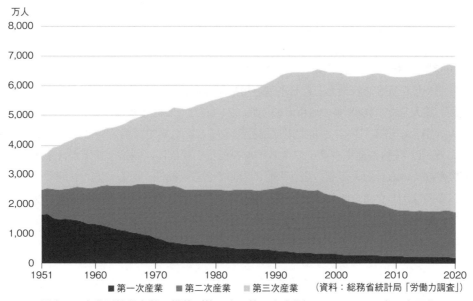

図表 1　産業別就業者数の推移（第一次～第三次産業）1951 ～ 2020 年　年平均

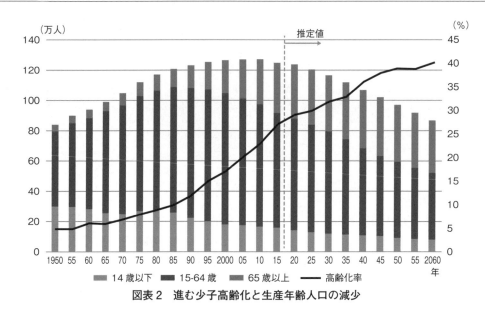

図表2　進む少子高齢化と生産年齢人口の減少

2　人口構造の変化

　わが国の15歳から64歳までの生産年齢人口は1995年をピークに減少している（**図表2**）。就業者数も2008年以降減少していたが、65歳以上の高齢就業者と65歳未満の女性の就業者の増加により、2013年から緩やかな増加に転じた。高齢就業者数は、2004年以降増加しており、2019年には就業者数、15歳以上の就業者総数に占める割合ともに過去最高になっている。

　女性の労働力人口は、2019年には3,000万人強（労働力人口総数に占める割合は4割強）で、近年増加傾向にある。生産年齢人口における女性の就業率は、男女雇用機会均等法が施行された1986（昭和61）年に5割強であったものが、2019年には7割を超えた。わが国に特徴的な、結婚、出産期にあたる年代で女性の就業率が落ち込むM字カーブの谷の部分が浅くなっており、少子高齢化の中、仕事と育児・介護等との両立のニーズが高まっている。

3　雇用形態の変化

　終身雇用や年功賃金を特徴とした日本型雇用形態も変化している。非正規雇用が、バブル経済崩壊後、拡大した。1988年の雇用者のうち、2割弱だった非正規雇用者の割合は、近年は3人に1人の割合を超えている。非正規雇用労働者層と正規雇用労働者の間で賃金格差が顕在化している。IT技術の進歩やライフスタイルの変化を背景に、副業や兼業が、柔軟な働き方として広がっている。個人の能力を効果的に発揮できる可能性がある一方、長時間労働の懸念がある。このほか、企業や団体に属せず、個人で業務を請け負うフリーランスや、空き時間を活かして、細分化された単発の仕事を請け負うギグ・ワーカーが増加している。非正規雇用者は、失業した場合のセーフティーネットが脆弱であり、従来の労働法の保護下にないフリーランスやギグ・ワーカーも不安定な働き方である。

　勤務形態にも変化がみられる。消費者ニーズに対応するための営業時間の延長や、国際的な事業の展開などにより、交替勤務や夜間勤務に従事する労働者が増えている。労働者が始業や

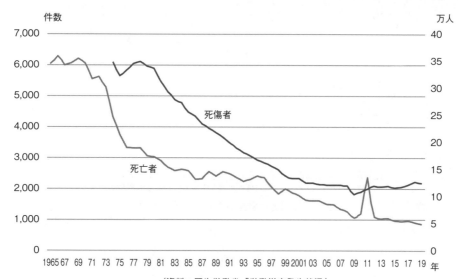

件数

万人

（資料：厚生労働省「労働災害発生状況」
2011 年は、東日本大震災を直接の原因とする死亡（1,314 人）を含む。）

図表 3　労働災害および業務上疾病の推移　死亡者数（左軸）と休業 4 日以上の死傷者数（右軸）

就業の時間を決めることができるフレックスタイム制が導入されるなど、多様な働き方が広がっている。

4　疾病構造の動向

　労働安全衛生法（以下「安衛法」）が施行され 50 年となる。本法が醸成した労働災害防止の意識や安全衛生の進歩は、労働災害の減少に貢献している。1960 年代に 6,000 人台であった労働災害による死亡者数は、近年 1,000 人を切っている。1970 年代に 30 万人超であった死傷者数は 12 万人超まで、いずれも減少率は鈍化しており対策を続ける必要があるものの、減少してきた（**図表 3**）。

　年間 8,000 人超を数えている業務上疾病者数の約 7 割は業務上の負傷に起因する疾病者で、そのうちの 8 割以上を災害性腰痛が占める。熱中症や騒音性難聴など物理的因子による疾病が、業務上疾病の 1 割強を占める。職業がんの労災補償の新規支給決定者は、石綿関連疾患を中心に年間 900 人を超えている。

　定期健康診断において、脂質異常症や高血圧、糖尿病など脳・心臓疾患等につながる所見を有する労働者の割合は 6 割に届こうとしている（**図表 4**）。生活習慣病の増加には、労働者の高齢化、デスクワークが増えたことによる座位作業時間の増加や身体活動の減少、長時間労働による余暇の減少などの関与がうかがわれる。

　現在の仕事や職業生活に関することで、強い不安やストレスとなっていると感じる事柄があるとする労働者は、全体の半数を超えていることがうかがわれる。その内容は、「仕事の量」、「仕事の失敗、責任の発生等」、「仕事の質」、「対人関係（セクハラ・パワハラを含む）」と続いている。

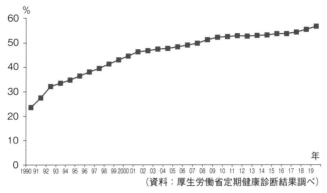

（資料：厚生労働省定期健康診断結果調べ）

図表4　年別定期健康診断結果　有所見率

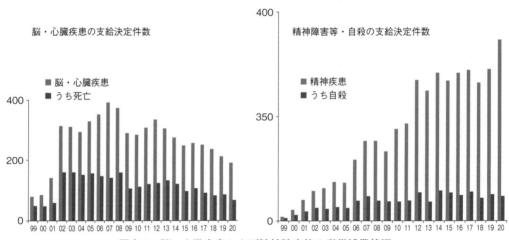

図表5　脳・心臓疾患および精神障害等の労災補償状況

　いじめやハラスメントなどは、顧客や取引先からのクレームもあり、職場内にとどまらない。全国の労働局に寄せられる個別労働紛争相談のうち、パワーハラスメントを含むいじめ・嫌がらせに関する民事上の個別労働紛争の相談件数は9万件に迫っており、8年連続トップになっている。

　1980年代に、長時間労働が主な原因と考えられる脳・心臓疾患の罹患や死亡が、過労死として社会問題化した。現在でも脳・心臓疾患の労災認定件数は高止まり状態で、精神障害の労災認定件数は毎年増加している（**図表5**）。被雇用者・勤め人の自殺者数は1990年代後半まで年間6,000人程度であったものが、バブル経済破たん後の雇用不安増大の時期に重なって8,000〜9,000人台まで急増した。2009年以降漸減しているが、依然6,000人台である。

　過労死等の最大の要因とされるわが国の労働者1人あたりの年間総労働時間はゆるやかに減少している。しかし、全労働者中3割を超えて増加しているパートタイム労働者の労働時間を除くと、一般労働者の総実労働時間は、2019年にリーマンショック以来、初めて2,000時間を下回ったものの、横ばいの状況にある。

働き方改革実現会議で決定した実行計画	働き方改革関連法の8つのテーマ
同一労働同一賃金など非正規雇用の処遇改善 賃金引上げと労働生産性向上 罰則付き時間外労働の上限規制の導入など長時間労働の是正 柔軟な働き方がしやすい環境整備 女性・若者の人材育成など活躍しやすい環境整備 病気の治療と仕事の両立 子育て・介護等と仕事の両立 障害者の就労 雇用吸収力、付加価値の高い産業への転職・再就職支援 誰にでもチャンスのある教育環境の整備 高齢者の就業促進 外国人材の受入れ	残業時間の上限規制 年次有給休暇の取得の義務化 フレックスタイム制の見直し 勤務間インターバル性の普及促進 高度プロフェッショナル制度の新設 雇用形態に関わらない公正な待遇の確保（同一労働・同一賃金の実現） 中小企業での残業60時間超の割増賃金率引き上げ 産業医の権限強化

図表6　働き方改革実行計画から働き方改革関連法へ

　2019年に発生した新型コロナウイルス感染症の世界的な流行は、働き方にも大きな影響を与えている。社会活動を維持する職業に就くエッセンシャルワーカーには、感染リスクと心身への過重な負荷がかかっている。感染防止の目的もあって導入が進むテレワークは、通勤負担の軽減、障害を持つ人、そういった人を支える人の労働参加機会を増やすなどのメリットがあるものの、不適応をきたす労働者もいる。身体活動の減少や嗜好品への依存の増長、労働者の孤立などのリスクも指摘されている。

5　働き方改革

　わが国が直面する、生産年齢人口の減少、育児や介護と仕事を両立させることへのニーズの高まり、過労死等を引き起こす長時間労働の常態化、正規労働者と非正規労働者間の待遇差など、働き方の問題に伴う弊害への対応として、働く人がそれぞれの事情に応じた多様な働き方を選択できる社会を実現する働き方改革がはじまっている。2017年3月に働き方改革実現会議で決定した実行計画には、働く人の視点で、2026年までに実現を図る計画が立案された（**図表6左**）。2018年6月に成立した働き方改革関連法は大きく8つのテーマに分かれており（**図表6右**）、2019年4月から順次施行されている。

6　心身両面にわたる健康保持増進と快適職場づくり

　1980年代に、高齢化、生活習慣病の増加、ストレスの増大といった問題に対応するため、若いうちから健康づくりに取り組み、心とからだの両面から、個々の労働者の総合的な健康の保持増進を図ることが重要視されるようになった。そのために、1988年に「THP指針」として策定された健康保持増進措置（トータル・ヘルスプロモーション・プラン；THP）は、THP健康測定専門研修を修了した産業医による事業場のすべての労働者に対する健康測定、その結果に基づく産業医等による指導票の作成、労働者個人の状況に応じた運動指導、保健指導、栄養指導、メンタルヘルスケアを、各専門研修を修了した専門家が実施するとする定型的な内容が規定されていた。

　1992年の改正安衛法で、快適職場づくりが事業者の努力義務となり、「事業者が講ずべき快

適な職場環境の形成のための措置に関する指針」（快適職場指針）が公表され、すべての労働者が疲労やストレスを感じることの少ない、働きやすい職場づくりが目指されるようになった。労働者個人へのアプローチ（心とからだの健康づくり）と職場環境へのアプローチ（快適職場づくり）が同時に進められることになった。

7　改正THP指針

　昨今の産業構造の変化、急激な高齢化の進展、働き方の変化を踏まえて、THP指針の見直しが続けて行われた。2020年4月から適用された指針では、主に生活習慣上の課題を有する労働者としていた健康保持増進措置を実施する対象が、より幅広い労働者に広げられた（ハイリスクアプローチからポピュレーションアプローチも取り入れた戦略への転換）。また、健康保持増進措置について、定型的な内容を規定していた指針から、取組方法を規定する指針へと見直しが図られた。このことにより、事業場では、その規模や特性に応じて、労働者の健康状態や生活習慣を、定期健康診断や必要に応じて行う健康測定等で把握し、健康保持増進措置の内容を検討・実施することが柔軟にできるようになった。以上のような活動を継続的、計画的に講ずるための仕組みとして、PDCAサイクルで、健康保持増進措置の内容の検討や実施の見直しをし、事業場の特性に合わせて進めるように規定している。

　2021年4月から適用された改正THP指針では、健康教育等の措置を行うにあたって、事業場内の産業保健スタッフ等に加えて、事業場外資源と積極的に連携して、効果的に取り組むようにしている。また、労働者の自助努力では対処できない職場環境に対し、事業者の積極的な健康管理推進の必要性を説いている。さらに、生活習慣病の発症や重症化予防のために医療保険者と連携したコラボヘルスの推進を求めている。

おわりに

　労働者の健康課題の重点は生活習慣病やメンタルヘルス不調に移行しているものの、労働者の属性や作業内容等、事業場の特性に合わせて多様な健康課題が想定される。高齢期までの健康保持増進を念頭に置いた中長期的、予防的な観点からは、歯科・口腔を含めた若い時からの好ましい生活習慣を身に付けさせるための労働者の自覚醸成とともに、労働者が保健行動に取り組みやすい環境づくりが事業者に求められる。

　新しいTHPには、予防医学のエッセンスが詰め込まれている。従来のハイリスクアプローチ中心の対応から、ポピュレーションアプローチを組み入れることが示された。実行性のあるものとするため、必要に応じて事業場外資源と連携し、事業場の実態に合わせて、できるところから進めることが推奨され、そのためにPDCAサイクルを用いた活動管理を提示している。データに基づく対策を進めるため、わが国で緒に就いたところのデータの利活用（コラボヘルス）も取り入れられた。硬直した形ではなく、自律的に職場の課題をとらえて対策を進めていくアプローチは、産業保健職の力量が試されるものでもある。

ヘルスプロモーション

第1章
事業場における働く人の健康づくり

1　働く人の健康増進が必要な背景

　THP（Total Health promotion Plan: 心とからだの健康づくり）は、1988 年の労働安全衛生法（以下「安衛法」）の改正により、労働者の健康の保持増進を図るため必要な措置が事業者の努力義務として位置付けられ（同法 69 条）、同法 70 条の 2 に基づき労働大臣（当時）が公表した指針である「事業場における労働者の健康保持増進のための指針」（THP 指針）に基づき実施されてきたものである。厚生労働省は、2020 年 3 月に制定以来の抜本的な改正を行い、改めて事業場における健康づくりの積極的な推進を図っている。事業場で THP を進めるに当たって、その背景を理解しておくことが重要である。

　THP が始まった 1988 年当時、高齢者の増加は著しく、高齢化社会の進展によって高年齢労働者が増加すること、医療費の増加など社会の負担が増加することなどが予想された。そのような時代の日本にとって、若い時からの健康づくりの重要性は誰もが認めるところであった。しかし、そのコストを何故、企業等の法人（以下「企業等」）が負担するのか、その点については多くの事業者の十分な理解が得られたわけではなかったと思われる。当時、日本は好景気の真っただ中で、国も比較的多額の助成金を用意して THP を推進し、多くの労働者健康保持増進サービス機関・指導機関が整備され、人材養成も図られたが、その後のバブル崩壊によって、徐々に THP を実施する事業場は減少し、助成金が廃止されて以降はその傾向が顕著になった。何よりも、事業者が自主的に実施する場合、その必要性に対する実感が不可欠である。当時、高齢化といっても 15 歳〜 64 歳の生産年齢人口の減少はそれほど顕著ではなく、その後の不景気の時代には就職氷河期と呼ばれるような人余りの時代だったことも影響したと考えられる。

　しかし、2000 年代後半から、急激な生産年齢人口の減少段階に突入した。一方、高齢者の増加が進んでいる。このような状況は、医療制度や年金制度といった社会保障システムを維持するためにも、また経済活力を保つためにも大きな負担となる。実際、まず中小企業が人手不足に見舞われ、また大企業も優秀な人材の確保は簡単ではない時代になった。政府は、高年齢労働者が少しでも長く働ける環境を作るため、高年齢者等の雇用の安定等に関する法律（通称高年齢者雇用安定法）を何度かの改正を行い、事業主の高年齢者の雇用義務を段階的に引き上げている。このような背景の中で、事業主が働く人の健康づくりを行うことの経営上の意義が高まっている。

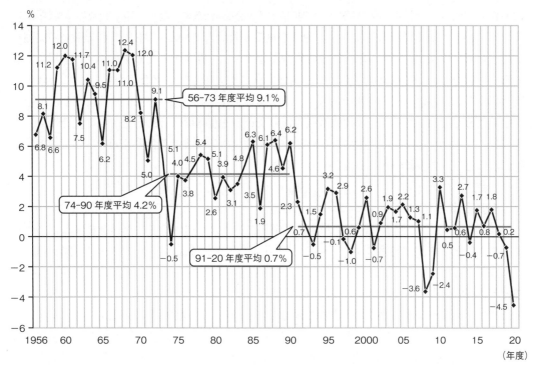

（注）年度ベース。複数年度平均は各年度数値の単純平均。1980 年度以前は「平成 12 年版国民経済計算年報」
　　（63SNA ベース）、1981～94 年度は年報（平成 21 年度確報、93SNA）による。それ以降は 2008SNA に移行。
　　2021 年 10-12 月期 1 次速報値〈2022 年 2 月 15 日公表〉

（資料：内閣府 SNA サイト）

図表 1.1　日本の経済成長率の推移

労働安全衛生法の規定

（健康教育等）

第 69 条　事業者は、労働者に対する健康教育及び健康相談その他労働者の健康の保持増進を図るため
　必要な措置を継続的かつ計画的に講ずるように努めなければならない。

②　労働者は、前項の事業者が講ずる措置を利用して、その健康の保持増進に努めるものとする。

（健康の保持増進のための指針の公表等）

第 70 条の 2　厚生労働大臣は、第 69 条第 1 項の事業者が講ずべき健康の保持増進のための措置に関し
　て、その適切かつ有効な実施を図るため必要な指針を公表するものとする。

②　厚生労働大臣は、前項の指針に従い、事業者又はその団体に対し、必要な指導等を行うことができ
　る。

2　改正 THP 指針に影響を与えた各種施策

　2020 年に行われた THP 指針の改正内容を検討するための委員会には、厚生労働省健康局
健康課、同省保健局保健課、経済産業省商務情報政策局ヘルスケア産業課、スポーツ庁健康ス
ポーツ課から、課長や課長補佐がオブザーバー参加した。2012 年に発足した第二次安倍内閣

において開始された日本再興戦略で、健康寿命延伸が政策課題となり、各省庁がこの課題に取り組み、疾病予防や健康増進に関する様々な施策が行われていた。THP は事業場での実施を前提としたプログラムであるが、行政の縦割りを排して、存在する資源を積極的に活用するということになった。これはポジティブな側面もあるが、ネガティブな側面もある。1988 年当時と異なり、日本は低成長時代であり、大きな財政赤字を抱える中で THP 独自の助成金を確保することは困難であり、行政的にも独自性にこだわる意味はほとんどなかった。そこで、改正 THP 指針の内容の正しい理解のために、国民全体の健康まで範囲を広げて、改正 THP 指針に影響を与えた各種の行政施策を紹介する。

1）　健康日本 21

　「健康日本 21」は、厚生労働大臣が定める国民の健康の増進の総合的な推進を図るための基本的な方針として、2000 年にスタートした運動で、正式名称は「21 世紀における国民健康づくり運動」と呼ばれる。法令上の根拠は、健康増進法第 7 条に基づき厚生労働大臣が定めることとされている「国民の健康の増進の総合的な推進を図るための基本的な方針」である。第一次では、スタート時点から 10 年後にあたる 2010 年までの数値目標が掲げられ、様々な施策が実行され、その達成度が評価された。その結果を踏まえて、2013 年度からは「健康日本 21（第二次）」として新たな目標が掲げられ展開されている。第二次は期間が 1 年間延長されることになったため、2023 年度までの 11 年間になっている。

　「健康日本 21（第二次）」では、すべての国民が共に支え合い、健康で幸せに暮らせる社会を目指すことを前提に、「健康寿命の延伸と健康格差の縮小」、「生活習慣病の発症予防と重症化予防の徹底」、「社会生活を営むために必要な機能の維持及び向上」、「健康を支え、守るための社会環境の整備」、「栄養・食生活、身体活動・運動、休養、飲酒、喫煙及び歯・口腔の健康に関する生活習慣及び社会環境の改善」を 5 つの柱とし、それぞれについて目標項目と目標値を定めて取組が行われている。

2）　健康経営

　健康経営は、英語では Health and Productivity Management（HPM）と表される。すなわち働く人の健康のみならず、健康不良による生産性の低下防止や高い健康度による生産性の向上までを目的とする取組であり、米国では 2000 年代に発展した概念である。日本では、2006 年に NPO 法人健康経営研究会が設立され、同研究会は健康経営を『企業が従業員の健康に配慮することによって、経営面においても大きな成果が期待できる』との基盤に立って、健康を経営的視点から考え、戦略的に実践すること」と定義した。すなわち、従業員の健康を企業の投資対象として捉え、単に従業員の健康上の成果だけでなく、事業成果にも繋げていくための取組であり、米国の HPM と齟齬はないと考えられる。しかし、企業と従業員の関係は国によって異なるため、日本の文化にあった HPM が展開される必要があった。

　健康経営を語る際、2 つの視点から解説する必要がある。すなわち、政策側面と実践側面である。実際には政策の展開において、成果が上がるための実践上の要素を取り込んでいるた

め、双方は密接な関係を持ちながら展開されている。例えば、後述の健康経営銘柄や健康経営優良法人大規模法人部門に用いる健康経営度調査票は、先行研究による知見や新たな研究成果をもとに見直しを行っており、健康経営度調査票による高い評価結果が成果に繋がることを目指している。健康経営において成果を上げるための要素は、職場の健康増進活動が効果を上げるための条件と共通性が高いため、実践側面は後述することとし、ここでは政策側面について解説する。

　健康経営の政策は、前述の健康寿命延伸政策の一環として、経済産業省が中心となって開始された。政府は「次世代ヘルスケア産業協議会（2020 年に健康・医療新産業協議会に改称）」を発足させ、健康寿命延伸分野の市場創出および産業育成を図るとともに、データヘルス計画等の取組を活用して、国民の QOL（Quality of Life）の向上、国民医療費の抑制にも貢献しようとする政策の展開を始めた。この協議会には、具体的な施策を検討するいくつかのワーキンググループ（WG）が設置されたが、健康経営・健康投資に関する議論を行う場が「健康投資 WG」である。

　経済産業省が主導する次世代ヘルスケア産業協議会の健康投資 WG では、資本市場において「健康経営」が評価されるための環境づくりとして、2015 年に「健康経営銘柄」を開始した。健康経営銘柄の選定のために、健康経営度調査票と呼ばれる自記式の調査票を開発した。この調査票の開発に当たっては、単に健康経営のためのプログラムだけでなく、可能な限り成果が上がる要素やアウトカム指標を含めることにした。その結果、健康経営度調査票は経営理念・方針、組織体制、制度・施策実行、評価・改善の 4 領域で構成されることになった。この調査票は、毎年改善が図られている。

　健康経営銘柄は一定の水準を満たして上場企業がある場合、原則、各業種 1 社を選定することとし、2015 年は 22 社が選定された。また、健康経営度調査に参加した企業には、評価結果が経済産業省からフィードバックされている。初年度である 2015 年の健康経営銘柄の取組は、様々なメディアで取り上げられるなど、関係者の予想と比べて極めて大きな反響があった。2017 年には、健康経営銘柄に加えて、日本健康会議による健康経営優良法人大規模法人部門および健康経営優良法人小規模法人部門が開始になり、さらに参加企業が増加する中で、それぞれ上位 500 社について"ホワイト 500"および"ブライト 500"の認定が行われるようになった。

　健康経営の顕彰制度に参加する企業が増加する背景に、従業員の健康に配慮した法人であると社会に示すことの価値が、人口の高齢化の中で大きくなっていることがあると考えられる。しかし、大企業の中には、未だ担当部門だけの取組であって、経営トップの関心事になっていない場合も少なくない。健康経営が成果を上げるうえで不可欠の要素が経営トップのコミットメントとリーダーシップであるため、多くの経営トップにとって関心事である投資市場から評価される環境を整備することが重要となる。そこで、経済産業省は、2020 年に健康経営の取組の開示方法の指針となる「健康投資管理会計ガイドライン」を公表し、2021 年には同意を得られた法人のフィードバックシートを同省のホームページ上で公開し、さらに 2022 年の認定からは情報公開の同意が"ホワイト 500"の選定条件となった。併せて、それまで非開示で

あった健康経営度調査の評価方法の概要が開示されることになった。

3)　特定健診・特定保健指導／データヘルス計画

　健康保険組合などの医療保険者の保健事業を推進するための仕組みとして、特定健診・特定保健指導およびデータヘルス計画などがある。

(1)　特定健診・特定保健指導

　特定健診・特定保健指導は、2008年に施行された「高齢者の医療の確保に関する法律」に基づき保険者にその実施が義務付けられた制度である。この制度では、メタボリックシンドロームを対象とした健康診査を、40歳以上の被保険者を対象にして実施し、その結果で一人ひとりのリスクに応じて情報提供・動機付け支援・積極的支援の3つの階層に分けて、必要な保健指導介入を行うことになっている。具体的には、腹囲およびBMIで肥満リスクを判定し（Step1）、特定健診の血糖、脂質、血圧の結果から追加リスクをカウントし（Step2）、喫煙歴の情報を加えて、支援内容を決定する。そして、動機付け支援の対象となった場合は、個別面接またはグループ支援を原則1回行って対象者が自らの生活習慣を振り返り行動目標を立て行動に移させ、その生活が継続できることを目指した支援を実施する。3カ月以上経過後には、通信等（電話・eメール・ファックス・手紙等）を利用して評価を行う。積極的支援の対象になった場合には、動機付け支援の内容に加えて、3カ月以上の定期的・継続的な支援（電話・eメール・ファックス・手紙等を利用）を行い、対象者が自らの生活習慣を振り返り行動目標を立て行動に移させ、その生活が継続できることを目指した支援を実施する。そして継続的な支援の実施後に通信等を利用して評価を行う。

　安衛法の健康診断を受けている場合には、その結果を医療保険者に提供することによって、特定健診の実施と見なすことになる。そのため、2008年の特定健診や安衛法に基づく定期健康診断の項目の見直しにおいては、目的が異なる両者の整合性を維持するための連携が図られている。

(2)　データヘルス計画

　データヘルス計画とは、健康保険組合等の医療保険者が実施する保健事業をより効果的・効率的に展開するために、健診・レセプトデータの分析に基づいてPDCAサイクルを回しながら推進することを、「国民健康保険法に基づく保健事業の実施等に関する指針」および「高齢者の医療の確保等に関する法律に基づく保健事業の実施等に関する指針」に基づき実施することを求めているものである。各医療保険者は、「現状を構造的に把握する（Step 1)」、「健康課題を優先順位付けする（Step 2)」、「課題解決に資する事業を選定し、目標・評価指標を設定する（Step 3)」、「事業評価と見直し（Step 4)」といった4つのステップで計画を進めていくことになる。

　データヘルス計画は2015年度から開始になっており、第1期データヘルス計画は2015年度～2017年度を対象とし、健診・レセプトデータを分析して健康課題を抽出して戦略的

な保健事業の展開が図られた。第2期データヘルス計画は2018年度～2023年度を対象に、第1期の「身の丈に応じた事業範囲」から一歩踏み込み、「確実な実行・挑戦」を求めている。また、実効性を上げるためのポイントとして、「課題に応じた目標設定と評価結果の見える化」、「情報共有型から課題解決型のコラボヘルスへの転換」、「データヘルス事業の横展開」を挙げている。健康経営でも意識されているコラボヘルスは、もともとデータヘルス計画において事業主と協働して職場の取組を進めるために提唱されたキーワードである。

(3) 後期高齢者支援金加算・減算制度

　健康保険組合や共済組合の保険者機能の強化に対するインセンティブとして、後期高齢者支援金加算・減算制度が設けられている。この制度は、2013年度から導入され、その後、加算・減算率が段階的に引き上げられている。その際の評価は、加算に関しては特定健診・特定保健指導の実施率が、減算については特定健診・特定保健指導の実施率に加えて、総合評価の方式が取られている。総合評価の項目には、特定健診・特定保健指導の実施、要医療者への受診勧奨・糖尿病等の重症化予防、情報提供・保険者間共同事業、後発医療品の使用促進・適正服薬を促す取組、がん検診・歯科等、健康づくりの働きかけ、事業主との連携の7つの大項目が設けられている。

4) 地域職域連携事業ガイドライン

　ある地域の住民は、その地域で仕事をすれば使用者に雇用された労働者でもあり、また職域医療保険の被保険者でもある。そのため、地域と職域の連携によって保健事業を展開していくことが効果的かつ効率的であるといえる。その目的を達成するために、都道府県および二次医療圏ごとに両者の情報を共有し、保健事業を議論する場として、地域・職域連携協議会が設置されている。この協議会は、地域保健法第4条に基づく「地域保健対策の推進に関する基本的な指針」および健康増進法第9条に基づく「健康増進事業実施者に対する健康診査の実施等に関する指針」において、地域と職域の連携推進にあって関係機関等から構成される協議会として位置付けられているものである。そして、協議会の設置および連携事業の企画、評価等の指針として出されているものが地域・職域連携ガイドラインであり、2002年～2003年度に実施されたモデル事業に基づき、2005年に厚生労働省によって策定された。

　その後、何度かの改正が図られていたが、超高齢社会や働き方改革等を背景に国民の働き方やライフスタイルは大きく変化、多様化してきていることから、時代に沿った保健事業に転換していくことを目的に、2019年に改正が行われた。その際の改正のポイントは、「地域・職域連携推進協議会の開催等に留まることなく、関係者が連携した地域・職域連携推進のための具体的な取組の実施にまでつなげていくために必要な事項を整理」、「在住者や在勤者の違いによらない地域保健と職域保健が連携した幅広い取組の促進など、地域・職域連携の基本的理念を再整理」、「事務局機能の強化による都道府県協議会、二次医療圏協議会の効果的な運営方策について記載」、「"実行"を重視した、柔軟なPDCAサイクルに基づいた事業展開の促進など、具体的な取組実施のために必要な工夫について記載」などであり、形骸化する傾向にあった協

議会が機能することを目指している。

5)　Sport in Life プロジェクト

　スポーツ庁が展開するプロジェクトで、2020 年東京オリンピック・パラリンピック競技大会のレガシーとして、「一人ひとりの生活の中に自然とスポーツが取り込まれる姿（Sport in Life）」を目指した取組である。2018 年度の調査では、スポーツ実施率は 55.1％にとどまっており、スポーツ実施率 65％の達成（新たに 1,000 万人以上のスポーツ人口の拡大）を目標に、「Sport in Life コンソーシアム」の創設、「Sport in Life アワード」の実施、実証事業など、様々な取組を行っている。また、スポーツ庁では従業員の健康増進のためにスポーツの実施に向けた積極的な取組を行っている企業を「スポーツエールカンパニー」として認定する事業を行っている。

6)　「労働者の心の健康の保持増進のための指針」およびストレスチェック制度

　働く人の健康問題のうち、メンタルヘルス不調の占める割合が大きくなる状況において、2006 年に厚生労働省は「労働者の心の健康の保持増進のための指針」を公表した。この指針では、職場に存在するストレス要因に対して労働者の心の健康を確保するために、心の健康づくり計画をもとに、一次予防、二次予防、三次予防といった各段階での予防を、「セルフケア」、「ラインによるケア」、「事業場内産業保健スタッフ等によるケア」並びに「事業場外資源によるケア」の 4 つの資源によって、継続的かつ計画的にメンタルヘルスケアを実践することを基本とする内容となっている。

　しかし、働く世代の自殺が増加し、2011 年 12 月から新たな運用が開始になった「心理的負荷による精神障害の認定基準」での労災認定が増加する中、対策の強化が必要となった。そこで、安衛法を改正して、2015 年 12 月から、50 人以上の労働者が常時雇用されている事業場でのストレスチェック制度の実施が義務付けられた。この制度では、事業者に対して高ストレス者に対する面接指導の実施とその事後措置（義務）、集団分析の結果による職場環境改善のプログラム（努力義務）の実施が求められている。

7)　Personal Health Record（PHR）

　国民が生涯にわたって関わる医療や保健では、健康診断の結果や医療情報など、様々な情報が生まれる。しかし、母子保健、学校保健、産業保健、地域保健などで、制度が分断されているため、それらの情報が本人にとっても、社会にとっても有効活用できていない現実がある。そこで政府は、Personal Health Record（PHR）を整備し、国民個人ごとの保健医療情報を一元化し活用することで、国民の健康増進、疾病の早期発見や重症化予防、ADL（Activities of Daily Living）や QOL（Quality of Life）の向上に繋げるための施策を行っている。PHR に蓄えられたデータは、国民自らが活用できるようにマイナポータルを活用することを基本とし、併せて公衆衛生施策や保健事業の実効性の向上、災害等の緊急時での利用、保健医療分野の研究への二次利用など、幅広い活用方法を想定している。そのため、システムの構築に加え

て、保健医療情報を適切に取り扱うための仕組みの整備も行われてきた。

　健診・検診情報については、2020年度の乳幼児健診・妊婦健診、予防接種歴から始まり、2021年度からは特定健診、そして2022年度から自治体検診の情報がマイナポータルで閲覧可能になった。安衛法で実施される事業主健診について、40歳以上の労働者を対象とした健診は特定健診として活用されているため、高齢者医療確保法で定期健康診断の実施後、医療保険者から情報提供の依頼があった場合には、保険者に健診情報を提供することが事業者に義務付けられている。さらに、2022年1月に施行された全世代対応型の社会保障制度を構築するための健康保険法等の一部を改正する法律によって、40歳未満の健診情報についても、同様の活用の仕組みの整備が進められた。

3　職場での健康づくりが企業等にもたらす価値

　職場での健康づくりは、そこで働く人の健康にとってプラスに働くことは分かっていても、それが企業等にとって、どのような価値があるのか、それを明確にしなければ、従業員の健康への投資行動は生じにくい。人材不足を実感しない状況の中での従来のTHPが、一部の企業を除いて実施されなくなった背景にも、その価値が不明確であったことが挙げられるだろう。これまで、科学的な検証が十分に実施されていないものが多く限界はあるが、想定される成果について、できるだけ広く価値付けを行いたい。

1)　医療費削減への価値

　大企業で働く労働者を主な被保険者とする健康保険組合の多くは赤字状態であり、徐々に保険料率が上昇傾向にある。その原因は「後期高齢者支援金」や「前期高齢者納付金」などの他の保険制度の支援や調整のための支出にあるが、併せて医療の高度化などによって増加する被保険者の医療費にも影響される。この保険料は、原則50％が企業からの支出になる。また、労働者の支出が増えることは給与の手取りを減らす効果があるため、昇給による労働者のモチベーション向上の効果を減弱させることになる。労働者（被保険者）の健康保持増進による医療費削減は、少なくとも健康保険組合を持つ企業等にとっては財務的な価値を持つ。

2)　現職死亡、疾病休職の減少への価値

　企業等での健康づくりの取組によって、死亡や長期休職を余儀なくされるような疾患を予防できれば、企業等にとっては教育や経験の蓄積がある人材の損失を減らすことができる。死亡に繋がる疾患としては、悪性腫瘍、脳心血管疾患、うつ病等のメンタルヘルス不調が代表的なものである。また、長期休職に繋がる疾患は、悪性腫瘍、うつ病等のメンタルヘルス不調、脊椎疾患等の整形外科領域の疾患が代表的である。その他、脳卒中による身体障害なども大きな損失となる。

　これらの疾患の予防は重要であるが、罹患者が全従業員の中に占める割合は一部である。一方、就業中だけでなく、退職後の健康で自立した生活にも価値を与える。

3）　病欠、プレゼンティーイズムの減少への価値

　死亡や休職に繋がるような重篤な疾患だけではなく、日々の体調不良は多くの労働者に生じるため、生産性に与える影響は極めて大きい。従業員の健康への投資を行い、事業としての価値を得る健康経営においては、特に重要視されている。短期の病欠をアブセンティーイズム、会社に来ていても体調不良で生産性低下が生じている状況をプレゼンティーイズムと呼ぶ。労働者の健康問題による損失の3分の2以上がアブセンティーイズムやプレゼンティーイズムによるものだといわれている。また、何らかの状況で体調不良にもかかわらず休みが取れない状況をシックネスプレゼンティーイズムと呼び、その後の疾病休職などの重篤な問題につながりやすいことが指摘されている。

　プレゼンティーイズムは、主にメンタルヘルス不調、睡眠障害、腰痛・肩こりなどの筋骨格系障害、頭痛、眼の疲れなどの症状が原因となる。これらの多くは心理的ストレスの影響が大きい症状であり、プレゼンティーイズム対策として症状への個別対策だけでなく、仕事上のストレス環境の改善など、メンタルヘルス対策の推進が重要といえる。

4）　離職意思の低下、職場のソーシャルキャピタルや従業員が知覚する組織支援の価値

　健康経営で紹介した「健康投資管理会計ガイドライン」では、健康投資の結果としてフローとしての効果だけでなく、健康資源としてストックが蓄積することを想定している。健康資源には従業員に蓄積される人的健康資源と環境に蓄積される環境健康資源があり、さらに環境健康資源には有形健康資源と無形健康資源が想定されている。この中で、もっとも捉えどころがないものが無形健康資源である。

　健康経営に積極的に取り組み成果を上げている中小企業では、離職率が低下し、採用が容易になり、さらに経営者が従業員の意欲向上やコミュニケーション向上を実感している。このような成果は、その企業に健康的な文化が無形資源として蓄積した結果で生じていると考えられる。

　今後、無形資源を健康経営の効果として可視化するために、その蓄積状況をモニタリングすることが必要となる。そのような指標としては、①企業の価値（文化）のレベルに蓄積し、経営層の意思決定、管理職の行動、従業員の行動といった、構成員全員の行動に影響を与える、②プログラムへの従業員の参加や行動を促進し、健康投資の費用対効果を向上させる、③従業員が健康増進プログラムに参画することによって蓄積する、④個人の組織行動や個人間の信頼関係等を介して、企業の生産性に好影響を及ぼし、そのような行動によって蓄積するといった状況を満たすものが望ましい。その候補として考えられるものとして、職場のソーシャルキャピタル（Workplace Social Capital）や従業員が知覚する組織によるウェルビーイングへの支援（Perceived Organizational Support）などがあり、今後の検討課題となっている。

5）　株価上昇や営業利益率の上昇への価値

　働く人の健康づくりによって企業価値の向上に繋がることも期待される。第1回目の健康経営銘柄に選定された企業の株価は、標準的な企業に比べてかなり良好であることが明らかに

なっている。健康づくりの取組に積極的な企業は、米国でも同様の知見が公表されている。しかし、健康づくりをした結果として株価上昇なのか、株価が上昇するような良好な経営状態であったため健康づくりができたのか、因果関係については十分に検証できていない。その他、健康経営の取組は営業利益率にも貢献するとの報告がある。

6）　企業等の SDGs、ESG 活動としての価値

近年、企業等は事業活動において、社会の持続可能性への配慮が必要となっており、その中でも地球温暖化対策等の環境問題だけでなく、国連が定めた「Sustainable Development Goals（持続可能な開発目標）」への貢献を果たすための努力を求められている。働く人の健康配慮は、17 の目標のうち、「3　すべての人に健康と福祉を」、「8　働きがいも経済成長も」と関連する。

企業に投資する投資も従来の投資が企業の財務指標を重視してきたのに対し、「環境（Environment）」「社会（Social）」「ガバナンス（Governance）」の 3 要素を考慮した投資活動が意識されるようになってきている。このうち "S" の対象として労働者も含まれ、労働者の健康や安全確保のための様々な活動は ESG 投資の対象となる取組として位置付けられている。また、企業が発行する統合報告書に労働安全衛生に関する具体的な記述をする企業が増加している。

このように、労働者の健康づくり活動を実施し、それを公表することによって、社会課題への貢献する企業等として認知され、社会からの信頼に繋がることになる。

【参考文献】
・Nagata T, et al. Total Health-related Costs due to Absenteeism, Presenteeism, and Medical and Pharmaceutical Expenses in Japanese Employers. 2018 *J occup environ health.* 60（5）:e273-e280
・Loeppke RR, et al. Integrating health and safety in the workplace: how closely aligning health and safety strategies can yield measurable benefits. *J occup environ med.* 57（5）, 2015, 585-597.
・波多野紅美「健康経営度評価項目と株価リターンの関係」https://www.meti.go.jp/shingikai/mono_info_service/kenko_iryo/kenko_toshi/pdf/003_s05_00.pdf
・Fabius R, Phares S. Companies that promote a culture of health, safety, and wellbeing outperform in the marketplace. *J occup environ med.* 63（6）, 2021, 456-461
・山本勲、他「健康経営銘柄と健康経営施策の効果分析」『RIETI Discussion Paper Series』21-J-037, 経済産業研究所、2021

4　PDCA サイクルの確立：職場における健康づくり活動が成果を上げるための条件

職場における健康づくりの取組は、多くの人が集団で過ごす職場において、専門部署を設置して様々な健康増進プログラムを提供して、プログラムへの参加と継続を促すというだけでは、その成果は限られる。これまで、成果を上げるうえで必要ないくつもの要素が挙げられている。その 1 つとして、改正 THP 指針で特に意識した Plan-Do-Check-Act（PDCA）サイクルの考え方を解説したい。

1）　計画（Plan）

職場における健康づくり活動では、事業者が取組の目的を具体的に表現した基本方針を表明したうえで、その達成に向けて PDCA サイクルを回すことになる。その際、計画を立てるに当たって、目的の達成と現状との乖離、そしてその乖離を埋めるための資源等の状況を確認す

る必要がある。

　そのうえで、乖離を埋めるための計画を立てることになるが、1つのサイクルで乖離を埋めることは困難であるため、年間目標等の1サイクルの期間を定めて目標を立てることになる。適切な目標の設定は、PDCAサイクルを円滑に回すために、極めて重要な要素となる。なぜなら、目標の達成状況の評価をもとに、次の改善が進むからである。この目標は、測定可能であることと、方針と整合していることの2つの条件を満たすことが必要である。目標とは、評価指標と目標値から成る。さらに評価指標は、目的の達成度を表すアウトカム指標だけでなく、サービス提供量や利用量を表すアウトプット指標、アウトカムに繋がる途中段階の状況を表すパフォーマンス指標をうまく組み合わせることになる。後述の評価（Check）の段階は、もともと決めた目標値が達成できたかどうかを確認するだけである。それが可能になるためには、評価を行うためのデータが活動を通じてモニタリングされていることが不可欠になる。そのために、モニタリングについても計画に盛り込む必要がある。

　目標が定まれば、目標を達成するための計画を策定する。ここでいう計画には、施策の具体的な中身を表したプログラムとそれをどのように進めるかといったスケジュールの両方が含まれる。また、プログラムの策定に当たっては、職場の理解や利用者への周知、アクセスの方法、インセンティブの設計などが、利用率や達成率に大きな影響を与えるため、それらの要素も検討することが必要である。また、プログラムの提供者の質が成果に影響する可能性がある場合には、その管理も計画段階で確認する必要がある。

　計画の中で忘れがちなものは、PDCAサイクルを回すためのスケジュールである。いつ進捗状況を確認し、いつ目標の達成状況を評価（中間評価を含む）して、いつ改善について話し合うかといった要素のスケジュールも予め計画しておくことが重要である。

2）　実施（Do）

　よく練られた計画が存在すれば、実施はスケジュール通りに進めればよい。しかし往々にしてスケジュール通りには進まないことがある。常に進捗状況を確認して、必要があれば実施をてこ入れしたり、スケジュールを見直したりすることも必要となる。

　プログラムの内容によっては、利用者がケガをしたり、機器が故障したりするなど、緊急に対応するべき事態が発生する可能性がある。本来、想定されるような緊急事態については、予め対応方法を決めたり、訓練を行うなどの準備を計画段階で行っておくことによって、円滑な対応が可能となる。それでも予期せぬ事態が発生した場合には、臨機応変に対応する。

3）　評価（Check）

　評価のフェーズでは、主に目標値の達成状況の評価を行うことを基本である。評価指標の実施段階でのモニタリングが計画に盛り込まれていれば、データが存在するはずであり、そのデータを機械的に集計して、成否を確認する。

　評価には、前述の評価指標を用いたアウトプット評価、パフォーマンス評価、アウトカム評価のほかに、プログラムの構造が成果を上げるうえで適切かを評価するストラクチャー評価、

プログラムは構造やスケジュール通りに実行できたかを評価するプロセス評価がある。これらの評価は、評価担当者またはチームを予め決めておいて、計画に従って実施する。

　プログラムの中には、法令順守など、基準の順守を前提とするものもある。このような順守状況の確認も評価の一部となる。

　評価結果は、用いたデータとともに記録し、保存する。何度もサイクルを回して目的の達成を目指すためには、PDCA を基本とした継続的改善のための取組においては、評価をどのように行ったか、その記録は貴重な情報となる。

4)　改善（Act）

　改善のフェーズでは、次のサイクルの計画に盛り込む改善事項を検討する。ここでは、評価を行った際に用いたデータや評価における各種記録をもとに、改善のための検討を行う。改善事項の中には、一定の投資が必要な事項もあり経営上の意思決定が伴う。基本方針を表明した事業者（企業全体の場合には経営トップ）にとっては、自らがコミットした基本方針の達成のために意思決定であるため、その関わりは必須といえる。マネジメントシステムでは、マネジメントレビューと呼ばれる。

5　成果を向上させる上で不可欠な職場のダイナミズムの活用

　職場で行う健康づくりの取組の価値は、単にそこに集団が存在して、効率的に健康増進が図られることだけではない。事業目的を持った組織である職場には、特有のダイナミズムがあり、その活用は健康増進効果を上げるうえで有用であることが分かっている。

　どのような効果的な健康増進プログラムでも、多くの従業員に利用されなければ、組織としての効果は上がらないが、職場で導入される健康増進プログラムの参加率には、職場や場面によって、極めて大きな差異が生じる。以前から、従業員の参加に影響を与える要因に関する研究が行われているが、共通するのは、経営層のコミットメント、リーダーシップ支援、従業員の企画への参加機会、インセンティブ設計などである。また、インセンティブは、参加率を高めても成果とは関連しないという報告もあり、これらの要素の中でも、リーダーシップ支援が最も重視される傾向にある。

　そこで、経営トップに職場における健康づくりの考え方を自ら語ってもらい、行動を取ってもらうことができればその効果は大きい。それでも、組織が大きくなればなるほど、経営トップの姿勢は見えにくくなるため、直属の上司の影響を受けやすくなる。上司が部下の健康を促進するようなリーダーシップスタイルを取り、また部下の健康づくりへの参加を促し、さらには自らも参加する姿勢を示すことは、職場における健康増進プログラムに対して、部下の参加と継続への動機を高めることになる。そのため職場の健康づくり計画の一環として、管理監督者向けの研修や周知は、成果を上げるうえで極めて重要といえる。

　さらにリーダーシップは、経営層や管理監督者のみが発揮するものではない。ある一定の目標達成のために個人やチームに対して行動を促す力のことであり、新入社員であってもリー

ダーシップ行動を取れる人がいる。健康づくり計画の中では、例えば各職場にリーダーを募り、役割を担ってもらうことも有効である。

【参考文献】
・森晃爾、他「職場における健康増進プログラムの効果的な実践に影響する組織要因」『産業医学レビュー』33（2）、2020、165-204
・Grossmeier J, et al. Workplace well-being factors that predict employee participation, health and medical cost impact, and perceived support. *Am J Health Promot.* 34（4）、2020、349-358.

6　THP と労働安全衛生マネジメントシステム

職場での健康づくり活動は、安衛法上の規定があるとしても、指針に基づく自主的な取組である。それぞれの職場に存在する労働者の安全や健康を自律的な取組によって確保するための仕組みとして労働安全衛生マネジメントシステム（Occupational Health and Safety Management System：OHSMS）がある。2018 年に国際規格である ISO45001 が発行され、日本でも JIS 化されたことにより、徐々に浸透してきている。また、労働安全衛生規則第 24 条の2 で、「厚生労働大臣は、事業場における安全衛生の水準の向上を図ることを目的として事業者が一連の過程を定めて行う次に掲げる自主的活動を促進するため必要な指針を公表することができる」とする規定に基づき、厚生労働省は「労働安全衛生マネジメントシステムに関する指針」を公表しており、ISO45001 の発行にあわせた改正も図られている。

OHSMS は、主に職場に存在するリスクについて、PDCA サイクルを活用して継続的な低減を図ることによって、労働災害や作業関連疾患を防止することを目的としている。OHSMSを全社で導入している企業等においては、健康づくり活動についても、労働安全衛生の一環として OHSMS で運用することは可能であるし、場合においては展開に大きな威力を発揮する可能性がある。ただし、マネジメントシステムは、基本方針で明示した目的を達成するために実施すべき事項が明確に列挙できるような管理活動には極めて大きな力を発揮する仕組みであり、品質管理、環境管理、情報管理、労働安全衛生管理などの管理活動に馴染むが、職場の健康づくりは、ハイリスクアプローチの一部を除いて管理的な活動ではないため、OHSMS の活用には工夫が必要である。それでも、OHSMS は組織トップのコミットメントとリーダーシップに基づいて展開される仕組みであることから、その一部として運用できれば、大きな推進力を持つことになるため、検討に値する。

OHSMS は、計画に盛り込むことができると、その計画進捗がモニタリングされ、評価の対象となる仕組みである。さらに、評価結果を含む取組の記録をもとに内部監査が行われ、マネジメントレビューを経て翌年に向けて改善のための計画が立てられる。従って、計画に入ると確実な実施に結び付く仕組みとなっているため、OHSMS を用いて運用した活動については、いかに計画に盛り込むかが重要となる。

マネジメントシステムは、当然のことながらシステムとしての要素を持っていて、各プロセスに情報がインプットされ、次のプロセスに対してアウトプットされるという仕組みとなっている。ISO45001 には、取組の計画と OHS 目標を達成するための計画が用意されており、"6.1.4 取組み計画策定" のプロセスには、"6.1.2.2 OHS リスク、その他のリスクの評価"、

"6.1.2.3 OHS 機会及びその他の機会の評価"、"6.1.3 法的要求事項及びその他の要求事項の決定"、"8.2 危機事態への準備対応"からのアウトプット情報がインプットされる。また、"6.2.2 OHS 目標を達成するための計画策定"には、"6.2.1 OHS 目標"から情報がインプットされる。従って、事業場の労働者の健康課題をリスクや機会として捉えたり、健康増進プログラムを企業等としての要求事項として位置付けたりする方法が計画にも盛り込むための選択肢である。また、前述のように、THP では健康づくり目標の策定を行うことになるため、この目標をOHSMS 上の策定が求められている OHS 目標の一部として利用する方法もある。

　これらは技術的な問題であり、工夫さえすれば、OHSMS を利用して健康づくり活動を展開することは可能あるといえる。例えば、ハイリスクアプローチやストレスチェックを用いて分析される心理社会的リスクは、OHS リスクとして捉えて計画に結び付けたり、管理監督者研修をその他の要求事項として継続的な実施を確保したり、それぞれの事業場の特徴に応じた健康づくりの目標を OHS 目標として立案したりするなどの組み合わせも可能である。

【参考文献】
・森晃爾, 他『産業保健スタッフのための ISO45001 —マネジメントシステムで進める産業保健活動—』森晃爾編、中央労働災害防止協会、2019

7　改正 THP 指針のポイント

　改正 THP 指針のポイントとして、①従来の労働者「個人」から「集団」への健康保持増進措置の視点の強化、②事業場の特性に合った健康保持増進措置への見直し、③健康保持増進措置の内容を規定する指針から、取組方法を規定する指針への見直し、④医療保険者と連携した健康保持増進対策、の 4 つを解説する。このうち①〜③は、2020 年 3 月の改正分、④は 2021 年 2 月および 12 月の改正分である。

1）　従来の労働者「個人」から「集団」への健康保持増進措置の視点の強化

　従来の THP は、個人ごとに健康測定を行い、健康測定医の指示に基づいて保健指導および運動指導を全員に、また栄養指導と心理相談を必要な対象者に実施するという個人へのアプローチであった。一般健康診断のように一定の疾病リスクを有する対象者のみを抽出して、保健指導等の事後介入を行うハイリスクアプローチ（high-risk approach）に対して、リスクにかかわらず一人ひとりの健康状態に合わせて対応を行うという意味で、インディヴィデュアルアプローチ（individual approach）と呼ぶことができる。この方法は、近年にウエアラブル端末やスマートフォンのアプリを用いた健康増進プログラムの普及で、健康増進の主要な手段として位置付けられるようになってきた。しかし、インディヴィデュアルアプローチは、健康への動機付けが十分ではない対象には参加や持続を促すことが容易ではない。そこで、改正 THP 指針では労働者を集団として捉え、集団での取組や健康行動に取り組みやすい環境を整備するなどのポピュレーションアプローチの視点が強化された。具体的には、その他の健康保持増進措置として、健康教育、健康相談または健康保持増進に関する啓発活動や環境づくり等の内容を含むものとすることになっている。

2)　事業場の特性に合った健康保持増進措置への見直し

　従来の THP は、健康測定と健康指導等の各種指導といった画一的なプログラムを基本としていた。従来の THP 指針は導入時に実施のための費用について、相当額の助成金を出すことが前提であったため、ある程度の画一性も必要であったといえる。その後、健康経営の普及の中で様々な企業が、企業や事業場の課題に応じた施策を展開するようになっており、助成金を前提としない改正 THP 指針では、事業場ごとの実態に即した形で計画して、実施することを推奨している。

　さらに、これまで安衛法の規定では事業場単位としていたが、健康経営では企業全体で取り組むことが多いため、改正 THP 指針の中に、「健康保持増進対策の推進単位については、事業場単位だけでなく、企業単位で取り組むことも考えられる」と記載された。また、健康保持増進措置を進める上での資源についても、従来の THP 指針は、同制度の中で整備された事業場内外の資源を前提としていたが、改正 THP 指針では、産業保健スタッフ等の事業場内の推進スタッフに加えて、労働衛生機関、中央労働災害防止協会、スポーツクラブ、医療保険者、地域の医師会や歯科医師会、地方公共団体または産業保健総合支援センター等の事業場外資源といった THP 制度外の多様な事業場外資源を積極的に活用することを推奨している。

3)　健康保持増進措置の内容を規定する指針から、取組方法を規定する指針への見直し

　従来の THP では、前述のような健康測定から各種指導に至る画一的な措置の内容を規定していた。また、方針の表明から措置の実施、評価や計画の見直し、その他すべての実施内容を一括して健康保持増進計画と位置付けていた。改正 THP 指針では、健康保持増進計画を「健康保持増進のための措置の内容及び実施時期に関する事項」、「健康保持増進計画の期間に関する事項」、「健康保持増進計画の実施状況の評価及び計画の見直しに関する事項」に限定したうえで、①健康保持増進方針の表明、②推進体制の整備、③課題の把握、④健康保持増進目標の設定、⑤健康保持増進措置の決定、⑥健康保持増進計画の作成、⑦健康保持増進計画の実施、⑧実施結果の評価、に分けて、PDCA サイクルの各段階において事業場で取り組むべき項目を明確にし、事業場が健康保持増進対策に取り組むための「進め方」を規定する指針に見直されている。

4)　医療保険者と連携した健康保持増進対策

　前述の Personal Health Record（PHR）で解説したとおり、労働安全衛生法で実施される事業主健診について、40 歳以上の労働者を対象とした健診は特定健診として活用されているため、高齢者医療確保法で定期健康診断の実施後、医療保険者から情報提供の依頼があった場合には、保険者に健診情報を提供することが事業者に義務付けられている。さらに 2022 年 1 月に施行された全世代対応型の社会保障制度を構築するための健康保険法等の一部を改正する法律によって、40 歳未満の健診情報についても、同様の活用の仕組みの整備が進められた。そこで、改正 THP 指針では、コラボヘルスの推進を推奨し、健康保持増進措置として労働者の健康状態を把握する際には、定期健康診断の結果などを医療保険者に提供する必要があるこ

と、そのデータを医療保険者と連携して事業場内外の複数の集団間のデータと比較した取組の決定に活用することが望ましいことが明記された。また、医療保険者への定期健康診断の記録の写しの提出は、法令に基づく場合に該当するため、個人情報保護法の第三者提供に係る本人の同意が不要であることが明記されている。

8　改正 THP 指針に基づく職場における健康保持増進の進め方

改正 THP 指針は、
1　趣旨
2　健康保持増進対策の基本的考え方
3　健康保持増進対策の推進に当たっての基本事項
4　健康保持増進対策の推進に当たって事業場ごとに定める事項
5　健康保持増進対策の推進における留意事項
6　定義
から成る。このうち、「健康保持増進対策の推進に当たっての基本事項」が進め方の基本となっており、8つの段階から成る PDCA サイクルを回しながら、健康保持増進対策を推進することを提示している。

1）　健康保持増進方針の表明

どのような事業であっても、トップのコミットメントとリーダーシップが存在しなければ、組織は機能しない。これは、職場における健康保持増進の取組でも同じである。そこで、事業者がコミットメントを示す意味で、健康保持増進方針を表明する。

THP 指針では、その際、以下の項目を含むことを推奨している。
・事業者自らが事業場における健康保持増進を積極的に支援すること
・労働者の健康の保持増進を図ること
・労働者の協力の下に、健康保持増進対策を実施すること
・健康保持増進措置を適切に実施すること

そのうえで、事業者がリーダーシップを発揮することが重要である。健康保持増進の重要性を理解し、関連情報を収集し、労働者にきちんと伝え、労働者の自覚を促す。また、自らが健康行動をとる、労働者や管理監督者の行動を、労働者などが認識できる形で支援することなどが求められる。

2）　推進体制の確立

事業者は、事業場内の健康保持増進対策を推進するため、その実施体制を確立する。実施を支援する資源として、事業場内の推進スタッフと事業場外資源がある。事業場の規模や取組の内容によっても必要な専門資源が異なってくるため、事業場ごとに検討することが必要である。

(1)　事業場内の推進スタッフ

　　健康保持増進対策を推進する事業場内のスタッフとして、産業医、保健師・看護師、衛生管理者、衛生推進者・安全衛生推進者といった事業場内産業保健スタッフ、人事労務管理スタッフなど、利用可能な社内資源を有効活用する必要がある。もちろん従来の THP 指針に基づき育成された "心とからだの健康づくり指導者" 等がいる場合、貴重な戦力となる。それぞれの役割を定めた上で、チームとして立ち上げる。

　　効果的な取組の実施のためには、職場における健康保持増進に関する専門的な知識・技能、労働衛生などの知識を有していることが望ましく、事業場内の推進スタッフが円滑に措置を実施できるよう、事業者は必要に応じて研修などを受けさせることが期待される。

　　また、労働者の中から、健康保持増進対策を推進するリーダーを決めることも効果的である。労働者が活動・活躍することで、取組の一層の推進が期待される。

(2)　事業場外資源

　　健康保持増進対策に必要なすべての資源を事業場内でそろえることは、ほんの一握りの大規模事業場を除いて不可能である。そこで、専門的な知識を有する事業場外の機関、地域資源、専門家を活用することが推奨されている。

　　近年では、健康保険組合や全国健康保険協会（協会けんぽ）などの医療保険者が、データヘルス計画を立案し、加入者（労働者・家族）に対する保健事業を提供している。また、事業者と医療保険者が共同で健康保持増進対策を進める「コラボヘルス」が推進されており、医療保険者との連携が効果的・効率的な取組の基盤となる。そのほか、自治体などの公的な資源、民間のフィットネス施設のトレーナーなど、利用しやすい資源を調査し、体制に組み入れることを検討する必要がある。

　　なお、改正 THP 指針では、口腔保健の重要性を強調している。歯科保健指導のために、歯科医師・歯科衛生士といった歯科専門職の活用が推奨される。

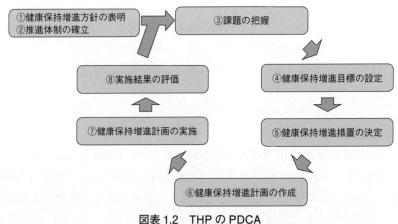

図表 1.2　THP の PDCA

3)　課題の把握

　事業者が健康保持増進措置を検討する上で、事業場における労働者の健康保持増進に関する課題などを把握することが重要である。課題把握は、可能な限り客観的なデータを用いることが重要であるが、特に規模が小さな事業場では、健康保持増進対策を推進するスタッフの実感や労働者の声なども課題把握のための貴重な情報といえる。

　多くの事業場で、課題把握のために新たに調査を行うことは困難なことが多い。そこで、安衛法に基づく健康診断やストレスチェック結果をうまく活用し、必要に応じてアンケート調査などの追加情報を取得することが有効である。ただし、ストレスチェックは、ストレスチェックの実施者が責任をもってデータを管理し、あくまでも集団としての情報として提示するなど、情報の取扱いには十分な注意が必要である。また、データの活用に当たって、単に事業場全体の平均だけでなく、年齢や性別ごとの課題、集団間のばらつきなども十分に考慮することが望ましい。

　しかし、特定の事業場のデータの分析だけでは、課題の大きさを判断することが難しい。そこで、同じ企業内で事業場間の比較をする、他社（特に同業他社）との比較をすることが有効である。例えば、医療保険者ごとおよび事業主単位で分析されている健康スコアリングレポート（日本健康会議、厚生労働省、経済産業省）や健康経営度調査票のフィードバックシート（経済産業省）は、そのための有効なツールとして活用できる。

　職場における健康保持増進では、単に労働者の健康状態の情報だけでなく、事業・業務の特性（仕事中ではほとんど歩かないなど）や職場環境などに関する課題も併せて把握し、整理をすることが勧められる。

4)　健康保持増進目標の設定

　事業者は、表明した健康保持増進方針に基づき、把握した課題や過去の目標の達成状況を踏まえ、健康保持増進目標として具体的な数値目標を設定することが求められる。すなわち目標は、評価指標＋目標値となる。そして、評価指標のモニタリングを計画の中に盛り込みデータを取得できれば、評価段階で目標値の達成の成否を確認することができる。

　取組の PDCA は、目標達成のレベルを向上させていく方向にサイクルが回ることになるため、評価指標の設定は大変重要である。少なくとも健康保持増進方針の内容と整合性が取れたものでなければならない。また、可能な限り、数値化可能な目標とする。

　健康づくりの取組が実際に成果を出すまで一定の時間を要する。例えば、職場の喫煙率の低下を評価指標としても、喫煙ルールの整備、禁煙教育、禁煙サポートなど、段階的に浸透させていく必要があるため、最終的な成果だけでなく、取組の計画の実施状況、プログラム提供数や参加率など、成果に結びつく途中段階の評価指標を組み合わせて、最終的な成果に向けて改善しているかを判断できるようにすることが大切である。

5)　健康保持増進措置の決定

　事業者は、健康保持増進目標を達成するための計画を立てる上で、どのような措置を実施す

るかを決定する必要がある。同じように、労働者に運動習慣を身に付けさせたいという目的を立て、定期的にスポーツをする労働者の割合を50％にするとか、前年よりも1日の歩数が20％増の労働者割合を30％とするとかといった目標を立てたとしても、それらを達成するための方法はたくさんあるためである。

　前述のように、措置のアプローチにはハイリスクアプローチ、インディヴィデュアルアプローチ、ポピュレーションアプローチがある。このうち、THP指針では、インディヴィデュアルアプローチは、労働者の健康状態の把握（Step1）と把握した健康状態を踏まえて実施する運動指導や保健指導の実施（Step2）の流れを健康測定として定義し、併せてポピュレーションアプローチは、その他の健康保持増進措置として、健康教育、健康測定、健康保持増進に関する計画、職場の環境づくりなどを提示している。ポピュレーションアプローチでは、職場内のできるだけ多くの労働者が参加し、健康に対する意識を高めたり、健康づくりの取組を通じて、前述の無形資源が蓄積する状態を目指したいところである。

6）　健康保持増進計画の作成

　健康保持増進措置が決定したら、具体的な実施計画として健康保持増進計画を策定する。この計画の中には、健康保持増進計画の期間に関する事項（計画の始まりと終わりはいつとするか）、健康保持増進措置の内容および実施時期に関する事項（準備や周知のための取組も含めて、どのような内容をどのようなスケジュールで実行するか）、健康保持増進計画の実施状況の評価および計画の見直しに関する事項（どのタイミングで誰がどのような方法で評価し、評価結果を受けて誰がどのように見直しを行うか）といった内容が含まれるとよい。計画は、産業保健スタッフなど、専門スタッフや担当者が立案することが多いが、健康保持増進方針を表明した事業者の承認を得る。

　また、健康保持増進対策への労働者の参加には、管理監督者（直属の上司）の影響が大きいことが分かっている。計画の内容の中には、管理監督者の関与を促す取組も盛り込んでおくことが望ましい。

7）　健康保持増進計画の実施

　立案した健康保持増進計画の実施の段階である。計画に基づいて実施することになるが、その際、スケジュールどおり動いているか、評価のためのデータは取られているか、後述の留意事項が配慮されているかなどをモニタリングする。

8）　実施結果の評価

　評価の段階では、主に2つのことを行う。1つは、健康保持増進目標の達成の成否の評価である。もう1つは、目標の達成状況の評価結果、計画の進捗の結果等の情報をもとに、来年度の改善を検討する"見直し"である。

　そのうちの"見直し"は、健康保持増進方針を表明した事業者が何らかの形で参加して行う。設定した目標値が達成できなかった場合にはその原因分析と対応策を検討し、改善・見直しに

つなげるようにする。達成できた場合には、関係者の努力を称賛したうえで、より高い目標値を設定したり、より成果と関連性の高い評価指標を選定したりすることに繋げていく。

9)　健康保持増進対策の推進における留意事項

改正 THP 指針では、推進における留意事項として「客観的な数値の活用」、「『労働者の心の健康の保持増進のための指針』との関係」、「個人情報保護への配慮」、「記録の保存」の 4 項目を挙げている。このうち、「『労働者の心の健康の保持増進のための指針』との関係」では、健康保持増進計画の中でメンタルヘルス対策を実施する場合には、同指針の内容を踏まえて実施することを提案している。また、「個人情報保護への配慮」においては、「個人情報の保護に関する法律」および「労働者の心身の状態に関する情報の適正な取扱い指針」の順守を図ることが必要であるとともに、「事業場における労働者の健康情報等の取扱規程を策定するための手引き」を参考にすることが望ましいとしている。

9　職場における心とからだの健康づくりのための手引き

厚生労働省は、改正 THP 指針の主旨が正しく伝わり、健康づくりが事業場で円滑に推進されるように「職場における心とからだの健康づくりのための手引き」を、2021 年 3 月に公表した。この手引きは、労働者の健康保持増進措置に取り組む事業者、人事労務管理スタッフ、産業医、衛生管理者、保健師をはじめとする産業保健スタッフなどを対象としている。本書でもここまで述べてきたような、事業場で健康保持増進対策に取り組む必要性やメリット、取組方、取り組む際の留意点などの「THP 指針の解説」と、「THP 指針に沿った事業場の取組事例」の 2 部構成になっている。

この手引きの最大の特徴は、事例をできるだけ多く紹介したことにある。「THP 指針の解説」では、各項目に沿った事例がコラム形式で紹介されている。また「THP 指針に沿った事業場の取組事例」では、事例ごとに 2 ページを割き、7 つの事例を紹介している。各事例は、業種や労働者数、事業場内の推進スタッフ等の事業場の基本情報と取組前の状態、活動内容、取組後の状態にポイントを提示したうえで、取組のきっかけ、方針の表明、体制構築、課題を踏まえた計画の作成、取組の実施、取組の結果・評価の内容が THP 指針の流れに沿って整理されている。また、取組を成功させるポイント、取組にあたって苦労した点、これから取り組む事業場に対するアドバイスもが紹介されている。

「THP 指針に沿った事業場の取組事例」は、そのまま良好実践事例としてそれぞれの事業場での取組の参考にできるほか、このようなストーリー仕立ての整理は、事業場での取組の姿をありありとイメージできるため、ホームページなどで自社の取組を紹介する際の形式として用いることもできる。

10　労働衛生行政の役割

　労働者の健康を確保するには、働く人一人ひとりが自ら管理するだけではなく、職場の労使による健康管理が基本である。一方、健康管理に必要な最低の基準を定めた法律などを所管している国の役割は大きく、労働者の健康を確保し、ひいては身体機能低下がもたらす労働災害の防止を図ることを目的として、事業場における健康管理活動に役立つ情報の提供や効果的な対策を進めるために必要な指針を公表するなど、様々な施策を積極的に展開している。

1)　労働災害防止計画

　国は1958年から労働災害防止計画を策定しており、現在は2018年を初年度とし2022年度を目標年度とする第13次労働災害防止計画を進めている。

　同計画は、誰もが安心して健康に働くことができる社会を実現するため、国や労働災害防止団体などだけでなく、労働者を雇用する事業者、作業を行う労働者、仕事を発注する発注者、仕事によって生み出される製品やサービスを利用する消費者など、全ての関係者が、働くことで生命が脅かされたり、健康が損なわれたりするようなことは、本来あってはならないという意識を共有し、安全や健康のためのコストは必要不可欠であることを正しく理解し、それぞれが責任ある行動を取るような社会を目指している。

　また、計画に基づく取組が着実に実施されるよう、毎年、計画の実施状況の確認、評価を行い、労働政策審議会安全衛生分科会に報告・公表し、必要に応じ計画の見直しを検討することとしている。

2)　労働衛生の法体系

　働く人の健康を守るための基本的な考え方は、安衛法やじん肺法などの法律に示されている。事業場における労働衛生管理体制の整備や様々な労働衛生行政施策は、働く人の安全および健康の確保を図るためにこれらの法律を基に展開されている。その中で、事業者や労働者は、国が実施する法律を含む各種の施策に関する内容をよく理解し、事業場内の健康管理に積極的に取り込んでいくことが必要である。

(1)　労働衛生関連法規の推移

　労働衛生に深く関わる法律としては、労働基準法（以下「労基法」）、安衛法、じん肺法などがあり、労働衛生対策を進める基礎となっている。労基法は1947年に制定された（法律第49号）。戦後、働く人の保護を図るためにできたもので、労働衛生も含めて賃金、労働時間、災害補償など、守るべき最低基準が定められた。

　その後、1972年に安衛法が制定された（法律第57号）。これは1950年代半ば〜60年代になると、急激に変化する産業社会の実態に災害防止対策が即応できないこと等から、労基法の「安全及び衛生」の部分と労働災害防止団体等に関する法律の「労働災害防止計画」及び「特別規制」を統合したものを母体とし、新たに規制事項や国の援助措置等の規定を加

え、安全衛生に係る法制の充実強化を図るため、単独の法律として制定されたものである。

　次に、1975 年に定められた作業環境測定法は、作業環境を測定する者の身分、資格など
を定めた法律である。また、1964 年には労働災害防止団体法として、中央労働災害防止協
会（以下「中災防」）などの労働災害防止に関する団体の設立根拠を定めた法律が制定され
た。

　さらに、じん肺については、1960 年にじん肺法が制定されている。

(2)　労働衛生関係の法体系（**図表 1.3**）

　「法律」は、主として基本的な枠組みを示したものであり、法律の施行に伴う具体的な事
項については、法律の下に位置する政令、規則などに定められている。

　安衛法などは法律であり、国会で定められるものである。この中には、例えば「事業者は
医師のうちから産業医を選任する」などが示されている。

　この下に、「政令」といい、政府が定める命令があり、労働安全衛生法施行令（以下「安
衛令」）などがある。この中には、例えば産業医の選任を要する事業場に関して「法第 13
条第 1 項の政令で定める規模の事業場は、常時 50 人以上の労働者を使用する事業場とす
る。」などが示されている。

　また、「省令」といい、厚生労働省が定める命令がある。法律の具体的な事項については
この省令で定められることが多く、例えば、産業医の職務についてなどが定められている。
労働衛生に関連する省令には、労働安全衛生規則（以下「安衛則」）、電離放射線障害防止規
則などの規則がある。

　さらに「告示」といい、大臣が定めるもの、あるいは厚生労働省で告示するものがある。
法令の解釈などについては、通達などで行政がその考え方を示している。このように、法

```
法　律 ── ※憲　法、※労働基準法、労働安全衛生法、じん肺法、作業環境測定法、労働災害防止団体法
　　　　　　（第 27 条）（第 42 条）
　│
　│
政　令 ── 労働安全衛生法施行令、作業環境測定法施行令
　│
　│
　│　　　　労働基準法施行規則、女性労働基準規則、年少者労働基準規則、事業附属寄宿舎規程、建設業附属寄宿舎規程、
　│　　　　労働安全衛生規則、有機溶剤中毒予防規則、鉛中毒予防規則、四アルキル鉛中毒予防規則、特定化学物質障害予防
　│　　　　規則、高気圧作業安全衛生規則、電離放射線障害防止規則、東日本大震災により生じた放射性物質により汚染され
省　令 ──　た土壌等を除染するための業務等に係る電離放射線障害防止規則、酸素欠乏症等防止規則、事務所衛生基準規則、
　　　　　　粉じん障害防止規則、労働安全衛生法及びこれに基づく命令に係る登録及び指定に関する省令、機械等検定規則、
　　　　　　労働安全コンサルタント及び労働衛生コンサルタント規則、石綿障害予防規則、作業環境測定法施行規則、じん肺
　　　　　　法施行規則、労働災害防止団体法施行規則

※日本国憲法
　第 27 条　すべての国民は、勤労の権利を有し、義務を負ふ。
　2　賃金、就業時間、休息その他の勤労条件に関する基準は、法律でこれを定める。
　3　児童は、これを酷使してはならない。
　注：2 の「法律」＝労働基準法、最低賃金法、じん肺法、船員法、国家公務員法、裁判所職員臨時措置法、地方公務員法、
　　　　外務公務員法、教育公務員特例法等
※労働基準法
　第 42 条　労働者の安全及び衛生に関しては、労働安全衛生法（昭和 47 年法律第 57 号）の定めるところによる。
```

図表 1.3　労働衛生関係の法体系

律、政令、省令、告示、通達などで実際の労働衛生行政が行われているという体系となっている。

(3)　労働安全衛生法の概要（**図表 1.4**）

安衛法は労働災害防止のために守らなければならない事項が規定されており、全123条からなる法律である。

第1章では、目的、定義、事業者の責務などについて規定されている。そのうち、「目的」については第1条で「労働基準法と相まって、労働災害の防止のための危害防止基準の確立、責任体制の明確化および自主的活動の促進の措置を講ずる等その防止に関する総合的計画的な対策を推進することにより職場における労働者の安全と健康を確保するとともに、快適な職場環境の形成を促進することを目的とする。」とされており、この法律が働く人の安全と健康の確保および快適職場の形成を目的としていることを明確にしている。

第2章には、労働災害防止計画について示されている。これは、1つの目標を立てて具体的に労働災害防止を図るために、国が労働災害防止計画を策定することを法律に定めたものである。

第3章には、安全衛生管理体制として、産業医、衛生管理者などについて規定されている。

第4章、第5章、第6章には、危険・有害物、機械設備、就業制限など具体的な措置、規制に関することが規定されている。第7章に、健康の保持増進のための措置として、作業環境測定、作業管理、健康診断、健康保持増進など（1988年改正）について、さらに第7章の2に、快適な職場環境の形成のための措置（1992年改正）が規定されている。

その他、免許（第8章）などについて規定するとともに第12章には違反した者について

第1条（目的）
　この法律は、（中略）職場における労働者の安全と健康を確保する（中略）ことを目的とする。
第3条（事業者等の責務）
　事業者は、（中略）職場における労働者の安全と健康を確保するようにしなければならない。また、事業者は、国が実施する労働災害の防止に関する施策に協力するようにしなければならない。（以下略）
第4条
　労働者は、労働災害を防止するため必要な事項を守るほか、事業者その他の関係者が実施する労働災害の防止に関する措置に協力するように努めなければならない。
第69条（健康教育等）
　事業者は、労働者に対する健康教育及び健康相談その他労働者の健康の保持増進を図るため必要な措置を継続的かつ計画的に講ずるように努めなければならない。
②　労働者は、前項の事業者が講ずる措置を利用して、その健康の保持増進に努めるものとする。
第70条（体育活動等についての便宜供与等）
　事業者は、前条第1項に定めるもののほか、労働者の

健康の保持増進を図るため、体育活動、レクリエーションその他の活動についての便宜を供与する等必要な措置を講ずるように努めなければならない。
第70条の2（健康の保持増進のための指針の公表等）
　厚生労働大臣は、第69条第1項の事業者が講ずべき健康の保持増進のための措置に関して、その適切かつ有効な実施を図るために必要な指針を公表するものとする。
②　厚生労働大臣は、前項の指針に従い、事業者又はその団体に対し、必要な指導等を行うことができる。
第71条（国の援助）
　国は、労働者の健康の保持増進に関する措置の適切かつ有効な実施を図るため、必要な資料の提供、作業環境測定及び健康診断の実施の促進、受動喫煙の防止のための設備の設置の促進、事業場における健康教育等に関する指導員の確保及び資質の向上の促進その他の必要な援助に努めるものとする。
②　国は、前項の援助を行うに当たつては、中小企業者に対し、特別の配慮をするものとする。

図表 1.4　労働安全衛生法（抄）

の罰則規定が設けられている。

(4) 労働衛生行政の特徴

　労働者の安全と健康を守るための施策、すなわち労働安全衛生行政は、厚生労働省労働基準局において所管しているが、次の点で他の衛生行政と異なる特徴がある。

　労働衛生行政の第一の特徴は、その目的が事業主が雇用する労働者の健康の確保ということである。

　この対象である労働者とは、労基法の労働者の定義と同様に労働契約を締結し就労している者である。労働衛生行政には、労働者の健康を守るため、産業医、衛生管理者、衛生委員会などの制度がある。

　労働衛生行政の第二の特徴は、全国斉一行政ということである。

　厚生行政は、厚生労働省が基本的な施策を立案し、事業を実施する主体は都道府県、市町村となっている。これらの地方自治体は、地域の実情に応じて、個別の事業を実施することが可能である。一方、労働衛生行政は、事業者に対し弱い立場にある労働者を守るという観点から、全国どこでも同じ基準が基本となっているのである。このため、各都道府県に労働局が設置され、その下に労働基準監督署が設置されている。

　第三の特徴は、労働衛生の責任は基本的には事業者にあるということである。

　前述したように、労働者は事業場において事業者の指示により作業に従事していることから、事業場における労働者の安全と健康を守ることは、事業者の責任となっている。この事業者責任は他の衛生行政とは異なる特徴である。例えば、転落防止のため防護柵を設けること、粉じん障害防止のため労働者にマスクを使用させることなどは事業者の責務である。

　一方、労働衛生行政は、事業者を指導または支援することによって、労働者の安全と健康の確保を図っている。

(5) 労働衛生管理体制

(ア) 労働衛生管理の基本的な考え方

　安衛法第3条第1項において、事業者は、直接労働災害の防止を目的とした安衛法に定める最低基準を順守することは当然であるが、さらに職場環境や労働条件の改善、向上を図ることにより、職場における労働者の安全と健康を確保しなければならないとされている。

　安衛法は、労基法と一体的に運用されるものである。具体的、個別的な労働条件に関する部分については、最低基準としての規定が設けられているが、単に安衛法に基づく最低の措置を守るのみでは、複雑かつ広範にわたる職場の実態からみて、労働災害を有効に防止できないものと考えられる。そこで事業者には、最低基準を順守することにとどまらず、それ以上の積極的な努力が期待されるものであり、そのことを事業者の責務として規定している。

　このようなことから、健康の保持増進に関する規定について整理すると、この規定は安

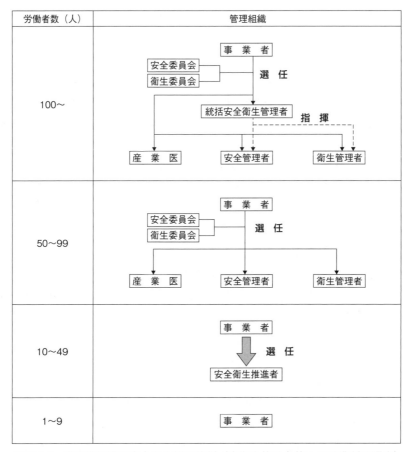

図表1.5　事業場規模別安全衛生管理体制（安衛令第2条第1号の業種の場合）

全衛生水準の向上のため事業者に努力を求めた規定であり、ほかに能力向上教育に関する規定や作業の管理に関する規定などがこれに加わる。これらの規定には、事業者の努力義務を定めているもののほか、事業者が講ずる措置の目標などを指針として示しているものがあり、「健康保持増進措置」については、これに該当する。

　一方で、安衛法第4条では、「労働者は、労働災害を防止するため必要な事項を守るほか、事業者その他の関係者が実施する労働災害の防止に関する措置に協力するように努めなければならない」と規定されており、働く人自身も事業者の措置への協力など守るべきところはしっかり守るという姿勢が必要であることを求めている。特に、健康保持増進措置については、働く人自らの健康に対する積極的な取組なくして、事業者が実施する健康保持増進措置の効果は期待できない。

㈡　労働衛生管理に関する実施体制の整備

　労働衛生の「基本的対策」は、事業者のもと産業医をはじめとして総括安全衛生管理者、衛生管理者、衛生委員会など、事業場の規模に応じて労働衛生管理体制を整備することが示されている（**図表1.5**）。

　例えば、衛生管理者については、常時50人以上の労働者を使用する事業場に置くこと

が義務付けられている。また、50人未満でも、常時10人以上の労働者を使用する事業場については、安全衛生推進者または衛生推進者を置くことになっている。

11　健康確保対策

1）　労働衛生対策の基本（図表1.6）

労働衛生対策の基本として、作業環境管理、作業管理、健康管理があり、「労働衛生の3管理」といわれている。これらを有機的に結合させるには、労働衛生管理体制の確立とこれを整備する総括管理が必要である。

労働衛生対策の基本である管理体制については、事業場全体の安全衛生管理を統括するのが、事業場全体の責任者である総括安全衛生管理者であり、医学的立場から事業者をサポートするのは産業医である。産業医には、3管理を適切に実施・指導することにより、事業場における労働衛生水準の向上を図ることが望まれる。さらに、事業者の指揮を受けて事業者の職務のうち、衛生に関する技術的事項を管理する役割として衛生管理者がいる。ただし、衛生管理業務は幅広い活動であるので、総括安全衛生管理者や産業医、衛生管理者だけでなく、保健師等の産業保健スタッフ、各職場の管理監督者など、様々な関係者の協力が必要である。

事業場における労働衛生対策を進めるにあたっては、まず、作業環境と作業方法ならびにそれらに対する働く人の関わりを明らかにすることが必要であり、作業環境管理、作業管理、健康管理の3つの視点からのアプローチが行われなければならない。

さらに事業者は、3管理および働く人の健康確保対策を進めていくための労働衛生教育、健康教育の必要性を認識することも重要である。もちろん、個々の働く人に対しても健康教育を進めることが必要である。

2）　職業性疾病と作業関連疾患

労働に直接起因する健康障害の問題については長年にわたって取り上げられ、研究されてきた。その成果の集積は、「職業性疾病（職業病）」として社会的に認知されている。職業性疾病は、業務上の因子が直接の原因となって生じる疾病の総称である。

総括管理	組織体制の整備　規程類の制定　衛生委員会の設置・運営　資格者の選任　健康管理計画の企画立案（心の健康づくり計画を含む）　危険・有害性の調査およびその結果に基づく措置　マネジメントシステムの推進　健康障害の原因調査および再発防止措置等
健康管理	健康診断や健康測定を基にした事後指導　疾病の予防　健康の保持増進措置　こころの健康づくり　救急措置等
作業環境管理	労働衛生設備（局所排気装置等）の維持管理　作業環境測定およびその結果の評価と事後措置等　快適な職場環境の形成　職場環境の把握と改善（メンタルヘルス対策として）
作業管理	作業方法の適正化　保護具の適正使用　作業時間等の適正化　作業姿勢の改善等
労働衛生教育	雇入れ時、作業内容変更時教育　危険有害業務就業時教育（特別教育）　危険有害業務従事者教育　職長等の教育　衛生管理者等に対する能力向上教育　メンタルヘルスに関する教育研修・情報提供（対象：労働者、管理監督者、産業保健スタッフ等）

図表1.6　事業者による労働衛生対策（労働衛生の5管理）

「ヒトがその生命を維持し、社会的な活動を継続していくことを阻害する因子」は、通常「有害要因」とよばれており、有害物質、有害エネルギー、有害生物、作業要因などがある。

産業保健活動の第1の目的は、これらの有害要因のうち、労働と直接関係するものを発見し、職業病の発生を防ぐことであるが、労働者に見られる健康障害は、職場や作業に存在する有害要因だけでなく、日常生活における個人的な要因も加わって発現する場合が多い。例えば、腰痛症は重量物取扱作業だけでなく、その労働者の脊椎に変形があると起こりやすい。このように、作業要因と個人的な要因が、それぞれある割合で関与して発現する健康障害を作業関連疾患といい、現在では、その対策の必要性が広く認識されている。特に個人の生活習慣や感受性等の背景因子に職業性因子が加わることで発症に至る作業関連疾患の予防は、重要な課題である。

職業性因子と作業関連疾患との関係については、多くの研究が行われており、作業関連性を有する例も多いと推測されている。物理的・化学的・生物学的因子については、対策の基本は一応確立されていると考えてよいが、心理・社会的因子は、客観的で再現性のある方法で把握することが難しい。職業性因子による疾患発症増悪の仕方や程度にきわめて大きな個人差があって、画一的な対策がとりにくいなどの問題があるため、新しい考え方とそれに立脚した新たな対処方法の開発が強く求められており、その研究の緊急性は非常に高い。

3）　健康診断の実施と適切な事後措置

安衛法では、事業場における働く人の健康管理について、第66条において「事業者は、労働者に対し、厚生労働省令で定めるところにより、医師による健康診断を行わなければならない」と規定しており、事業者にその責任を課している。

また、第66条の6において「労働者に対し、厚生労働省令で定めるところにより、当該健康診断の結果を通知しなければならない」と、第66条の7において「特に健康の保持に努める必要があると認められる労働者に対し、医師又は保健師による保健指導を行なうように努めなければならない」と規定しており、定期健康診断の項目については、安衛則で規定されている。

一般健康診断では、経時的な変化に留意しながら総合的な健康状態を把握し、病気の早期発見、就業の可否や適正配置の判断だけでなく、労働者が常に健康で働けるよう健康指導や作業管理などの情報をフィードバックすることが重要である。また、心身両面にわたる健康の保持増進のための措置にも留意して行う必要がある。

なお、作業関連疾患としての脳・心臓疾患などを予防する観点から2008年4月に健康診断項目が改正されて施行された。

有害な業務については、安衛法第66条第2項などで特殊健康診断を行うことが規定されており、じん肺法や安衛法による特殊健康診断、情報機器作業に係る健康診断や騒音健康診断など行政指導による特殊健康診断がある。

4)　産業医の活性化と産業保健機能の強化

　事業場における産業保健活動においては産業医がその中心となって指導することが求められている。産業医は、50 人以上の事業場において選任義務があり、1,000 人以上の場合には専属であることが必要である。3,000 人以上の事業場では 2 人の産業医（うち少なくとも 1 人は専属）が必要である。なお、有害業務に常時従事する労働者が 500 人以上の場合にも専属の産業医が必要となる。また、産業医は、医師の中で一定の研修を修了するなど一定の要件を備えた者から選任することとされている。

　産業医の職務の 1 つとして、安衛則第 14 条第 1 項第 1 号に「健康診断の実施及びその結果に基づく労働者の健康を保持するための措置に関すること」と規定されている。これは、第 66 条に示された事業者の健康診断実施の義務に対して、その的確な実施のために産業医が健康診断またはその実施を指導し、長時間労働者（疲労の蓄積が認められる者）に対する面接指導も実施し、その結果に基づいて事業者に対して必要な勧告などを行うことによって、労働者の健康を保持しようとするものである。

　重要な事項として、「作業環境の維持管理に関すること」および「作業の管理に関すること」が規定されている。作業環境管理については、有害物質、温度、湿度などに関する労働衛生関係設備の適切な維持管理、作業環境測定、その結果の評価および評価に基づく事後措置に関することなどがある。

　また、「その他の労働者の健康管理に関すること」「健康教育、健康相談その他労働者の健康の保持増進を図るための措置に関すること」「衛生教育」などの職務が規定されている。

　「健康教育、健康相談その他労働者の健康の保持増進を図るための措置」としては、事業場において、労働者の健康の保持増進を図るための THP の実施、その他の体育活動、レクリエーションなどの活動を行う際に、指導、助言などを行うことである。

　第 3 項には、「総括安全衛生管理者に対し勧告し、又は衛生管理者に対して指導し、若しくは助言することができる」とされている。

　さらに第 15 条では「産業医は、少なくとも毎月 1 回作業場などを巡視し、作業方法又に衛生状態に有害なおそれがあるときは、直ちに、労働者の健康障害を防止するため必要な措置を講じなければならない」とされ、少なくとも月 1 回は職場を巡視し、現場の実態把握をすべきことが規定されている。

　近年の安全配慮義務の強化に伴う過重労働による健康障害の防止やメンタルヘルス対策など、これからさらに労働者の健康確保に関するニーズが高まると考えられる。また、生活習慣病などの課題が大きくなることも考えられることから、今後ますます産業医の果たす役割が重要になる。このように産業医に課せられる責任が重くなる一方で、産業医の意見が事業者に尊重されなかったり、労働者の健康確保のための意見が事業者と対立を生んだりすることも考えられるため、産業医の産業医学に関する専門家としての独立性を担保し、産業医の職務に対する法的な権限（権能）を明確にして、産業医の職務の遂行を容易にするため、働き方改革推進法の公布（2018 年 7 月 6 日）に伴い安衛法が改正され、中でも産業医・産業保健機能の強化が図られた。

5）　健康情報を含む労働者の個人情報の保護

　働く人が健康で安心して働き続けるためには、健康診断や産業医等による健康指導や健康相談、医師等による治療を受けることができることは重要であり、そのためには自らの健康情報等が守られることが必要である。そこで、安衛法では事業者に、健康情報の収集・保管・使用にあたっては、働く人の健康の確保に必要な範囲内で行うこと（安衛法第104条第1項）、健康情報を適正に管理するために必要な措置（「健康情報取扱規程」の策定）を義務付けた（安衛法第104条第2項）。

　厚生労働省は2018年9月に「労働者の心身の状態に関する情報の適正な取扱いのために事業者が講ずべき措置に関する指針」、2019年3月には「事業場における労働者の健康情報等の取扱規程を策定するための手引き」を公表し、企業に対応を求めている。

　指針では、働く人が不利益な取扱いを受けることなく、産業医等による健康管理が受けられるようにすること、事業者が必要な情報を取得して働く人の健康確保上の措置が行えるようにすることについて、健康情報の取扱規程を策定するよう求めている。健康情報取扱規程については手引きや手引きに付随するひな型を参考に、事業場の状況に応じて、労使協議のもとで策定する必要がある。

6）　事業場における治療と仕事の両立支援

　疾病を抱える労働者の増加傾向、職場における労働力の高齢化などから、事業場において疾病を抱えた労働者の治療と仕事の両立への対応の必要性が増えることが予想されている。一方、近年の診断技術や治療方法の進歩から、病気によりすぐに離職しなければならないという状況が必ずしも当てはまらなくなってきている。しかし、疾病や障害を抱える労働者の中には、仕事上の理由で適切な治療を受けることができない場合や、疾病に対する労働者自身の不十分な理解や、職場の理解・支援体制不足により、離職に至ってしまう場合もみられる。

　労働者が業務によって疾病を増悪させることなく治療と仕事の両立を図るための事業者による取組は、労働者の健康確保という意義とともに、継続的な人材の確保、労働者の安心感やモチベーションの向上による人材の定着・生産性の向上、健康経営の実現、多様な人材の活用による組織や事業の活性化、組織としての社会的責任の実現、労働者のワーク・ライフ・バランスの実現といった意義もあると考えられる。

　治療と仕事の両立支援の取組状況は事業場によって様々であり、支援方法や産業保健スタッフ・医療機関との連携について悩む事業場の担当者も少なくない。また、労働者の治療と仕事の両立支援に取り組む企業に対する支援や医療機関等における両立支援対策の強化も必要な状況にある。

　そこで、治療が必要な疾病を抱える労働者が、業務によって疾病を増悪させることなどがないよう、事業場において適切な就業上の措置を行いつつ、治療に対する配慮が行われるようにするため、関係者の役割、事業場における環境整備、個別の労働者への支援の進め方を含め、事業場における取組をまとめた「事業場における治療と仕事の両立支援ガイドライン」が示されている。

7) 産業保健への支援

産業保健活動については、事業者に実施義務があるが、国は産業医等の産業保健スタッフに対する研修・相談、情報提供等の体制を整備するとともに、産業医の選任義務のない小規模事業場や、メンタルヘルスなど職場で対策を進める際に専門的な知識が必要なものについても、支援体制を整備している。

(1) 産業保健総合支援センター（通称「さんぽセンター」）

さんぽセンターは、独立行政法人労働者健康安全機構法に基づき当該機構が各都道府県に設置運営している公的な機関である。1993 年度から順次整備が進められ、都道府県医師会の協力を得ながら徐々に活性化され、2003 年度までに 47 都道府県に設置されてきた。産業保健への支援の中核的機関として、事業場の産業保健スタッフ（産業医、保健師、衛生管理者等）を対象に産業保健に関する実践的研修や専門的相談、情報提供の業務を行っている。また、さんぽセンターの運営には、医師会等の関係団体、関係行政機関等の参加のもと運営協議会が開催され、研修等の計画が企画されるなど、関係機関との連携のもとに運営されている。

(2) 地域窓口（通称「地域産業保健センター（地さんぽ）」）

地さんぽは、安衛法第 19 条の 3 に基づく国の援助として、小規模事業場に対し産業医等による産業保健サービスを提供することを目的に、国の委託事業として実施されている。1993 年度から整備が始められ、1995 年度には全国すべての労働基準監督署ごとに整備された。

地さんぽの事業単位は、2009 年度までは労働基準監督署の管轄区域単位に、郡市区医師会に委託して労働基準監督署の協力のもとに実施されていたが、2010 年度からは、都道府県労働局の管轄区域単位に変更された。

事業内容は、地域の小規模事業場の事業主や労働者に対して、様々な相談への対応、健康診断の事後対応、面接指導等を実施している。

なお、事業主からの相談内容や要望に応じて、さんぽセンターや地さんぽの専門スタッフが直接事業場を訪問し、メンタルヘルス対策、作業環境管理、作業管理等状況に即した労働衛生管理の総合的な助言・指導を行っている。

8) SDGs と働き方改革

SDGs は、「Sustainable Development Goals（持続可能な開発目標）」の頭文字を取った略称で、2015 年 9 月の国連サミットで採択され、17 のゴール（目標）・169 のターゲットを定めて取り組まれている。この国際目標は国連の加盟国である 193 か国が 2016 年から 2030 年の 15 年間で達成することを目指し「持続可能な開発のための 2030 アジェンダ」にて記載されている。「地球上の誰一人として取り残さない（leave no one behind）こと」を誓い、SDGs は発展途上国のみならず先進国自身が取り組む普遍的なものとなっている。

この 17 の目標の中の 8 番目には「働きがいも経済成長も」が定められている。これはすべての人のための継続的、包摂的かつ持続可能な経済成長、生産的な完全雇用およびディーセント・ワーク（働きがいのある人間らしい仕事）を推進すると定めている。

長期的な経済成長を継続していくためには、生産性を高めた産業の拡大が必要となり、その要となる労働者が獲得する収入や健康、教育、就業機会を平等にし、著しく不利な立場に置かれる人をなくすこと、そして人々が適切で継続的に営める生活を送れる環境を作ることが重要であるとしている。

日本では、これらディーセント・ワークの実現として「働き方改革」が取り組まれている。

【参考 URL】
・外務省「SDGs とは？」：https://www.mofa.go.jp/mofaj/gaiko/oda/sdgs/index.html
・国連「2030 アジェンダ」：https://www.unic.or.jp/activities/economic_social_development/sustainable_development/2030agenda/
・首相官邸：https://www.kantei.go.jp/jp/singi/sdgs/index.html

12　メンタルヘルス対策の推進

1)　心の健康の保持増進のための指針

2006 年 3 月 31 日に、安衛法第 70 条の 2 第 1 項の規定に基づく、「労働者の心の健康の保持増進のための指針」が示され、この指針に基づき、各事業場の実態に即した形で、メンタルヘルス対策に積極的に取り組まれることが期待されている。この指針は、ストレスチェック制度の制定に伴い、2015 年 11 月 30 日に改正され、制度の実施方法や活用に関する内容が盛り込まれた。

指針では、事業者は、事業場におけるメンタルヘルスケアを積極的に推進するため、衛生委員会等において十分調査審議を行い、「心の健康づくり計画」を策定するとともに、その実施に当たっては、関係者に対する教育研修・情報提供を行い、「4 つのケア」（セルフケア、ラインによるケア、事業場内産業保健スタッフ等によるケア、事業場外資源によるケアを効果的に推進し、ストレスチェック制度の活用や職場環境等の改善（一次予防）、メンタルヘルス不調への対応（二次予防）、職場復帰のための支援（三次予防）が円滑に行われるようにする必要があるとしている（図表 1.7、図表 1.8）。

2)　ストレスチェック制度

2014 年 6 月に公布された安衛法の一部を改正する法律により、心理的な負担の程度を把握するための検査（ストレスチェック）制度が創設され（2015 年 12 月 1 日施行）、2015 年 4 月に関係省令、告示に加え「心理的な負担の程度を把握するための検査及び面接指導の実施並びに面接指導結果に基づき事業者が講ずべき措置に関する指針」が公表された。

その結果、事業者は、労働者に対し、医師、保健師等（実施者）による検査（ストレスチェック）を 1 年以内に 1 回実施しなければならなくなった。なお、労働者数 50 人未満の事業場については、当面の間、努力義務とされているが、小規模の事業場であっても、労働者のメンタルヘルス不調を未然に防止することは欠かせない。

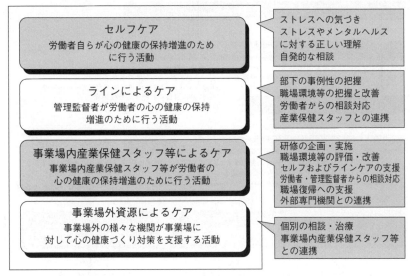

図表 1.7　4 つのメンタルヘルスケア（4 つのケア）

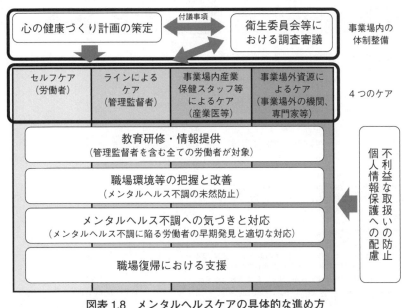

図表 1.8　メンタルヘルスケアの具体的な進め方

　このストレスチェック制度の目的は、労働者本人のストレスへの気づき、対処の支援および職場環境の改善により、労働者のメンタルヘルス不調を未然に防ごうとするものである。

　具体的な制度の流れは**図表 1.9** のようになる。

　なお、労働者はストレスチェックを受けることが望ましいが義務は課せられておらず、検査結果は、実施者から直接本人に通知され、本人の同意なく事業者に提供することは禁止されている。

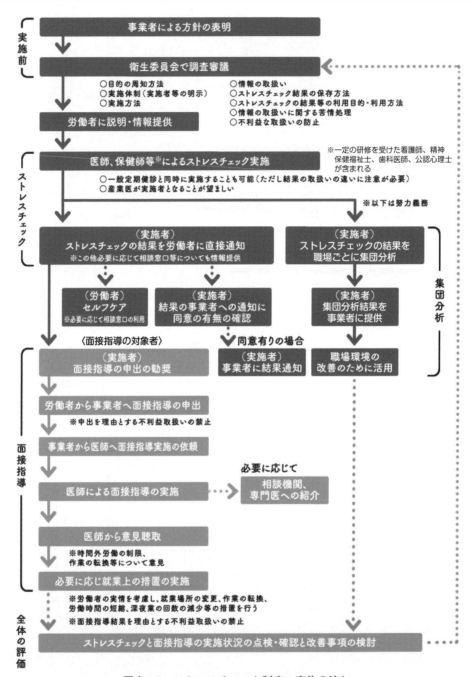

図表 1.9　ストレスチェック制度　実施の流れ

　また、ストレスチェックの実施を健康診断と同じように外部機関に委託することもできる。検査項目は、「職業性ストレス簡易調査票」（57項目）を用いることが推奨されているが、簡略版（23項目）も示されており、また独自に項目を選定することもできるとされている。

　検査の結果、一定の要件に該当する労働者（高ストレス者で実施者が面接指導を必要と認め

た者）から申出があった場合、医師による面接指導を実施することが事業者の義務となる。

さらに面接指導の結果に基づき、医師の意見を聴き、必要に応じ就業上の措置を講じることが事業者の義務となる。

なお、面接指導の申出を理由とする労働者への不利益な取扱いは禁止されている。

3)　心理的負荷による精神障害の労災認定基準の改正

厚生労働省ではハラスメントにかかる心理的負荷の評価、労災申請にかかる審査の迅速化や効率化について検討し、「心理的負荷による精神障害の労災認定基準（平成23年12月26日付け基発1226第1号）」（**図表1.10**）を定めている。

2020年6月から施行されたパワーハラスメント防止対策の法制化に伴い、職場における「パワーハラスメント」の定義が法律上規定されたことなどから、認定基準別表1の「業務による心理的負荷評価表」の改正を行い、評価表をより明確化、具体化している（令和2年5月29日付け基発0529第1号）。

この改正のポイントは、これまで、上司や同僚等から、嫌がらせ、いじめ、暴行を受けた場合には、「（ひどい）嫌がらせ、いじめ、又は暴行を受けた」の出来事で評価していたが、「心理的負荷評価表」を次のように改正した。

- 「出来事の類型」に、「パワーハラスメント」を追加
- 「上司等から、身体的攻撃、精神的攻撃等のパワーハラスメントを受けた」を「具体的出来事」に追加
- 「具体的出来事」の「（ひどい）嫌がらせ、いじめ、又は暴行を受けた」の名称を「同僚

評価方法	出来事＋出来事後の総合評価 1段階による評価
特別な出来事	「極度の長時間労働」を月160時間程度の時間外労働と明示 「心理的負荷が極度のもの」に強姦やわいせつ行為を例示
具体例	「強」「中」「弱」の心理的負荷の具体例を記載
労働時間	強い心理的負荷となる時間外労働時間数等を記載 ・発病直前の連続した2カ月間に、1月当たり約120時間以上 ・発病直前の連続した3カ月間に、1月当たり約100時間以上 ・「中」の出来事後に、月100時間程度　等
評価期間	セクシャルハラスメントやいじめが長時間継続する場合には6カ月を超えて評価
複数の出来事	具体的な評価方法を記載 ・強＋中または弱→強　　　　　　　・中＋弱　　　　→中 ・中＋中…　　　→強または中　　　・弱＋弱　　　　→弱 近接の程度、出来事の数、その内容で総合判断
発病者の悪化	発病後であっても特に強い心理的負荷で悪化した場合は労災対象とする

図表1.10　心理的負荷による精神障害の認定基準の概要

等から、暴行又は（ひどい）いじめ・嫌がらせを受けた」に修正

- パワーハラスメントに該当しない優越性のない同僚間の暴行やいじめ、嫌がらせ等を評価する項目として位置づける

【参照URL】https://www.mhlw.go.jp/content/11201000/000634904.pdf

4)　快適な職場環境の形成

(1)　快適職場指針

　　安衛法第71条の2において、事業者は快適な職場環境を形成するように努めなければならないとされている。その具体的な措置として「事業者が講ずべき快適な職場環境の形成のための措置に関する指針」（快適職場指針）が公表されている。快適職場指針では、仕事による疲労やストレスを感じることの少ない、働きやすい職場づくりを目的として、快適な職場環境の形成についての目標に関する事項、事業者が講ずべき措置の内容に関する事項および当該措置の実施に関し考慮すべき事項が定められている。快適職場指針では、「快適職場づくり」を事業場の自主的な安全衛生活動の一環として位置付け、職場の快適化を安全衛生委員会等で十分に検討して具体化すべきことを定めている。業種によっては、屋外作業、重筋作業、不自然な姿勢での作業等の労働負荷の大きい作業があったり、作業者の高齢化が進んでいたりする等の特性がある。これらの業種において職場の快適化を進めていくためには、それぞれの業種の特性を踏まえて対応する必要がある。このため、建設業については、「建設業における快適職場形成のための対象作業・対象事項及び対策の例」が示されている。また、林業、陸上貨物運送事業、鉱業および採石業についても、快適職場形成のための対策の方向、改善事例がそれぞれ示されている。

(2)　職場環境のソフト面（心理的・制度的側面）の快適化

　　職場が快適であるためには、作業環境、作業方法等のハード面の快適化が欠かせない。しかし、近年、職場の人間関係や仕事のやりがい等の職場環境のソフト面に関する様々な問題が生じている。このようなソフト面の課題を早期に発見し対応することによって、職場で働く人々はより快適に働くことができる。

　　職場環境のソフト面の現状や課題を的確に把握し、改善に役立てるための調査票「快適職場調査（ソフト面）」が国の委託調査研究により開発された。

　　快適職場調査（ソフト面）は、従業員と管理者（人事・労務担当者、ライン管理者など）が、35問の簡単な質問票にそれぞれ回答し、結果を集計する事により、職場環境面のソフト面の7つの領域について、従業員側の意識と管理者（事業場）側の意識およびその違いを調べ把握できるようになっている。これにより、人事労務管理、キャリア形成・開発、メンタルヘルスなど職場のソフト面の様々な問題を見つけ、改善に結び付けることが可能となる。快適職場調査（ソフト面）は公表されており自由に利用することができる。

【参照URL】http://www.jaish.gr.jp/user/anzen/sho/sho_07.html

13　作業要因と健康障害予防

1)　情報機器作業における労働衛生管理／テレワークガイドライン

　職場における IT 化はますます進行しており、また、近年ではタブレット端末やスマートフォン等の携帯用情報機器が急速に普及し、これらを使用して情報機器作業を行うなど、作業形態はより多様化している。

　これらの機器等が労働現場で使用されていることにより、その使用方法の自由度も増し、情報機器作業の健康影響の程度についても労働者個々人の作業姿勢等により依存するようになっている。そのため、情報機器作業における健康管理を一律かつ網羅的に行うのではなく、事業場が個々の作業形態に応じて判断できるよう健康管理を行うこと、それぞれの作業内容や使用する情報機器、作業場所ごとに、健康影響に関与する要因のリスクアセスメントを実施し、その結果に基づいて必要な対策をとることが必要である。

　このような背景から、2019 年 7 月に、「VDT 作業における労働衛生管理のためのガイドライン」の名称を変更して、「情報機器作業における労働衛生管理のためのガイドライン」として改正され、技術的な見直しのほか、「作業管理」の見直し等が行われた。

　また、国は働く時間や場所を有効に活用できる柔軟な働き方として、ICT を活用したテレワークの普及促進を図っており、ウィズコロナ・ポストコロナによる「新たな日常」、「新しい生活様式」に対応した働き方としてもさらなる導入・定着を図っている。このことから、2018 年 2 月に策定された「情報通信技術を利用した事業場外勤務の適切な導入及び実施のためのガイドライン」を全面的に刷新して「テレワークの適切な導入及び実施の推進のためのガイドライン」を公表した（2021 年 3 月 25 日）。

　テレワークの推進に当たっては、労使双方にとってプラスなものとなるよう、働き方改革の推進の観点にも配意して行うことが有益であり、使用者が適切に労務管理を行い、労働者が安心して働くことのできる良質なテレワークとする対応方針等を提示している。

2)　過重労働による健康障害の防止

　脳・心臓疾患の発症は、本人やその家族はもとより、企業にとっても重大な問題であり、社会的にも「過労死」等として大きな問題となっている。特に長時間にわたる過重な労働は、疲労の蓄積をもたらす最も重要な要因と考えられ、さらには、脳・心臓疾患の発症との関連性が強いという医学的知見が得られている。このことから、脳・心臓疾患の労災認定基準では、疲労の蓄積のもたらす長期間の業務を明らかな過重負荷としている。働くことにより労働者が健康を損なうようなことはあってはならないものであり、この医学的知見を踏まえると、労働者が疲労を回復することができないような長時間にわたる過重労働を排除していくとともに、労働者に疲労の蓄積を生じさせないようにするため、労働者の健康管理に係る措置を適切に実施することが重要である。このことから、新たに策定した「過重労働による健康障害防止のための総合対策について（平成 18 年 3 月 17 日付け基発第 0317008 号）」に基づき、事業者は、1週間当たり 40 時間を超えて労働させた時間が 1 カ月当たり 80 時間を超え、疲労の蓄積が認

められる労働者に対し、その申出により医師による面接指導を行うとともに、その結果を記録し、必要な措置について医師の意見を聴き、それに応じた適切な措置を講じなければならないこととなった。

　また、社会問題となっている過労死等を防止するため、議員立法として制定された過労死等防止対策推進法（平成 26 年法律第 100 号）が施行され、同法に基づく「過労死等の防止のための対策に関する大綱」を定め、関係省庁等と連携しながら、過労死ゼロを目指し、国民が健康に働き続けることのできる充実した社会の実現に向けて対策に取り組んでいる。

　新たな大綱（令和 3 年 7 月 30 日閣議決定）では、新しい働き方であるテレワークや副業・兼業、フリーランスについて、労務管理等のルールを示したガイドラインの周知、テレワークに対応したメンタルヘルス対策の手引きの作成等に取り組み、過重労働にならないよう企業を啓発していくこと、調査研究については、重点業種等（自動車運転従事者、教職員、IT 産業、外食産業、医療、建設業、メディア業界）に加え、新しい働き方や社会情勢の変化に応じた対象を追加する。また、これまでの調査研究成果を活用した過労死等防止対策のチェックリストを開発し、大綱の数値目標については、変更前の大綱に定められた「週労働時間 60 時間以上の雇用者の割合」や勤務間インターバル制度の周知、導入に関する目標などを更新するとともに、国家公務員、地方公務員についても目標の趣旨を踏まえた必要な取組を推進することが示されている。

3)　健康確保関係法令等の変遷（図表 1.11）

年	健康確保関係法令等
1972 年 （昭和 47 年）	**労働安全衛生法公布** 順次施行　※「産業医」誕生
1978 年 （昭和 53 年）	**産業医科大学開設**
1988 年 （昭和 63 年）	**労働安全衛生法の改正** 1　労働衛生管理体制の充実 ・産業医を衛生委員会の委員とすること〔法第 18 条〕 ・衛生委員会の審議事項に「健康保持増進に関すること」を追加〔法第 18 条〕 ・産業医の職務に、健康診断結果に基づく労働者の健康保持の措置、健康教育、健康相談等を規定〔則第 14 条〕 ・小規模事業場の安全衛生推進者、衛生推進者の選任を規定〔法第 12 条の 2〕 2　THP 等健康保持増進のための措置 ・健康教育〔法第 69 条〕 ・健康保持増進のための指針の公表等〔法第 70 条の 2〕 **事業場における労働者の健康保持増進のための指針（THP 指針）公示** （9 月 1 日 健康保持増進のための指針公示第 1 号）
1989 年 （平成元年）	**労働安全衛生規則の改正** 1　定期一般健康診断項目の追加 ・貧血、肝機能、血中脂質および心電図検査〔則第 44 条〕 2　海外派遣労働者の健康診断の新設〔法第 45 条の 2〕
1992 年 （平成 4 年）	**労働安全衛生法の改正** 快適な職場環境の形成のための措置 ・事業者の講ずる措置〔法第 71 条の 2〕 ・快適な職場環境の形成のための指針の公表等〔法第 71 条の 3〕 ・事業者が講ずべき快適な職場環境の形成のための措置に関する指針（快適職場指針）〔7 月告示〕 **健康保持増進対策推進のためのスタッフに対する実務向上研修について** （11 月 20 日 基発第 617 号）

1993 年 （平成 5 年）	産業保健推進センター開設 　※当初全国 6 か所。2003（平成 15）年度までに 47 都道府県に開設 地域産業保健センター開設 　※以降各地域に設置 第 8 次労働災害防止計画開始（1998 年 3 月まで）
1994 年 （平成 6 年）	「職場における腰痛予防対策指針」公表
1995 年 （平成 7 年）	労働安全衛生法施行令の改正 　※茶石綿（アモサイト）、青石綿（クロシドライト）等の使用等禁止
1996 年 （平成 8 年）	「職場における喫煙対策のためのガイドライン」公表 労働安全衛生法の改正 1　労働衛生管理体制の充実 　・産業医の専門性の確保〔法第 13 条第 2 項〕 　・産業医の勧告〔法第 13 条第 3、4 項〕 　・産業医の選任義務のない事業場の労働者の健康確保〔法第 13 条の 2〕 2　職場における労働者の健康管理の充実 　・健康診断結果について医師からの意見聴取〔法第 66 条の 4〕 　・健康診断実施後の措置〔法第 66 条の 5〕 　・健康診断結果に基づき事業者が講ずべき措置の指針の公表〔法第 66 条の 5 第 2 項〕 　・健康診断結果に基づき事業者が講ずべき措置に関する指針〔10 月公示〕 　・一般健康診断の結果の通知〔法第 66 条の 6〕 　・保健指導〔法第 66 条の 7〕
1997 年 （平成 9 年）	「THP 指針」改正 　（2 月 3 日 健康保持増進のための指針公示第 2 号） 　※ THP スタッフの名称等の変更（2 月 3 日 基発第 66 号）
1998 年 （平成 10 年）	第 9 次労働災害防止計画開始（2003 年 3 月まで） 労働安全衛生規則改正 　※健康診断項目（HDL コレステロール、血糖検査）追加〔則第 44 条〕
1999 年 （平成 11 年）	「労働安全衛生マネジメントシステムに関する指針」公表（4 月） 労働安全衛生法改正 　※深夜業に従事する労働者の自発的健康診断制度の創設〔法第 66 条の 2〕 　　深夜業従事者健康診断助成金事業は 2011 年 3 月で終了 　　化学物質等安全データシート：MSDS（現 SDS）の交付義務付け 「心理的負荷による精神障害等に係る業務上外の判断指針」公表
2000 年 （平成 12 年）	「化学物質等による労働者の健康障害を防止するため必要な措置に関する指針」公表 「事業場における労働者の心の健康づくりのための指針」公表
2001 年 （平成 13 年）	厚生省と労働省を統合し、厚生労働省発足 労災保険法改正により、労災保険二次健康診断等給付開始 ILO「労働安全衛生マネジメントシステム（OSHMS）ガイドライン」公表 「脳血管疾患及び虚血性心疾患等（負傷に起因するものを除く。）の認定基準について」公表
2002 年 （平成 14 年）	「過重労働による健康障害防止のための総合対策」（旧総合対策）公表 　（基発第 0212001 号）→ 2006 年 3 月廃止 「ＶＤＴ作業における労働衛生管理のためのガイドライン」公表→ 2019 年 7 月廃止
2003 年 （平成 15 年）	「健康づくりのための睡眠指針」公表 第 10 次労働災害防止計画開始（2008 年 3 月まで） 「新たな職場における喫煙対策のためのガイドライン」公表 神経系統の機能又は精神の障害に関する障害等級認定基準について
2004 年 （平成 16 年）	労働福祉事業団廃止、独立行政法人労働者健康福祉機構設立 事務所衛生基準規則および労働安全衛生規則改正 　※空気環境の調整について等 「心の健康問題により休業した労働者の職場復帰支援の手引き」公表（10 月） 雇用管理に関する個人情報のうち健康情報を取り扱うに当たっての留意事項 　（10 月 29 日 基発 1029009 号）

2005 年 （平成 17 年）	過重労働・メンタルヘルス対策に対する支援の充実の実施について 　　（3 月 31 日 基発第 0331031 号） 「職場における喫煙対策のためのガイドライン」に基づく対策の推進について 　　※（平成 17 年 6 月 1 日 基安発第 0601001 号 　　　　平成 27 年 5 月 15 日付け安発 0515 第 1 号により廃止） 労働安全衛生法等の一部を改正する法律 　　（11 月 2 日付け法律第 108 号） 　　※リスクアセスメント努力義務、安全管理者の選任時教育、製造業の元方事業者による作業間の連絡調整 　　　等、過重労働・メンタルヘルス対策等 医療情報システムの安全管理に関するガイドライン 　　（3 月 31 日 医政発第 0331009 号・薬食発第 0331020 号・保発第 0331005 号） 厚生労働省の所管する法令の規定に基づく民間事業者等が行う書面の保存等における情報通信の技術の利用 に関する省令 　　（厚生労働省令第 44 号）
2006 年 （平成 18 年）	過重労働による健康障害防止のための総合対策について 　　（3 月 17 日 基発第 0317008 号） 労働者の心の健康の保持増進のための指針（メンタルヘルス指針） 　　（3 月 31 日 健康保持増進のための指針公示第 3 号） 労働者の心の健康の保持増進のための指針について 　　（3 月 31 日 基発第 0331001 号）
2007 年 （平成 19 年）	労働安全衛生規則改正 　　※腹囲の検査を健診項目に追加、コレステロール検査の変更（メタボ対策） 職業上の安全及び健康を促進するための枠組みに関する条約（ILO 第 187 号）」批准 「THP 指針」改正 　　（11 月 30 日 健康保持増進のための指針公示第 4 号） 　　※事業場の健康保持増進措置に係る取組を促進するため所要の改正 「事業場における労働者の健康保持増進のための指針の一部を改正する指針」の周知等について 　　（11 月 30 日 基発第 1130001 号） 「事業場における労働者の健康保持増進のための指針（健康保持増進のための指針公示第 1 号）」に基づく 労働者健康保持増進サービス機関の認定基準の改正について 　　（11 月 30 日 基発第 1130001 号により廃止））
2008 年 （平成 20 年）	特定健康診査等の実施に関する協力依頼について 労働安全衛生規則改正 　　（1 月 17 日付基発第 0117002 号） 労働安全衛生規則の一部を改正する省令の施行及び平成 10 年労働省告示第 88 号（労働安全衛生規則第 44 条第 3 項の規定に基づき労働大臣が定める基準を定める件）の一部を改正する件の適用について 　　（1 月 21 日 基発第 0121001 号） 　　※健康診断項目の追加、腹囲の検査、LDL コレステロール（血清総コレステロールの検査削除）、尿検査 　　　は省略できない THP と高齢者の医療の確保に関する法律に基づく特定保健指導との関係について 　　（3 月 31 日 基安労発第 0331004 号） 「過重労働による健康障害防止のための総合対策について」改正 第 11 次労働災害防止計画開始（2013 年 3 月まで）
2009 年 （平成 21 年）	「心の健康問題により休業した労働者の職場復帰支援の手引き」を改訂 当面のメンタルヘルス対策の具体的推進について 　　（3 月 26 日 基発第 0326002 号）（平成 28 年 4 月 1 日基発 0401 第 72 号により廃止） 介護作業者の腰痛予防対策のチェックリストについて（4 月 9 日付け事務連絡） メンタルヘルス対策支援センター設置（各都道府県の産業保健推進センター内など）
2010 年 （平成 22 年）	労働安全衛生規則等改正 　　※定期健診における胸部エックス線検査等の対象者見直し
2011 年 （平成 23 年）	「過重労働による健康障害防止のための総合対策について」の一部改正について 　　（2 月 16 日 基発 0216 第 3 号） 心理的負荷による精神障害の認定基準について 　　（12 月 26 日 基発 1226 第 1 号）
2012 年 （平成 24 年）	特定健康診査等の実施に関する再協力依頼について 　　（5 月 9 日 基発 0509 第 7 号） 「心の健康問題により休業した労働者の職場復帰支援の手引き」改正（7 月） 職場のパワーハラスメント対策の推進について 　　（9 月 10 日 地発 0910 第 5 号・基発 0910 第 3 号）

2013年 (平成25年)	第12次労働災害防止計画開始（2018年3月まで） 職場における腰痛予防対策の推進について 　　（6月18日 基発0618第1号） 「職場における腰痛予防対策指針」改訂
2014年 (平成26年)	今後における労働衛生対策の推進に関する基本方針について 　　（2月17日 基発0217第7号） 地域産業保健事業、産業保健推進センター事業、メンタルヘルス対策支援事業を「産業保健活動総合支援事業」に一元化（産業保健三事業の一元化） 労働安全衛生法の一部を改正する法律 　　（平成26年法律第82号） 　　※ストレスチェック制度の創設、受動喫煙防止対策の推進等 過労死等防止対策推進法 　　（平成26年法律第100号） 過労死等防止対策推進法の公布について 　　（6月27日 基発0627第12号）
2015年 (平成27年)	経済産業省「健康経営銘柄」発表 労働安全衛生法・受動喫煙防止対策努力義務化施行 心理的な負担の程度を把握するための検査及び面接指導の実施並びに面接指導結果に基づき事業者が講ずべき措置に関する指針 　　（4月15日 心理的な負担の程度を把握するための検査等指針公示第1号） ストレスチェック制度に係る関係省令、告示及び指針の制定について 　　（5月1日 基発0501第6号） 「心理的な負担の程度を把握するための検査及び面接指導の実施並びに面接指導結果に基づき事業者が講ずべき措置に関する指針」について 　　（5月1日 基発0501第7号） 「過労死等の防止のための対策に関する大綱」閣議決定　労働安全衛生規則の一部改正 「過労死等の防止のための対策に関する大綱」に基づく対策の推進について 　　（7月24日 基発0724第2号） 産業医の選任の改善について 　　（10月30日 基安発1030第4号） 「THP指針」改正 　　（11月30日 健康保持増進のための指針公示第5号） 　　※ストレスチェック制度の実施義務に伴う改正 健康診断結果に基づき事業者が講ずべき措置に関する指針の改正 　　（11月30日 健康診断結果措置指針公示第8号） メンタルヘルス指針の改正 　　（11月30日 健康保持増進のための指針公示第6号） 心理的な負担の程度を把握するための検査及び面接指導の実施並びに面接指導結果に基づき事業者が講ずべき措置に関する指針の改正 　　（11月30日 心理的な負担の程度を把握するための検査等指針公示第2号） 雇用管理に関する個人情報のうち健康情報を取り扱うに当たっての留意事項の改正 　　（11月30日 基発1130第2号） 労働安全衛生法・ストレスチェック制度施行
2016年 (平成28年)	転倒災害の防止に向けた取組について（協力要請）―「STOP! 転倒災害プロジェクト」による転倒災害の防止― 　　（1月13日 基安発0113第3号・1月13日 基安発0113第4号） 事業場における治療と職業生活の両立支援のためのガイドラインについて 　　（2月23日 基発0223第5号・健発0223第3号・職発0223第7号） ストレスチェック制度の施行を踏まえた当面のメンタルヘルス対策の推進について 　　（4月1日 基発0401第72号） 労働者健康福祉機構が労働者健康安全機構に改組 　　※労働安全衛生総合研究所を統合、日本バイオアッセイ研究センター事業を追加

2017 年 （平成 29 年）	経済産業省、最初の「健康経営優良法人」発表、認定制度開始 今後における安全衛生改善計画の運用について 　　（3 月 31 日 基発 0331 第 76 号） 「過労死等ゼロ」緊急対策を踏まえたメンタルヘルス対策の推進について 　　（3 月 31 日 基発 0331 第 78 号） 健康診断結果に基づき事業者が講ずべき措置に関する指針改正 　　（4 月 14 日 基発 0414 第 2 号、健康診断結果措置指針公示第 9 号） 雇用管理分野における個人情報のうち健康情報を取り扱うに当たっての留意事項 　　（5 月 29 日 個情第 749 号、基発 0529 第 3 号） 定期健康診断等における診断項目の取扱い等について 　　（8 月 4 日 基発 0804 第 4 号） 雇用管理分野における個人情報のうち健康情報を取り扱うに当たっての留意事項 　　（5 月 29 日） 産業医制度に係る省令改正 　　※産業医の定期巡視頻度緩和、情報取得権限強化
2018 年 （平成 30 年）	ISO45001 発行　OHSAS18001 からの移行が始まる 　　※労働安全衛生を含めた統合マネジメントシステムが運用可能に 第 13 次労働災害防止計画開始（2023 年 3 月まで） 働き方改革関連法公布 働き方改革を推進するための関係法律の整備に関する法律 　　（7 月 6 日 平成 30 年法律第 71 号） 働き方改革を推進するための関係法律の整備に関する法律について 　　（7 月 6 日基発 0706 第 1 号、職発 0706 第 2 号、雇均発 0706 第 1 号） 　　⇒労働安全衛生法改正　※産業医・産業保健機能強化 　　⇒労働基準法改正　※時間外労働上限規制、年次有給休暇の時季指定、 　　　高度プロフェッショナル制度、フレックスタイム制拡充、 　　⇒労働時間等設定改善法制定　※勤務間インターバル制度 　　⇒パートタイム・有期雇用労働法制定（パートタイム労働法改正） 健康増進法の一部を改訂する法律（通称「受動喫煙防止法」） 　　（7 月 18 日 平成 30 年法律第 78 号） 　　※受動喫煙防止の段階的強化（2020 年 4 月から原則屋内禁煙） 労働安全衛生規則の一部改正（2018 年 8 月 9 日） 　　※事業者が労働者に対して行う、心理的な負担の程度を把握するための検査の実施者に公認心理師および 　　　歯科医師を追加 心理的な負担の程度を把握するための検査及び面接の実施並びに面接指導結果に基づき事業者が講ずべき措 置に関する指針に関する公示 　　（8 月 22 日 心理的な負担の程度を把握するための検査等指針公示第 3 号） 労働者の心身の情報に関する情報の適正な取扱いのために事業者が講ずべき措置に関する公示 　　（9 月 7 日 労働者の心身の状態に関する情報の適正な取扱い指針公示第 1 号） 働き方改革を推進するための関係法律の整備に関する法律による改正後の労働安全衛生法及びじん肺法の施 行等について 　　（9 月 7 日 基発 0907 第 2 号） 働き方改革を推進するための関係法律の整備に関する法律による改正後の労働安全衛生法及びじん肺法関係 の解釈について 　　（12 月 28 日 基発 1228 第 16 号）
2019 年 （平成 31 年 / 令和元年）	働き方改革を推進するための関係法律の整備に関する法律による改正後の労働基準法及び労働安全衛生法の 施行について 　　（新労基法第 41 条の 2 及び新安衛法第 66 条の 8 の 4 関係） 　　（3 月 25 日基発 0325 第 1 号） 働き方改革を推進するための関係法律の整備に関する法律による改正後の労働安全衛生法及びじん肺法関係 の解釈についての改正 　　（3 月 29 日 基発 0329 第 2 号） 雇用管理分野における個人情報のうち健康情報を取り扱うに当たっての留意事項の改正 　　（3 月 29 日 基発 0329 第 4 号） 過重労働による健康障害防止のための総合対策の改正 　　（4 月 1 日 基発 0401 第 41 号、雇均発 0401 第 36 号） 令和元年 労働安全衛生マネジメントシステムに関する指針の改正 　　（令和元年 7 月 1 日 厚生労働省告示第 54 号） 職場における受動喫煙防止のためのガイドライン 　　（令和元年 7 月 1 日 基発 0701 第 1 号） 情報機器作業における労働衛生管理のためのガイドラインについて 　　（令和元年 7 月 12 日 基発 0712 第 3 号）

2020 年 (令和 2 年)	「事業主が職場における優越的な関係を背景とした言動に起因する問題に関して雇用管理上講ずべき措置等についての指針」策定 　(1 月 15 日 労働省告示第 5 号) 「高年齢労働者の安全と健康確保のためのガイドライン」の策定について 　(3 月 16 日 基安発 0316 第 1 号) 「過重労働による健康障害を防止するため事業者が講ずべき措置等」 　(4 月 1 日 基発 0401 第 11 号、雇均発 0401 第 4 号) 「高年齢労働者の安全と健康確保のためのガイドライン」公表 　(3 月 16 日 基安発 0316 第 1 号) 「労災保険二次健康診断等給付担当規程」の一部改正について 　(3 月 19 日 基発 0319 第 9 号) 受動喫煙防止法 (原則屋内禁煙) の完全施行 パートタイム・有期雇用労働法施行 (中小規模企業は 2021 年 4 月から) 「THP 指針」改正 　(3 月 31 日 健康保持増進のための指針公示第 7 号) 　※事業場における健康保持増進措置をより推進する 心理的負荷による精神障害の労災認定基準改正 　(5 月 29 日 基発 0529 第 1 号) 「労災保険二次健康診断等給付担当規程」の一部改正について 　(6 月 30 日 基発 0630 第 1 号)
2021 年 (令和 3 年)	「THP 指針」改正 　(2 月 8 日 健康保持増進のための指針公示第 8 号) 　※事業者と医療保険者とのコラボヘルスの推進、事業場内外の複数の集団間のデータ比較による取組、個人情報の取扱い 情報通信技術を利用した事業場外勤務の適切な導入及び実施のためのガイドライン (3 月 25 日) 「労災保険二次健康診断等給付担当規程」の一部改正について 　(令和 3 年 3 月 19 日 基発 0319 第 9 号) テレワークの適切な導入及び実施の推進のためのガイドライン 　(3 月 25 日 基発 0325 第 2 号、雇均発 0325 第 3 号) 「血管病変等を著しく増悪させる業務による脳血管疾患及び虚血性心疾患等の認定基準」改正 　(9 月 14 日 基発 0914 第 1 号) 　(1063 号通達及び昭和 62 年 10 月 26 日 基発第 620 号は廃止) 事務所衛生基準規則及び労働安全衛生規則の一部を改正する省令の施行等について 　(12 月 1 日 基発 1201 第 1 号) 「情報機器作業における労働衛生管理のためのガイドラインについて」の一部改正について 　(12 月 1 日 基発 1201 第 7 号) 「THP 指針」改正 　(12 月 28 日 健康保持増進のための指針公示第 9 号) 　※医療保険者と連携した健康保持増進対策の推進
2022 年 (令和 4 年)	事務所衛生基準規則の一部を改正 　(3 月 1 日 厚生労働省令第 29 号) 労働安全衛生法第 104 条第 3 項の規定に基づく労働者の心身の状態に関する情報の適正な取扱い指針に関する公示 　(3 月 31 日 労働者の心身の状態に関する情報の適切な取扱い指針公示第 2 号) 「THP 指針」改正 　(3 月 31 日 健康保持増進のための指針公示第 10 号) 　※個人情報の保護に関する法律 (平成 15 年法律第 57 号) の一部が改正されたことを踏まえ、所要の改正

14　働く人の災害を防ぐ健康づくり

　少子高齢化を背景とした働き方改革やメンタルヘルス対策、感染症拡大の影響などによる企業の経営課題として、働く人の心とからだの健康づくりの重要性が浮き彫りになっている。職場では、健康診断や健康教育・健康相談の仕組みづくりなど、生活習慣病に対する一次予防としての対策は充実してきている。しかし、労働者の高齢化に伴う基礎疾患の増加、身体機能低下がもたらす転倒災害や腰痛、コミュニケーション不足や不安全行動による労働災害の発生な

ど、生活習慣病予防だけでは解決できない健康課題がある。1988年、心とからだの健康づくり運動として、THP（トータル・ヘルスプロモーション・プラン）が開始されたが、その前身として「中高年齢労働者の健康づくり運動：SHP（1979年、労働省提唱）」が目指してきた「労働適応能力の維持向上」という視点に立った対策が改めて必要であり、誰もが明るく元気で充実した職業生活が送れる働きやすい職場づくりへの取組が求められる。

1）「元気なからだづくり」は安全活動に不可欠

　ある企業の安全衛生委員会の中で「通勤時に駅の階段でつまずき、足首を骨折したので労災申請をした」との報告があった。これに対して総務部長から「原因を明確にして再発防止をすること」との指示があった。しかし、担当者としては事業場内のことでもないため、どうしたらいいのか頭を悩ませている。

　転倒災害は、特に年齢の高い人に見られるため、事業場内では高年齢労働者が安全に作業を行うことができるよう作業環境管理・作業管理に留意することになる。それは床面の段差や凹凸の状況、階段の手すりや高さが適切か、雨天時に滑りやすくなる床になっていないか、また、通路や階段の足元に障害物となるものを置き放しにしないなど、整理・整頓等の4S・5S活動に努めているかなどをチェックすることになる。ところが、作業場の改善だけでは対応できないものに、身体機能の低下がある。身体活動に関する機能低下には、視力やバランス感覚などの感覚機能、筋力の低下、そして骨の脆弱化、熱中症や風邪症候群など寒暖の差などの環境変化に対応する適応力、注意力や集中維持力の低下などが挙げられる。

　このような機能低下は個人差があることと、低下を自覚することもなく徐々に進行するため、生活や行動上に支障が出るまで放置してしまい、未然に防ぐように意識するのが難しいという問題がある。特に成長期を過ぎるとからだを動かす機会が少なくなるため、身体機能の低下は顕著になる。骨折や腰痛を含む運動器の障害は長期にわたる休職につながることから、軽視できない問題である。事業場内での転倒災害防止や腰痛予防のためには「元気なからだづくり」が不可欠になる。

　また、デスクワーク中心の仕事や繰り返し同じ作業をする仕事によって、偏った作業姿勢から肩こり、腰痛、目の疲れ等を感じる方も多い。さらに座りっぱなしによる筋力低下、姿勢の偏り、不活動によって健康リスクが高まるという研究報告もされるようになっている。

2）　今日から取り組む「元気なからだづくり」

　1日の運動・スポーツの実施時間と体力テストの合計得点の関係は、「平成25年度体力・運動能力調査報告書」では、年代別に次のように報告されている。

　「8歳ごろから19歳までは、男女ともに1日の運動・スポーツ実施時間が長いほど合計点は高い傾向にある。20歳以降の合計点は、1日の運動・スポーツ実施時間にかかわりなく低下し、その度合いは、男女とも40歳以降大きくなる。また、ほとんどの年代において30分以上行う3群はいずれも「30分未満」しか行わない群より高い値を示している。1日の運動・スポーツ実施時間が長いほど体力水準が高いという関係は、男女ともにほとんどの年齢で認め

体操は、疲労回復や気分転換、けが予防など、積極的な休息法として意義がある。ストレッチング、スクワット、ラジオ体操、腰痛予防体操など、職種や実施する時間帯、作業環境により効果的なものは様々だが、目的に応じた体操を行うことが大切である。

<ストレッチング実施のポイント>
・はずみをつけず、ゆっくりと
・呼吸は止めずに、自然に
・痛みを感じるところまでは伸ばさない
・伸ばす時間は、10〜30秒間程度
・伸ばしている部分に意識を向ける
・左右2回ずつ伸ばす
・笑顔で行う

<筋力アップトレーニング実施のポイント>
・息を止めない。力を入れるときに息を吐く
・一度に5〜10回繰り返す
・力を入れている筋肉に意識を向ける

背中　上半身
両手を組んで前へ伸ばし、おへそをのぞきこむようにして背中を丸める。
両手を組んで上に伸ばしながら胸を張る。

ストレッチングの例
（「すぐに実践シリーズ　いつまでも安全・健康にはたらく　職場の高年齢化に向けて」（中災防）より抜粋）

ふとももの前　ふともも

筋力アップトレーニングの例
（「すぐに実践シリーズ　いつまでも安全・健康にはたらく　職場の高年齢化に向けて」（中災防）より抜粋）

図表 1.12　元気なからだづくり

られる。1日の運動・スポーツ実施時間は、生涯にわたって体力を高い水準に保つための重要な要因の1つであると考えられる」。

身体機能の低下を抑えるには、運動・スポーツはできる限り若いうちから行うほうが、高い能力を維持するのにも効果的である。しかし、年齢を問わずいつから取り組んでも、さらに機能が低下することを防ぐことはできる。ただし、その取組に期限はなく、取り組み続ける必要がある。

また、運動・スポーツは個人の自助努力で行うものでもあるが、暴飲暴食、二日酔い等が業務へ影響しないように自己管理することも必要で、プレゼンティーイズム（出勤していても業務推進能力が低下し、働けていない状態。16頁参照）にならないことも大事である。事業場として自発的に自分の健康を管理する意識を高める機会を提供することも必要になる。そのためにも、従来から行われている安全管理や安全意識を高める教育訓練に加え、健康づくりとしての取組である「元気なからだづくり」も、安全管理活動のひとつとして捉えていくことが必要である（**図表 1.12**）。

3）　生活習慣病と労働災害との関係

最近では、長時間労働の問題、テレワーク等による働き方の変化、メタボリックシンドロームの内臓脂肪型肥満への対策が求められており、糖尿病や動脈硬化といった内科疾患対策として取り上げられている。特に50代は視力や反応時間などの身体機能や認知機能の低下が始まるばかりでなく、高血圧や脂質異常などの基礎疾患から生活習慣病等の疾病率も高まる。様々なストレスによって脳血管疾患、心筋梗塞、突然死等になるケースも考えられる。

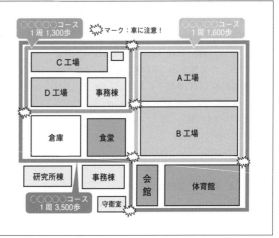

生活習慣病の予防には、1日に 8,000歩が必要とされている。しかし平均的な歩数から考えると、足りないのは 1,000歩、時間にすると 10分と言われており、「あと 1,000歩、あと 10分プラス」が目標となる。そのためには通勤経路の工夫、2アップ 3ダウン（2階程度の上りや 3階程度の下りは、エレベーターではなく階段を利用する）活動、構内ウオーキングマップの活用などを提案して歩数アップを促すことである。

○○○○○コース 1周 1,300歩
マーク：車に注意！
○○○○○○コース 1周 1,600歩
C工場
D工場　事務棟
A工場
倉庫　食堂
B工場
研究所棟　事務棟
会館　体育館
○○○○○コース 1周 3,500歩
守衛室

図表 1.13　事業場周辺ウオーキングマップ

　例えば、最近では全世代の職業ドライバーの事故は減少しているものの、55 〜 64 歳の職業ドライバーの事故は増加している。特に健康問題では、脳出血や心筋梗塞などに起因した事故が約 3 分の 2 を占めるという報告がある（国土交通省）。また、作業中に何らかの内科的な原因によって、ふらついてしまい墜落転落、転倒するといった災害も発生している。

　このように生活習慣病は、健康管理上の問題だけではなく、事故や災害防止の観点からも注意が必要になってきている。

4)　誰でも無理なく行える「元気なからだづくり」

　元気なからだを維持しながら生活習慣病の予防にもなる方法として「ウオーキング」がある。ウオーキングは、年齢や体力の状況に関係なく、誰でもが無理なく行え、消費カロリーを増やすことから脂肪の蓄積を抑える。また、ストレスの発散・解放になるため、ストレスによる過食を防ぐことになる。さらに、質の良い睡眠がとれるような生活リズムへの改善に役立つため、生活習慣病予防には最適な運動といえる。20 〜 30 代で運動習慣のある人は 2 割程度と少なく、歩数は年々減少する傾向にある。このようなことは、

・「健康づくりのための身体活動基準 2013」

・アクティブガイド「＋10（プラステン）：今より 10 分多く体を動かそう」

・「身体活動・座位行動ガイドライン」（WHO、2020 年）

・「国民健康・栄養調査」2020 年

などのガイドラインが示されたり、報告もされている。職場で運動する機会を提供すること（**図表 1.13**）がますます必要になってきている。

　また、健康保険組合や地域で行っている健康づくりイベントに職場全体や部署単位で参加することによって、職場の雰囲気が変わるきっかけにもなる。健康に興味・関心を持っている労働者は多いと思うので、何気ない日頃の雑談から一緒に参加してみよう！ という人が背中を押し、ちょっと苦手意識を持つ方でも健康づくり仲間に巻き込む好循環を期待したい。

<良好なコミュニケーションとは>

・**出社したらあいさつは自分から元気よく**
出勤したときや席を離れるときなど、周りの人に一言、声を
かける

・**仕事を頼むときは名前を呼ぼう**
名前を呼ぶのは、相手を認めること。話しかけるとき、仕事
を頼むときにも忘れずに

・**手伝ってもらった時、笑顔でねぎらい、感謝しよう**
感謝の気持ちは直接言葉で伝える

・**困ったときは、素直な自分を出して話をしよう**
困ったとき、いつまでも自分の中に感情をため込まずに話を
しよう

・**会話は話を聴くことから**
相手の話をきちんと聴くことから信頼関係が生まれる。話の
腰を折らずに聴き役に徹する。自分の意見はその次にする

図表 1.14　風通しの良い職場風土づくり

5）　良好なコミュニケーションで災害が減った

　ある工場では、メンタルヘルス不調で休職する人が出るようになったことから、課長職以上の管理者を対象にメンタルヘルスケア研修を行った。それは、いつもと違う部下への対応、お互いに声をかけ合い話を聴くなど、コミュニケーションの必要性を意識してもらい、日頃の業務に活かしてもらおうとするものだった。その甲斐もあって新たな不調者が出なくなり、職場の雰囲気も良くなったとのことであった。

　しかもそれだけではなく、労働災害の件数も減ったという。それは、コミュニケーションが良好になったことで、職場で何が危険かのホンネの話し合いがしやすくなり、「危ない」という声かけもできるようになったとのことである。これは、まさに「ゼロ災害全員参加運動」が指差し呼称や KY（危険予知）活動などによって目指してきた“いきいきとした職場風土づくり”に当たるものである。

　労働災害発生の背景には、危険と知りながらあえて行ってしまうなどの「不安全行動」があるが、お互いに声をかけにくい雰囲気があれば、このような行動を防ぐことは難しくなる。

　しかし、日常的な会話が円滑にできて何でも話せる関係であれば、仮にいつも注意ばかりされ、叱られてしまったなと思うことが多くても、職場のストレスにはなりにくいであろう。日頃からコミュニケーションを良くし、声かけがしやすい関係性ができていれば、お互いに注意の一言がかけやすくなり、不安全行動による災害を防ぐことにもなる。そのためにも普段からホンネで話し合える風通しの良い“いきいきとした職場風土づくり”を目指すことである（**図表 1.14**）。

6)　高年齢労働者と一緒に働く

　職場では、年齢差のある方々が生産活動を行い、企業経営を担っている。年齢差があれば、生まれてからこれまでの生活スタイルや社会的背景には当然の違いがあり、その前提で人々が分かり合い協力して生産性を上げていくことになるが、働き方や価値観などが様々に多様化していることもあり、働く人の人間関係を複雑にしている。高年齢労働者は、これまでの経験から「自分は事故を起こしたことはない。起こさない」という思い込みや、加齢によるからだの変化に気づかずに、危険性を低く見積もってしまうこともある。慎重さを欠いたり、意図的に不安全行動をとるようなことはあってはならないし、高齢者自身はからだの変化を謙虚に受け止め、慎重に行動する必要がある。一方、熟練者としての経験や知識が豊富で、企業としてなくてはならない役割を果たしている方も多く存在していることもある。

　特に高年齢労働者は働き盛りの世代とは違って、あきらかに加齢による身体機能の衰え（体力、感覚機能の低下等）はみられ、日々新しくなる技術革新に追い付いていくことが困難にもなり、一方で若年者は経験が足りないことから不安を感じたり、失敗して気持ちが落ち込むこともある。一緒に働く仲間として、お互いの得意分野で補い合い、安全に対する意識やノウハウの共有、仕事を進めるコツや技術の継承、世代を超えた新しい業務推進と享受、働きやすい職場環境の構築などに取り組む意識を持つ必要がある。その日々の積み重ねによって、お互いがかけがえのない存在となり、それが職場にとっての宝にもなる。働くことは、人生の多くの時間を占め、その時間が健康で安全であり、快適な場所で働けることがとても重要なことである。やりがい、気持ちの張り、モチベーションにもなり、豊かな人生につながる。

【参考文献】
・文部科学省「平成 25 年度体力・運動能力調査報告書」2014
・国土交通省「事業用自動車の運転者の健康管理マニュアル」2010、2014 改訂
・厚生労働省「健康づくりのための身体活動基準 2013」2013
・厚生労働省「健康づくりのための身体活動指針（アクティブガイド）」2013
・WHO「身体活動・座位行動ガイドライン」2020
・厚生労働省「令和元年 国民健康・栄養調査報告」2020

職場における
健康支援

第2章
働く人への健康支援の実際

働く人への健康支援には、健康診断結果に基づく事後措置、ストレスチェック制度に基づく対応、長時間労働者への面接指導、などのような枠組みが規定された手法のみではなく、集団全体に提供する、健康づくり活動（健康増進プログラム）、健康教育（労働衛生教育）などの手法もある。これらの手法を統合的に用いるためには、健康支援全体の計画（健康増進活動）を明確にして、マネジメントしてゆくことが求められる。そこで、マネジメント手法としてのPlan-Do-Check-Act（PDCA）サイクルの具体的実行方法について、まず、考えていくこととする。

1 PDCA サイクル

健康増進活動は、位置付けや目的が明確になったとしても、それを実行する仕組みがないと持続的な活動にならない。また、健康増進活動は持続しないとその効果を発揮しない。従って、健康増進活動を持続する仕組みが不可欠で、特に、企業において、健康管理は経費削減やリストラの影響を受けやすい部分でもあり、仕組みの明確化が大切である。また、健康管理・健康増進全体をどのように進めるのかその理由を明確にしておくことは、会社全体や社員へ説明するのが容易になると共に、自分たちが実行状況を把握したり評価する上で重要である。

健康管理や健康増進活動として、計画（Plan）を立案し承認を受け、実行し（Do）、評価（Check；自己と他者）した上で結果を説明し、改善（Act）することが求められるべきと考える。このようなPDCAサイクルを行うことは労力を要するが、計画や実行の質を改善していくためには重要な手続きである。健康増進活動に限らず、企業の中で予算を使って施策を実行する場合、PDCAサイクルを経営者の求めに応じてまたは自主的に回すことが適切であり、この中心に産業保健専門職が機能していることが、より適切なPDCAサイクルにつながる。さらに、健康管理や健康増進活動のPDCAサイクルが、経営のPDCAサイクルと同じ次元で、議論され評価されることにより、健康経営に近づいていくと考えられる（**図表2.1**）。

1） 計画の目的・目標の立案
① 上位方針や概念から自部署の役割を明確にする。
② 内部環境変化（今までの評価と対象集団の変化）
　現状を認識することが前提である。従って、今まで行ってきた施策・活動によって、何

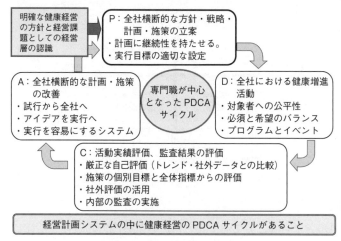

図表 2.1 健康支援の PDCA

が起こってきたか、指標となる数値を設定し意味を考えるなど、活動と指標から現状を認識することが大切である。指標となる数値（有病率、健康診断の有所見率、死亡率、健康保険の支出）などを、経時的変化（トレンド）とさらに大きな集団からの解離の観点で見ることが適切である。

③ 外部環境変化

法律の制改定、社会的要請や社会理念の変化、健康に関する外的要因（新興感染症、環境汚染などの対象集団外の要素）などから、何が求められているのかを考える。

自部署の役割・内部環境変化・外部環境変化から、大きな目的（健康に関する集団としてのあるべき姿や将来像）を定める。この場合、健康増進や生活習慣病リスクの低減などの普遍的な目的になってしまってもよいが、その状態を具体的に表す総合的な数値目標をあわせて設定することが適切である。

2) 方策の立案

次に、目的を達成するための方策を考える。この場合も方策の目的を明確にし、数値目標を設定する。このときに注意すべきことは、次のような事項である。

① 目的と目標値の設定

目標値は、評価の指標になる。具体的には、参加率・実施率や×××の○○%削減や改善などを、過去の経験や他企業や他集団を例に考えることが適切である。

② 対象、投入資源、スケジュールの設定

対象を明確にし、いつ、どの程度の資源（費用と人材）を投入するのかを考える。

③ 実施主体の明確化

多くの場合、実施主体は自部署になってしまうが、職場のように対象に集団がある場合、職場が責任を持って行う行動を明示することは、現場を動かす力になる。また、他部署との協働で方策を展開する場合、協働することを明示しておくと実施が容易になる。

図表 2.2　健康増進プログラムの分布

④　担当者の明示

　　自部署の担当者を明確にしておくことは、自部署内での責任を明確にし、個人の業務設計に役立つ。

　それ以外の要素として、イベント型・プログラム型・自主参加型・必須型の要素を分散させること。自主参加型の場合、「ニーズがあるか？」「ニーズを作り出せるか？」「PR をどうするか？」、必須型とする場合、「周知を誰にどのようにするか？」などを考える必要がある（**図表 2.2**）。

　企業の中で、健康増進活動を展開する場合、必須型から自主参加型へ、イベント型からプログラム型への活動をバランスよく企画し実行していくことが、対象者と企業の両者にとって望ましい方法であると考える。

　方策を、自前で初めから企画し実行するには、大きな労力が必要である。外部資源の活用やICT（情報通信技術）の活用を考える必要がある。

3)　計画の実行と展開

　企業の場合、計画は職場で展開されることにより、実行が容易になり効果が増幅される。今まで考えた計画が、「全社衛生年間計画」や「××工場健康づくり年間計画」であれば、これを対象者に十分開示し、「職場の年間計画」に取り込むなどの下位組織（職場）で展開させる仕組みが必要である。この場合、今年度の重点目標や方策を示し、「職場に対してこれとこれはぜひやってください」と意思を表すことが大切で、重点課題の健康教育と自主的な選択のできる健康教育を職場に明示することは、職場という集団で健康教育を展開する場合、特に重要な考え方である。後は、「Do」あるのみである。

4)　評価

　評価には、実施者による自己評価と外部（他者）評価がある。自分たちの行動を自分たちで評価することは必須である。さらに、自部門以外の評価や監査を受けることは、実行する場合の障壁を明確にすることや大きな集団との意識の解離を知ることに有効である。決して外部の評価を正しいとする必要はないが、自分たちと対象者の感覚の解離を是正するのは、専門家の役割である。

① 効果の判定

　　対象者が自己判断や自己決定に基づいて生活習慣改善や健康への行動を行うための知識・技能を修得し、行動変容への認識・意欲を持つことができたかどうか、また、具体的に行動変容が見られ、それが持続しているかどうか、さらに生活の充実感が得られたかどうかなどがある。実際に、生活習慣病の数値の改善やリスクの改善を指標とすることも重要であろう。

② 実施状況の評価

　　参加の継続率、予定参加者に対する参加率など。

③ 費用と効果

　　健康づくり活動や健康教育では、その効果を貨幣価値で判断できない場合が多い。そこで、同様の効果を得るために必要な他の方法との費用の比較や、教育を企業内部で行う場合と外部に委託する場合との比較、他企業の費用などを参考に検討することになる。

5）改善

　自己評価と外部評価を受けて、各方策の改善すべき点を修正する。一挙に方策が改善できるわけではないので、トライ・アンド・エラーの積み重ねを続けることが、改善のポイントである。

2　ハイリスクアプローチとポピュレーションアプローチ

　ポピュレーションアプローチはロンドン大学のジェフリー・ローズが、「Sick Individuals and Sick Population」で示したものである。ある病気に罹りやすい個人を守ろうとするハイリスクアプローチに対して，罹患率（発症率）を左右する原因に対処しようとするものとして、ポピュレーションアプローチを提唱している。

　生活習慣病は，複数の危険因子が積み重なって発症する。そこで、最も発症しやすい人（ハイリスク群：リスクを多く抱える人）に集中して対策をとる方法（ハイリスクスアプローチ）は、ハイリスク群には予防医学的方法として効率が良い。しかし，ハイリスクアプローチは、中リスク～低リスク群への介入がないか非常に弱いために、母集団の人数が多く発症も一定レベルでおこる中リスク～低リスク群からの発症数をコントロールできない現象に陥る。リスクが広く集団全体に分布している場合には，集団全体にアプローチを行い中リスク～低リスク群を含め発症率を左右する要因を制御して，危険因子の平均値を下げ、全体のリスクの分布を良い方に移動させる試みが重要であり、これがポピュレーションアプローチである。

　生活習慣病をターゲットする場合、ハイリスクアプローチとポピュレーションアプローチの両方をバランスよく行うことが重要である（**図表2.3**）。ポピュレーションアプローチが集団にいきわたると、集団全体の健康への意識が向上する可能性があり、ハイリスクアプローチを効果的に行える土壌となる。

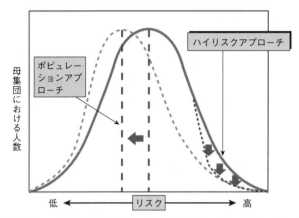

図表 2.3　ハイリスクアプローチとポピュレーションアプローチ

1）ハイリスクアプローチ

　ハイリスクアプローチは、健康診断を含めた各種の仕組みで、すでに数多く実行されているので、詳細には触れない。しかし、ハイリスクアプローチの原理を少し確認したい。ハイリスクアプローチとは、リスクを減少させるだけではなく、リスクを減少させることにより、期待通りインシデンス（発症・事象など）が減少しているかどうかを確認することである。多くの場合、リスクに介入してリスクが減少するまでは確認するが、インシデンスの減少を確認するには大きな母集団が必要になるため、インシデンスの減少まで確認していない場合も多いのではないだろうか。また、インシデンスを確認していても、リスクをコントロールしているのにインシデンスが減らないことを経験することはないだろうか。われわれがリスクとして想定している要因には、生活習慣病に対する高血圧、脂質異常症、糖尿病のように疫学的研究や各種の医学的研究で科学的に一定レベル解明されたリスクと、ストレスコーピングが上達すればメンタルヘルス不調の発症が減ると考えるような思考的（理論的）因果関係から導き出されたリスクなどもある。

　集団のリスクをコントロールしてもインシデンスが減少しない場合には、次のような原因が考えられる。リスクの想定が科学的エビデンスに基づかないものになっており、従ってリスク対策をしてもインシデンスが減少しない現象につながることが考えられる。次に、リスクは正しく想定されているが、インシデンスが減少しない場合もあり、その場合は介入している集団が特殊な別のリスク（原因）を抱えていたりすることも考えなければならない。それ以外にも種々な現象が考えられるが、リスクをコントロールしてもインシデンスが減少しない場合には、リスクの想定から見直す必要がある。

　ハイリスクアプローチを進める場合、リスクを減少させることにより、期待通りインシデンス（発症・事象など）が減少しているかどうかを確認するとともに、中リスクや低リスクの集団に対するアプローチをハイリスクアプローチの拡大で押し進めることやポピュレーションアプローチで対応するなどの対策を考える必要がある。

2) ポピュレーションアプローチ

　健康づくりプログラムの対象者を募集しようとすると、このプログラムに参加してほしいと思う軽度肥満などの参加者は少なく、運動好きの集団になってしまう場合をよく経験する。このような現象は、ポピュレーションアプローチの手法と対象集団の特性が一致していないことが大きな原因と考えられる。ポピュレーションアプローチは、対象集団を性・年齢階級・職種・地域・生活様式などで区分（セグメンテーション化）し、アプローチするターゲットを決めて、その区分集団に対して効果的なアプローチ方法を検討することが重要である。ポピュレーションアプローチには、いくつかの類型化が考えられる。

① 労働衛生年間計画等の活用

　　健康教育や健康増進プログラムの重点施策を定め、事業場年間計画に盛り込むことにより事業場全体に展開する。この際、健康教育では目標を各職場2回実施／年、健康づくりプログラムでは目標を参加率30％などと明確な目標を定めて、PDCAを回す。健康づくりプログラムなどでは、参加率を20％から徐々に40％まで数年かけて目標を上げてゆくなどの方策も考えられる。

② 参加率の高い既存の活動・プログラムを活用して広く介入

　　健康診断時の健康教育などが考えられる。さらに、幅広く参加でき比較的インセンティブのあるプログラムを、インセンティブと①の年間計画を活用して育て、これらのプログラムを核として活用し、幅広く介入することも考えられる。参加率が母集団の50％に近づくと、安定的かつ中心的なプログラムとの印象である。

③ 必須的な教育と連携

　　企業では、人事教育（管理職層向け）や業務に係る技能教育が、経験年数や職位階層ごとに行われている。この、セグメンテーションに合致した健康教育や体験型健康プログラムを、企業の教育に位置付けて行うことも考えられる。

④ 環境整備

　　典型的なものは、体育館や運動設備の設置などになる。社員食堂でのヘルシーメニューの提供、たばこ販売の中止、敷地内禁煙、自動販売機飲料のゼロカロリー化など、アイデアとトップダウンがあれば、大胆に実行できる。

⑤ 経済的誘導・インセンティブ

　　禁煙指導への補助、禁煙成功者の表彰や褒賞金、体重減少に対する賞品提供、歩数に対する賞品提供、ヘルシーメニューへの補助などが考えられる。褒賞金は、ポイントなどで数多くのプログラムに参加して貯めることができる制度にして、一定以上のポイントが貯まると電子マネーに変換できるなどの仕組みも考えられる。

⑥ 職場の活用

　　職場は、先ほどの事業場年間計画の活用の場となることは当然であるが、職場単位で集団で参加したり競争したりすることにより、効果を増幅できる可能性がある。また、禁煙やダイエットなど長期間の活動が必要な場合に、見近な職場に適切な支援者がいて継続的な支援（見守り）が受けられることは、活動の継続性につながる可能性もある。

　ポピュレーションアプローチの手法は多種多様であり、健康の専門家ではなく参加者がセグメンテーションと仕組みを考える方が、楽しいプログラムになる可能性もある。このような意味から、プログラム提案から実施・評価を仕組みとして捉えプログラム応募、審査、プログラムのコンペなどを一連の流れで行うことも考えられる。

　これらの実施したプログラムがグッドプラクティスサンプル（GPS）として集約され、これを多くの産業保健専門職がブラッシュアップ活用し、GPSとしてさらに活用するような、スパイラルで向上するGPSの活用が望まれる。現在、日本産業衛生学会では良好実践事例（GPS）として産業保健現場における実践事例を収集しており、簡潔にまとられた資料をホームページに掲載している。日本産業衛生学会員でなくても閲覧できるので参考にしてみてはいかがだろうか。

3　職域がん検診（ポピュレーションアプローチ）

　定年延長に伴い、働く集団におけるがん対策の重要性が増加してきている。産業保健現場においても、いくつかの方法でがん検診が普及し始めている。企業におけるがん検診は、対策型がん検診をベースに任意型がん検診を組み合わせる場合が多いであろう。対策型検診とは、集団全体の死亡率減少を目的として実施するものを指し、有効性が確立したがん検診を選択し、利益は不利益を上回ることになる。

　対策型がん検診は、対象年齢でセグメンテーションされているが、ポピュレーションアプローチの一種と考えられる。一定規模の集団であれば、対策型がん検診により、死亡率（がんによる死亡）の減少が確認されるはずである。では、多くのがん検診を実施している企業で、最終的な効果であるがんによる死亡率の減少を確認しているだろうか。

　産業保健現場における多くのがん検診がその効果を測定できないでいるのが現状であろう。この理由は、がん検診の結果を産業保健現場が管理できる仕組みになっていないことが挙げられる。結果を管理していない以上がん検診実施以外の状況を把握できず、精密検査の受診勧奨も十分にできていない可能性がある。

　産業保健現場におけるがん検診は、対策型検診を組織的に行い、がん対策教育の実施、対象の明確化、高い受診率の確保、精度管理体制の整備、診断・治療の提供（誘導）体制整備、検診受診者のモニタリング、検診の評価などを行う組織型検診として実行して、そのメリット効果を対象者と企業や保険者が十分に享受する仕組みにすべきと考える。さらに、死亡率の減少のみではなく、労働能力の保持や生活の質の保持（向上）に向けて、任意型がん検診を盛り込むことや両立支援が、職域がん対策のあるべき姿と考える。

4　メンタルヘルス対策におけるハイリスクアプローチとポピュレーションアプローチ

　頻度の低い現象はハイリスクアプローチが適しており、頻度の高い現象にはポピュレーションアプローチが向いていることはいうまでもない。20年前を考えるとメンタルヘルス不調は、

生活習慣病に比べ明らかにまれな現象であったと思う。しかし、今では生活習慣病対策が一定の効果を生む中で、メンタルヘルス不調者は増加しており、メンタルヘルス対策においてもポピュレーションアプローチが必要になっている。

1) メンタルヘルス対策の枠組み

　安衛法に基づくストレスチェック制度、心の健康問題により休業した労働者の職場復帰支援の手引きなど、一連の仕組みが法令やガイドラインで示されているが、実施するためには多くの労力を要する。このため、実施することに注力して真の活用に結び付けられない状況もあるのではと危惧する。そこで、メンタルヘルス対策の全体像を考えてみたい。

　産業保健現場におけるメンタルヘルス対策は、健康支援策そのものでありかつ疾病対策である。疾病対策は、基本的に一次予防（疾病の予防）、二次予防（早期発見・早期治療）、三次予防（適切な治療による機能の維持回復）に分けることができる。産業保健現場では、三次予防を「適切な治療への誘導及び就業への配慮」と「休業からの職場復帰」に大きく分けている。このように、疾病対策を考えると、一次予防つまり疾病を予防するのが一番いい方法に見える。

　一次予防は一番いい方法に見えるが、一番最初に取り掛かる方法ではない。疾病対策の基本は、困る度合いの高い人・重症度の高い人やいろいろな意味でリスクの高い人から、対応や支援するのが常道である。つまり、メンタルヘルス不調になって休業しても、きちんと復職できるようにすれば、安心して休業して治療することができるのである。

　休業して治療しても復職できるので、「早期発見して軽症のうちに治療して、もし休業になっても大丈夫」となり、適切な治療に誘導できるので、「早期発見して早く治療しよう」、早期発見も一定レベルでできるので、「予防に注力しよう」、と考えてゆく（**図表2.4**）。そして、予防から復職までの段階に的確に対応するためには、複数の手法を重ねて対策を考えておく必要がある。ぜひこのような観点から、事業場や自社のメンタルヘルス対策を見直してみること

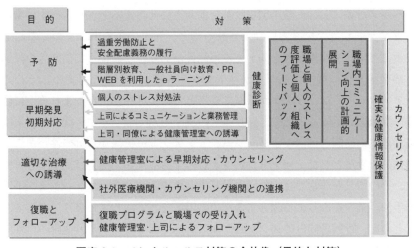

図表2.4　メンタルヘルス対策の全体像（目的と対策）

をお勧めする。

2)　メンタルヘルス対策のハイリスクアプローチ

　メンタルヘルス対策のハイリスクアプローチを考えると、長時間労働における面接指導やストレスチェック制度における面接指導が典型的である。しかし、その他にも、健康診断の問診で不安感・不眠などの精神症状を訴える者、新入社員、転勤や異動に伴い業務や人間関係が大きく変化した者、重要なプロジェクトのメンバー、事故などの大きなトラブルに対応している部署のメンバーなど多くのハイリスク者が企業内にはいる。このような方々に、どのようなアプローチをしていくかもハイリスクアプローチの重要なポイントになる。

3)　メンタルヘルス対策のポピュレーションアプローチ

　メンタルヘルス対策におけるポピュレーションアプローチは、職場環境対応と個人要因対応（ストレスコーピングや認知の修正など）に分けられる。個人要因への対応は、後段の「職場におけるメンタルヘルスケア」で詳しく記載されるので、ここでは、職場環境対応（改善）に触れることとする。

　ストレスチェック制度に基づく集団分析結果を活用した職場環境改善は、メンタルヘルス対策におけるポピュレーションアプローチといえる。典型的な手法は、「職場環境改善のためのヒント集（メンタルヘルスアクションチェックリスト）」を用いた方法であろう。集団分析結果でリスクが高いと判断される職場に向けて、このような職場改善手法を用いること、つまり高リスク集団（職場）に改善を促すことは、その集団に属する人へのセグメンテーション化されたポピュレーションアプローチと考えることができる。

　しかし、高リスク職場へのアプローチでは、低リスク職場が高リスク職場になるのを予防することはできないし、集団全体のリスクを下げることもできない。また、高リスク集団（職場）だけの対策は、一部の職場への対策であるため事業場全体に展開するのが難しいと感じる。

　メンタルヘルス対策における職場環境改善を前向きにとらえると、働きやすい職場をつくること、コミュニケーションをさらに向上させること、元気の出る職場をつくること、等になる。そうすることで、労働生産性も向上する可能性があり、このような前向きな課題の捉え方をすれば、事業場全体に展開することが多少なりとも容易になると考える。そこで、ポピュレーションアプローチでは、リスクが低減できるとどのような効果が生まれるかに注目して前向きな目標や課題を設定することで、高リスクの集団のみではなく中〜低リスク集団までを含めた事業場全体への展開が可能なポピュレーションアプローチになる可能性がある。

　では、具体的な手法として、何を考えればよいのであろうか。例えば、集団分析結果のトレンドをみて、その結果が非常に良い集団に対して、職場内のコミュニケーション手法や上司の業務管理の手法、業務をよりよく改善するための手法などに関してヒアリングして、これを類型化したまとめを、管理者向けのメンタルヘルス研修で広く展開する。健康づくり年間計画などで、「職場内コミュニケーションの向上」などをテーマや目標として、その手法の解説とし

て、先ほどの類型化したまとめを事業場内に周知するなどの手法が考えられる。

　集団分析結果のトレンドを見ていると数年かけて支援のリスクや総合リスクが徐々に改善してきている職場を見つけることができる。このような職場は職場改善や業務改善のための取組を地道に行っており、業務遂行がスムーズになり労働生産性が向上していたり、さらに働きやすいとメンバーが感じている場合も多々存在する。そこで、このような職場に具体的なプラクティスをまとめてもらい、この職場の管理者やキーマンが、何を考え、どのようなヒントからこのような取組を行い、どんな改善をして今に至ってきたかを、自分自身の言葉で話してもらうグッドプラクティスの展開もある。1つの職場だけでは話す側が躊躇するので、2～3の職場に話してもらうのもよいのではと考える。

　グッドプラクティスの水平展開では、講師がいつも社内で顔を合わせる実践者であることは、実践を身近で実行可能性が高いと感じられる大きな要素になる。このようなポピュレーションアプローチは、産業医や産業看護職でなくても実行可能であり、ストレスチェック制度の集団分析結果の活用として、比較的容易なものではないだろうか。

5　健康教育

　教育という手法は、ポピュレーションアプローチと思われがちな面があるが、対象集団を選び計画的なプログラムで教育を行うことは、当然ハイリスクアプローチになる。従って、教育はポピュレーションアプローチからハイリスクアプローチまでカバーできるオールマイティな手法である。そこで、健康教育の基本的な要素について考えてみる。

　健康教育は、対象者の健康の保持増進のための知識の習得と行動の支援が基本的な目的であり、最終的には、対象者が自立して健康習慣（行動）を実践するようになることが目標と考える。従って、生活習慣病予防としての健康教育を考える時、健康教育の第一歩はやはり生活習慣病予防に関する正しい科学的知識と方法の提供である。「生活習慣病予防が何故必要か？」という疑問を対象者が理解して初めて動機付けとなり、理解があることにより行動が継続しやすくなる。

　健康に関する情報が氾濫する中で、対象者が偏った情報をもとに行動する場合もある。また、新しい理論や方法も現れては消える現状がある。そこで、健康教育の中心となる内容は、多くの研究者や専門家が合理的だと認める内容を集団の状況に応じて展開することが肝要である。従って内容は保守的なものになるが、健康教育に関する要素や要因を組み合わせることにより、新鮮さや面白さを付加する。

　健康教育の効果を考える時、教育の内容とは別にその効果を修飾する要因があり、これらの修飾要因は健康教育の効果に大きな影響を与える。そこで、健康教育の主要な要素と修飾する要因について考えたい。

1）主要な要素

　主要な要素は、対象者、内容、時間、教育の目的、の明確化である。対象者と目的が決まれ

ば、内容は自ずと決まる。

　対象者における要素として、自主的な参加であるか一定の強制力を持った参加であるか、一般集団を対象とするのか特定のリスクのある集団や個人を対象とするのか、年齢層、職種、職位、性別など、対象集団の特徴を整理する。対象者を具体的に想定することは、対象者の気持ちを理解し、立場や考え方に合わせて健康教育の内容を適切に加工することに大きく役立つ。

　そして、何故この健康教育をするのかの目的を明確にし、教育により到達または実行してもらいたいと考える目標を設定する。対象者と目的・目標は一体のものであり、内容は対象者に伝えたい事項と対象者が知りたいと予測する事項を織り交ぜる必要がある。

　内容は、専門家が考える背景から教育の目的までの総論部分（導入部分）と、具体的な伝えたい内容（各論）があることが適切であり、総論は専門家の視点で、各論は対象者の視点で内容を考えることが適切と考える。また、総論部分では、対象者にとって身近な状況が理解できる資料を活用することは、教育内容を対象者の身近なものと感じさせるのに有効である。

　さらに、行動の変容を促す健康教育では、対象者に具体的な行動目標を立てさせることや、別に個別の保健指導に誘導して行動計画を立てるなど、健康教育後のフォローアップの方法を、教育内容に盛り込んでおくことが適切である。

　時間は、実際に教育を行う状況によって規定される場合が多い。現場で教育を行う場合は15分程度がひとつの目安となり、数日かけて行う研修会の一項目として健康教育を取り上げる場合には、健康以外の項目とのバランスで時間を考えることが適切である。

2)　修飾要因

　修飾要因としては、効果や結果のフィードバック、物や気持ち・言葉による報奨、風土や集団の認識による圧力（社会的な陽性圧力）、体験、利便性、教育する側の情熱などが考えられる。

(1)　フィードバック

　健康教育から得た知識や方法を実践すれば、何らかの結果や効果が得られるはずであり、その結果や効果を対象者が認識することは、行動の継続の重要な要素であり、楽しみにもなる。

① 　自己によるフィードバック

　　生活習慣の改善などの行動の変容が起これば、行動そのものが結果であり、これを記録すること。

　　体重・腹囲・血圧など対象者が自分自身で測定できる項目を記録すること。

② 　客観的なフィードバック

　　コレステロール値、中性脂肪、血糖、HbA1c、内臓脂肪、酸素消費量など客観的な測定項目を一定の頻度で測定すること。

　　対象者が自分自身で測定できる項目を、産業保健スタッフが測定することは、単に結果を測定する以上に、対象者と接することができるという点で意味がある。

③ 行動計画の実績の共有とフィードバック

　健康教育で行動計画が策定できた場合には、計画に基づき PDCA を回してフォローアップしていく。

(2) 報奨

　行動を誘導するためのひとつの要素に報奨がある。

　健康教育に参加すること自体が企業にとって望ましい行動である。自由参加の健康教育であれば、健康教育は教育に参加すること自体も評価する必要があり、参加賞的な報奨を考えることも意味がある。また、一定の目標を達成した対象者に、達成賞のような賞品や少しくだけた感じの賞状を出すような方法もある。

　さらに、報奨を制度化すれば、健康教育への参加や各種目標の達成をポイント制度で認定して、一定のポイントが貯まると何かに交換できるような仕組み（健康マイレージ）も考えることができる。

　健康教育にゲーム的な要素を取り入れる際には、健康教育の中で対象者が考えたプランやアイデアを対象者や産業保健スタッフが評価することも報奨になる。報奨は、物や賞品だけとは限らない。産業保健スタッフからの言葉やメールも重要な報奨であり、周囲からの賞賛や保健スタッフからの丁寧な対応が、対象者の心に届く報奨になると考える。

(3) 社会的な圧力

　人が行動するためには、個人の内なるモチベーションとは異なり、外的な要請も重要である。生活習慣の改善や健康行動は、社会的な流行や組織風土に影響される。企業で健康教育や健康保持増進活動が勢いを持つためには、経営層が明確に健康保持増進を企業の方針として明示するとともに、宣伝・PR 活動を含めて、健康的な行動をすることが当然であるとの風土や流行を作り出す努力が必要である。すでに、健康経営は経営者の一般用語になり、メタボという言葉が流行し、「健康がかっこいい」と感じる若者も増えてきている。このような社会的な流行を企業の中で十分に周知するには、経営層からのメッセージと社会的な流行が相乗効果を持つように行動するのが効果的である。

(4) 利便性

　対象者が教育を受けようとする時、教育を受ける利便性が高いほど、参加しやすくなると考えられる。産業保健スタッフが現場に出向いて教育する方が利便性は高くなる。参加しやすい教育時間帯の選択、対象者の勤務時間に応じて教育を分散するなどが考えられる。

　企業の中で部署によって業務ピークがある場合、業務ピーク時期を避けることなども考慮する必要がある。また、教育計画は、計画年度の後半に増える傾向があり、年間を通して他部署の教育を含め、教育の集中が起こらないような調整も必要である。

(5)　ITの活用

　企業の中で全員を対象とした健康教育を、一度に行うことは困難な状況になりつつある。教育の方法として、Webを活用したeラーニングも検討する必要がある。健康教育に用いる資料に音声や動画を付加すれば、一定のeラーニングの資料を作ることができる。

　従業員全員に一定の教育を行う場合に利便性の観点から、パソコンや企業内のIT資源を活用した健康教育の仕組みが重要性を増している。また、健康教育を社外のサーバーから供給し、インターネットを活用して利用する仕組みも多数あり、大きな投資をしなくても、eラーニングを展開できる可能性を持っている。

　健康教育の内容は、大きく変化しないが、インターネット上には、加工された多くの健康に関する情報がある。インターネットの中にある氾濫する健康に関する情報から、適切なサイトや情報を活用することも、健康教育の資料を作る際に重要である。

(6)　情熱

　健康教育において、教育する側の情熱は、効果に大きな影響を与えると感じる。対象者は教育の詳細を覚えていなくても、誰の話を聞いたのか、教育全体の印象などは、心に残る場合が多い。健康教育を企業の産業保健スタッフが担当すると、健康診断や個別の保健指導などの健康教育とは別の機会で、産業保健スタッフと対象者が対峙することがよく起こる。従って、情熱が対象者に伝わっていることは、健康教育後の場面で人間関係をつくる時に効果が出ると感じる。いつも、情熱は伝わると考え、健康教育に取り組むことが大切である。

(7)　体験

　健康教育は、行動の変容を目的としている。行動は理解してもなかなか実行に移せない場合も多い。従って、変化した行動を対象者に体験してもらうことは、行動そのものへのイメージを対象者に持ってもらえる点で、効果的である場合がある。特に食事や運動は、体験することにより、「気持ちいい」「思ったより簡単」などのイメージを引き出せるのではないかと考える。

　メンタルヘルスに関する教育では、ロールプレイングなどを行うことにより、知識を行動に生かす難しさや、具体的な行動や言動のあり方を実感できる。ロールプレイングができなくても、講師が対象者にデモンストレーションを行うことは、擬似的な体験として経験を生むことになる。健康教育の段階に応じて、体験的な要素を盛り込むことを考えたい。

　産業保健スタッフが、健康教育において正面から対象者と対峙し、考え方や気持ちを、さらに対象者に何を行ってほしいかを真摯に伝えようとすることが、健康教育の基礎となる。そうして対象者が自分自身で考え行動する教育を目指したい。

　ぜひ、健康保持増進活動の中で、健康教育と健康教育以外の手法をどのように組み合わせるかの全体をよく考え、健康教育を位置付け、健康教育に工夫を加え、健康教育を計画し、実行し、評価し、改善し、より良い健康教育を創造しよう。

6 グループ・ダイナミクス

グループ・ダイナミクスとは、「集団における個人の行動や思考・価値観等は、集団から影響を受け、また逆に、集団に対しても影響を与えるというような、集団を構成する個人同士の相互依存関係から派生する集団の力学的特性」のことを指しているのが一般的である。健康教育等の中では、グループ討議やグループ討議に基づく集団の意思決定、集団的援助技術としてのグループワーク、さらにチーム対抗でのゲームを健康づくりに応用すること等により教育効果や学習効果を増強しようとすることがグループ・ダイナミクスの活用となる。そこで、グループ・ダイナミクスの活用について基礎的な事項を考えたい。

1) グループ討議（集団討議）

メンタルヘルス不調への対応を課題とした管理職研修を例にとると、多数のメンタルヘルス不調を経験した管理職は少なく、系統的学習や個別事例の説明だけでは理解できても具体的な対応行動がイメージできない場合も多い。そこで、研修の後半において企業等で実際にあったメンタルヘルス不調等の事例を提示して、職場管理者としての初期の対応方法を数人（一般的には5〜6人）のグループに分けて検討させ、その結果として対応の考え方、具体的対応法や具体的対応を取るための問題点を討議して発表させるなどの方法がある。

この場合、系統的学習を活用しようとする管理職や経験をもとに対応を考えようとする管理職など、知識や具体的対応の方法をより深く共有することが可能であり、教育的効果が増強されることが推測される。一方、自分の部下であるメンタルヘルス不調者への対応を一人で担おうとする管理職、健康管理部門に連絡して対応を委ねる管理職、健康管理部門と協議を重ねながら対応を探ろうとする管理職など、いくつもの行動様式が出てくることにより、行動の多様性を知ることができる。この多様な対応行動の問題点や疑問点を互いに指摘しあい、一定の行動様式を集団として見出すことも可能になる場合がある。

そして、グループの発表等を専門家および他のグループで共有し、さらに討議することで問題への対応の具体的方策がさらに深まると考えられる。このなかで生じた問題点の提起や集団として見出した行動規範（様式）に対する他のグループもしくは専門家の感じる問題点は、実際の対応の障壁になることが多いと考えられ、これらの障壁に対する対応方法を専門家等が解説し、その解決策を提示・解説することは重要な意義を持つと考える。

2) 集団（グループ）討議＋集団決定

企業における個人の行動は、上司の指示やリーダーシップに基づき実行される場合が明らかに多い。この場合、上司が事実の把握を十分にしていなかったり、偏った考えを持って判断すると、集団がとるべき行動としては適切ではない行動に導く可能性があり、集団の合意が得られないため行動自体が遂行されない可能性もある。このような場合、集団（グループ）討議＋集団決定というグループ・ダイナミクスを活用した手法を取ると、問題に対する捉え方の共感をふまえた上で、集団としての意思決定を明確にすることにより、その集団の行動の規範が変

わり、集団に属する人たちの行動が「こうしよう」という方向性の一致した行動になりやすいとされている。

　ストレスチェックの集団的分析結果をもとに職場改善を実施する場合などに活用できる。

① ストレスチェックの集団の分析結果において、健康総合リスクが一定以上（健康総合リスクが高い）の職場を数職場選定するか、総合健康リスクが一定以上の職場を含むより大きな組織の職場全体を選定する。後者の方が、多様な意見や意識を持った集団になるので、グループ・ダイナミクスの活用が推進されやすいと考える。

② まず、グループ討議の趣旨を説明する際、ストレスチェックで集団的分析結果の解説を行うことは必要であるが、ストレス軽減のための対策を検討することを議題とするより、「職場のありたい姿とその方法」や「元気な職場づくりのための行動」など、できるだけ前向きな課題設定をする方が適切であろう。グループ討議は責任転嫁を起こす可能性があり責任追及型の課題設定は討議を委縮させる可能性がある。

③ 設定した課題に対して、20 〜 30 分程度の時間で職場ごとに討議を開始するが、自由な討議を促進するために所属長に退席を願うか、または討議がある程度進んだ段階で所属長が参加するなどの方法もある。具体的な方法や行動を複数決める。

④ グループ討議で出てきた意見を、参加者全員が集まって再度討議をして、複数個に絞り込む（この過程は省略してもかまわない）。

⑤ 各グループで全員で実行することや、大きな組織で実行することなどを決定する。職場管理者が討議に参加している場合、職場管理者が行う行動を職場管理者が決めることも、職場管理者が率先して改善活動に参加する意味で重要である。このような方法を取ることにより、より実効性の高い職場改善活動につながる。

7　行動科学理論を活かした健康支援

1）　行動科学とは

　働く人の健康づくりを進めるためには、運動や健康的な食習慣など社員の行動変容の支援が重要である。しかし、「わかっているけどできない、続かない」もしくは「そもそも変える気がない」など行動変容が困難なことも多い。そこで役立つのが行動科学理論である。行動科学とは「人の行動を総合的に理解し、予測・制御しようとする実証的経験に基づく科学」と定義される。つまり、行動科学を理解し活用することで、行動変容の支援が成功しやすくなるといえる。行動科学の理論に基づく具体的な支援法は行動変容技法と呼ばれ、100 以上の技法があるとされる。

　本項では、主に働きかける対象の違い（個人・集団）に分けて、健康づくりに役立つ理論や行動変容技法を紹介する。ただし、両者は厳密には分けることはできず、個人と集団への働きかけを融合させることで、効果的な健康づくり推進につながると考えられる。

2)　主に個人への働きかけに役立つ理論

(1)　学習理論

　　行動科学の最も基礎となる理論が学習理論（Skinner、1953）である。**図表2.5** に示すとおり「刺激・行動・結果」は相互に影響しており、この過程が繰り返されると、3者が強く結び付いて「学習」が成立する。行動の多くは、学習の結果、維持されているといえる。そのため、変容を促したい行動がある場合は、その前後の関係に着目すると相手の行動を深く理解でき、無理のない行動変容の支援につながる。

㋐　刺激統制法

　　物理的環境や他者の行動などに反応して行動が生じるため、行動のきっかけや引き金になっている刺激を探して、それを利用して行動が生じやすいようにしたり、逆に生じにくくしたりすることができる。これは行動変容技法のひとつで「刺激統制法」と呼ばれている。例えば、間食を減らしたいのならば、目につく場所にお菓子を置かないようにするとよいだろう。運動を促したいならば、運動用品（シューズや歩数計など）を目立つ所に置いたり、運動する時間を決めたり、運動する仲間をつくる等の新たな刺激をつくりだすことが考えられる。

㋑　オペラント強化法

　　行動によって良い結果が生じると行動は増え、逆に悪い結果が生じると行動は減る（オペラント条件付け）。行動が増えることは「強化」、行動に影響を与える要因は「強化子」と呼ばれる。このように行動の結果に着目した働きかけは、「オペラント強化法」という行動変容技法である。行動してすぐ生じる結果ほど、その行動に強い影響を与える。例えば、運動習慣を定着させたい場合、減量だけを目標にするとすぐに結果が出ないため挫折しやすい。運動中や直後に良い結果（楽しい、肩こり解消等）が得られるような運動プログラムを勧めることも必要である。なお、周囲の人や専門家がほめたり注目したりすることは、強い強化子となるため、望ましい行動に着目したフィードバックが行動の強化となる。

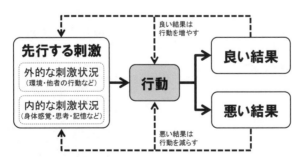

（資料：足達淑子編「ライフスタイル療法Ⅰ　第5版」（医歯薬出版、2021）をもとに作成）

図表2.5　行動科学における行動のモデル

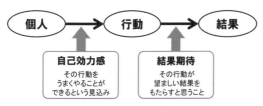

（資料：松本千明「健康行動理論の基礎」医歯薬出版（2002）をもとに作成）

図表 2.6　社会的認知理論における自己効力感と結果期待

① **自己の成功体験**
同じ行動か、似たような行動をうまくやることができた経験があること

② **代理的体験**
自分と似たような人（性、年齢、ライフスタイルなど）の成功事例をみて、自分でもやれそうだと思うこと

③ **言語的説得**
信頼できる人から「あなたなら出来る」と言われたり、自分の行動に対して肯定的に評価されること

④ **生理的・情動的状態**
その行動をすることで、生理状態や感情面で悪い変化がおこらない、もしくは良い変化がおこること

（資料：松本千明「健康行動理論の基礎」医歯薬出版（2002）をもとに作成）

図表 2.7　自己効力感を高めるための 4 つの情報源

(2)　社会認知理論

　行動科学では、人の認知的要因も考慮されている。その代表のひとつが社会的認知理論（Bandura,1977）である。社会的認知理論では、人は 2 つの条件がそろった時にその行動をする可能性が高まるとされている。ひとつは、その行動が望ましい結果をもたらすと思うこと（結果期待）であり、もうひとつは、その行動をうまくやることができるという見込み（自己効力感）があることである（**図表 2.6**）。特に、自己効力感は健康行動と関連が深く、健康支援においては自己効力感を高める働きかけが求められる。

(ア)　自己効力感を高める 4 つの情報源

　社会認知理論では、自己効力感を高めるための 4 つの情報源が明らかにされている（**図表 2.7**）。特に本人の成功体験は、自己効力感に最も強く影響する。そのため、行動変容をサポートする場合、まずは「できること」から挑戦してもらい、成功体験を積み重ね、自己効力感を高めることが継続のコツである。

(3)　行動変容プログラムの事例

　図表 2.8 に筆者らが実践した行動変容を目的としたプログラムの例を示す。本プログラム

図表 2.8　行動変容プログラムの基本の流れ

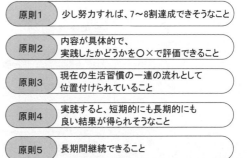

図表 2.9　行動目標の原則

は学習理論と社会認知理論をもとに開発された。集団教室として実施されたが、個人面談でもほぼ同じ流れで実施することが可能である。本プログラムで活用された主な行動変容技法を以下に紹介する。

(ア)　目標設定

　　ステップ2では「目標設定」という行動変容技法が使われている。本人が「やってみたい」「できそうだ」と思っていることを中心に、毎日もしくは週単位で、「何をどのようにするか」具体的な行動目標を決める。行動目標の5つの原則を**図表2.9**にまとめた。自己効力感を高めるためにも、まずは達成できる行動目標を設定する（原則1）。

　　目標を十分に達成できるようになったら、もう少しレベルの高い目標にするなど、相手の状況に合わせてスモールステップで支援する。また、「〜を心がける」など、漠然とした目標にせず、具体的に「いつ、どこで、誰と、何をどのくらいやるのか」を決める。目標の中に数字を入れると○×で評価しやすくなることが多い（原則2）。

　　新しい行動を取り入れる場合は、現在の生活習慣の一連の流れの中に位置付けると継続しやすい（原則3）。例えば、「寝る前に布団の上でストレッチを10分行う」であれば、寝る前に布団に行くことが行動の刺激となる。行動が繰り返され、学習が成立すれば、その環境がいわばスイッチとなり行動が習慣化されやすくなる。

(イ)　セルフモニタリング

　　ステップ3では、行動目標の実践状況を毎日○×等で記録する。これは、行動変容技法のひとつで「セルフモニタリング」と呼ばれている。減量を目的にしているならば、体重の記録も強く推奨される。また、歩数を記録すると、身体活動促進に役立つ。セルフモニタリングによって、行動目標の実行が強化され、自分の行動の客観的観察から本人の気づきが生まれやすい。セルフモニタリングの形式はこだわらなくてよいが、体重変化などはグラフにすると励みになったり、気づきにつながったりしやすい。ただし、記録することが多いと、面倒になり逆効果であるため、本人が実施しやすいことが最も大切である。

　　毎日忘れず記録してもらうためには、「シートを目につくところに貼っておく」等のアドバイスが有効である。体重や歩数を自動記録できるアプリやウェアラブルディバイスの活用も、使い慣れている人にはお勧めである。

(ウ)　プログラムの効果

　　この「行動変容型プログラム」と、専門家の講義と実技指導を中心とした「知識提供型プログラムの効果の違いをランダム化比較試験によって検証した。その結果、行動変容型プログラムの方が、身体活動が促進し、肥満が改善した。さらに、プログラム終了から1年経っても、行動が逆戻りしたり、リバウンドしたりしにくいことも確認されている（**図表2.10**）。

3)　主に集団への働きかけに役立つ理論

(1)　ナッジ理論

　　ナッジは2008年に行動経済学者であるリチャード・セイラーらによって提唱された。

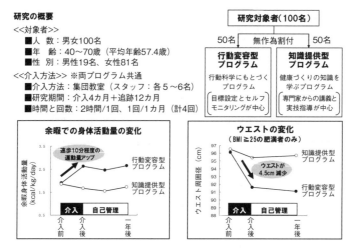

（資料：甲斐ら「体力研究」105（2007）、甲斐ら「厚生の指標」55（2008）をもとに作成）

図表 2.10　行動変容型プログラムと知識提供型プログラムの効果の比較

ナッジとは、「ひじで軽く突く」という意味であり、学術的には「選択を禁じることも、経済的なインセンティブを大きく変えることもなく、人々の行動を予測可能な形で変える選択アーキテクチャーのあらゆる要素」と定義される。アーキテクチャーとは構造や構成、設計という意味である。つまり、ナッジとは人々の行動を強制することなく、より良い選択を自発的に行えるように手助け（そっと後押し）する手法や仕掛けと理解できる。例えば、「ピアノの階段」は有名なナッジである。これは、階段とエスカレーターが並んでいる場所で、階段をピアノに模すと、階段を利用する人が増えるというナッジである。他にも、食堂でサラダを手に取りやすい場所に置くと、サラダを食べる人が増える等が知られている。

㋐　ナッジと行動経済学

　ナッジは行動経済学の「二重過程理論」を基礎にしている。人は選択などの意思決定をするときには、感情的・直観的な「システム１」と、論理的・科学的な「システム２」の２つがあるとされる。多くの意思決定が、システム１で処理されている。システム１は処理負荷が少なく判断が速いが、認知バイアスを生みやすい。認知バイアスとは系統的な認知の歪みのことである。ナッジの多くは、この認知バイアスを利用している。つまり、ナッジはシステム１に働きかける手法ともいえる。健康教育が主にシステム２に働きかけるのとは対照的である。上述したピアノの階段も「健康のために階段を利用しよう」と"教育"したわけではない。「楽しそう」というシステム１への働きかけであり、その結果、階段を選ぶ人が増えたと解釈できる。

㋑　ナッジの手法

　研究者によってナッジの手法は呼び名や分類方法が違うため、職場での健康づくりに関連の深いナッジをピックアップして以下に紹介する。

①　デフォルトオプション：初めに決められていること（デフォルト）が最も選ばれやすい。「未知なもの、未体験のものを受け入れたくないと感じ、現状を維持したい」と感

じる「現状維持バイアス」を利用したナッジ。例えば、定食にサラダをセットにしておくと、外すことができたとしても、追加でセットにできる場合よりも、サラダを食べる人が多くなる。

②　プロンプティング：行動を起こさせる手がかりを先に与えるナッジ。階段とエスカレーターなど行動選択場面でポスター等を掲示する介入がこれにあたる。また、スーパーなどで並ぶ時に足跡マークがあると、そこに皆が立ち止まる。なお、階段利用のプロンプティングは多数検証されており、一定の効果があると推察される。

③　社会的規範や競争：他者の行動が基準になる、周囲に合わせてしまうというバイアスを利用したナッジであり、「社会的参照点の提供」等と呼ばれることもある。歩数を他者と競ったり、チームで歩数の目標を決めたりする介入方法が考えらえる。職場ぐるみで取り組む風土をつくるのもこのナッジに含まれる。

④　フレーミング：同じ意味でも、表現の違いで別の選択をしてしまうバイアスを利用したナッジ。例えば「100人中10人が失敗をする手術」よりも、「成功確率90％の手術」の方が、「手術を受けよう」と思う人が増える。運動不足の健康被害を訴えるメッセージ（損失メッセージ）よりも、運動のメリットや効果を伝えるメッセージ（利得メッセージ）の方が有効であるという研究がいくつかある。

⑤　損失回避：何かを得ることよりも、失うことに対する心理的な拒否感を強く感じるバイアスを利用したナッジ。例えば、がん検診キットを送付する添付文章に、「今年受診しないと、来年はキットをお送りできません」と記載すると、受診率が向上する。ただし、損失の危機感を過度に煽りすぎないよう注意も必要である。

㋒　ナッジ理論の課題

ナッジ理論は比較的新しいために、わが国の健康づくり分野ではエビデンスが蓄積されていない。特に、健康づくりに関心が薄い人にも行動変容を促せるのではないかと期待されているが、検証は始まったばかりである。確かに、システム1に働きかけることから、本人の健康意識が低くても行動変容のきっかけにはなるかもしれない。しかし、ナッジがなくなっても、その行動変容が定着するとは限らないため、注意が必要である。

また、ナッジは個人の選択の自由を前提とはしているが、行動をある一定の方向に誘導することを意図している。そのため、目的とする行動の科学的・社会的妥当性や正当性が十分に担保された場合のみナッジ適応するなど、倫理的な観点にも十分に配慮しながら進めることが重要である。

(2)　エコロジカルモデル

個人の行動は、個人を取り巻く多層的な環境（組織・地域社会・公共政策）から影響を受けていることが知られている（**図表2.11**）。この考え方は、エコロジカルモデル（生態学モデル）と呼ばれている。つまり、行動変容の支援には、職場の物理的・社会的環境を改善するという視点も必要である。例えば、身体活動促進に関する職場環境については、5つの領域に分類されている（**図表2.12**）。他にも、社内の全面禁煙、社員食堂のメニュー改善、活

（資料：江口泰正，中田由夫（編著）「職場における身体活動・運動指導の進め方」大修館書店（2018）より抜粋）

図表 2.11　エコロジカルモデルの概念図

小領域	内　　容
1.　身体活動促進プログラム	**キーワード：プロモーション、ポスター、プログラム、配布** 労働者の体力・身体活動の評価、集団検診による評価を行う。身体活動に関連したプログラムに参加しやすいように情報を提供する。組織的な健康教室や身体活動の促進に関するセミナーなどの健康教育を実施するなど。
2.　組織の方針と実践	**キーワード：方針、ガイドライン、管理職、事務所の要請** フィットネスクラブ会員費用の助成金、健康保険等への経済的助成をする。職場の方針として勤務時間中でも運動の実施を可能とする。職場外や地域にある健康促進のための組織と連携するなど。
3.　内部の物理的環境	**キーワード：アクセス、インテリア、施設ー室内にあるすべてのもの** フィットネス施設、利用しやすい階段、更衣室およびシャワールームの整備をする。職場や通路の連結性を高めるなど。
4.　内部の社会的環境	**キーワード：同僚、サポート、価値** 同僚や仲間からよい助言を得る。同僚や仲間とともに好ましい身体活動や健康行動をとるようになるといった相乗効果を得るなど。
5.　外部の物理的および社会的環境	**キーワード：職場の近隣、屋外、アクセス** 職場近隣が歩きやすい（土地利用の多様性、公共交通機関の利便性、交通面・治安面での安全性、良好な景観など）。駐車場があり自転車道が整備されている。職場から離れた場所に駐車場がある。運動施設へのアクセスがよいなど。

（資料：江口泰正，中田由夫（編著）「職場における身体活動・運動指導の進め方」大修館書店（2018）より抜粋）

図表 2.12　身体活動促進に関する職場環境の内容

動的な通勤サポート施策、立ち会議や昇降デスクの導入なども職場環境改善の代表例である。

　このような方法は、健康に関心の薄い社員にもアプローチできる。環境を一気に変えることが難しくても、より多くの社員が巻き込まれるような仕組みができれば、社内の雰囲気（風土）に変化が生まれ、自然と健康づくりが促される社会的環境の実現につながる可能性がある。

(3)　健康の社会的決定要因

　エコロジカルモデルに類似する理論として、健康の社会的決定要因（Social Determinants of Health：SDH）がある（**図表 2.13**）。これは、健康は遺伝や生活習慣だけでなく、

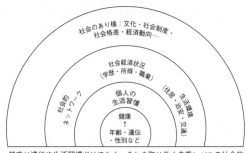

健康は遺伝や生活習慣だけでなく、それを取り巻く多重レベルの社会的
要因によって決まる。

（資料：江口泰正、中田由夫（編著）、職場における身体活動・
運動指導の進め方、大修館書店（2018）より抜粋）

図表 2.13　健康の社会的決定要因の概念図

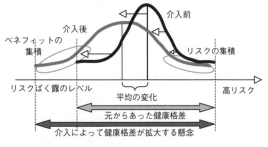

（資料：近藤尚己「健康格差対策の進め方」医学書院（2016）
をもとに作成）

図表 2.14　ポピュレーションアプローチと健康格差

それを取り巻く多重レベルの社会的要因によって決まるという考えである。世界保健機関
（WHO）が提唱し、健康日本21（第二次）でも重視されている。この考えに基づけば、行
動変容できない背景に、過重労働や仕事のストレス、社会的つながりの希薄さ等が隠れてい
る可能性もある。これらの課題を解決するには、健康管理部門だけでは難しいため、労務管
理の適正化や働き方改革等、全社的な取組と連携していくことが求められる。

（ア）ポピュレーションアプローチと健康格差

　　健康が社会的要因に影響されるため、社会経済的格差が健康の格差となって現れること
が知られている。例えば、大企業よりも中小企業に勤める人、正社員よりも非正規社員の
方が健康状態は悪い。この格差は退職後も持ち越され、寿命の差にもつながる。

　　健康格差の是正には、集団全体に働きかける「ポピュレーションアプローチ」が基本と
なる。しかし、健康知識の普及だけでは、かえって格差を広げる危険性が指摘されている
（**図表 2.14**）。生活にゆとりのある人々はいち早く健康知識を吸収して行動変容に移しや
すいが、ゆとりの少ない人々はメッセージに無関心だったり、行動変容につながりにく
かったりして、取り残されてしまうからである。

　　このような状況になることを防ぐために提案されているのが「傾斜をつけたユニバーサ
ルアプローチ」である。これは全員（集団全体）を対象とした取組だが、その度合いを社
会的に不利な度合いに応じて強めるというものである。行動変容の施策を立案する際には、
非正規社員など社内の弱い立場の人々に十分に配慮されているか？　を常に意識すること
が必要である。

(4) 職場環境改善の事例

　　筆者らが実施した行動変容を目的とした職場環境改善に関する取組を紹介する。

（ア）職場でできるながら運動

　　職場の中で、ちょっとした空き時間や場所を活用して、ストレッチや筋力トレーニング
をすることを促す「職場での“ながら運動”プログラム」を実施した。具体的には、待ち
時間ができそうな場所に、その場ですぐできるストレッチや筋力トレーニングのポスター

を掲示（プロンプティング）するとともに、各社員の実践状況を可視化するために「実践記録表」を社員が目に付く場所に掲示し、毎日、記入してもらった（社会的参照点の提供）。

　中小企業において2カ月間実施したところ、社員の約9割がポスターを認知し、半数以上が週1回以上"ながら運動"を実行した。さらにプログラム開始前に生活習慣改善に無関心だった社員も、約半数が週1回以上、"ながら運動"を実施していた。プロンプティングと社会的参照点の提供を組み合わせたナッジは、無関心層を含み、短期間であれば一定の効果があることが示唆された。

(イ)　オフィス環境改善

　オフィスワーカーの座りすぎ改善を目的として、オフィス環境を改善する研究を実施した。介入前のオフィスは、整然と机が並ぶ一般的なレイアウトであった。それを、昇降式デスク導入に合わせて、通路を回遊型にし、共用席を増やすなどの改装を行った。その結果、1日の座位時間が40分減少した。

　さらに、同じ考え方で4か所のオフィスを1か所に集約するオフィス移転を行ったところ、座位時間削減とともに中高強度の身体活動が増加し、HbA1cなどの健診データがわずかであるが改善した。

　オフィス環境改善は、コストや手間はかかるが、そこで勤務するすべての社員に長期的に影響を与える。模様替え等の機会があれば、健康に配慮したオフィスづくりにもぜひチャレンジして欲しい。

【参考文献】
・甲斐裕子，他「行動変容型プログラムと知識提供型プログラムの身体活動促進効果の比較：無作為化比較試験」『体力研究』105：2007，1-10
・足達淑子編『ライフスタイル療法Ⅰ−生活習慣改善のための行動療法−第5版』医歯薬出版，2021
・畑栄一，他『行動科学−健康づくりのための理論と応用』南江堂，2003
・松本千明『医療・保健スタッフのための健康行動理論の基礎−生活習慣病を中心に』医歯薬出版，2002
・甲斐裕子，他「メタボリックシンドローム危険因子に対する行動変容技法を用いた生活習慣改善プログラムの有効性：ランダム化比較試験」『厚生の指標』55（11）：2008，1-7
・リチャード・セイラー，他，遠藤真美（翻訳）『実践 行動経済学』日経BP，2009
・江口泰正，他（編著）『職場における身体活動・運動指導の進め方』大修館書店，2018
・Kanamori S, et al. : Size of company of the longest-held job and mortality in older Japanese adults: A 6-year follow-up study from the Japan Gerontological Evaluation Study. *Journal of Occupational Health*. 62（1），2020 Jan, e12115
・近藤尚己『健康格差対策の進め方 効果をもたらす5つの視点』医学書院，2016
・甲斐裕子，他「行動経済学を応用した体を動かす人を増やす研究」．令和2年度厚生労働科学研究費補助金（循環器疾患・糖尿病等生活習慣病対策総合研究事業）「健康への関心度による集団のグルーピングと特性把握ならびに健康無関心層への効果的な介入手法の確立（研究代表者：福田吉治）」分担研究報告書．2021
・Kai Y, et al. : Impact of activity-based working and height-adjustable desks on physical activity, sedentary behavior, and space utilization among office workers: a natural experiment. *International Journal of Environmental Research and Public Health*. 17（1），2020 Jan, 236.
・Kai Y, et al. : Impact of ergonomics on cardiometabolic risk in office workers: transition to activity-based working with height-adjustable desk. *Journal of Occupational and Environmental Medicine*. 63（5），2021 May, e267-e275.

8 健康づくりスタッフの役割と活動

1) スタッフの役割と体制

　職場は組織的に機能しているため、健康づくりにおいても、まずは事業者の方針が明確に打ち出されることで円滑で効果的な活動につながる。健康づくりスタッフは、事業者に対して健康に関する情報を適切に提供するとともに、健康づくりの方針に基づき PDCA に沿った活動を推進していく役割を担う。また、法令などの根拠に基づく体制はもちろん、事業場内の産業保健スタッフとして、または産業保健スタッフと連携して、各々の事業場の特性に応じた健康づくりの体制を整えることが重要となる。特別に組織を立ち上げなくても、労使や専門職（産業医や衛生管理者など）が構成員である衛生委員会等を活用することが有効である。事業場規模によっては、衛生委員会等の設置義務がない場合や、事業場内に産業保健スタッフがいない場合もあるため、事業場外の機関や専門職を活用することで、効果的な健康づくり活動を展開することが期待できる。いずれにおいても、労働者等の意見を吸い上げる仕組みや、職場を巻き込むプロセスを大切にした柔軟な体制づくりが望ましい。

　さらに、健康保険組合などの医療保険者とのコラボヘルスの推進や労働組合との連携、企業単位での取組など体制の強化も図られている。

(1) 法律、指針、ガイドラインに基づく体制

　安衛法をはじめとした法令、各種指針やガイドラインにおいて、労働者の健康の保持増進を図るための措置に関すること、健康相談や労働衛生教育に関することなど、担当者や実施方法について明示されており、これらは事業主が労働者の健康問題に責任を持って取り組むことの基盤となる。

　例えば、健康診断とその後の保健指導、過重労働対策、ストレスチェックやメンタルヘルス対策、THP の推進、喫煙対策といった健康保持増進の取組などである。

(2) 事業場内のスタッフによる体制

　産業医や保健師・看護師、衛生管理者、衛生推進者、人事労務スタッフなどが連携して活動に取り組む。企業によっては、管理栄養士や心理職、THP 指導者などがそれぞれの役割に応じた活動を行っている。事業場内の仕組みやルール、教育体制などが共有されているため、企画や調整が進めやすいが、日頃からのコミュニケーションや情報共有、役割を明確にしておくことでより円滑な活動につながる。

　例えば、人事労務と連携したメンタルヘルス対策や過重労働対策、階層別教育（管理職教育・新入社員教育等）、健康教育・イベントの実施、社内報への健康関連記事の掲載、敷地内禁煙の組織的な推進などである。

(3) 事業場外の機関や専門職の活用

　専門的な知識・スキルを有した外部機関、地域資源や専門家と連携し、業務の委託や健康

づくり活動を推進する。例えば、医療保険者、健診機関、医師会、労働衛生機関、中央労働災害防止協会、産業保健総合支援センター・地域産業保健センター、保健所・保健センター、障害者職業センターなどがあり、専門職としては、医師や保健師・看護師、労働衛生コンサルタント、心理職、スポーツインストラクターなど様々な職種がある。必要に応じて柔軟に対応すること、予算やサービスの質の見極め、契約手続きや個人情報管理など十分な確認と調整が必要となる。

(4)　職場との連携

　健康づくり活動は、最終的には職場の自主的な取組を目指している。職場巡視等による情報収集やコミュニケーション向上、職場を含めたニーズ分析等を行い、職場が主体的に環境や作業状況の改善を行って、健康課題や健康づくり活動の提案ができるよう支援する。また、衛生委員会等で知識や関連情報を共有し、職場のキーマンである管理職への働きかけや、担当者を育成するなど、職場との連携を強化した体制づくりを目指す。

(5)　健康保険組合などの医療保険者との連携

　保険加入者の健康や医療費削減など健康保険組合の目的と企業の保健活動の目的を整理し、役割分担を明確にして、積極的に連携をとることが期待される。保健事業の一環としてデータ分析を行う「データヘルス」への取組や、「健康経営」をめざした環境整備や予防活動、また労働者（被保険者）だけでなく家族（被扶養者）までを対象とした取組は「コラボヘルス」として相乗的な効果につながると考える。例えば、特定健康診査・特定保健指導を徹底する仕組みづくりや家族を巻き込んだウオーキングイベント、がん検診の受診促進や情報や環境を提供するなどの具体的取組が実施されている。

2)　健康保持増進活動の実際

　事業場での健康づくり活動は、事業者の方針や目的にも続く PDCA サイクルを回しながら、次の活動につなげるスパイラルアップ型の取組が求められる。各事業場の課題や強みに応じた目標設定や評価を確実に行い、改善に結び付けていく、とても地道な活動といえる。理想的といわれる改善方法や他社で成功したやり方を提案したとしても、事業場や対象者のニーズに合ったものでなければ、個人や集団の意識や行動を変えることは難しい。結果に結びつく活動にするために、以下に PDCA 各段階での取組のポイントや具体的な場面、ケースの紹介を行う。

(1)　Plan 〜計画を立てる〜

㋐　現状分析／課題と強みの把握

　　対象となる個人や集団・組織の特性やニーズを知るためには、まずは現状を正しくし知り、課題や強みを把握することが出発点となる。労働者の健康に関連する情報は、非常に幅広く（**図表 2.15**）、会社の理念や安全・健康に関する基本方針は、健康づくり活動の基

会社や 事業場の概要	・経営理念／経営戦略／組織／事業内容／人員構成／業績 ・安全や健康に対する基本方針／体制／設備／立地条件 ・活用できる資源（人／物／時間／予算）
仕事に 関すること	・業務内容／職場環境／勤務状況／残業時間等の情報 ・ワーク・エンゲージメント／意識調査などの結果
健康に 関すること	・疾病管理状況／診断書情報／就業措置情報 ・各種健康診断結果／ライフスタイル情報 ・ストレスチェック結果／集団分析結果 ・各種アンケートや健康相談／問診内容 ・イベント参加率／社員の健康観／自己効力感

図表 2.15　個人や集団・組織の情報源

盤となる。また、職場の風土や業務内容、人事労務管理に関する情報、健康に関する情報などの主観的・客観的情報を意図的に収集し、比較・分析したり、経年変化を確認することが重要である。

　この際、やみくもにデータ収集や分析をするのではなく、まずは健康診断やストレスチェックなど既存の情報の中から課題や仮説を検討し、日常での労働者からの意見や反応などを参考に情報収集や分析の視点を絞り込むことなどの工夫が必要となる。また、適切な最新情報を得るために、公表されている各種の統計や年報、調査報告書などの適切な情報へのアクセスを行うことで効率的にアセスメントすることができる。特に、事業場規模が小さいために、集団のデータとして妥当性や信頼性を担保できない場合は、全国データなど一般化された分析結果を根拠としてもよい。

　情報収集の方法としては、現場に足を運ぶことも有効で、実際に見て、聞いて、臭いや温度など五感をフル活用した情報収集や、職場の雰囲気やコミュニケーション状況などの待ちの姿勢では得られない多くの情報を得ることができる。ただし、COVID-19対応により、直接的な接点を減らすことが求められたり、テレワークの拡大などの変化に伴い、なかなか現場に足を運ぶことが難しい場合も生じる。今後は、オンライン環境やICTツールの活用など情報収集の方法も各職場の特性に応じた工夫が必要となると考える。

（イ）　目的／目標の設定

　計画の段階で「何のために行うのか」という目的とその指標となる目標を設定する。目的は一つでも手段は複数あるため、課題すべてを計画に落とし込むのではなく、現状分析で明らかになった特性やニーズをもとに緊急度・重要度などを考慮した上で優先順位を決めることになる。健康づくりにかかわるスタッフや関係するメンバーがベクトルを合わせて最終的に目的・目標の共有をしておくことがポイントである。特に「目的」＝「目標を達成すること」にならないように留意する。

　また、健康に関することは、結果が短期で出るものだけではなく、中長期的にわたるものも多いため、中長期計画と短期計画を連動させて立案することを検討する。目標値や評価の指標を事業場内で決めるのが難しい場合は、項目の経年変化や全国的な統計・指標等をもとに、妥当性があり実現可能な目標を設定する。

現状	・有所見者への受診指導を徹底して行っているが、経年的に有所見者の割合が増加 ・詳細に分析すると、指導を受けた有所見者のデータ改善はしているが、軽度異常や異常なしの人の悪化率が高く、結果的に、有所見者の数、割合を引き上げていた ・社員の平均年齢の上昇も影響

課題	・有所見者の入れ替わり現象が起こっている ・ハイリスクの支援に偏っていたため、ポピュレーションアプローチが不足していた ・健康づくりスタッフのマンパワー不足もあり、特定保健指導の実施率が 10％と低であった

目的・目標	目的：社員の高齢化に伴う生活習慣病のリスクの低下 ・全社員の生活習慣病に対する知識・意識の向上 ・生活改善行動への動機づけ強化 ・健診有所見者率の低下

実施計画	・全社員に向けた情報提供や啓発活動 　→ ex. 健康診断会場でのポスター掲示・動画上映、健診データ分析結果の情報発信 ・既存の仕組みの有効活用 　→ 年代別教育、管理職教育などへの情報追加、社員食堂との連携など ・外部機関や既存の教育コンテンツ活用によるマンパワー不足への対応 　→ 特定保健指導の委託、公的資料や各種情報サイトの活用

図表 2.16　プランニングのプロセスの例

●健康診断結果分析をもとにしたプランニングの例

　有所見者（ハイリスクの方）へのアプローチの優先順位は高いが、経年的なデータ分析の結果、集団全体の健康度やその背景が見える化されたケース。また社員の高齢化が進む中で、社員一人ひとりの知識や意識・行動変容に向けた取組み強化を中長期的な目標としたプロセスの概要を**図表 2.16** に紹介する。

(ウ)　評価方法の決定

　評価は PDCA の「C」に当たるが、「P」の目的・目標を設定するのと同時に検討し、目標が決まった時点で「評価すべきこと」が明確になっていることが望ましい。例えば、企画前後の評価アンケートの項目などもこの段階で作成することとなる。また目標を可能な限り具体化、数値化することで、評価も進めやすくなり、次のステップである改善にもタイムリーにつなげることができる。さらに、多面的・総合的に評価できるように、評価の枠組み（「4) Check（評価の枠組み）から Act（改善）へ」参照）を理解し、必要な項目を設定する。

(エ)　具体的実施方法の決定

　次に具体的な方法として、「何を」「だれが」「いつ」「どうやって」実行するかを決める。

「何を」では上記「(イ)、(ウ)」の検討プロセスを実行する。

「だれが」では、実施や運用の負荷を想定した人数などの決定やメンバーの選出、外部専門家への講師依頼などがあれば、付帯する手続きも想定する。

「いつ」は、年間計画の中にどう位置付けるか、効果的なタイミングや頻度の検討、季節や気候、就業時間の内外いずれにするか、人を集めやすい時間帯はいつか、場所の確保、などの調整が必要となる。

「どうやって」では、方法として個別なのか集団なのか、対面かオンラインか、媒体にはどんなツールが適切か、といった詳細を決定していく。具体的な媒体や実施方法の選定については、専門職の意見や助言を受けるとともに、対象者のニーズも考慮することにより参加意欲や動機付けを強化することができる。

(オ) 企画書の作成

企画書を作成し、見える化を図ることで、関係部門や参加者間との目的・目標・評価指標の共有や、予算の確保、迅速な評価につなげることができる。また、企画の主体のほかプロセスや役割分担も明確になり、産業保健チームとしての活動も円滑に進めることができる。

《企画書の内容例》

目的／目標／評価指標（期待される効果）／実施時期／所要時間／対象者／方法／講師／担当スタッフ／使用媒体／予算／PR方法など（**図表2.17**）

(2) Do（実施）

計画や準備が十分に機能していれば、実施当日の運営は円滑に進むが、想定外の出来事などもあるため運営メンバーのチーム力や連携力がポイントとなる。実施状況はプロセス評価やストラクチャー評価にも影響する。主役である対象者の方や対象集団の方の満足度や動機付けなどは実施時点での影響を受けることも多い。

(ア) 自分の身体や健康の状態を理解する機会を目指す

様々な健康問題やウェルネスの視点において、まずは対象者一人ひとりが良い状態も含め、自分自身の問題として捉えることが入口になる。特に、生活習慣病などは自覚症状もなく経過することが多いため、早い段階で自分の問題として認識するのは難しいことも多い。一方、健康に関する情報はインターネット等を通じて容易に入手することができる情報過多の現状がある。それらの情報が科学的根拠に基づいたものか否かの確認についての支援が必要である。また、ただ単に情報を提供するだけではなく、適切な情報や環境の提供を通して、対象者が問題点を実感できる仕組みづくりや支援が必要である。

(イ) タイミングに応じた支援

対象者が行動変容に対して現在どのステージにいるかを明らかにし、対象者のステージに合った働きかけをする。ただし、変化のステージと働きかけの組み合わせはどんな行動にも同じように当てはまるのではなく、

　　・対象者がまだ行動を起こしていない場合は、主に考えや意識への働きかけを行う

企画名	禁煙セミナー：卒煙チャレンジ
背　　景	・労働安全衛生法の改正による受動喫煙防止対策の努力義務化 ・健康診断での有所見者の喫煙率が所見のない人より○ポイント高い状況 ・受動喫煙への対応を求める従業員からの声（○○アンケート結果より）
目　　的	1. 禁煙の関心期、準備期にある方に、情報提供や体験を通して行動変容のきっかけとする 2. 喫煙者、受動喫煙者減少による健康リスクの低下
目　　標	・セミナー参加者の 50％以上の禁煙達成 ・健康診断問診にて、喫煙率の低下　○○％　→　○○％
開催日時	●年●月●日　〜　6 カ月間
会　　場	○○会議室
対象者・ 参加予定者数	喫煙者のうち希望者　○○名　※有所見者優先
講　　師	産業医／健康支援スタッフ
実施内容	募　集　：　通達、喫煙者への個別メール、各会議体での PR、HP への掲載 講　義　：　60 分 ① ニコチン依存度チェック ② 卒煙講座 ③ 質疑応答 ④ 参加アンケート ⑤ 事後フォロー　・1 週間後、2 カ月後、6 カ月後フォロー 　　　　　　　　・達成者には「卒煙証明書」発行
使用媒体 配布資料	リーフレット　／　講義 PPT　／
予　　算	リーフレット　代金　●●円
評価方法 ※評価方法や 内容を記載	① ストラクチャー（構造） 　実施体制や企画の評価
	② プロセス（過程） 　直後アンケート、○カ月後アンケートでセミナーの評価
	③ アウトプット（事業実施量） 　セミナー参加率、理解度や満足度
	④ アウトカム（結果） 　参加者の喫煙達成率、参加者の○○年健診問診喫煙率

図表 2.17　禁煙セミナーの企画書例

・対象者が行動を起こした後では、主に行動への働きかけを行う

　また、まったくの無関心な状態から自分自身を少し客観視し始める変化が察知できれば、困ったことに対してサポートできる支援や環境をすぐに提示できるようにしておく。

《参考》ステージ理論に基づく支援

① 無関心期：6カ月以内に行動変容に向けた行動を起こす意思がない状態
② 関心期：6カ月以内に行動変容に向けた行動を起こす意思がある状態
③ 準備期：1カ月以内に行動変容に向けた行動を起こす意思がある状態
④ 実行期：明確な行動変容が観察されるが、その継続がまだ6カ月未満である時期
⑤ 維持期：明確な行動変容が観察され、その期間が6カ月以上続いている時期

---

3)　保健行動の実践、継続支援〜自己効力感を高める〜

　健康行動や生活習慣は無意識に自分の中で楽に繰り返されるものであり、それゆえに習慣化されていることが多い。また、個人の価値観にも大きく左右されるため、短時間の面談やセミナー等で価値観を大きく変えることは難しい。産業保健スタッフは対象者と継続的なかかわりを持つなかで、一人ひとりの立場や状況を個別に理解し、信頼関係を少しずつ構築し、サポートすることが望まれる。このような対象者を主体とした地道な活動の積み重ねは、一見時間を要するように思われる。しかし、最終的には対象者が自己決定して行動を変えていく必要があるため、対象者の気持ちを受け止めながら、その強みを活用し、「これならやれそうだ」「結果が自分にとってメリットとなる」といった自己効力感を高めるアプローチが、行動変容の一番の近道となると考えられる。

《参考》自己効力感を高める支援

自己効力感を強化する4つの情報源を巧みに組み合わせる

① 遂行行動の達成　　　⇒　成功体験をもつこと
② 代理的経験（モデリング）⇒　他人の行動を観察すること
③ 言語的説得　　　　　⇒　自己強化や他者からの説得的な暗示
④ 情緒的喚起　　　　　⇒　生理的な反応の変化を体験

●事業場の特性に応じた実施方法の工夫例

　生活習慣病や生活型災害防止のための下肢筋力強化といった同様の健康課題と目標を持つ事業場で業務内容や勤務状況、立地条件などの特徴に応じた運動セミナー・イベントの企画を比較した（**図表2.18**）。目的・目標は同じでも手段は複数ある中で、対象者にフィットし無駄なく効果を得るために、実施方法について、知恵を絞り工夫を凝らすことは非常に重要である。

	A 事業所	B 事業所	C 事業所
事業所概要	約 1,200 名	100 名	800 名
	営業本社	研究所	開発
特徴	・外回りの営業業務 ・外出、出張で出社が少ない	・コアタイム（13 時～ 14 時）のフレックス制 ・事業場内コミュニケーションが活発	・テレワーク対象者が多い ・事業場外みなし労働
人が集まる時間	月曜日の始業時が一斉出社	コアタイムに連続する昼休み	なし
立地条件など	オフィスビルのため、建物内に大きな会議室などの運動スペースはない	自然の中の事業場で、敷地内に運動スペースあり	オフィスには会議室など多数あり自宅が勤務場所となる方が使用できない
企画内容	月曜日の朝礼時に職場訪問形式で「短時間・運動教室」	昼休みに職場対抗競技とウオーキング大会	オンデマンドでの動画配信 自宅・オフィスどこからでもアクセス

図表 2.18　事業場の運動セミナー・イベント企画の比較

4)　Check（評価の枠組み）から Act（改善）へ

　基本的に計画の段階で「評価すべきこと」が明確になっていれば、評価を迅速に行うことができる。タイミングよく評価することにより、結果に対する納得感や説得力が高まると同時に、次のステップである改善への効果も期待できる。トライアルで開始した場合は次のステップへの拡大や見直しが行える。

　また、企画段階では見えなかった評価指標や追加の分析など、柔軟に対応することもできる。目標を達成できなかった分析も効果的であるが、うまくいった目標を達成できた場合の要因や成果につながるロジックを考え抜くことが重要となる。

　評価は様々な枠組みで表現されるが、今回は厚労省、標準的な健診・保健指導プログラム（平成 30 年度版）を参考に下記 4 つを紹介する。

≪評価の枠組み≫
① 　ストラクチャー（構造）
　→ 　実施の仕組みや体制の評価
　　　人的体制（職種、数、質）、予算、施設、設備の状況、他機関との連携や社会資源の活用など
② 　プロセス（過程）
　→ 　目的・目標の達成に向けた過程や活動状況の評価
　　　情報収集、アセスメント、問題の分析、目標設定、指導手段（教材、コミュニケーション含む）、担当者の態度、記録など
③ 　アウトプット（事業実施量）
　→ 　目的・目標の達成に行われる事業の結果を評価
　　　健診受診率、保健指導実施率、保健指導継続率など

④　アウトカム（結果）
　　→　対象者の行動、目的・目標の達成度、成果の数値目標の評価
　　　　健診結果、休業日数、有病率、死亡率、医療費の変化など

●継続的な施策の改善例①　～禁煙セミナー企画の改善～
　禁煙の取組として、希望者を対象に卒煙セミナーを開催。小集団でのグループワークやスモーカライザーなどの測定機器を活用し、自分の状態を把握してもらい禁煙の動機付けや効果を測定していた。
＜課題＞
　一定のアウトプットは出ているが、COVID-19の流行により、測定機器の共有や集合型教育の再検討（ストラクチャー、プロセスの視点）の必要性が生じた。
＜改善＞
・オンラインでの禁煙セミナーやオンライン禁煙外来への費用補助など新たな禁煙の仕組みを導入
＜結果＞
・通年での開催が可能となり、年間の参加人数が増加
・増加参加者の禁煙達成率　○○ポイント上昇
・事業場全体の喫煙率の低下が継続

　たとえ同じ事業場であっても、対象を取り巻く状況は常に変化しており、経営方針や環境、新たな健康問題等を常にアンテナを立てて意識的にアセスメントする必要がある。目的・目標は変わらないが、戦略や方法を変更し成果を継続できる活動を検討すること、常に優先順位を見直す視点がPDCAサイクルの強みであり、スパイラルアップにつながる支援と考える。

●継続的な施策の改善例②　～女性のがん検診制度の見直し～
　健康保険組合とのコラボヘルスの1つであるがん検診制度の見直しの際、在籍死亡や休業状況の要因を年代別、性別、疾患別に集計すると、30代から40代での女性がんの罹患率が高いことがわかった。日本全体のデータとも連動しており、健保でのレセプト分析でも同様の結果であった。
＜課題＞
　現状の対象年齢では乳がんや子宮がんの早期発見には十分な施策ではない。
＜実施＞
・女性のがん検診の対象年齢の引き下げ、項目と頻度の改定
・制度変更に伴い、周知のためのセミナーや情報提供を実施
＜結果＞
・女性のがん検診受診者数は増加したが、若年層の受診率は低い状況
　　→　受診率向上への支援が次の検討課題

・早期発見率や休業状況、医療費への影響など中長期的評価は継続中

→　小規模事業所では、対象者数が少ないため、自社のデータでの分析が難しい。全国データや地域での集計データなどを活用して、仮説を立てることで、目標や評価項目を決めていくことができる。

　　例えばがんであれば、国立がん研究センターのデータなどをもとに仮説をたて、具体的な施策を企画することも可能である。

【参考文献】

・松本千明『医療保健スタッフのための健康行動理論の基礎─生活習慣病を中心に』医歯薬出版、2002
・日本健康教育学会編『健康教育　ヘルスプロモーションの展開』保健同人社、2006
・河野啓子『新版　すぐに役立つ産業看護アセスメントツール』株式会社法研、2014
・川原慎也『これだけ PDCA』すばる舎、2012 年 7 月
・厚生労働省「標準的な健診・保健指導プログラム【平成 30 年度版】」）2018
・厚生労働省「産業保健活動をチームで進めるための実践的事例集」、2019

第3章
働く人の健康指導について

1 健康づくりのための身体活動

　日本における「高齢化の進展」や「生活・労働環境の変化」は、職域における生活習慣病の増加や健康度の低下をもたらして職場の活力低下の原因のひとつになっている。活力ある職場を維持するためには働く人が健康であることが重要であり、そのための健康の保持増進活動の展開は職域にとって重要な取組である。

　この健康の保持増進活動のひとつとして身体活動の奨励が挙げられる。「身体活動」は安静にしている状態より多くのエネルギーを消費する全ての動きのことであり、身体活動のうち、体力の維持・向上を目的として計画的・意図的に実施するものが「運動」と定義される。また、身体活動で運動以外のもので日常生活における労働、家事、通勤・通学、趣味などは「生活活動」と定義される。さらに運動や生活活動は身体活動の強度によって「中等度以上」および「低強度」に分類される（**図表3.1、図表3.2**）。

　これまでに実施されてきた身体活動と健康に関する研究は「余暇時間における身体活動」、すなわち「運動」と健康の関係を調査したものが中心であり、運動を実施することによって生活習慣病や早期死亡が予防できる可能性を報告している。これらの研究を受けて、健康を保持増進するためには、体力の維持・向上を目的として計画的・意図的に実施する「運動」が重要であると考えられてきた。しかしながら、近年の研究は「運動」と「生活活動」を統合した身体活動と健康の関係を調査したものに移行しつつあり、例えば15分の身体活動であっても死亡リスクが14％低下するという可能性を示唆するといった研究結果が報告されている（**図表3.3**）。そして、厚生労働省が2013年に公表した「健康づくりのための身体活動指針（アクティブガイド）」では「＋10（プラス・テン）」という言葉で生活の中でのちょっとした身体

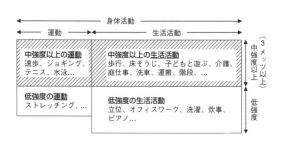

図表3.1　身体活動の定義

　身体活動は計画的・意図的に実施される「運動」と、日常生活の中で自然と実施される「生活活動」の2つの群に分類される。また、身体活動の強度によって大きく「中強度以上」および「低強度」の2つの群に分類される。「低強度」と比較して「中強度以上」の身体活動が健康の保持増進にとってはより効果的であるが、「低強度」であっても健康に十分貢献することが最近の研究によって確認されている（図表3.4参照）（厚生労働省、2006）。

「1 メッツ・時」に相当する活発な身体活動の例である。「活発な身体活動」とは 3 メッツ以上の強度の「運動」あるいは「生活活動」のことである。「1 メッツ・時」相当の身体活動を実施する場合は強度が強い場合は短時間、強度が低い場合は長時間の実施が必要である（厚生労働省、2006）。

図表 3.2　強度別にみた運動と生活活動

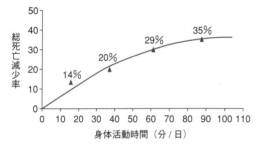

台湾の約 41 万人の男女を対象にしたコホート研究（追跡研究）。総死亡（すべての原因を含めた死亡）の減少率を見ると、15 分の身体活動で 14%、40 分で 20%、60 分で 29%、90 分で 35%減少している。身体活動時間が増加するにつれて総死亡の危険度が低下しており、身体活動をすればするほど効果があることが示されている。また、15 分といった短時間であっても総死亡の危険度を低下させることが示されている（Wen ら、2011）。

図表 3.3　身体活動時間と総死亡の減少率

活動（生活活動）も健康に有用であることを伝えている。また、2018 年に米国が公表した身体活動ガイドラインは「Doing some physical activity is better than doing none（少しの身体活動でも何もしないよりは良い）」として少しでも体を動かすことの重要性を訴えている。さらに、WHO が 2020 年に公表した身体活動・座位行動のガイドラインは「All physical activity counts」という言葉で、「運動」だけでなく「生活活動」も健康にとって有用であることをアピールしている。加えて、テレビの視聴時間と糖尿病の関係を調査した研究では、1 週間当たりのテレビの視聴時間が 1 時間以下の群と比較して 40 時間以上の群における 2 型糖尿病罹患の相対危険度は 1.7 倍であることを報告しており、座っていないで少しでも動くことが健康に良い可能性を示している（**図表 3.4**）。

　生活・労働環境の変化によって「運動」や「中高強度」の身体活動だけでなく、「生活活動」や「低強度」の身体活動も減少している現代社会における「健康づくりのための身体活動」は、「運動」であっても「生活活動」であってもよく、また、「中高強度」でも「低強度」でも

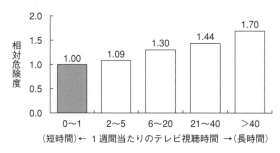

米国の看護師（女性）、約 7 万人を対象にしたコホート研究（追跡研究）。長時間座っていることが糖尿病の危険因子であることを報告している。この研究は、少しでも身体活動を実施する、すなわち、安静にしている状態より少しでも多くのエネルギーを消費することが生活習慣病の予防にとって重要である可能性を示している（Hu ら、2003）

図表 3.4　1 週間当たりのテレビの視聴時間と 2 型糖尿病の関係

よい。さらには、「座りすぎを防ぐ」というこれまでとは異なるアプローチも考えられる。現代社会において「少しでも動く」、「少しでも座りすぎを防ぐ」ことが健康のために重要になってきている。

1）　身体活動不足が身体に及ぼす影響

身体活動はわれわれの身体や健康にさまざまな影響を及ぼす。しかしながらその影響には年齢や性別をはじめ様々な個人差があることに留意しなくてはならない。

(1)　身体活動がもたらす様々な効果

定期的に身体活動を実施することによって、主に「心肺機能の改善」がもたらされ、「冠動脈疾患危険因子の低下」や「疾病罹患率や死亡率の減少」といった効果が得られることが知られている。アメリカスポーツ医学会は身体活動が健康に及ぼす影響について、これまでに報告されている研究を整理した表を発表している（図表 3.5）。この表に示されているように適切な身体活動は、様々な疾患の予防に貢献することが確認されている。

日本人労働者を対象とした身体活動と健康に関する研究は、通勤時に歩くことだけでも高血圧や 2 型糖尿病を予防できる可能性があることを示している（図表 3.6、図表 3.7）。

身体活動は多くの疾患の予防に貢献するだけでなく職域における生産性（図表 3.8）や疾病休業等の労働損失の未然防止（図表 3.9）に対しても効果があることが報告されている。このように、職域における身体活動の奨励活動は労働者の健康面だけでなく、生産性の向上や労働損失の未然防止にも効果をもたらす取組であり、THP 指導者や健康づくり推進スタッフが職域内で展開すべき重要な取組のひとつである。

(2)　身体活動が体に及ぼす影響の個人差

図表 3.10 は、「有酸素性のトレーニングをしていない人」と「トレーニングしている人」のランニングスピードと血中乳酸濃度の関係を示している。身体活動の実践は心肺機能を改善し、その結果として血中乳酸濃度が上昇しにくい体質をもたらす。つまり、身体活動を実施している人は実施していない人と比較して、血中乳酸濃度が上昇を開始する身体活動の強度が高いのである。このことは、同じ強度の身体活動を実施していても人によっては楽に感

項　目	研究数	研究結果の方向と証拠の強さ
総死亡	☆☆☆	↓↓↓
冠動脈疾患	☆☆☆	↓↓↓
高血圧	☆☆	↓↓
肥満	☆☆☆	↓↓
脳卒中	☆☆☆	↓
末梢血管疾患	☆	→
がん		
結腸がん	☆☆☆	↓↓↓
直腸がん	☆☆☆	→
胃がん	☆	→
乳がん	☆☆	↓
前立腺がん	☆☆☆	↓
肺がん	☆	↓
膵臓がん	☆	→
２型糖尿病	☆☆	↓↓
関節炎	☆	→
骨粗しょう症	☆☆	↓↓

研究数（☆：5つ未満，☆☆：5〜10，☆☆☆：10以上）

　アメリカスポーツ医学会が、身体活動や体力（主に心肺体力）と生活習慣病や寿命との関係を調査した研究を総括して作成した表。研究数は☆の数が多くほどこれまでに報告された研究が多いことを示している。また研究結果の方向と証拠の強さについては、下向きの矢印は身体活動量が多いほど、あるいは体力が高いほど当該疾患の罹患率や死亡率が低いことを示している。横向きの矢印は身体活動量や体力との関係が明確でないことを示している（アメリカスポーツ医学会、2000）。

図表 3.5　身体活動と健康の関係

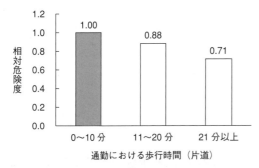

　関西地域に勤務する約 6,000 人の男性を対象にしたコホート研究（追跡研究）。片道の通勤時間が「0 〜 10 分の群」と比較して、「11 〜 20 分の群」は 12%、「21 分以上の群」は 29%、高血圧に罹患する危険度が低くなっており、通勤で歩く時間が長いほど高血圧発症の相対危険度が低いという関係を示している（Hayashi ら、1999）。

図表 3.6　通勤時間と高血圧

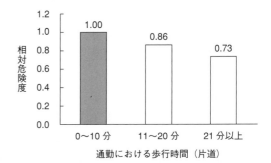

　関西地域に勤務する約 9,000 人の男性を対象にしたコホート研究（追跡研究）。片道の通勤時間が「0 〜 10 分の群」と比較して、「11 〜 20 分の群」は 14%、「21 分以上の群」は 27%、糖尿病に罹患する危険度が低いことが報告されている。高血圧と同様に、２型糖尿病においても通勤における歩行時間が長いほど２型糖尿病発症の相対危険度が低いという関係を示している（Sato ら、2007）。

図表 3.7　通勤時間と２型糖尿病

著者	発表年	生産性に及ぼす効果
Rohmert	1973	疲労減少・早期疲労回復
Laporte	1966	筋力向上・手の震え減少・眼の疲労減少
Pravosudov	1978	生産性向上
Reville	1970	作業ミス減少（31％）
Geissler	1960	疲労減少
Manguroff	1960	疲労減少
Galevskaya	1970	疲労減少
Pravosudov	1978	生産性向上・疲労減少
Heinzelmann	1975	自己申告による生産性向上
Howard	1979	中間管理職への効果なし
Finney	1979	レクレーションプログラムの効果なし
Stallings	1975	教育あるいは調査業務への効果なし
Blair	1980	業績査定，功労金，昇格への効果なし
Mealey	1979	警察賞受賞件数の増加（39％）
Briggs	1975	記憶，身体調整，作業パフォーマンスの向上
Shephard	1981	生産性向上（2.7％）

図表 3.8　職域における身体活動の奨励活動が生産性に及ぼす効果（シェファード、1986）

著者	発表年	休業に及ぼす効果
Linden	1969	低い休業率と高い最大酸素摂取量の相関あり
Condon	1978	減少（23％）
Barhad	1979	減少
Pafnote	1979	減少
keelor	1970	減少（50％）
Pravosudov	1978	減少（労働者一人当たり年間 4.0 日）
Mealey	1979	減少（34％・労働者一人当たり年間 1.4 日）
Wilbur	1983	減少（22％）
Bjurstrom & Alexiou	1978	減少（労働者一人当たり年間 0.59 日）
Blair	1980	効果なし
Richardson	1974	減少（労働者一人当たり年間 0.82 日）
Garson	1977	減少（47％・労働者一人当たり年間 2.8 日）
Cox	1981	減少（23％・労働者一人当たり年間 1.3 日）
		平均変化率：33％
		平均減少日数：労働者一人当たり年間 1.8 日

図表 3.9　職域における身体活動の奨励活動が労働損失（休業）の未然防止に及ぼす効果（シェファード、1986）

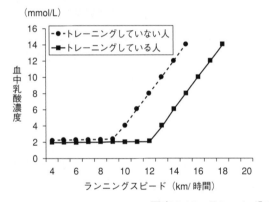

破線はトレーニングをしていない人、実線はトレーニングしている人の血中乳酸濃度を示している。乳酸が蓄積を開始するポイントは、トレーニングしている人は一般の人と比較してより速いランニングスピードになっている。このことは人によって乳酸が蓄積するポイント、すなわち快適に走れるスピードの上限値が異なることを示しており、同じスピードでも人によって快適に感じたりつらく感じたりすることを示している。

図表 3.10　ランニングスピードと血中乳酸濃度

じ、人によってはつらく感じることがあることを示唆している。従って、身体活動を実施する時は（特に日頃身体活動を実施していない人にとっては）無理をせず、徐々に身体活動の量と強度を高めていくことが重要である。

(3)　身体活動と心肺体力の変化

　身体活動を実施しなかったり、実施した場合に心肺体力（最大酸素摂取量）がどのように変化するかを調査した有名な研究がある（**図表 3.11**）。この研究は、5 人の被検者を対象にして、3 週間のベッド安静（寝たきり状態）に入る前と、ベッド安静直後およびその後に実施したトレーニング期間中の心肺体力を比較したものである。5 名ともベッド安静後はベッド安静前と比較して顕著に心肺体力が低下しているが、トレーニングを始めると短期間で元

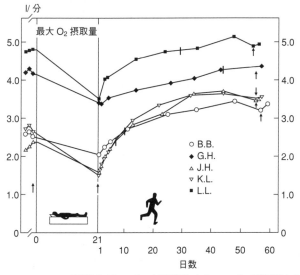

5人の被検者について3週間のベッド安静に入る前に心肺体力（最大酸素摂取量）を測定し、ベッド安静後およびその後のトレーニング期間中の変化を示している。上の2名は日頃からトレーニングをしていた人で、下の3名はトレーニングをしていなかった人たちである。5名ともベッド安静後は顕著に心肺体力が低下しているが、トレーニングを始めると短期間で元の心肺体力に回復している。そしてトレーニングを継続することにより、心肺体力がベッド安静前より高くなっている（Saltin ら、1968）。

図表 3.11　ベッド安静とトレーニング期間中における最大酸素摂取量の変化

の心肺体力に回復している。そしてトレーニングを継続することにより、心肺体力がベッド安静前より高くなっている。これらのことは、身体活動が心肺機能に及ぼす効果は日頃の身体活動の実践の有無と大きく関係しているということを示している。心肺体力が健康と深い関係にあることが、日本人労働者を対象に実施された多くの研究において示されており「少しでも動く」、「できるだけ動く」ことが健康にとって大切であると考えられる（**図表 3.13**、**図表 3.14**、**図表 3.15**、**図表 3.16**）。

2）　健康関連体力

　身体活動を実施することによって体力が変化することが知られている。体力には様々な要素があり、「運動能力」に関係する体力要素と「健康」に関係する体力要素があり、「健康」に関係する体力要素は「心肺体力」、「筋力／筋持久力」、「身体組成」、「柔軟性」から構成されている（**図表 3.12**）。

　日々の身体活動の実践がどの程度体力を高めているのか、あるいは身体活動不足の結果としてどの程度体力が低下しているのかを知ることは、労働者だけでなく THP 指導者や健康づくり推進スタッフにとっても重要な情報となる。

(1)　心肺体力

　最も健康と関係が深い体力は「心肺体力」であると考えられてる。1968 年に、『エアロビクス（aerobics）』という著書を出版して世界中に「エアロビクス」あるいは「エアロビック運動」という言葉を普及させたたクーパー博士は、健康のために最も重要なものは心肺体力であり、心肺体力を維持・向上させるために必要とされる身体活動は有酸素性の身体活動であるとして、有酸素性身体活動の重要性を啓発した。同時に、クーパークリニック受診者

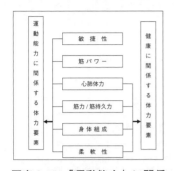

図表 3.12　「運動能力」に関係する体力要素と「健康」に関係する体力要素（Pate、1983）

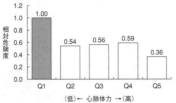

米国人の男性（約 2 万 5,000 人）と女性（約 7,000 人）を対象にしたコホート研究（追跡研究）。対象者を心肺体力の低い群から高い群まで 20％ずつ 5 つのグループに分類し 8 年間追跡している。追跡期間中に男性 179 人、女性 44 人ががんで死亡している。図は男性の結果を示している。心肺体力が最も低い群と比較して、他の群はいずれも低いがん死亡の相対危険度を示しており、最も高い群は 64％低い相対危険度を示している（Kampert ら、1996）。

図表 3.13　心肺体力とがん死亡の関係（対象：欧米人）

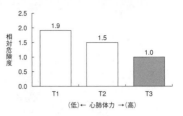

米国人約 9,000 人の男性を対象にしたコホート研究（追跡研究）。対象者を心肺体力の低い群から高い群まで約 33％ずつ 3 つのグループに分類した後に 6 年間追跡して 593 人の糖尿病発症を確認している。心肺体力が最も高い群と比較して、最も低い群は 2 型糖尿病の罹患率が 1.9 倍高かったと報告している（Wei ら、1999）。

図表 3.14　心肺体力と 2 型糖尿病の関係（対象：欧米人）

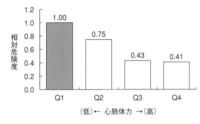

関東地域に勤務する約 9,000 人の男性を対象にしたコホート研究（追跡研究）。対象者を心肺体力の低い群から高い群まで 25％ずつ 4 つのグループに分類し 16 年間追跡した研究である。心肺体力が高くなるにしたがってがん死亡の相対危険度が低下している。心肺体力が最も低い群と比較して、最も高い群は 59％低い相対危険度を示している（Sawada ら、2003）。

図表 3.15　心肺体力とがん死亡の関係（対象：日本人）

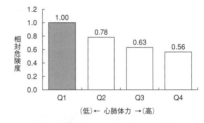

関東地域に勤務する約 5,000 人の男性を対象にしたコホート研究（追跡研究）。対象者を心肺体力の低い群から高い群まで 25％ずつ 4 つのグループに分類し 14 年間追跡している。心肺体力が最も低い群と比較して、最も高い群は 44％低い糖尿病罹患の相対危険度を示している（Sawada ら、2003 年）。

図表 3.16　心肺体力と 2 型糖尿病の関係（対象：日本人）

に運動負荷テストを実施して心肺体力を測定し、その結果と生活習慣病や寿命との関係を報告している（**図表 3.13**、**図表 3.14**）。日本においても同様の研究が実施されており、日本人労働者においても高い心肺体力を維持することによって生活習慣病や早世のリスクが低下する可能性が示されている（**図表 3.15**、**図表 3.16**）。

(2)　筋力 / 筋持久力

　筋力や筋持久力も健康にとって重要な体力要素である。日本人労働者を対象に実施された最近の運動疫学研究は筋力と寿命、あるいは筋持久力と糖尿病の間に明確な関係があることを報告している（**図表 3.17**、**図表 3.18**）。

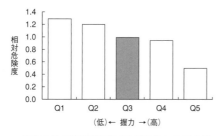

広島の放射線影響研究所が実施した男女約
5,000 人を対象にしたコホート研究（追跡研究）。
握力を測定した後、対象者を握力の低い群から高
い群まで 20％ずつ 5 つのグループに分類してい
る。その後、約 30 年追跡して追跡期間中の死亡
を確認したところ、高い握力の群は低い握力の群
と比較して死亡の危険度がより低かったと報告し
ている（Sasaki ら、2007）。

図表 3.17　握力と寿命の関係（対象：日本人）

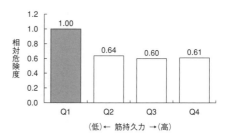

関東地域に勤務する約 4,000 人の男性労働者を
対象に実施されたコホート研究（追跡研究）。筋持
久力（上体おこし）を測定した後、対象者を筋持
久力の低い群から高い群まで 25％ずつ 4 つのグルー
プに分類し、約 16 年間追跡して追跡期間中の糖尿
病を確認している。筋持久力が最も低い群と比較し
て他の群の糖尿病罹患の危険度が低いことが報告さ
れている（Sawada ら、2010 年）。

図表 3.18　筋持久力と糖尿病の関係

(3)　柔軟性

　　これまで柔軟性は、主として腰痛やひざ痛などの運動器の障害との関係が注目されてき
た。しかしながら近年、柔軟性と動脈硬化や糖尿病の関係を示唆する研究が報告されはじめ
ている（**図表 3.19**）。職域において実施される職場体操などにおいて柔軟性を維持・向上さ
せることが整形外科的な疾患のみならず内科的な疾患にも良い影響を及ぼす可能性がある
かも知れない。

(4)　運動機能検査結果の 5 段階評価表

　　中央労働災害防止協会は 2004 年 4 月から 2009 年 3 月の 5 年間における運動機能検査実
施者（約 4 万人）を対象に筋力・筋持久力・柔軟性・敏捷性・平衡性・心肺体力の 5 段階
評価表を発表している（**図表 3.20**）。

3)　健康づくりのための身体活動ガイドライン

　　日本における身体活動ガイドラインは、1989 年に公表された「健康づくりのための運動所
要量」が最初のものである。その後、1993 年に「健康づくりのための運動指針」が公表され
た。そして、2006 年にメタボリックシンドローム対策の一環としてこれらの改定版が「健康

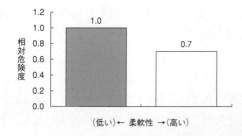

約 1,500 人のカナダ人を対象にしたコホート研究（追
跡研究）。追跡期間は 16 年間。座位体前屈によって体幹
部の柔軟性が評価されている。柔軟性が 1 標準偏差分高
くなるにしたがって 2 型糖尿病罹患の相対危険度が 30％
低下すると報告している（Katzmarzyk ら、2002）。

図表 3.19　柔軟性と 2 型糖尿病の関係（対象：欧米人）

① 握力（男性）　　　　　　　　　　　　　　　　（単位：ｋｇ）

年齢 ＼ 得点	1	2	3	4	5
20～24 歳	～33.2	33.3～40.7	40.8～48.1	48.2～55.5	55.6～
25～29 歳	～34.6	34.7～40.9	41.0～48.3	48.4～55.7	55.8～
30～34 歳	～35.4	35.5～42.5	42.6～49.6	49.7～56.7	56.8～
35～39 歳	～35.7	35.8～42.7	42.8～49.7	49.7～56.5	56.6～
40～44 歳	～35.6	35.7～42.3	42.4～49.1	49.2～55.9	56.0～
45～49 歳	～34.9	35.0～41.5	41.6～48.1	48.2～54.7	54.8～
50～54 歳	～33.7	33.8～40.2	40.3～46.6	46.7～53.1	53.2～
55～59 歳	～32.1	32.2～38.3	38.4～44.6	44.7～50.9	51.0～
60～64 歳	～29.9	30.0～36.0	36.1～42.1	42.2～48.2	48.3～

① 握力（女性）　　　　　　　　　　　　　　　　（単位：ｋｇ）

年齢 ＼ 得点	1	2	3	4	5
20～24 歳	～18.8	18.9～23.9	24.0～28.9	29.0～34.0	34.1～
25～29 歳	～19.6	19.7～24.0	24.1～29.1	29.2～34.1	34.2～
30～34 歳	～20.1	20.2～25.1	25.2～30.1	30.2～35.0	35.1～
35～39 歳	～20.3	20.4～25.2	25.3～30.1	30.2～35.0	35.1～
40～44 歳	～20.3	20.4～25.1	25.2～29.9	30.0～34.7	34.8～
45～49 歳	～19.9	20.0～24.6	24.7～29.3	29.4～34.0	34.1～
50～54 歳	～19.3	19.4～23.9	24.0～28.4	28.5～32.9	33.0～
55～59 歳	～18.4	18.5～22.8	22.9～27.1	27.2～31.5	31.6～
60～64 歳	～17.2	17.3～21.4	21.5～25.5	25.6～29.7	29.8～

② 上体おこし（男性）　　　　　　　　　　　　　（単位：回）

年齢 ＼ 得点	1	2	3	4	5
20～24 歳	～11	12～18	19～26	27～33	34～
25～29 歳	～10	11～18	19～25	26～33	34～
30～34 歳	～9	10～16	17～24	25～31	32～
35～39 歳	～8	9～15	16～22	23～29	30～
40～44 歳	～7	8～14	15～21	22～28	29～
45～49 歳	～6	7～13	14～20	21～26	27～
50～54 歳	～5	6～12	13～18	19～25	26～
55～59 歳	～4	5～10	11～17	18～23	24～
60～64 歳	～3	4～9	10～15	16～21	22～

② 上体おこし（女性）　　　　　　　　　　　　　（単位：回）

年齢 ＼ 得点	1	2	3	4	5
20～24 歳	～8	9～13	14～18	19～23	24～
25～29 歳	～7	8～13	14～18	19～23	24～
30～34 歳	～6	7～12	13～17	18～21	22～
35～39 歳	～6	7～11	12～16	17～20	21～
40～44 歳	～5	6～10	11～15	16～19	20～
45～49 歳	～4	5～9	10～13	14～18	19～
50～54 歳	～3	4～7	8～12	13～16	17～
55～59 歳	～2	3～6	7～10	11～14	15～
60～64 歳	～1	2～4	5～8	9～12	13～

③ 座位体前屈（男性）　　　　　　　　　　　　　（単位：ｃｍ）

年齢 ＼ 得点	1	2	3	4	5
20～24 歳	～-8.3	-8.2～1.0	1.1～10.2	10.3～19.4	19.5～
25～29 歳	～-8.5	-8.4～0.9	1.0～10.1	10.2～19.3	19.4～
30～34 歳	～-8.8	-8.7～0.3	0.4～9.3	9.4～18.3	18.4～
35～39 歳	～-8.9	-8.8～0.0	0.1～8.9	9.0～17.8	17.9～
40～44 歳	～-9.0	-8.9～-0.2	-0.1～8.6	8.7～17.4	17.5～
45～49 歳	～-9.0	-8.9～-0.3	-0.2～8.4	8.5～17.1	17.2～
50～54 歳	～-8.9	-8.8～-0.4	-0.3～8.3	8.3～16.8	16.9～
55～59 歳	～-8.8	-8.7～-0.3	-0.2～8.1	8.2～16.6	16.7～
60～64 歳	～-8.7	-8.6～-0.3	-0.2～8.1	8.2～16.5	16.6～

③ 座位体前屈（女性）　　　　　　　　　　　　　（単位：ｃｍ）

年齢 ＼ 得点	1	2	3	4	5
20～24 歳	～-4.9	-4.8～3.8	3.9～12.6	12.7～21.4	21.5～
25～29 歳	～-4.5	-4.4～3.9	4.0～12.6	12.7～21.3	21.4～
30～34 歳	～-4.0	-3.9～4.3	4.4～12.5	12.6～20.7	20.8～
35～39 歳	～-3.5	-3.4～4.6	4.7～12.6	12.7～20.6	20.7～
40～44 歳	～-2.9	-2.8～4.9	5.0～12.7	12.8～20.6	20.7～
45～49 歳	～-2.4	-2.3～5.3	5.4～13.0	13.1～20.6	20.7～
50～54 歳	～-1.9	-1.8～5.7	5.8～13.3	13.4～20.8	20.9～
55～59 歳	～-1.3	-1.2～6.2	6.3～13.7	13.8～21.1	21.2～
60～64 歳	～-0.7	-0.6～6.7	6.8～14.1	14.2～21.6	21.7～

④ 全身反応時間（男性）　　　　　　　　　　　　（単位：ｍｓｅｃ）

年齢 ＼ 得点	1	2	3	4	5
20～24 歳	～445	444～386	385～327	326～269	268～
25～29 歳	～438	437～385	384～327	326～269	268～
30～34 歳	～435	434～381	380～326	325～272	271～
35～39 歳	～436	435～382	381～328	327～273	272～
40～44 歳	～441	440～386	385～331	330～275	274～
45～49 歳	～450	449～393	392～335	334～277	276～
50～54 歳	～463	462～402	401～340	339～279	278～
55～59 歳	～480	479～414	413～347	346～281	280～
60～64 歳	～501	500～429	428～356	355～283	282～

④ 全身反応時間（女性）　　　　　　　　　　　　（単位：ｍｓｅｃ）

年齢 ＼ 得点	1	2	3	4	5
20～24 歳	～513	512～442	441～371	370～300	299～
25～29 歳	～502	501～440	439～370	369～300	299～
30～34 歳	～495	494～428	427～361	360～294	293～
35～39 歳	～493	492～426	425～360	359～294	293～
40～44 歳	～495	494～428	427～361	360～294	293～
45～49 歳	～501	500～433	432～365	364～296	295～
50～54 歳	～512	511～442	441～371	370～300	299～
55～59 歳	～528	527～453	452～379	378～305	304～
60～64 歳	～547	546～469	468～390	389～311	310～

⑤ 閉眼片足立ち（男性）　　　　　　　　　　　　（単位：秒）

年齢 ＼ 得点	1	2	3	4	5
20～24 歳	～6	7～21	22～66	67～204	205～
25～29 歳	～5	6～20	21～64	65～200	201～
30～34 歳	～5	6～16	17～51	52～156	157～
35～39 歳	～4	5～14	15～44	45～133	134～
40～44 歳	～4	5～12	13～37	38～110	111～
45～49 歳	～3	4～10	11～30	31～87	88～
50～54 歳	～2	3～8	9～24	25～66	67～
55～59 歳	～2	3～6	7～17	18～44	45～
60～64 歳	～1	2～4	5～10	11～24	25～

⑤ 閉眼片足立ち（女性）　　　　　　　　　　　　（単位：秒）

年齢 ＼ 得点	1	2	3	4	5
20～24 歳	～6	7～20	21～64	65～199	200～
25～29 歳	～5	6～20	21～63	64～196	197～
30～34 歳	～5	6～16	17～53	54～167	168～
35～39 歳	～4	5～14	15～47	48～148	149～
40～44 歳	～3	4～12	13～41	42～127	128～
45～49 歳	～3	4～10	11～34	35～105	106～
50～54 歳	～2	3～8	9～27	28～80	81～
55～59 歳	～2	3～6	7～19	20～55	56～
60～64 歳	～1	2～4	5～11	12～28	29～

⑥ 最大酸素摂取量（男性）　　　　　　　　　　　（単位：ml/min/kg）

年齢 ＼ 得点	1	2	3	4	5
20～24 歳	～28.7	28.8～38.3	38.4～47.9	48.0～57.5	57.6～
25～29 歳	～27.7	27.8～38.0	38.1～47.5	47.6～57.0	57.1～
30～34 歳	～26.7	26.8～35.7	35.8～44.6	44.7～53.5	53.6～
35～39 歳	～25.9	26.0～34.6	34.7～43.3	43.4～52.0	52.1～
40～44 歳	～25.2	25.3～33.8	33.9～42.3	42.4～50.8	50.9～
45～49 歳	～24.7	24.8～33.1	33.2～41.5	41.6～50.0	50.1～
50～54 歳	～24.2	24.3～32.6	32.7～41.0	41.1～49.4	49.5～
55～59 歳	～23.9	24.0～32.3	32.4～40.7	40.8～49.1	49.2～
60～64 歳	～23.8	23.9～32.2	32.3～40.7	40.8～49.1	49.2～

⑥ 最大酸素摂取量（女性）　　　　　　　　　　　（単位：ml/min/kg）

年齢 ＼ 得点	1	2	3	4	5
20～24 歳	～22.2	22.3～31.2	31.3～40.3	40.4～49.3	49.4～
25～29 歳	～21.6	21.7～31.1	31.2～40.1	40.2～49.1	49.2～
30～34 歳	～21.1	21.2～29.9	30.0～38.7	38.8～47.5	47.6～
35～39 歳	～20.4	20.5～29.2	29.3～37.9	38.0～46.6	46.7～
40～44 歳	～19.8	19.9～28.5	28.6～37.2	37.3～45.9	46.0～
45～49 歳	～19.1	19.2～27.8	27.9～36.5	36.6～45.2	45.3～
50～54 歳	～18.4	18.5～27.1	27.2～35.8	35.9～44.5	44.6～
55～59 歳	～17.7	17.8～26.5	26.6～35.2	35.3～44.0	44.1～
60～64 歳	～16.9	17.0～25.8	25.9～34.6	34.7～43.5	43.6～

図表 3.20　運動機能検査結果の５段階評価表（中央労働災害防止協会、2012）

づくりのための運動基準 2006」および「健康づくりのための運動指針 2006（エクササイズガイド 2006）」として公表された。さらに、2013 年に第 4 次国民健康づくり対策である「健康日本 21（第二次）」の身体活動・運動分野の目標を達成するためのツールとして「健康づくりのための身体活動指針（アクティブガイド）」と「健康づくりのための身体活動基準 2013」が公表されている。

厚生労働省は 2013 年 4 月から次期健康づくり運動「健康日本 21（第二次）」をスタートさせた。この中で、身体活動・運動に関する目標として、「歩数の増加」、「運動習慣者の割合の増加」、「運動しやすいまちづくり・環境整備に取り組む自治体の増加」という 3 つの目標を掲げ、身体活動の奨励に取り組んでいる。身体活動基準 2013 やアクティブガイドは、これらの目標を達成するためのツールとしての役割が期待されている。アクティブガイドは、エビデンス（科学的根拠）に基づいたものでありながら国民や健康づくりの担当者などにとってわかりやすく、より多くの対象者に向けたものとなっている。

⑴　18 ～ 64 歳を対象とした身体活動量と運動量の基準と指針

日本のみならず世界で実施されているこれまでの研究を整理し、身体活動については「1 週間当たり 23 メッツ・時」、運動については「1 週間当たり 4 メッツ・時」という基準を設定している。そして、これらの基準値を一般の人にもわかりやすいように表現した指針として、身体活動については「3 メッツ以上の強度の身体活動（＝歩行またはそれと同様以上の身体活動）を毎日 60 分」と表現している。また、運動については「4 メッツ以上の強度の運動（＝息が弾み汗をかく程度の運動）を毎週 60 分」と表現している（**図表 3.21**）。

⑵　65 歳以上を対象とした身体活動量の基準と指針

65 歳以上の高齢者については、「1 週間当たり 10 メッツ・時」という基準を設定している。そして、高齢者は歩行などの移動の速度やその他の活動の強度が低いことから、指針は「強度を問わず身体活動を毎日 40 分」としている（**図表 3.21**）。

⑶　プラス・テン

身体活動基準 2013 では、多忙な人でも手軽に取り組めることを目指し、現状より少しでも身体活動を増やすことを基準として提案できるかを検討した。その結果、ほとんどすべての研究が、身体活動量が増えるとともに寿命や生活習慣病・がん、あるいはロコモティブシンドロームや認知症等の社会生活機能低下の割合が下がることを報告しており、これらの研

年代	身体活動（生活活動）	運動
18 ～ 64 歳	3 メッツ以上の強度の身体活動を毎日 60 分 （＝ 23 メッツ・時 / 週）	3 メッツ以上の強度の運動を毎週 60 分 （＝ 4 メッツ・時 / 週）
65 歳以上	強度を問わず身体活動を毎日 40 分 （＝ 10 メッツ・時 / 週）	─
すべての世代	いまよりも少しでも増やす（プラス・テン）	

図表 3.21　身体活動基準 2013 の概要（厚生労働省、2013）

究を整理した結果、「今より少しでも増やす（例えば10分多く歩く）」ことによって健康状態が改善すると提案できることが確認された。そこで、アクティブガイドにおいては「＋10（プラス・テン）」としてこの考え方を紹介し、すべての世代に対する基本メッセージとして位置付けている（**図表3.21**）。

【参考文献】

・ACSM : *ACSM's guidelines for exercise testing and prescription. Sixth Edition*, 2000
・Shephard, RJ : The economic benefits of enhanced physical fitness. *Human Kinetics, Champaign*, IL, 1986
・厚生労働省「健康づくりのための運動基準 2006」2006
・厚生労働省「健康づくりのための身体活動基準 2013」2013
・厚生労働省「健康づくりのための身体活動指針」2013
・Wen CP et al. : Minimum amount of physical activity for reduced mortality and extended life expectancy: *a prospective cohort study*. Lancet, 378, 2011. 1244-53
・Hu FB et al. : Television watching and other sedentary behaviors in relation to risk of obesity and type 2 diabetes mellitus in women. *JAMA*, 289: 2003. 1785-91
・Hayashi T et al. : Walking to work and the risk for hypertension in men: the Osaka Health Survey. *Ann Intern Med*, 131, 1999, 21-6
・Sato KK et al. : Walking to work is an independent predictor of incidence of type 2 diabetes in Japanese men: the Kansai Healthcare Study. *Diabetes Care*, 30, 2007, 2296-8
・Saltin B et al. : Response to exercise after bed rest and after training. *Circulation*. 38（5 Suppl）, 1968, 1-78
・Pate RR. : A new definition of youth fitness. *Phys Sports Med*, 11, 1983, 77-95
・Kampert JB et al. : Physical activity, physical fitness, and all-cause and cancer mortality: a prospective study of men and women. *Ann Epidemiol*, 6, 1996, 452-71
・Wei M et al. : The association between cardiorespiratory fitness and impaired fasting glucose and type 2 diabetes mellitus in men. *Ann Intern Med*, 130, 1999, 89-96
・Sawada SS et al. : Cardiorespiratory fitness and cancer mortality in Japanese men: a prospective study. *Med Sci Sports Exerc*, 35, 2003, 1546-50
・Sawada SS et al. : Cardiorespiratory fitness and the incidence of type 2 diabetes: prospective study of Japanese men. *Diabetes Care*, 26, 2003, 2918-22
・Sasaki H, et al. : Grip strength predicts cause-specific mortality in middle-aged and elderly persons. *Am J Med*, 120, 2007, 337-42
・Sawada SS et al. : Muscular and Performance Fitness and Incidence of Type 2 Diabetes: Prospective Study of Japanese men. *J Physical Activity and Health*, 7, 2010, 627-32
・Katzmarzyk PT, et al. : Adiposity, physical fitness and incident diabetes: the physical activity longitudinal study. *Diabetologia*, 50, 2007, 538-44

4)　職場でできる運動

　労働者の高齢化に伴う身体機能低下による労働災害の割合が増加傾向にあり、休業4日以上の死傷災害の約2割は転倒、業務上疾病の約6割は腰痛という傾向が続いている。また加齢により脳・心臓疾患が起こる確率が徐々に増加することから、労働力人口の高齢化対策は急務といえる。ここでは身体機能低下による様々な問題の対策として、体力の維持・向上を主な目的とした、職場などで簡単に実施できる運動を紹介する。

(1)　転倒予防・腰痛予防のための筋力トレーニング

　身体機能低下による転倒および腰痛を予防するためには、筋力を維持・向上させる筋力トレーニングを実施することが必要である。筋力が高いと正しい姿勢が保持され、腰痛になりにくく、姿勢バランスを保ち、転倒を防ぐ上でも有効である。また継続的に筋力トレーニングを実施することによって、消費エネルギーが増加し、肥満予防にもつながる。

【筋力トレーニングのポイント】
・反動をつけずにゆっくり正確に動作する
・呼吸を止めずに自然に呼吸する
・動かしている部位に意識を向ける
・実施回数は5回程度からはじめ、慣れてきたら10回程度を目標にする
　以下に、職場でできる筋力トレーニングを紹介する。（□内は意識を向ける部位）

・しゃがみ立ち（スクワット）　大腿前・臀部（尻）

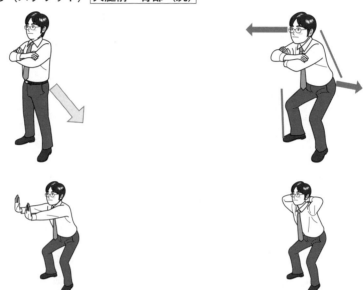

① 肩幅くらいに足を開き、腕を胸の前で組む（または腕を前に出すか頭の後ろで手を組む）
② 背中を真っすぐにして、お尻を後ろに突き出すように膝を90度くらい曲げる（顔を正面に向ける）
注意：膝を痛めないよう、つま先と同じ方向に膝を曲げ、膝がつま先よりも前に出ないようにする（椅子から立ち上がる動作
　　　を繰り返してもよい）

・かかと上げ（ヒールリフト）　下腿（ふくらはぎ）

① 腰幅くらいに足を開く
② かかとをゆっくり上げ、ゆっくり下げる（両足同時に行う）
注意：壁の近くで実施して、バランスがとりにくいときは壁に手をつく

・椅子膝伸ばし（ニーエクステンション）

大腿前・すね

① 椅子にしっかり腰掛け、椅子の端をつかむ
② 片方の膝をゆっくり伸ばす
③ 膝を伸ばしているとき、つま先を上に向ける（左右実施）

・椅子膝上げ（ニーレイズ）

大腿つけ根

① 椅子にしっかり腰掛け、椅子の端をつかむ
② 片方の膝をゆっくり上げる（左右実施）

・片足立ち　脚全体（着地している脚）

臀部（尻）

ア）

片足立ちになりバランスをとり、かかとを後ろに引き上げる（左右実施）

大腿つけ根

イ）

片足立ちになりバランスをとり、膝を高く上げる（左右実施）

注意：壁の近くで実施して、バランスがとりにくいときは壁に手をつく

・椅子腹筋　腹　筋

ア）

椅子の背もたれから背中を離して座り、背中を背もたれに近づける

イ）

手を膝について座り、上体を前に倒そうとするが、倒れないように腕で上体を保持する（8秒程度保持する）

⑵　筋の柔軟性を維持・向上させるストレッチング

　前述の筋力トレーニングなどの運動を実施する前に、準備運動としてストレッチングを実施すると、筋力トレーニングを安全かつ効果的に実施できる。また、ストレッチングを継続的に行うことによって、筋の柔軟性が維持・向上して、突発的な動作を行ってもからだがスムーズに動き、転倒・腰痛などけがの予防につながる。

【ストレッチングのポイント】
・はずみをつけずにゆっくり伸ばす（10 ～ 30 秒程度）
・痛みを感じるところまで伸ばさない
・呼吸を止めずに自然に呼吸する
・伸ばしている部位に意識を向ける
　以下に、職場でできるストレッチングを紹介する。（□内は伸ばす部位）

・上伸び　　肩・わき腹

ア）

組んだ手を頭の上に上げ、背すじを伸ばす

イ）

ア）の後、ゆっくり横に倒す（左右実施）

・前伸び　　肩・背中

①　組んだ手を胸の前に伸ばす
②　おへそをのぞくように背中を丸める

・腰ひねり　　背中・腰

①　後方にふりかえる
②　椅子の背もたれをつかむ（左右実施）

・前伏せ　背中・腰・臀部

① 太腿を閉じて座る
② 太腿の上に上半身をあずけるように
　 前に伏せる

・膝伸ばし　大腿後ろ

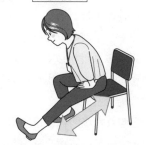

① 椅子に浅く腰掛け、片膝を伸ばす
② 背すじを伸ばし、前方へ少し傾ける
　 （左右実施）

・膝曲げ　大腿前

① 安定した壁などに手をつく
② 片方の足首をつかんで、かかとを
　 お尻に引きよせる（左右実施）

・足前後　ふくらはぎ

① 安定した椅子の背もたれなどをつ
　 かむ
② 足を前後に開き、前方に体重移動
　 しながら後方の膝を伸ばす（左右実
　 施）
注意：つま先を正面に向ける

・四股（しこ）　股関節・臀部

① 足を肩幅の倍くらいに開く
② つま先を外側に向けて、つま先の
　 方向に膝を曲げながら腰を落とす
③ 膝に手をつき、背すじを伸ばす

(3)　歩数（身体活動量）を増やす工夫

　　普段の歩数（身体活動量）を増やすことによって、消費エネルギーを増加させることが、
肥満をはじめ様々な疾患のリスクを低減することに有効である。歩く機会を増やすため、普
段の生活を振り返り、通勤時、昼休憩時など歩く場面・時間帯を具体的に考え、日常のスケ
ジュールに組み込むことが大切である。

　　以下に、歩数を増やす具体例を紹介する。

○職場内（例）
・昼休みに散歩に出かける
・エレベーターを利用せず、なるべく階段を利用する
・少し離れたトイレを利用する

・内線電話・メールの利用を最小限にして、なるべく出向いて連絡事項を伝える

○電車等通勤の場合（例）

・目的地の 1 つ手前の駅で降りて歩く

・最寄り駅から遠回りして目的地へ向かう

・乗車中なるべく座席に座らない

○車通勤の場合（例）

・建物から離れた場所に駐車する

・ノーマイカーデー（車を利用しない日）を設定する

・自宅が近所（同じ方向）の職員と待ち合わせして乗り合わせる*

　＊車を利用しないで通勤する方法を検討する

○在宅勤務の場合（例）

・仕事をする前に、最寄り駅まで行って帰ってくる（模擬出勤）

・昼休みや終業後に散歩に出かける

【歩く姿勢のポイント】

①　あごを引いて背すじを伸ばす（数メートル先を見る）

②　つま先を真っすぐ前に出し、かかとから着地する

　　（歩幅を広めに保つ：身長の半分程度）

③　腕を自然に振る（肘を後方に引くことを意識する）

(4)　体力の状況の把握

　　「高年齢労働者の安全と健康確保のためのガイドライン」（エイジフレンドリーガイドライン）では、高年齢労働者の労働災害を防止する観点から、体力チェックを継続的に行うことが望ましいとうたわれている。以下に、エイジフレンドリーガイドラインに掲載されている体力チェックの方法、「転倒等リスク評価セルフチェック票」を示す。

転倒等リスク評価セルフチェック票

Ⅰ 身体機能計測結果

①２ステップテスト（歩行能力・筋力）

あなたの結果は □ cm／□ cm(身長)＝ □

下の評価表に当てはめると → 評価 □

評価表	1	2	3	4	5
結果／身長	～1.24	1.25～1.38	1.39～1.46	1.47～1.65	1.66～

２ステップテスト（最大２歩幅を計測し身長で割ります）

②座位ステッピングテスト（敏捷性）

あなたの結果は □ 回／20秒

下の評価表に当てはめると → 評価 □

評価表	1	2	3	4	5
（回）	～24	25～28	29～43	44～47	48～

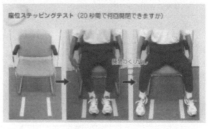
座位ステッピングテスト（20秒間で何回開閉できますか）

③ファンクショナルリーチ（動的バランス）

あなたの結果は □ cm

下の評価表に当てはめると → 評価 □

評価表	1	2	3	4	5
（cm）	～19	20～29	30～35	36～39	40～

ファンクショナルリーチ（水平にどのくらい腕を伸ばせると思いますか）

④閉眼片足立ち（静的バランス）

あなたの結果は □ 秒

下の評価表に当てはめると → 評価 □

評価表	1	2	3	4	5
（秒）	～7	7.1～17	17.1～55	55.1～90	90.1～

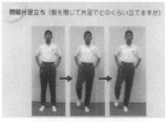
閉眼片足立ち（眼を閉じて片足でどのくらい立てますか）

⑤開眼片足立ち（静的バランス）

あなたの結果は □ 秒

下の評価表に当てはめると → 評価 □

評価表	1	2	3	4	5
（秒）	～15	15.1～30	30.1～84	84.1～120	120.1～

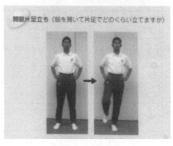
開眼片足立ち（眼を開いて片足でどのくらい立てますか）

> 身体機能計測の評価数字を
> Ⅲのレーダーチャートに黒字で記入

1

Ⅱ　質問票（身体的特性）

質問内容	あなたの回答NOは	合算		評価	評価
1．人ごみの中、正面から来る人にぶつからず、よけて歩けますか	→		↗		① 歩行能力 筋力
2．同年代に比べて体力に自信はありますか	→	点	↗		
3．突発的な事態に対する体の反応は素早い方と思いますか	→		↗	下記の評価表であなたの評価は	② 敏捷性
4．歩行中、小さい段差に足を引っかけたとき、すぐに次の足が出るとおもいますか	→	点	↗		
5．片足で立ったまま靴下を履くことができると思いますか	→		↗		③ 動的バランス
6．一直線に引いたラインの上を、継ぎ足歩行で簡単に歩くことができると思いますか	→	点	↗		
7．眼を閉じて片足でどのくらい立つ自信がありますか	→		→		④ 静的バランス（閉眼）
8．電車に乗って、つり革につかまらずどのくらい立っていられると思いますか	→		↗	下記の評価表であなたの評価は	⑤ 静的バランス（開眼）
9．眼を開けて片足でどのくらい立つ自信がありますか	→	点	↗		

それぞれの評価結果をⅢのレーダーチャートに赤字で記入

合計点数	評価表
2〜3	1
4〜5	2
6〜7	3
8〜9	4
10	5

質問内容	回答No.
1．人ごみの中、正面から来る人にぶつからず、よけて歩けますか	①自信がない　②あまり自信がない　③人並み程度　④少し自信がある　⑤自信がある
2．同年代に比べて体力に自信はありますか	①自信がない　②あまり自信がない　③人並み程度　④やや自信がある　⑤自信がある
3．突発的な事態に対する体の反応は素早い方と思いますか	①素早くないと思う　②あまり素早くない方と思う　③普通　④やや素早い方と思う　⑤素早い方と思う
4．歩行中、小さい段差に足を引っ掛けたとき、すぐに次の足が出ると思いますか	①自信がない　②あまり自信がない　③少し自信がある　④かなり自信がある　⑤とても自信がある
5．片足で立ったまま靴下を履くことができると思いますか	①できないと思う　②最近やってないができないと思う　③最近やってないが何回かに1回はできると思う　④最近やってないができると思う　⑤できると思う
6．一直線に引いたラインの上を、継ぎ足歩行（後ろ足のかかとを前脚のつま先に付けるように歩く）で簡単に歩くことができると思いますか	①継ぎ足歩行ができない　②継ぎ足歩行はできるがラインからずれる　③ゆっくりであればできる　④普通にできる　⑤簡単にできる
7．眼を閉じて片足でどのくらい立つ自信がありますか	①10秒以内　②20秒程度　③40秒程度　④1分程度　⑤それ以上
8．電車に乗って、つり革につかまらずどのくらい立っていられると思いますか	①10秒以内　②30秒程度　③1分程度　④2分程度　⑤3分以上
9．眼を開けて片足でどのくらい立つ自信がありますか	①15秒以内　②30秒程度　③1分程度　④1分30秒程度　⑤2分以上

2

Ⅲ レーダーチャート

1、2ページの評価結果を転記し線で結びます
（Ⅰの身体機能計測結果を黒字、Ⅱの質問票（身体的特性）は赤字で記入）

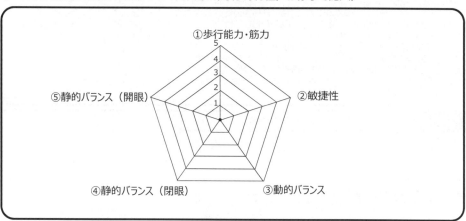

チェック項目

1 身体機能計測（黒枠）の大きさをチェック
　身体機能計測結果を示しています。黒枠の大きさが大きい方が、転倒などの災害リスクが低いといえます。黒枠が小さい、特に2以下の数値がある場合は、その項目での転倒などのリスクが高く注意が必要といえます。

2 身体機能に対する意識（赤枠）の大きさをチェック
　身体機能に対する自己認識を示しています。実際の身体機能（黒枠）と意識（赤枠）が近いほど、自らの身体能力を的確に把握しているといえます。

3 黒枠と赤枠の大きさをチェック
（1）「**黒枠 ≧ 赤枠**」の場合
　それぞれの枠の大きさを比較し、黒枠が大きいもしくは同じ大きさの場合は、身体機能レベルを自分で把握しており、とっさの行動を起こした際に、身体が思いどおりに反応すると考えられます。
（2）「**黒枠 ＜ 赤枠**」の場合
　それぞれの枠の大きさを比較し、赤枠が大きい場合は、身体機能が自分で考えている以上に衰えている状態です。とっさの行動を起こした際など、身体が思いどおりに反応しない場合があります。枠の大きさの差が大きいほど、実際の身体機能と意識の差が大きいことになり、より注意が必要といえます。

詳細はホームページ参照　https://www.mhlw.go.jp/new-info/kobetu/roudou/gyousei/anzen/101006-1.html

転倒等は筋力、バランス能力、敏捷性の低下等により起きやすくなると考えられます。この調査は転倒や転落等の災害リスクに重点を置き、それらに関連する身体機能及び身体機能に対する認識等から自らの転倒等の災害リスクを認識し、労働災害の防止に役立てるものです。

3

レーダーチャートの典型的なパターン

パターン1　身体機能計測結果 ＞ 質問票回答結果

あなたの身体機能（太線）は、自己認識（点線）よりも高い状態にあります。このことから、比較的自分の体力について慎重に評価する傾向にあるといえます。生活習慣や加齢により急激に能力が下がる項目もありますので、今後も過信することなく、体力の維持向上に努めましょう。

一方、太線が点線より大きくても全体的に枠が小さい場合（特に2以下）は、すでに身体機能面で転倒等のリスクが高いといえます。筋力やバランス能力の向上、整理整頓や転倒・転落しやすい箇所の削減に努めててください。

また、職場の整理整頓がなされていない場合などには転倒等リスクが高まることがありますので注意しましょう。

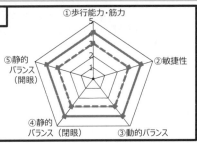

パターン2　身体機能計測結果 ＜ 質問票回答結果

あなたの身体機能（太線）は、自己認識（点線）よりも低い状態にあります。このことから、実際よりも自分の体力を高く評価している傾向にあり、自分で考えている以上にからだが反応していない場合があります。

体力の維持向上を図り、自己認識まで体力を向上させる一方、体力等の衰えによる転倒等のリスクがあることを認識してください。日頃から、急な動作を避け、足元や周辺の安全を確認しながら行動するようにしましょう。

また、枠の大きさが異なるほど、身体機能と自己認識の差が大きいことを示しており、さらに、太線が小さい場合（特に2以下）はすでに身体機能面で転倒等のリスクが高いことが考えられます。筋力やバランス能力等の向上に努めてください。

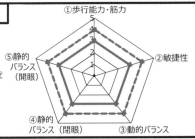

パターン3　身体機能計測結果 ≒ 質問票回答結果（枠が大きい）

あなたの身体機能（太線）とそれに対する自己認識（点線）は同じくらいで、どちらも高い傾向にあります。このことから、転倒等リスクから見た身体機能は現時点で問題はなく、同様に自分でもそれを認識しているといえます。

現在は良い状態にありますが、加齢や生活習慣の変化により身体能力が急激に低下し、転倒等リスクが高まる場合もありますので、日頃から、転倒等に対するリスクを認識するとともに、引き続き体力の維持向上に努めてください。

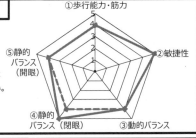

パターン4　身体機能計測結果 ≒ 質問票回答結果（枠が小さい）

あなたの身体機能（太線）とそれに対する自己認識（点線）は同じくらいで、身体機能と認識の差は小さいですが、身体機能・認識とも低い傾向にあります（主に2以下）。

このことから、転倒等リスクからみて身体機能に不安を持っており、そのことを自分でも認識しているといえます。日頃から、体力の向上等により身体面での転倒等のリスクを減らし、全体的に枠が大きくなるように努めてください。

また、すぐに転倒リスクを減らすため、職場の整理整頓や転倒・転落しやすい箇所の改善等を行ってください。

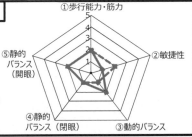

パターン5　項目により逆転している

あなたは、計測項目によって、身体機能（太線）の方が高い場合と自己認識（点線）の方が高い場合が混在しています。

このことから、それぞれの体力要素について、実際より高く自己評価している場合と慎重に評価している場合があるといえます。

転倒等リスクからみた場合、特に自己認識に比べ、身体機能が低い項目（太線が小さい項目）が問題となります。身体機能の向上により太線の方が大きくなるよう努めてください。

また、身体機能と認識にばらつきがあるため、思わぬところで転倒や転落する可能性がありますので、転倒・転落しやすい箇所の改善等を行ってください。

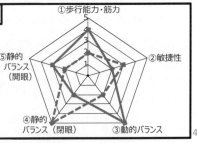

2　口腔健康

1)　口腔の健康

(1)　改正　健康保持増進対策（THP）における口腔保健

　　2021 年に、健康保持増進対策（THP）の改正が行われた。基本的な考え方は厚生労働省のホームページを参照されたい。

【参照 URL】https://www.mhlw.go.jp/content/000748360.pdf

　　その中で、「労働者の健康の保持増進のための具体的措置としては、運動指導、メンタルヘルスケア、栄養指導、口腔保健指導、保健指導等があり、各事業場の実態に即して措置を実施していくことが必要である」と従来の THP では保健指導の中に口腔保健指導が含まれていたが、改定後では、口腔保健指導が強調されている。

　　THP において行われる保健指導の中で、口腔保健は食生活と密接に関連しており、重要である。近年は、歯周疾患（歯周病）などの歯科疾患が全身疾患と関連していることが明らかになってきた。また、初期う蝕（歯質の実質欠損がない、表層下脱灰の状態：歯質が白濁して見える）は、フッ化物配合歯磨剤の使用、適切な歯磨き、甘味食品・飲料の摂取に関する配慮などにより、歯質の再石灰化（健全な歯質に回復）が期待できることがわかってきた。これは、本人の生活習慣や行動が変容することで、むし歯になりかけの歯が回復されることを、視覚的に自覚できる。また、歯周病の初期症状である歯肉炎や軽度の歯周炎の場合には、適切な歯磨きと歯石除去で歯肉の状態が回復し、出血がなくなり、歯肉の腫れや赤みが改善されてくる。これも、歯磨きなどで保健指導の効果を、本人が自覚できる点で有意義である。

　　そこで、産業保健スタッフが、THP における口腔保健指導に取り組めるよう、口腔衛生・機能および歯科疾患に関する基本的な情報と具体的なプログラム立案の参考となる情報を後述する。なお、「職場における心とからだの健康づくりのための手引き～事業場における労働者の健康保持増進のための指針～」として具体的な口腔保健推進例がホームページで紹介されている。

【参照 URL】https://www.mhlw.go.jp/stf/seisakunitsuite/bunya/0000055195_00012.html および
　　　　　　 https://www.mhlw.go.jp/content/000748347.pdf

(2)　口腔機能と生理

　　口腔には**図表 3.22** に示すような機能がある。その中でも、摂食と咀嚼は生命を維持していくためには欠かせない大切な機能である。また、唾液は口腔の健康に大切な働きをしている。シェーグレン症候群や糖尿病などの口腔乾燥を伴う疾患、薬剤の影響でも唾液が減少しドライマウス（口腔乾燥症）になる場合がある。唾液量が減少すると、う蝕、歯周病の発症や進行が急激におこり、口臭も強くなる。"言葉を発する"、"情緒を表現する"などの機能により、他の人とのコミュニケーションが円滑に行われ、対話や笑顔などの表情が豊かであると良好な人間関係を構築することができる。これは、社会生活を営む上で大切な要素である。

1	食物を摂取する
2	食物を咀嚼する
3	食物を味わう
4	音や言葉を発する
5	呼吸する
6	情緒を表現する

図表 3.22　口腔の機能

　以下に咀嚼と唾液に関しては特に大切なので説明を加える。

㋐　咀嚼

　咀嚼は歯や舌、頬粘膜、顎の筋肉、口唇、口蓋などを協調的に働かせ、唾液が混じることにより行われる。永久歯は**図表 3.23** に示すように前歯 8 本、犬歯 4 本、小臼歯 8 本、大臼歯 8 本（智歯：親知らずを入れると 12 本）で 28 本（親知らずを入れると 32 本）である。これらの歯が欠損したり、痛んだり、動揺すると咀嚼能は低下する。

a　咀嚼の流れ

　まず、食べようとする食品の大きさ、形を目で見て、硬さや熱さなどは予測し、鼻でにおいをかぎ、場合によっては手で触って、食べ方を決める。野菜やせんべいなどは前歯で割り、肉は犬歯で引き裂く、その後、食塊を作るべく、舌や頬が作動し、食片は臼歯部に運ばれ、噛み砕かれ、唾液と混ぜ合わされ、唾液中の消化酵素や食品中の変異原（発がん）性を減弱させる物質（ペルオキシダーゼ）などが混じり合う。比較的柔らかいものは小臼歯部で、硬いものは大臼歯部で咀嚼する。その際、舌は食片を移動させ、味を感じる。また、噛むことにより、歯や舌が自浄され、歯肉は適度にマッサージされる。

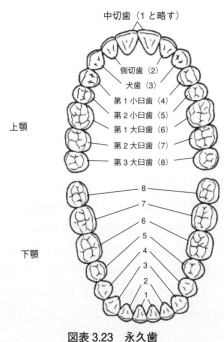

図表 3.23　永久歯

b　咀嚼の効果

　　よく噛むことにより、生体機能の亢進や精神活動にも良い影響があることが指摘されている。よく噛むことのスローガンとして "噛ミング 30（カミングサンマル）" も食育推進に用いられている。日本歯科医師会が作成した「歯科関係者のための食育支援ガイド 2019」はライフステージ別に詳細に口腔機能と食生活・栄養における情報を提供している。

　　【参照 URL】https://www.jda.or.jp/dentist/program/pdf/syokuikushiengaido2019.pdf

c　咀嚼と肥満

　　咀嚼と肥満との関連性に関しては、職域においても研究されている。武井により報告された例では、事業場就業者 340 名を対象に、食習慣と BMI との関連性を検討したところ、食べ方に関する「早食い」、「よく噛む」、「一口に食べる量」および食事の内容に関する「野菜の摂取」に関連性が認められた。このように肥満の予防には、食べ方を含む食習慣に関する健康教育が効果的である。

(イ)　唾液

　　大きな唾液腺としては、耳下腺、顎下腺、舌下腺がある。その量は、1 日に約 1.5L であり、睡眠中は減少し、摂食時に増加する。腺細胞には漿液腺（さらさら唾液）と粘液腺（ネバネバ唾液）があり、自律神経により制御されている。主な作用と関連物質を**図表 3.24** に示す。

　　う蝕の発生と再石灰化には唾液の要因（緩衝作用、歯の再石灰化作用など）が大きく関与している。また、咀嚼・嚥下の補助作用、洗浄作用、歯や粘膜の保護作用および抗菌作用は口内炎などの粘膜疾患予防に、また発がん性・変異原性抑制作用は口腔がん予防としても重要である。

(3)　歯科疾患の全身への影響

(ア)　現在歯数または喪失歯数の影響

　　残っている歯の数（現在歯数）またはう蝕や歯周疾患により失った歯の数（喪失歯数）は咀嚼能との関連性が強く、咀嚼能が低下すると胃に負担をかけることは知られている。2008 年、平木らは、5,240 名のがん患者と 1 万 480 名の対照群を比較し、自分の歯を 1 本

消化作用	唾液アミラーゼ、舌リパーゼ
潤滑作用	ムチン、高プロリンタンパク、水分
粘膜保護作用	ムチン、シスタチン S
味覚作用	唾液に溶解した味物質が味蕾に結合
排泄作用	薬物、化学物質、重金属の唾液からの排泄
緩衝作用	重炭酸塩、リン酸塩、タンパク質
抗菌作用	分泌型 IgA、リゾチーム、ペルオキシダーゼ、ラクトフェリン、ヒスタチン
歯の再石灰化作用・保護作用	糖たんぱく質、カルシウムイオン、リン酸イオン
浄化作用・水分代謝作用	水分で希釈・洗い流す、唾液量の調節と浸透圧受容器

図表 3.24　唾液の主な作用

も有しない者は 21 歯以上の保有者に比べて、頭頸部がんのリスクが 1.68 倍、食道がんは 2.36 倍、肺がんは 1.54 倍であったと報告している。また、全身の健康状態の自己評価と喪失歯との関連性について、Darid らの研究によると、生活の質（QOL）が高く、健康状態が良好だと感じている者ほど歯が多く残っている傾向が認められると報告されている。また、2005 年に秋田県横手市で行われた「厚生労働省研究班による多目的コホート研究」との共同による歯科疾患の疫学調査（1,518 名）では、質問票の「口腔の健康状態がよい」と関連性がみられた項目として、「体の健康状態がよい」、「入れ歯の悩みがない」、「グラグラしている歯がない」、「痛む歯がない」、「両側の奥歯でよく噛みしめられる」、「口臭が気にならない」、「毎日の生活が楽しい」、「自分の歯が 20 歯以上ある」、であったと報告されている。このような報告は多く、全身の健康増進や生活の質（QOL）の向上に、口腔の健康の推進が重要であることが示唆される。

(イ)　歯周疾患の影響

歯周疾患が全身疾患に及ぼす影響を**図表 3.25** に示す。歯周疾患については、全身疾患との関連性が多く報告されている。現在、明らかにされてきている全身疾患との関連性について説明する。

　a　糖尿病

糖尿病は細菌に対する易感染性などにより、細菌感染と宿主の炎症性反応により発症・進行する歯周疾患との関連性についてはすでによく知られている。Nelson らによると糖尿病患者は、進行した歯周疾患の危険度が 2.6 倍高いとの報告があり、進行し、重篤化しやすいといわれている。一方、歯周疾患を治療することにより、糖尿病患者の血糖値が改善し、コントロール状態が良くなる可能性が示唆されている。

　b　心臓・血管系疾患

多くの患者対照研究やコホート研究から、口腔保健状態、特に歯周疾患の罹患状態が冠動脈性心疾患と関連していることが報告されている。Beck らは 18 年間のコホート研究により、歯槽骨の吸収を指標とした歯周疾患が、総冠動脈性心疾患ではオッズ比が 1.5 であり、同疾患による死亡では、1.9 であり、発作では 2.8 であったと報告している。動脈硬化のある血管壁から、歯周病原性細菌が検出されたとの報告も多い。

　c　感染性心内膜炎

有吉は「歯周病と全身疾患の関連」について論文で詳細に解説している。その中で、

図表 3.25　歯周疾患が全身疾患に及ぼす影響

循環器疾患の中で感染性心内膜炎について、歯周病関連細菌（*Porphromonas gingivalis*; *P. gingivalis* など）やその抗体価の上昇がみられ、関連性が示唆されると記載している。

d　肺炎、誤嚥性肺炎

高齢者、特に要介護高齢者では、細菌性肺炎、誤嚥性肺炎が、口腔内細菌やカンジダなどの真菌によって引き起こされることが米山らにより報告されている。

e　関節リウマチ

関節リウマチ患者は歯周疾患に罹患しやすいことが京都大学リウマチセンターの報告などにみられる。

f　低体重児出産、早産

重度の歯周疾患をもつ妊婦には、低体重児の出産や早産のリスクがあることがLepez ら、Davenport ら、など多く報告されている。

g　肥満

肥満の場合は糖尿病とあわせて述べられる場合が多いが、齋藤らは喫煙や糖尿病などの因子を調整したうえで、BMI が 30 以上の者は、重度の歯周疾患罹患の相対危険度が8.6 倍であったと報告している。また、Wood らの歯周疾患とメタボリックシンドロームとの関連性を示唆した報告もみられる。

h　がん、悪性腫瘍

2008 年に Michaud らは、アメリカ人男性 40 〜 75 歳（4 万 8,375 名）を対象に平均17.7 年間追跡した The Health Professionals Follow-up Study で、種々のリスクファクターを調節した後でも歯周病が進んでいる者は肺がんのリスクが 1.36 倍、腎臓がんのリスクは 1.49 倍、膵臓がんのリスクは 1.54 倍であり、残存歯が 16 本以下の者は肺がんのリスクが 1.70 倍であったと報告している。

i　その他

近年、アルツハイマー型認知症患者の脳から歯周病原細菌の *P. gingivalis* などが同定され、関連性が注目されている。

また、人工呼吸器関連性肺炎や新型コロナウイルス感染症（COVID-19）の発症や悪化に対しても、歯周病原細菌の誤嚥が関与していると示唆されている。

(4)　生活習慣等と歯科疾患

(ア)　コモン・リスク / ヘルス・ファクターアプローチ

う蝕や歯周疾患の二大歯科疾患の発症や進行には、食生活や喫煙などの生活習慣が大きく関与している。歯周疾患が糖尿病などの生活習慣病と関連していることは周知となってきた。職域での保健指導においても医科歯科連携、栄養、心理、運動などの他分野の担当者と連携した健康づくりが大切である。以下に、生活習慣の中で特に関連性が明らかなものを記載する。

　　a　喫煙と歯科疾患

　　　　喫煙と口腔がん、前がん病変としての白板症との関連性はよく知られている。危険因子としては、喫煙、刺激の強い食物、飲酒、鋭利な歯や義歯の機械的刺激などである。特に喫煙者の口腔がん発生のリスクは喫煙していない者の 2 ～ 18 倍高いと報告されている。また、喫煙者のみならず受動喫煙者にも歯肉に強いメラニン沈着症がみられる場合がある。

　　　　喫煙と歯周疾患との関連性も多く報告されている。喫煙者は歯周疾患に罹患するリスクは喫煙していない者と比べ約 2 ～ 6 倍であり、糖尿病に罹患しているとさらに歯周疾患へのリスクが高くなる。

　　b　ブレスローの健康習慣と歯周疾患

　　　　藤田らにより、職域におけるブレスローの 7 つの健康習慣と歯周疾患や喪失歯数との関連性が報告されており、健康習慣が歯科疾患にも影響を与えていることが示唆される。

　　c　栄養との関連

　　　　歯や骨の形成にはカルシウム、ビタミン D のみならず、アミノ酸（たんぱく質）、ビタミン C、ビタミン K、マグネシウム、リン、亜鉛などの多くのビタミンやミネラルが関与していることが知られている。歯周疾患の予防と栄養に関しては、まだ報告は少ないが、歯槽骨の健康や強化には上記のビタミン、ミネラルの摂取とバランスが影響していると考えられている。また、歯肉の易出血性はコラーゲンの状態、ビタミン C の摂取不足が関与しているとの報告もみられる。口内炎・口角炎・舌炎などの口腔粘膜の炎症にはビタミン A、ビタミン B_2、ビタミン C、鉄などが関与していることが知られている。また、味覚障害や味覚の低下は亜鉛含有食品の摂取不足によることは知られているが、近年、インスタントやレトルト食品、スポーツドリンクなどの摂取と関連しているとの報告もみられる。

2）　日本人の口腔保健状況

⑴　歯の状態（う蝕および現在歯数）

　　　　2016 年の歯科疾患実態調査（厚生労働省）において年齢階級別に、処置していない（未処置）う蝕の歯の数（DT）、処置した歯の数（FT）およびう蝕が原因で喪失した歯の数（MT）をあわせたう蝕経験歯数（DMFT）の図が公開されている。低年齢や若者のDMFT は減少しているが、40 歳を過ぎると増加し、高齢になると歯の根元や根面のう蝕が多くなる。8020 運動 "80 歳になっても 20 本以上自分の歯を保とう" が、1989 年に厚生省（現・厚生労働省）と日本歯科医師会によって提唱され、広く国民に呼びかけてきた影響もあり、残っている歯の数は年々多くなり、2016 年の調査では 51.2％ となった。50 歳、60 歳代に急激に歯を失っていく人が増加しており、この年齢層である職域での歯の喪失予防、職場における "歯や口の健康づくり" が大切である。なお、5025（50 歳で 25 本）、6024（60歳で 24 本）などが 8020 の中間目標とされている。

　　【参照 URL】https://www.mhlw.go.jp/toukei/list/dl/62-28-02.pdf

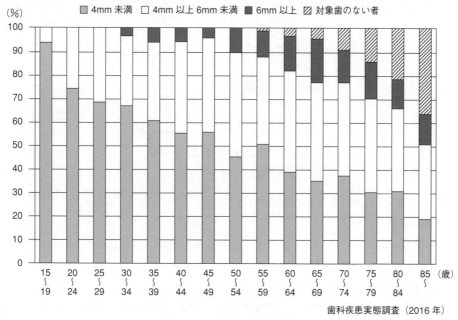

図表 3.26　歯周ポケットの保有者の割合、年齢階級別

（2）　歯周組織の状態（歯周疾患）

　　図表 3.26 は、同上の実態調査における歯肉（歯周組織）状態を年齢階級別に示したものである。20 歳代ですでに 30％以上の者に歯周病の所見がみられ、その後、徐々に増加し、40 歳代では約半数の者に所見がみられる。また、50 歳代になると急激に進行し、歯周疾患で歯を失う率も高くなる。

（3）　生活習慣および歯科保健状況

　　同上の実態調査から、歯磨き回数は毎日 1 回以上磨く者は 95.3％、1 回が 18.3％、2 回が 49.8％、3 回以上が 27.3％で、過去の実態調査と比べ 1 日 3 回磨く者が増加している。一方、歯周疾患予防のためには、好発部位である歯間部の清掃が必要である。

3）　歯科疾患の原因と予防

（1）　う蝕（むし歯）について

　（ア）　原因

　　　う蝕とは口腔微生物の作用によって、歯の硬組織が破壊される疾患と定義される。う蝕の発症や進行に関連の深い要因を説明する場合に用いられる Keyes の 3 輪と、Newbrun の時間を加えた 4 輪を**図表 3.27** に示す。

　　a　宿主要因

　　　　人種、性、年齢、職業、健康状態（疾病、疲労、栄養、ストレス）、生活習慣（歯磨き習慣、生活リズム、食習慣）、生活環境（気候、飲料水、地域性、風土）、唾液（量・

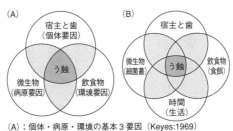

（A）：個体・病原・環境の基本 3 要因（Keyes:1969）
（B）：個体・病原・環境・時間の 4 要因（Newbrun:1978）

図表 3.27　う蝕（むし歯）の要因

成分）、歯の質、歯列、咬合などがある。

b　微生物要因

　う蝕原因菌としてのミュータンスレンサ球菌、脱灰（歯を溶かす）作用の強い乳酸桿菌、高齢者の歯根面う蝕と関連のあるカンジダなどが知られている。特にミュータンスレンサ球菌に関しては、プラーク（歯垢）や唾液の菌数とう蝕との関連性を示す報告が多い。近年、ミュータンスレンサ球菌の垂直感染（母子感染）が注目されている。

c　食餌性要因

　飲食物のショ糖（砂糖）の含有量および単糖類（ブドウ糖、果糖）や二糖類（麦芽糖、乳糖）の含有量、食物の物性（粘着性）、自浄性、摂食頻度などが関連している。

　Gustafsson らによる Vipeholm 病院での報告によると、う蝕が最も多く発生するのはトフィーなど歯への粘着性が強い菓子で、間食として頻繁に食べることの影響が大きい。食品のう蝕誘発性の評価として、う蝕になりやすい菓子類を 4 つの要因（ショ糖含有量、その他の糖類含有量、摂取時間、口腔内残留時間）で分類したう蝕誘発能指数（松久保）などがある。

　個体差はあるが、10％ブドウ糖溶液を飲んだあとのプラーク中の pH の変化は摂取後、急激にエナメル質を溶かす可能性のある臨界 pH5.5 より低下し、約 20 分間は、歯質は脱灰の危険にさらされる。その後、唾液の緩衝作用で約 40 分後に pH がもとに戻ってくると報告されている（ステファンカーブ：図表 3.28）。また、各種糖質の洗口後のプラークの pH 変化を調べた研究では、ショ糖のみならずブドウ糖、果糖、麦芽糖、乳糖もショ糖と同じ濃度の溶液を摂取後、プラーク中の pH はショ糖と同様に臨界 pH5.5 を大きく下回り、歯を溶かす危険がある。

　ショ糖（砂糖）、ブドウ糖や果糖などを含む含糖飲料について、炭酸飲料や果汁、乳酸菌飲料などは糖度が高く、pH が低いのでう蝕になりやすい。また、スポーツドリンクも 5％程度糖類を含有しており pH は低いのでペットボトルなどによるチョビチョビ飲みは要注意である。近年、健康志向に伴い、お酢など糖分は入っていないが酸性が強い飲料や酸性の強い果物を頻回に摂取する者が多い。これらの酸性飲食物は頻回に摂取することにより歯の表面が酸で脱灰し、白濁、さらには歯質が溶解する酸蝕歯が増加していることが報告されている。

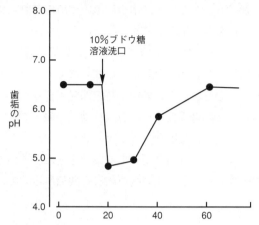

図表 3.28　プラーク中の pH の変化（ステファンカーブ）（Stephan と Miller、1943）

d　時間の要因

　　上記の３つの要因が重なっていたとしても、すぐにう蝕が生じるわけではなく、歯垢が形成され菌が増殖し、歯を溶かし、穴が開く（う窩（虫歯の穴）形成）までには数週間から数カ月を要する。

e　プラーク中の酸産生機序

　　歯の表面はミュータンスレンサ球菌が産生した非水溶性グルカンの基質に多くの微生物が増殖してプラークを形成している。これはバイオフィルムであり、抗菌剤などの化学的作用をブロックしている。そして、ショ糖などの糖類が摂取されるとミュータンスレンサ球菌などの細菌がそれを利用し、乳酸などの酸を産生し、プラークに蓄積され、歯質を脱灰し、歯の中に細菌が進入していく。

(イ)　予防

　　要因別の予防方法を**図表 3.29** に示す。う蝕に関してはフッ化物の効果が最も高く、**図表 3.30** のような応用方法があり、世界中で使用されている。職域では、歯の根元や歯根面、詰め物（充塡物）の境目に生じるう蝕や初期う蝕の予防および再石灰化には、フッ化物配合歯磨剤の使用、フッ化物溶液の塗布や洗口が効果的である。

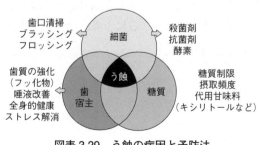

図表 3.29　う蝕の病因と予防法

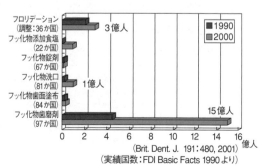

（Brit. Dent. J.　191：480, 2001）
（実績国数：FDI Basic Facts 1990 より）

図表 3.30　世界のフッ化物利用状況

　また、よく噛んで食べることで自然に歯や口の中が清掃される作用（自浄作用）のある食品（野菜など）は食物繊維の摂取の積極的推進にもつながり効果的である。また、キシリトールなどの糖アルコール甘味料はミュータンスレンサ球菌などのう蝕原性細菌が利用できないので酸の産生がないか少ないことが知られている。これらを甘味料とし、さらにカルシウム塩などの成分を含むガムの中で特定保健用食品（トクホ：消費者庁）と認可されているものがあり、う蝕抑制効果や再石灰化効果が報告されている。

　一般的な予防方法としては、歯磨き（ブラッシング）やデンタルフロスの使用による物理的なプラークコントロール、抗菌作用のある薬剤を含んだ洗口剤などの使用による化学的プラークコントロールもあるが、歯周病予防にも共通するので、歯周疾患の予防の項で詳しく記載する。

(2)　歯周疾患（歯周病）について

　(ア)　原因

　　歯周疾患は歯周病原性の口腔内微生物（**図表 3.31**）とそれに対する免疫反応により歯周組織（歯肉、歯槽骨、歯根膜、セメント質等）が破壊されていく炎症性、萎縮性病変で、歯周組織の機能が障害される病的反応である（**図表 3.32**）。歯周疾患の発症、進行の状態を**図表 3.33** に示す。病変は 40 歳以降に急激に進行し、歯槽骨が破壊され、口臭が強くなり、ぐらぐらして噛めなくなり、歯を喪失する。これらの症状は生活習慣病などの全身疾患と深く関わるとともに、QOL の低下につながる。

　(イ)　予防

　　歯周疾患の原因とその予防について**図表 3.34** に示す。最も効果的なのは、プラークコントロールと歯石除去である。プラークコントロールには歯磨き（ブラッシング）や歯間清掃器具を使用してプラークを物理的に除去するものと、抗菌作用のある薬剤を用いる化学的なものがある。ただし、プラークはバイオフィルムとなり強固に歯面に付着し、さらに、微生物がセメント質や象牙質に入り込んでいるので、物理的プラークコントロールが必要である。

　　a　歯磨き（ブラッシング）

　　　数種の方法があるが、**図表 3.35** に示すような毛先を使う清掃方法が効果的である。一般的に推奨される方法は、スクラッビング法で、歯面のプラークを取り除きう蝕の予防効果があるとともに、歯肉との境目に毛が軽く挿入されることによる歯肉のマッサー

```
・ポルフィロモナス・ジンジバリス（P.g.）
・タンネレラ・フォーサイシア（T.f.）
・トレポネーマ・デンティコーラ（T.d.）
・フソバクテリウム・ヌクレアタム（F.n.）
・プレボテーラ・インテルメディア（P.i.）／ニグレスセンス（P.n.）
・アクチノバチルス・アクチノマイセテムコミタンス（A.a.）
・スピロヘータ　　　　　　　　その他
```

図表 3.31　主な歯周病原性菌

	初発病巣	初期病巣	炎症の進行	歯周ポケットの形成と骨吸収	進行した病巣
局所的	（2〜4 日） ①歯垢由来 ②免疫複合体由来の補体活性化 ③接合上皮下にわずかな白血球の浸潤（好中球）	（4〜7 日） ①リンパ球の浸潤 ②血清タンパクの滲出	（1 週間ごろから） ①B リンパ球の形質細胞への変化 ②線維芽細胞の障害 ③コラーゲンの一部喪失 ④免疫グロブリンの増加	（1 カ月以降） ①補体系の活性化 ②マクロファージの活性化 ③細胞性免疫 ④組織破壊の亢進 コラーゲンの破壊、上皮の剥離	①歯周ポケットの形成 ②化膿性、潰瘍性変化 ③骨吸収 ④セメント質への内毒素の浸透 有機質の変化（病的セメント質）
炎症の拡大（歯根膜） （結合組織・骨膜・歯槽骨）	非付着性プラーク 付着性プラーク　境界上皮 セメント質				

図表 3.32　歯周疾患の発症、進行の機序（松江、一部改変）

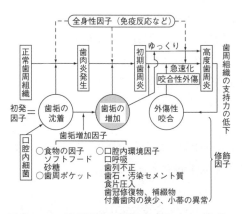

図表 3.33　歯周疾患の原因と成り立ち（加藤、他、1983）

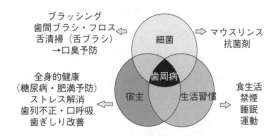

図表 3.34　歯周病の病因と予防法

スクラッビング法	（唇頬側）（舌側） 毛先を歯頸部のところまできちんと軽くあてる	近遠心的に数ミリメートルの範囲で毛先を細かく動かす	咬合面と舌側面は同時に清掃する
バス法	毛先を歯軸に対し45°にして歯周溝に軽く挿入する	近遠心的に数ミリメートルの範囲で毛先は動かさずに軽く加圧振動させる	咬合面など歯面全体の清掃には他の方法を併用する

《歯磨きのポイント》：一般的にはスクラッビング法

＊歯ブラシを歯に対して直角、毛先を歯と歯肉の境目まであてる

＊軽い力（200g 前後）で磨く（ペンを持つように）

＊歯と歯肉の境目、歯と歯の間で小刻みに動かす

◆ 1〜2 本づつ丁寧に、最後に磨き残しを点検

図表 3.35　主な歯磨き方法
（スクラッビング法とバス法）

機　能	成　分	作　用
う蝕予防	フッ化物	歯垢中の酸産生抑制、再石灰化促進
う蝕・歯周疾患予防	クロルヘキシジン類 塩化セチルピリジニウム トリクロサン	歯垢中の細菌数抑制
	デキストラナーゼ	歯垢形成抑制酵素
歯周疾患予防	イソプロピルメチルフェノール	バイオフィルムへの浸透、殺菌
	トラネキサム酸 イプシロンアミノカプロン酸	抗炎症、抗プラスミン、止血
	グリチルリチン酸およびその塩類	抗炎症、抗アレルギー
	リゾチーム	抗炎症、組織の修復促進
	酢酸dℓ-α-トコフェノール	末梢血液循環促進
	塩化ナトリウム ヒノキチオール	収斂
	ポリリン酸 ピロリン酸 クエン酸亜鉛	歯石予防
象牙質知覚過敏予防	乳酸アルミニウム 硝酸カリウム	結晶化による象牙細管のブロックおよび細胞外カリウムイオン濃度の増加による感覚神経活性低下

図表 3.36　歯磨き剤の薬用成分

ジ効果も期待できる。歯周疾患が進行し歯周ポケットが深くなってくるとバス法が効果的である。また、歯並びが凸凹していたり、親知らずが斜めに萌出していて歯ブラシが届きにくい場合は、歯ブラシを縦や斜めにして、ブラシのつま先やかかとを使い毛先が歯面に届くように工夫する毛先磨きを行ったり、先端の小さなブラシの束のついたタフトブラシを使用すると効果的である。

b　歯磨き剤（はみがきこ）

歯磨き剤はペースト状やジェル状があり、歯周病予防効果のある薬用成分が配合されているものが多い（**図表 3.36**）ので、使用すると効果的である。

c　電動歯ブラシ

近年、ブラシの回転数や振動数が増え、さらに音波や超音波の電動歯ブラシも市販されるようになった。これらは、効率良くプラークが除去できるが、ブラシ圧が強いと振動を抑制し効率が低下し、歯や歯肉を傷つけることもある。適正な使い方を情報提供することにより、効果が期待できる。

d　歯間清掃用具

デンタルフロスおよびホルダー付きフロス、歯間ブラシなどの歯間清掃器具は、歯ブラシの届かない歯間部の清掃に効果があり、ブラッシングとともに使用することが望ましい。

e　マウスウォッシュ・マウスリンス

塩化セチルピリジウム（CPC）、塩化ベンゼトニウム（BTC）、クロールヘキシジ（グ

ルコン酸および塩酸）、エッセンシャルオイルやその他の抗菌作用のある薬剤や植物からの抽出液などを配合するマウスウォッシュやマウスリンスが多く市販されている。これらは、化学的プラークコントロールの主流である。

　f　プロフェッショナルケア

　　歯石は歯周疾患のリスク因子であるが、石灰化し強固に歯面に付着しているので歯ブラシなどでは除去できない。唾液の成分などで付きやすさに個人差があるが、半年～1年に1回、歯科衛生士や歯科医師に定期的に歯石除去（スケーリング）を行ってもらうことが望ましい。また、専門家のプラークコントロールとして、特殊な機械を使用する歯のクリーニングPMTC（Professional Mechanical Tooth Cleaning）もある。

⑶　その他

㋐　口臭

　　口臭は社会生活において、特に職域での人間関係の障害となることがある。口臭があっても本人は自分のニオイに慣れてしまう順応反応でわからない場合が多い。口臭の原因の90％以上は口に原因がある。主な原因物質は口腔内の微生物が産生する揮発性のガスである。口腔内の原因としては、歯周疾患、厚い舌苔付着、唾液分泌の減少、プラーク（特に歯間部）や義歯の汚れなどがある。全身的には、鼻・副鼻腔疾患、糖尿病、肝・腎疾患、逆流性食道炎、慢性胃炎などがあり、ニオイは異なる場合が多い。病気でなく生理的に、起床時、空腹時、疲労時、緊張時は口臭が強くなる。これは唾液の自浄作用が十分でない場合が多く、口腔清掃を行うことで減少する。生理的口臭は主に舌苔の細菌により産生される。また、女性の生理や更年期に伴う口臭や加齢に伴う老人性口臭も生理的口臭である。

　　予防や対処法として、強い口臭の原因としては歯周疾患が疑われるので、早期に専門的な治療、定期的な管理と継続指導を受けることが望ましい。また、生理的口臭が強くなる原因は舌苔であることが多いので、朝食などを欠食せず、よく噛んで食べ、舌体操や唾液腺マッサージなどで唾液が十分出るようにし、睡眠をとり疲れやストレスを解消する。不規則な生活が続くと舌苔が厚くつき、口臭が強くなる場合が多い。また、舌苔の清掃も口臭予防の重要なポイントである。口臭予防をうたったマウスウォッシュや、タブレット、ガムなどが市販されているが、直接口臭を防止する作用は弱く、香料のマスキング効果や、精神的に安心させる心理的効果の方が大きく、口臭発生の原因を除去しなければ、その効果は一時的である。

　　また、実際は口臭が認められないにもかかわらず、口臭を訴える場合は、心因性の口臭症（仮性口臭症または口臭恐怖症）が考えられる。専門的検査や治療が必要と判断された場合には口臭専門外来を紹介する。

㋑　"Tooth Contacting Habit；TCH"（歯列接触癖）

　　TCHとは、上下の歯を持続的に接触させる癖で、何もしていない（安静）時、正常で、上下の歯は接触せず、唇は閉じている。しかし、何かに集中しているとき、特にパソコン

やゲームに集中しているときに、上下の歯を意識せずに接触させることがある。これが持続的に長時間、また強くかみしめ頬や舌の緊張が続くことにより、顎関節や歯周組織に負荷がかかり顎関節症や歯周疾患を進行させることがある。歯の摩耗や亀裂の原因や、舌や頬粘膜の圧痕、炎症の原因になることもある。予防方法は、安静時に上下の歯を接触させないように意識すること。"歯をはなす"など気づきやすいメモを目につくところ、例えばパソコンに貼っておくなどがある。

(4)　口腔ケアとは、口腔健康管理：口腔衛生管理と口腔機能管理

　　一般的な口腔ケアとは、自分で行う歯磨きや歯間清掃などのセルフケアと手術を行う前後で入院中に行う周術期または介護が必要となり（要介護）自分ではセルフケアができない場合の専門的口腔ケアがある。現在、後者の周術期や要介護者への歯科衛生士や看護師などによる専門的口腔ケアは口腔健康管理として口腔清掃を主とする口腔衛生管理と口腔機能を保持増進する口腔機能管理をあわせた言葉が歯科専門領域で使用されている。職域では主に口腔のセルフケアの指導が中心となる。

(5)　働く中・高齢者へのオーラルフレイル予防

　　日本歯科医師会のホームページにオーラルフレイルの定義等が詳細に説明されているので参照されたい。

　　加齢に伴い心身の機能は徐々に低下し、虚弱に傾きながら自立度低下を経て要介護状態に陥っていくが、2014 年に日本老年医学会から虚弱（frailty）のことを「フレイル」と呼ぶことが提唱された。オーラルフレイルは、「Oral」と「Frailty」をあわせた造語であるが、現在、「老化に伴う様々な口腔の状態（歯数・口腔衛生・口腔機能など）の変化に、口腔健康への関心の低下や心身の予備能力低下も重なり、口腔の脆弱性が増加し、食べる機能障害へ陥り、さらにはフレイルに影響を与え、心身の機能低下にまで繋がる一連の現象及び過程」と定義されている。

　　2019 年国民健康栄養調査によると、食事中の様子で、「左右両方の奥歯でしっかりかみしめられない」者は 40 歳代 25％、50 歳代 33.6％、60 歳代 45.8％である。「半年前に比べて固いものが食べにくくなった」者は、60 歳代 25.5％、70 歳代 36.6％で、「お茶や汁物等でむせることがある」「口の乾きが気になる」は両方とも 60 歳代約 20％、70 歳代 26 ～ 27％である。近年、60 歳代、70 歳代の高齢労働者が増加していること、口腔機能の衰えは 40 歳代、50 歳代から始まっていることから職域におけるオーラルフレイル予防を行うことが望ましい。その予防として、口腔体操を日本歯科医師会が紹介している。

【参照 URL】https://www.mhlw.go.jp/content/10900000/000687163.pdf
　　　　　　https://www.jda.or.jp/oral_flail/gymnastics/

4)　口腔の健康の評価方法

(1)　口腔内状況

　㋐　口腔清掃状況の評価

　　　プラークを染め出して、磨き残しの部分を評価する方法がある。

　㋑　う蝕経験歯数（DMFT）

　　　う蝕（むし歯）の状態と本数を評価する指数で、穴が開いている未処置のむし歯（DT：Decayed Teeth）、治療して人工物で詰めるか被せた歯（FT：Filled Teeth）、むし歯が原因で喪失した歯（MT：Missing Teeth）の合計が個人のDMF歯数で、集団の場合は全員のDMF歯数を足して人数で割り、一人平均DMFT（DMFT指数）として集団のう蝕評価に用いる。また、集団でDMF歯を1本以上持っている者の割合はう蝕有病者率である。

　㋒　口腔内細菌の検査および産生物の検査

　　　主たるう蝕原因菌であるミュータンスレンサ球菌の唾液やプラーク中の細菌数を調べる検査法が世界的にも多く使用され、う蝕のリスクに関する報告が多い。また、安価で簡単なう蝕リスクテストもある。

　　　歯周病原性菌は主に偏性嫌気性菌なので培養は難しく、歯肉溝や歯周ポケット内の浸出液（GCF）やプラークを採取し、PCR法など検査会社で詳しく測定する方法が一般的であるが、検査料は高い。

　㋓　歯肉溝滲出液（GCF）生化学検査

　　　歯周疾患の発症や進行において生じる歯周組織の炎症により、歯周ポケットに漏出する歯肉溝滲出液には、組織破壊や組織修復、免疫応答、細菌などに関する炎症性物質が含まれている。近年、比較的容易にろ紙や小さなブラシにより滲出液が採取でき、$\alpha 1 -$アンチトリプシン（AT）、ラクトフェリン（LF）などを測定できる方法が開発された。埴岡らはこれらの生化学的指標が歯周疾患のみならず、口腔の健康状態や健康習慣とも関連性があると報告している。

　㋔　咀嚼能や咬合力の評価

　　　口腔保健指導に用いられる咀嚼能評価には、色変わりガムや2色ガム、硬さや弾力性の違うゼリーによるものなどが用いられている。また、咬合力の評価としては咬合圧計を用いる。どちらも簡便である。

　㋕　味覚検査

　　　医療で用いられているディスク法の味覚検査は甘味、塩味、酸味、苦味の4種について、数段階の濃度の検査を行うが時間がかかる。味覚は食生活（特に亜鉛不足）や喫煙、飲酒、口腔清掃状態との関連性が報告されている。これらの生活習慣の改善のための健康指導の一環として、動機付けとして用いる場合は、各種濃度の溶液を舌の中央にたらし味をチェックする全口腔法が簡便である。

　㋖　唾液量チェック、口臭検査など

　　　唾液量は5分間の安静時唾液やパラフィンなどのガム状のものを噛みながら出てきた

刺激唾液の量や濁り度をチェックし、口腔のうるおい度や自浄作用について考えるきっかけとする。口腔のうるおい度をチェックできる口腔水分計などもある。

　また、口臭検査に関しては、揮発性硫黄化合物のセンサー内蔵のポータブルな口臭測定器がある。ただし、センサーが香料やアルコールに影響される場合があるので、歯磨き後は避けるなどの測定条件を決めておく。

(2)　質問票調査

(ア)　食生活および歯科保健状況

　オリジナルで質問票を作成する場合は、朝・昼・夜の食事の摂取状況（欠食の有無）、また、含糖食品・飲料の摂取状況はう蝕と密接に関連するので、内容と頻度を問う。また、自浄作用のある食品、野菜などの摂取状況やよく噛んで食べるかなどの食べ方も問う。歯科保健状況は、歯磨き回数と 1 回の所要時間、いつ磨くか（起床時、朝食後、昼食後、間食後、夕食後、就寝前など）、デンタルフロス・ホルダー付きフロスや歯間ブラシの使用状況と頻度、口や歯の健康で自分で工夫していること、固いものでもよく噛めるか、歯磨き後にしばしば出血するか、グラグラしている歯はないかなど、A4 用紙 1 枚程度で作成する。

(イ)　歯科の QOL や行動に関する質問票

a　OHIP-JA18（Oral Health Impact Profile-Japanese short version for young adult and middle-age）

　職域歯科保健活動において QOL を評価する質問票には、諸外国で活用されている口腔関連 QOL 指標 OHIP の日本語版（OHIP-J49）が報告されている。しかし、49 項目もあり回答に時間を要するため、18 項目の短縮版が井手らによって作成され、その有用性が報告されている。食生活に関する項目もあり、他の口腔保健関連の項目との関連性を分析できる。

b　GOHAI（General Oral Health Assessment Index）

　口腔に関連した包括的な健康関連 QOL を測定する尺度で、内藤らにより日本語版が作成され、一般の高齢者や職域集団における信頼性・妥当性が評価されている。食生活に関する項目もある。

c　自己効力感測定のための質問調査票（SESS：Self-Efficacy Scale for Selfcare）

　2008 年に角館らが自己効力感測定のための質問調査票（SESS）の有用性を報告している。

d　咀嚼能に関する質問票

　いくつかの質問票調査があるが、研究的なものが多いので、歯科関係者に相談することをお勧めする。

5) 栄養指導を口腔保健指導に取り入れたプログラム例

(1) 個別指導

(ア) 自分の口の状態を知る（自覚）

手鏡で自分の口の中の歯の数や形、舌の状態も見てもらう。

(イ) 咀嚼、嚥下の仕組みを知る

ビスケットやせんべいなどを利用し、食べる、噛むための歯や舌、唇、頬の役割について説明しながら、食べる実習をする。また、舌を動かさないと咀嚼できない、唇を閉じないと嚥下が困難などの状況を設定し、体験してみる。

(ウ) 自分の噛み癖（偏咀嚼など）や咬合力を知る

ガムなどを使い、自分の噛み癖（偏咀嚼など）を知る。また、色変わりガムや2色ガムで、自分の咀嚼の状態を考えてもらう。また、咬合力を測定することで、噛む力を自覚できる。

(エ) 味覚チェック、唾液量測定、口臭測定など

味覚チェックは、食生活と密接に関係している。簡単に行える全口腔法などにより、生活習慣や食生活を見直すきっかけとなるように話を進めていく。また、お口のうるおい度チェックで、唾液の話に加えて、舌体操や唾液腺マッサージも行うと効果的である。ただし、検査結果の説明や指導するための知識を持っていないと、ただのイベントに終わってしまうので、事前に説明指導できる知識の習得が必要である。

(2) 集団指導

(ア) 健康教育

新入社員の説明会など人が集まる機会を利用し、健康教育を行う際に、口の健康についての話を盛り込んでもらえることが望ましい。特に、新入社員の場合、急激に生活が変化し、人間関係などのストレスで、チョコレートなど甘い菓子や炭酸飲料やスポーツドリンク、砂糖入りコーヒーを頻回に飲食する場合がある。また、疲れて歯磨きを怠ることも多い。

(イ) 社内メールや社内のホームページの活用

多くの会社では、各自がパソコンを持ち、メールで情報を得ている。そこで、それを利用し、健康情報を提供することも効果的である。

(ウ) 健康イベント

前述したいろいろな検査を健康イベントの中に、例えば、骨密度測定と咬合力測定をいっしょに行ったり、栄養に関するイベントに味覚検査を入れてみたりと組み合わせるとよい。

6) 職域におけるオーラルヘルスプロモーション（口腔の健康推進）

産業歯科保健の基本的な考え方は、自分の健康は自分で守っていく意識を持ち、セルフケアを適切に行えるような指導、アドバイス、情報提供を行っていくこと、歯科の専門的アドバイ

スが必要な場合は歯科医院等と連携し、自分から定期健診を受ける動機付けを行うことが望ましい形であると考えられる。

【参考文献】

・一般社団法人　全国歯科衛生士教育協議会　監修『最新歯科衛生士教本　保健生態学』医歯薬出版、2021
・安井利一ら編『口腔保健・予防歯科学』医歯薬出版、2017
・矢崎武、他　日本歯科医師会編『歯科医師のための産業保健入門』口腔保健協会　2006
・藤田雄三「産業歯科保健の現状と展望」『公衆衛生』63, 1999, 380-384
・Hiraki A, et al.Teeth loss and risk of cancerat 14 common sites in Japanese, *Cancer Epidemiol Biomakers Prev.* 17, 2008, 1222-1227
・Brennan DS, et al.Tooth loss, chewingability and quality of life, *Qual Life Res* 17, 2008, 227-235
・Michaud DS, et al.Periodontal disease, toothloss, and cancer risk in male health professionals:a prospective cohort study *LancetOncol* 9 : 2008, 550-558
・Johansson A, et al.Rehabilitation of theworn dentition(Review Article)*Journal of Oral Rehabilitation.* 35, 2008, 548-566
・有吉渉「＜歯科における感染症の課題＞　歯周病と全身疾患の関連」『バムサジャーナル』33, 2021, 20-27
・埴岡隆、他「職域における歯肉溝滲出液生化学検査の応用」『口腔衛生会誌』55, 2005, 543-551
・Kakudate N, et al.Oral health care-specificself-efficacy assessment predicts patientcompletion of periodontal treatment:a pilotcohort study *J Periodontol*, 79.6, 2008, 1041-1047
・武井典子「歯科衛生士臨床を支える ResearchLibrary 就業者の肥満と食・生活習慣との関連性」『歯科衛生士』31.2, 2007, 96-99
・内藤真理子、他「口腔関連 QOL 尺度開発に関する予備的検討:General Oral Health AssessmentIndex（GOHAI）日本語版の作成」『口腔衛生会誌』54, 2004, 110-114

3　食生活と健康

1)　食生活と栄養

(1)　食事の機能

　　人間に限らずあらゆる動物は空腹になると本能的に食事（餌）をとるが、これは生命を維持し、生活活動をするために必要な栄養素を補給するためである。しかし、食事は単に空腹感を満たすだけではなく、高度に発達した人間社会では食事を通して生活を楽しませるという役割も果たしている。おいしくて外観的にもきれいな食事は、食べる人に食欲を満たす満足感だけではなく、心の豊かさをももたらしてくれる。

　　心理的な充実感は明日への活力を生み出し、再生産を高めることになる。また、社会の多様化や核家族化が進んで孤食や個食が多くなり、親子や家族間のコミュニケーションが少なくなってきている現在では、食事は家族間に対話の機会をもたらし、だんらんの場をつくることになる。おいしくて楽しい食事は食べる人に満足感や充実感をもたらすので、食卓を囲んでの家族の対話を和やかにすることが期待できる。

(2)　食事効果の特徴

　　食事は健康な日常生活を送るための根幹をなすものであるが、身近でありすぎるために、ややもするとおろそかになりがちである。これは、食事の摂取量が過剰であったり不足したりしても、それによって緊急な痛みや苦しみを伴わないので、自覚することがあまりないからである。栄養素の過不足の状態が長期間持続して症状が顕在化し、病的状態になって初めて食事の欠陥に気づくことが少なくない。これが食事効果の特徴でもある。食事に含まれる栄養素には多少蓄積できるものもあるが、基本的には生体が要求するものを毎日必要なだけ

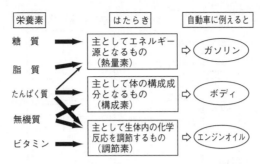

図表 3.37　栄養素の機能による分類 （奥、1992）

補給する必要がある。

　毎日の食事内容に気をつけ、留意することの積み重ねが、やがては立派な身体状況をつくり、充実した生活を送ることを可能にし、さらにそのような小さな努力の積み重ねが、健やかな老後を迎え長寿をもたらすことになる。

（3）　食品と栄養・栄養素

　生物は生命を維持するために必要な物質を外界からとり入れ、これを利用し、成長、発育、身体活動、体温維持などを行っている。このような生活現象を営むことを「栄養」といい、生活現象を営むために外界からとり入れる栄養の素材を「栄養素」という。栄養が円滑に営まれている状態、つまり身体の処理状況の良好なことが健康であることを意味する。

　人間が必要とする栄養素には糖質（炭水化物ともいう）、脂質、たんぱく質、無機質、ビタミンがある（**図表 3.37**）。

　われわれは、生命を維持し活動するために必要な栄養素を過不足のないように補給しなければならないが、摂取しているのは栄養素ではなく栄養素を含む食品である。食品はいずれかの栄養素を含んでいるが、生体が必要とする数十種類の栄養素をすべてバランスよく含んでいるような完全食品は存在しない。健康を保持・増進し、疾病を予防するためには、その食品の栄養成分的特徴を理解し、生体に補給しなければならない栄養素の種類と量を考え、食品を上手に組み合わせて摂取する必要がある。

2）　人体と栄養・食生活

（1）　身体組成と各栄養素の役割

　ヒトの身体はたくさんの筋肉を持っているので体たんぱく質含量は多い印象を受けるが、最も比率の高いのは水分で、成人男性で約 60％にもなる（**図表 3.38**）。

　体水分比率は乳幼児期に高く、幼児では約 70％にも達する。しかし、加齢に伴って減少し、70 歳くらいになると約 50％ぐらいまで減少する。女性は脂肪比率が高いので水分比率は低い。たんぱく質は成人男性で約 17％を占めるが、加齢に伴って減少する。体重も加齢に伴って減少するが、たんぱく質の減少の方が著しいので高齢者ではたんぱく質比率は低くなる。脂質は最も個人差の大きな貯蔵物質で、肥満の人では多く、やせの人では少なく、平

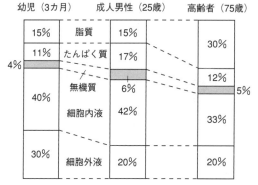

幼児（3カ月）　　成人男性（25歳）　　高齢者（75歳）

15%	脂質	15%		30%
11%	たんぱく質	17%		
4%				12%
	無機質	6%		5%
40%	細胞内液	42%		33%
30%	細胞外液	20%		20%

図表 3.38　人体の構成成分（奥、1992）

均 15 ～ 20％程度である。糖質はグリコーゲンとして肝臓や筋肉などに貯蔵されるが、貯蔵量はごくわずかで体重の 0.1％以下である。無機質は体重の 6％前後で、高齢になると骨量が減るためにやや減少する。顕著に減少すると骨粗しょう症になる。

　生命を維持し、いろいろな生活活動をするために摂取しなければならない栄養素は糖質、脂質、たんぱく質、無機質、ビタミンである。これらのうち、糖質、脂質、たんぱく質はその摂取量が 1 日数十 g から数百 g にも達するので三大栄養素ということがある。これに対して無機質やビタミンの 1 日摂取量は多くて数百 mg、少ないものは数 μg に過ぎないので微量栄養素という。各栄養素は生体内における作用や機能面から便宜上、次の 3 つに大別される。

① エネルギー源となるもの（熱量素）

　　労働をしたり、運動をしたりするときのエネルギー源となるもので、糖質、脂質、たんぱく質がこれに該当する。酒類に含まれるアルコールや、果物に含まれる有機酸などもエネルギー源になる。

② 身体の構成成分となるもの（構成素）

　　身体は主として水分、たんぱく質、ミネラルから構成されている。特に、筋肉はたんぱく質を多く含み、骨や歯はミネラルを主体にしている。熱量素や調節素が構成素の働きをすることはできない。脂質は体成分として多く含まれるが、体構成成分としての機能よりもエネルギー貯蔵体としての意味をもっているので、構成素には入れない。

③ 身体の機能を調節し、代謝を円滑にするもの（調節素）

　　これに該当するのはビタミン、ミネラル、たんぱく質である。これらの栄養素は生体内の無数の化学反応が円滑に行われるように作用し、身体の機能を調節している。厳密にいえば、糖質や脂質も種々の生理活性物質の構成成分や前駆体となるので調節素ということもできるが、通常は調節素として取り扱わない。

　　各栄養素は特有の生理作用を持っているので、いずれの栄養素が欠乏しても特有の失調症が生じる。

(2)　健康の保持・増進・生活習慣病の予防のために（食事摂取基準）

　「日本人の食事摂取基準」は、健康増進法の規定に基づき、国民の健康の保持・増進を図るうえで摂取することが望ましいエネルギーおよび栄養素の量の基準を定めたもので、5年ごとに改定されている（**図表 3.39**）。

　2020年版は、従来の健康の保持・増進、生活習慣病の発症予防および重症化予防の観点に加え、栄養に関連した身体・代謝機能の低下を回避するために、高齢者の低栄養やフレイルの予防も視野に入れて策定されている。

　詳細は厚生労働省のホームページで確認できる。

【参照 URL】https://www.mhlw.go.jp/stf/seisakunitsuite/bunya/kenkou_iryou/kenkou/eiyou/syokuji_kijyun.html

㋐　エネルギー量

　エネルギーについて、健康の保持・増進、生活習慣病の発症予防の観点から、エネルギーの摂取量および消費量のバランスの維持を示す指標として、BMI（体格指数）を採用している。食事摂取状況のアセスメント、体重およびBMIの把握を行い、エネルギーの過不足は、体重の変化やBMIを用いて評価することを求めている（**図表 3.40**）。

　さらに、身体活動レベルを、低い、ふつう、高いの3つのレベルで判定し、基礎代謝基準値および参照身長から、エネルギー必要量を計算できるようにした。「エネルギー必要量には個人差があることに注意するべき」と強調している。

(1日あたり)

年齢（歳）	推定エネルギー必要量（kcal） 身体活動レベル（男） I	II	III	身体活動レベル（女） I	II	III	たんぱく質推奨量（g） 男	女	脂質目標量（%エネルギー） 男	女	炭水化物目標量（%エネルギー） 男	女	食物繊維目標量（g） 男	女
1〜2	−	950	−	−	900	−	20	20	20〜30	20〜30	50〜65	50〜65	−	−
3〜5	−	1,300	−	−	1,250	−	25	25	20〜30	20〜30	50〜65	50〜65	8以上	8以上
6〜7	1,350	1,550	1,750	1,250	1,450	1,650	30	30	20〜30	20〜30	50〜65	50〜65	10以上	10以上
8〜9	1,600	1,850	2,100	1,500	1,700	1,900	40	40	20〜30	20〜30	50〜65	50〜65	11以上	11以上
10〜11	1,950	2,250	2,500	1,850	2,100	2,350	45	50	20〜30	20〜30	50〜65	50〜65	13以上	13以上
12〜14	2,300	2,600	2,900	2,150	2,400	2,700	60	55	20〜30	20〜30	50〜65	50〜65	17以上	17以上
15〜17	2,500	2,800	3,150	2,050	2,300	2,550	65	55	20〜30	20〜30	50〜65	50〜65	19以上	18以上
18〜29	2,300	2,650	3,050	1,700	2,000	2,300	65	50	20〜30	20〜30	50〜65	50〜65	21以上	18以上
30〜49	2,300	2,700	3,050	1,750	2,050	2,350	65	50	20〜30	20〜30	50〜65	50〜65	21以上	18以上
50〜64	2,200	2,600	2,950	1,650	1,950	2,250	65	50	20〜30	20〜30	50〜65	50〜65	21以上	18以上
65〜74	2,050	2,400	2,750	1,550	1,850	2,100	60	50	20〜30	20〜30	50〜65	50〜65	20以上	17以上
75以上	1,800	2,100	−	1,400	1,650	−	60	50	20〜30	20〜30	50〜65	50〜65	20以上	17以上
妊婦 初期				+50	+50	+50		+0		20〜30		50〜65		18以上
妊婦 中期				+250	+250	+250		+5		20〜30		50〜65		18以上
妊婦 後期				+450	+450	+450		+25		20〜30		50〜65		18以上
授乳婦				+350	+350	+350		+20		20〜30		50〜65		18以上

図表 3.39　エネルギー・たんぱく質・脂質・炭水化物・食物繊維の食事摂取基準

年齢（歳）	目標とする BMI（kg/m^2）
18 〜 49	18.5 〜 24.9
50 〜 64	20.0 〜 24.9
65 〜 74	21.5 〜 24.9
75 以上	21.5 〜 24.9

（資料：厚生労働省「日本人の食事摂取基準（2020年版）」2019）

図表 3.40　目標とする BMI の範囲（18 歳以上）

推定エネルギー必要量（kcal/ 日）＝基礎代謝量（kcal/ 日）×身体活動レベル

　　高齢者では、脳卒中をはじめとする疾病予防とともに、低栄養との関連が深いフレイルを回避することが重要として、目標とする BMI の範囲を 21.5 〜 24.9 とした。

　　高齢者では、基礎代謝量、身体活動レベルの低下により、エネルギー必要量が減少するので、「身体活動量を増加させ、多いエネルギー消費量と摂取量のバランスにより望ましい BMI を維持することが重要」としている。

　　身体活動レベルは、低い、ふつう、高いの 3 つのレベルとして、それぞれ I，II，III で示され、75 歳以上において、レベル II は自立している者、レベル I は自宅にいてほとんど外出しない者に相当する。レベル I は高齢者施設で自立に近い状態で過ごしている者にも適用できる値である。

　　妊婦については、個々の体格や妊娠中の体重増加量および胎児の発育状況の評価を行うことが必要である。活用に当たっては、食事摂取状況のアセスメント、体重および BMI の把握を行い、エネルギーの過不足は、体重の変化または BMI を用いて評価すること。身体活動レベル I の場合、少ないエネルギー消費量に見合った少ないエネルギー摂取量を維持することになるため、健康の保持・増進の観点からは、身体活動量を増加させる必要がある。

(イ)　エネルギー産生栄養素バランス

　　「エネルギー産生栄養素バランス」とは、たんぱく質、脂質、炭水化物が総エネルギー摂取量に占めるべき割合のこと。これを設定するために、まずたんぱく質の目標量を定め、次に脂質の目標量を定め、その残りから炭水化物の目標量が算定されている。エネルギー量だけでなく、栄養素バランスも生活習慣病の発症や重症化に影響する。

(ウ)　高齢者のたんぱく質目標量

　　2020 年版の摂取基準では、高齢者のフレイル予防の観点から、総エネルギー量に占めるべきたんぱく質由来エネルギー量の割合（%エネルギー）について、65 歳以上の目標量の下限を 2015 年版の 13%エネルギーから 15%エネルギーに引き上げた。たんぱく質の食事摂取基準は、18 〜 49（歳）では 13 〜 20%エネルギー、50 〜 64（歳）では 14 〜 20%エネルギー、65 歳以上では 15 〜 20%エネルギーとされた。

　　たんぱく質については、推定平均必要量が設定される。成人・高齢者・小児の全年齢区分で、男女ともに同一のたんぱく質維持必要量［0.66g/kg 体重 / 日］を用いて算定し、特に高齢者では、たんぱく質の摂取を重視し、たんぱく質が関わる重要な疾患として、フレイル（サルコペニアを含む）、慢性腎臓病を挙げている。

(3)　人間の栄養状態

　　われわれは多くの場合、食欲に基づいて無自覚的に食物を選択し、摂取してだいたい合目的な組成の栄養素を補給している。しかし、その栄養素の補給は、生活環境や社会経済的要因などによって絶えず脅かされている。選択すべき合目的な食品が十分でない場合もあり、

十分であっても経済的理由などによって入手できないこともある。食事の摂取も仕事に追われて不規則になることもある。また、食べたいものを好きなだけ食べても、それが健康を保持していくために必要な栄養素を充足しているとは限らない。このようなとき、身体はこれらの栄養条件に対応してある範囲内で調節し、ひとつの平衡状態を維持する。しかし、栄養補給の不備な状態が長期間持続すると、いずれ身体状況に異常がみられるようになる。豊かな食生活を営むことができる現在においても、食事摂取の過不足や偏食による失調症は存在する。

　現在のわが国では、重症の栄養欠乏症はほとんどみられないが、潜在的なあるいは比較的軽度の欠乏状態の人は増加している。栄養状態の評価は摂取する食事の適・不適によって生じる身体状況を把握し、総合的に判定することである。

(4)　栄養素摂取のアンバランスと病気

　食事からの栄養摂取量がある一定以上であっても偏食によって他の栄養素とのバランスが極端に悪くなったり、食品数が少なかったりすると、栄養素の欠乏症状が現れることがある。このような場合、欠乏するのはビタミンやミネラルなどの微量栄養素であることが多い。栄養素は単独ではなく共同で働くので、ビタミンやミネラルのサポートがあって初めて代謝がスムーズに行われる。

　例えば、炭水化物の代謝によってエネルギーが作られる際にはビタミン B_1 が必要で、主食や甘い清涼飲料水などの炭水化物を多く摂る人ほど、またスポーツや重労働でエネルギーを多く必要とする人ほど、ビタミン B_1 欠乏症には注意が必要である。清涼飲料水には糖質が約10%含まれ、インスタント食品に代表されるカップ麺の主な成分もまた糖質で、これらの利用増加にともなって、ビタミン B_1 欠乏症状が現れることもある。

3)　現代人の食生活と健康の問題

(1)　現代人の食生活の変遷と健康状況

　わが国は、戦後の食糧難の時代には栄養素の欠乏症に悩まされていたが、1960年代半ばからの経済の高度成長に伴って食糧事情が好転し、栄養状態は著しく改善された。経済的に豊かになるにつれて肉、卵、乳製品などの動物性食品と、果物、緑黄色野菜などの植物性食品の摂取量が増加し、米、麦類、いも類などのでんぷん性食品の摂取量は減少した。食事内容の改善による栄養状態の向上によって栄養欠乏症や感染症などの急性疾患は顕著に減少し、日本人の平均寿命は延び、世界の最長寿国になっている。

　しかし、他方では、食生活と密接に関係している、がん、心臓病、糖尿病、肝臓病などの慢性疾患である生活習慣病が増加し、死因の上位を占めている。生活習慣病は、一度かかると薬を飲んでも治癒しないので、予防することが第一である。生活習慣病になる前のメタボリックシンドロームの段階でリスクを軽減して、その進展を阻止する方策が実施されている。

　メタボリックシンドロームも食生活を含めた生活行動と密接に関係しているので、予防す

るためには身近な日常生活の見直しが必須である。つまり、自分の健康は自分自身で獲得する時代になっていることを認識する必要がある。このため、健康の保持・増進や疾病予防のために、栄養、運動、休養のバランスをとることが勧められている。特に、現代人は運動不足とエネルギー摂取過剰による肥満が増加して生活習慣病のリスクを高めているので、毎日欠かすことのできない食事については、新しい時代に見合った改善が必要になってきている。

(2) 摂取脂質の量と質の問題

　　日本人の脂質摂取量は、わずかではあるが徐々に確実に増加しており、総エネルギーに占める脂質の比率は約 28％となっている（2019 年度国民健康・栄養調査結果）。この脂質の増加は動物性食品に由来する飽和脂肪酸によるものである。日本人の脂質摂取量は欧米人に比べるとかなり少ないが、脂質の摂取が心臓病や大腸がんなどに深く関わっていることを考えると、これ以上摂取量を増やさないようにする必要がある。同時に、脂質の量的なことだけではなく、質的なことについても配慮する必要がある。同じ脂肪酸でも、飽和脂肪酸と多価不飽和脂肪酸では、生理作用が明らかに異なるからである。

　　植物油や魚介類に含まれる多価不飽和脂肪酸は、豚肉やバターなどに含まれる飽和脂肪酸とは異なり、コレステロール代謝を改善したり、中性脂肪の貯蔵を抑制する。従って、生活習慣病予防の観点に立てば、飽和脂肪酸の摂取量を減らし、多価不飽和脂肪酸の摂取量を増やすようにすることである。

　　n-3 系多価不飽和脂肪酸から生成される生理活性物質は、血小板凝集能が低いために脳梗塞や心筋梗塞を起こしにくく、n-6 系多価不飽和脂肪酸から生成される生理活性物質はそれらを起こしやすい。事実、n-3 系多価不飽和脂肪酸摂取量の多いグリーンランドの先住民に心筋梗塞や脳梗塞が少なく、n-6 系多価不飽和脂肪酸や飽和脂肪酸の摂取量の多い欧米人に心筋梗塞や脳梗塞の多いことが明らかにされている。だからといって、n-3 系多価不飽和脂肪酸の摂取量が多くなりすぎると出血したときなど止血しにくくなる。このため、n-3 系と n-6 系多価不飽和脂肪酸の摂取比率をある範囲内に維持する必要がある。現在の日本人のn-3 系と n-6 系多価不飽和脂肪酸の摂取比率は平均的には良好な状態にあるが、子供や若い世代の人は魚介類の摂取量が減少し、n-6 系多価不飽和脂肪酸が多い揚げ物などの摂取量が増加しているので、このバランスは徐々に悪くなってきている。脂質については量だけではなく、その質についての配慮が必要になってきたわけである。

(3) 食塩摂取過剰と疾病

　　食塩の摂取過剰は高血圧を招きやすいので、食塩摂取量をできるだけ少なくすることが世界的に行われていて、摂取上限を 3 〜 5g にしている国が多い。わが国では、「健康日本 21（第二次）」の目標として、男女とも成人の 1 日当たりの食塩摂取量の平均目標値を 8g と定めているが、2019 年度国民健康・栄養調査結果によると、食塩摂取量の平均値は 10.1g であり、男性 10.9g、女性 9.3g である。この 10 年間でみると、男性では有意に減少、女性で

は 2009 ～ 2015 年は有意に減少、2015 ～ 2019 年は有意な増減はみられない。年齢階級別にみると、男女とも 60 歳代で最も高い。

　近年、味噌や醤油の消費量は漸減しているが、調理形態の変化によって食塩を直接利用する機会が多くなっているために、食塩の摂取量はそれほど減少していない。かつて、食塩摂取量の多かった地域で減塩運動を展開して高血圧の発生率を顕著に低下させた事実もあるが、日本人の高血圧発症率は諸外国に比べて依然として高いので、食塩摂取量は引き続き減少させる努力が必要である。また、日本人は欧米人に比べて高血圧とともに胃がんが多いことも明らかになっている。この胃がんの発生も、食塩摂取量が多いことに関係しているのではないかと考えられている。

4）　食品群

(1)　食品に含まれる栄養素（**図表 3.41**）

　1 つの栄養素で構成される食品はない。このように食品には複数の栄養素が含まれるため、どの食品をどれくらい食べるかで、摂取できるエネルギーや栄養素が異なる。各食品の栄養素を調べて食べることは現実的ではないため、食品群などで食べ方を紹介することもある。6 つの食品群や 4 つの食品群、食事バランスガイドなどがある。

(2)　食卓バランス

(ア)　栄養素バランスを整える

　各食品をまんべんなくとり、栄養素バランスを整える食卓ルールが、主食・主菜・副菜を揃える食卓バランスである（**図表 3.42**）。昨今、菓子パンや丼もの、パスタなど単品の食事が多く、炭水化物と脂質に偏り、たんぱく質やビタミン、ミネラル類が不足しがちになっている。食卓を整えることで栄養素バランスの向上が期待できる。

　高齢者では特にたんぱく質の重要性が増すため、麺類だけの食事にならないように注意が必要である。

穀類	ごはん・パン・麺・シリアルなど	炭水化物が約 70％、食物繊維・ビタミン・ミネラル
いも類	さつまいも・じゃがいも・里芋など	炭水化物が主成分、食物繊維・ビタミンC・ミネラル
砂糖類	砂糖・甘味料	ショ糖（ブドウ糖と果糖が結合した二糖類）
豆類	大豆製品・小豆・インゲン豆など	たんぱく質と脂質、炭水化物、食物繊維、ビタミン
種実類	アーモンド・くるみ・ピーナッツなど	脂質・ビタミン類・ミネラル類
野菜類	緑黄色野菜・その他の野菜	ビタミン・ミネラル・食物繊維
果実類	みかん・りんご・桃・ブドウなど	炭水化物・ビタミンC・カリウム・食物繊維
きのこ類	椎茸・しめじ・えのき・エリンギなど	ビタミン・ミネラル・食物繊維
藻類	昆布・わかめ・ひじき・もずく・のり	食物繊維・ミネラル
魚介類	魚・貝類・えび・かに・魚加工品	たんぱく質と脂質（n-3 系脂肪酸）、ビタミン・ミネラル
肉類	牛・豚・鶏・内臓類・肉加工品	たんぱく質と脂質（飽和脂肪酸）、ビタミン・ミネラル
卵類	鶏卵・うずら	たんぱく質と脂質、ビタミン・ミネラル、コレステロール
乳類	牛乳・ヨーグルト・チーズ	たんぱく質と脂質（飽和脂肪酸）・ビタミン・カルシウム
油脂類	植物油・ラード・バターなど	脂質（植物性＝不飽和脂肪酸・動物性＝飽和脂肪酸）
菓子類	和菓子、洋菓子、チョコレートなど	炭水化物と脂質
し好飲料類	アルコール・茶・コーヒー・ココア他	アルコール、炭水化物

図表 3.41　食品に含まれる栄養素

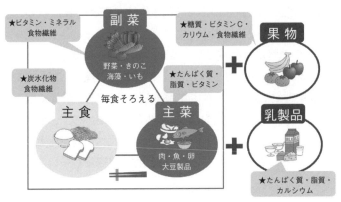

図表 3.42　食卓バランス

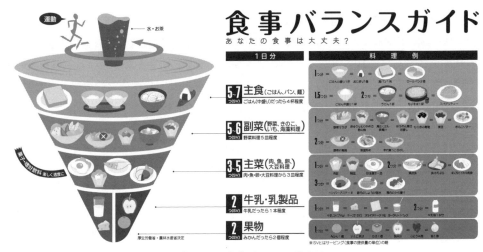

図表 3.43　食事バランスガイド

(イ)　食事バランスガイドの活用

　食生活指針を具体的な行動に結びつけるものとして、食事の望ましい組み合わせや「何を」「どれだけ」食べたらよいかを一般生活者に分かりやすくイラスト化したものが食事バランスガイドである（**図表 3.43**）。これは回転（運動）することによって初めてバランスが確保される「コマ」の型を採用し、食品単独の組み合わせではなく、料理の組み合わせを中心に表現することを基本にしている。つまり、料理区分は主食、主菜、副菜、果物、牛乳・乳製品の５つとしている。

　各料理区分の量的な基準は料理区分ごとに異なるが、その数え方（単位）は「１つ（SV）」と表記することになっている。例えば、主食（ごはん、パン、麺）は、炭水化物約40gを１つ（SV）とし、１日にとる量としては５〜７つ（SV）としてある。これは、ごはん（中盛り＝約1.5つ分）であれば４杯程度に相当する。食事バランスガイドを活用する上での留意事項は以下の通りである。

　①　毎食、主食は欠かせないので、主菜、副菜との組み合わせで、適宜、ごはん、パン、

麺を組み合わせてとる。

②　日常の食生活の中で、どうしても副菜よりも主菜に偏りがちになるので、できるだけ意識的に主菜の倍程度（毎食1～2品）を目安に十分な摂取を心がける。

③　主菜（肉・魚・卵料理・大豆食品など）は、脂質およびエネルギー摂取が過剰になりやすいので、多くならないように注意する。

④　牛乳・乳製品は、毎日コップ1杯の牛乳目安に摂取する。

⑤　果物は、毎日適量を欠かさずに摂取するように心がける。

(3)　生体リズムと食事のとり方

　生体が持っている様々な生理機能はある限られた範囲内で増大したり低下したりするが、その増減には規則正しい周期性が認められるものがある。これを生体リズムとよんでいる。海外旅行をすると時差ぼけを経験するが、これは生体リズムをもっているからである。特に身体は明（昼）、暗（夜）の規則正しい交替と、これに加えて朝、昼、夕の1日3回の食事が臓器や組織などの活性に一定の日内リズムを形成している。

　摂取した食物は消化管の酵素で消化されて吸収される。規則的に食事をとっていると、身体の方が食物の消化や吸収に都合のよいようにリズムを形成するため、消化管の消化吸収能力は向上する。例えば、毎日一定時刻に食事をしていると、食物が小腸に送り込まれる少し前から粘膜の消化酵素活性が高まり、食物の消化が効果的に行われる状態に移行する。消化に対して準備万端整ったところに食物が入っていくので、消化管の負担は少なくてすむ。消化管に存在する消化酵素だけでなく、腸管から吸収された栄養素を処理する肝機能なども同様な日内リズムを形成している。

　社会が多様化すると、他人が休息しているときに働いたり、逆に働いているときに休息しなければならないこともある。その結果、好むと好まざるとにかかわらず日常生活が不規則になり、日内リズムが乱れて生体の負担が増加する。若いときは無理がきくのであまり意識しないが、そのような乱暴な生活の積み重ねが年をとったときに大きな犠牲となって現れる。規則正しい日常生活は身体を長持ちさせることになる。

(4)　ストレスと食事のとり方

　同じ料理であっても、そのときのムードや体調によっておいしく感じたり、まずく感じたりするのはよく経験することである。運動をしたり、興奮してストレスがかかると、交感神経系は緊張し、副交感神経系は弛緩する。交感神経系が緊張すると、筋肉などへの血流量が増加し、消化器系への血流量は減少して身体活動に好都合な状態となる。このような身体的な状態で食事をしても、食べたものは消化・吸収されにくく、消化器の負担は大きくなる。緊張しているときに食事をすると胃がもたれるのはこのためである。

　心身がリラックスして副交感神経系が緊張している状態では、消化器系への血流量が増加しているので消化液の分泌も活発になり、消化・吸収は効果的に行われる。食前酒は心身をリラックスさせて消化・吸収が効果的に行われるようにするために利用される。身体活動な

どをしてストレスがかかっているときには、なるべく食事をとらないようにすることである。やむを得ず食べるときは消化のよいものを少量とるようにすることである。

(5)　加工食品・調理済み食品の利用上の留意点

　社会構造の変化に伴って、わが国においても既婚女性の就業率が高くなり、いわゆる共働き夫婦が増加している。共働きのために調理をする時間が少なくなれば、持ち帰り弁当、調理済み食品・半調理済み食品、加工食品の利用が多くなるのは当然の成り行きである。しかし、このような便利な食品を安易に頻繁に使用していると、栄養素の偏りや過不足などの弊害が出てくる。実際、厚生労働省による国民健康・栄養調査結果をみると、家庭で調理にかける時間が短くなるほど、栄養素摂取量が不足傾向になることを示している。

　加工食品をはじめ持ち帰り弁当、調理済み食品・半調理済み食品を使う機会が多くなることは避けられない。従って、これらの食品を利用するにあたっては、便利だからといって安易に使うのではなく、その食品の特徴をよく理解して栄養素の偏りや過不足に十分配慮することである。

(6)　機能性の表示ができる保健機能食品

　機能性を表示できる食品は、1991 年 9 月、厚生労働省が制度化した特定保健用食品（トクホ）（1991 年保健機能食品制度の中に位置付け）であり、強調した機能（保健の用途）や適正な摂取量を医学・栄養学的に明らかにした食品で、健康の維持増進に役立つことが科学的根拠に基づいて認められ、保健の用途や適正な摂取範囲の表示が許可され食品に表示してある（**図表 3.44**）。表示されている効果や安全性については国が審査を行い、食品ごとに消費者庁長官が許可している。この用途や効果・効能の表示は、従来の加工食品と著しく異なる点である。従って、消費者はその情報を活用して、自分に見合った健康づくりに安心して用いることができる。

　2 つ目は、1 日に必要な栄養成分（ビタミン、ミネラルなど）が不足しがちな場合、その補給・補完のために利用できる食品である。すでに科学的根拠が確認された栄養成分を一定の基準量含む食品であれば、特に届け出などをしなくても国が定めた表現によって機能性を表示することができる栄養機能食品というものがある。

　さらに、2015 年 4 月に事業者の責任において科学的根拠に基づき、機能性を表示できる食品として機能性表示食品の制度が開始された。販売前に安全性および機能性の根拠に関する情報などが消費者庁長官へ届けられたものであるが、特定保健用食品とは異なり、消費者庁長官の個別の許可を受けたものではない。個別に許可した特定保健用食品（トクホ）と国の規格基準に適合した栄養機能食品の他に機能性表示食品の制度を加えて、機能性を分かりやすく表示した商品の選択肢を増やし、消費者が商品の正しい情報を得て選択できるようにしたものである。

　特定保健用食品をはじめとする機能性が表示できる健康指向食品は、それを食べるだけである特定の病気を予防したり、よりよい健康をつくり出すことができるといった完全食品で

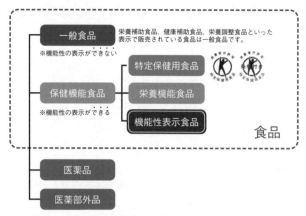

（資料：消費者庁『「機能性表示食品」って何？』2015 年 7 月改変）

図表 3.44　保健機能食品

はない。通常の食品とは異なった特殊な機能が強調されているだけのことで、生体が必要と
する栄養素をバランスよく含んでいるわけではない。従って、機能性が表示されている健康
向食品を食べていれば健康になるという間違った考えや過度な期待はしないことである。健
康づくりの基本は、日常生活の節制と栄養素のバランスのとれた食事を心がけることであ
る。日常の食生活において、目的に合った健康指向食品をその表示に基づいて繰り返し適量
摂取することによって、健康の保持・増進ができるように利用すべきものである。特定保健
用食品などの特殊な食品を利用するにあたっては人の噂話をうのみにするのではなく、食品
に表示されている情報を自分の目で確かめ、正しく活用する必要がある。2019 年現在、特
定保健用食品は 1,000 品目あまりが許可されている。

(7)　職場環境の整備

　　職場の自動販売機の種類の変更、食堂メニューの見直し、バランスのよいお弁当の手配な
ど、職場内の食環境を整えることもできる。

スマートミールの基準		ちゃんと	しっかり
		450 ～ 650kcal 未満	650 ～ 850kcal
		☆栄養バランスを考えて「ちゃんと」食べたい 女性や中高年男性の方向け	☆栄養バランスを考えて「しっかり」食べたい 男性や身体活動量の高い女性の方向け
主　食	飯、パン、めん類	（飯の場合）150 ～ 180g（目安）	（飯の場合）170 ～ 220g（目安）
主　菜	魚、肉、卵、大豆製品	60 ～ 120g（目安）	90 ～ 150g（目安）
副　菜	野菜、きのこ、海藻、いも	140g 以上	140g 以上
食塩相当量		3.0g 未満	3.5g 未満

厚生労働省の「生活習慣病予防その他の健康増進を目的として提供する食事の目安」等に基づき基準を設定しています。

1	エネルギー量は、1 食当たり 450 ～ 650kcal 未満（通称「ちゃんと」）と、650 ～ 850kcal（「しっかり」）の 2 段階とする。
2	料理の組み合わせの目安は、①「主食＋主菜＋副菜」パターン　②「主食＋副食（主菜、副菜）」パターンの 2 パターンを基本とする。
3	PFC バランスが、食事摂取基準 2015 年版に示された、18 歳以上のエネルギー産生栄養素バランス（PFC％ E；たんぱく質 13 ～ 20％ E、脂質 20 ～ 30％ E、炭水化物 50 ～ 65％ E）の範囲に入ることとする。
4	野菜等（野菜・きのこ・海藻・いも）の重量は、140g 以上とする。
5	食塩相当量は、「ちゃんと」3.0g 未満、「しっかり」3.5g 未満とする。
6	牛乳・乳製品、果物は、基準を設定しないが、適宜取り入れることが望ましい。
7	特定の保健の用途に資することを目的とした食品や素材を使用しないこと。

図表 3.45　スマートミール

食堂メニューや弁当を見直す場合は、厚生労働省のスマートミール認証制度などを参考にするとよい。スマートミールとは、健康に資する要素を含む栄養バランスのとれた食事の通称である（**図表3.45**）。

詳細は、「健康な食事・食環境」認証制度ホームページを参照。

【参照URL】https://smartmeal.jp/index.html

5）　体内時計と健康・食生活

(1)　体内時計の乱れと肥満の関係

昨今、体内時計の研究が進み、体内時計が自律神経や免疫系、ホルモンの分泌など、ホメオスタシス維持の指令塔となっていることが分かってきた。従って、体内時計の乱れは、ホメオスタシスを乱し、肥満や生活習慣病、体調不良につながると考えられる。例えば、体内時計が乱れている人ほど喫煙率が高く、メタボ比率が高くなり、テストの成績が悪いことなどが分かっている。

一方で体内時計を整えると体重も体調もベストな状態に近づけることができる。メタボでも、それほど食事の摂取量を減らさず食事の時間を整えることで減量が可能になる。プレゼンティーイズムの状態の人も、体内時計を整えることで体調をアップさせることができる。

特定健診開始以来、健康への取組はメタボ対策を中心に行われてきた。食生活の面では食事量を減らす取組が行われているが、**図表3.46**のように日本人のエネルギー摂取量は1975年をピークに大幅に減少している。一方、男性の肥満は2倍に増えている。肥満に伴う糖尿病などの生活習慣病も増加している。エネルギー摂取量が減少しているのに肥満が増えるということは、摂取カロリー過多の問題ではなく、消費カロリー減少の問題ととらえるべきである。そうなると、消費カロリーを増やすためには、活動量を増やしたり運動したりしないといけないと考えるのが一般的かもしれない。

実は体内時計の乱れも消費カロリーに影響することが分かってきた。体内時計が乱れると体内のエネルギー代謝、栄養素代謝が低下するためエネルギー消費量が減少し、体重が増えやすくなる。栄養素代謝の低下により体調も低下しやすくなる。

エネルギー摂取量の多かった1975年頃の肥満と現在の肥満は、**図表3.47**のような違いがあると考えられる。

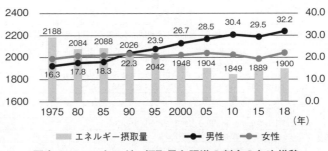

図表3.46　エネルギー摂取量と肥満の割合の年次推移

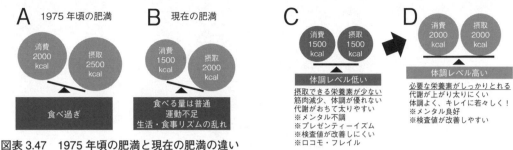

図表 3.47　1975 年頃の肥満と現在の肥満の違い

図表 3.48　調整法と体調レベル

　Bのように、生活リズムの乱れや運動不足が原因で消費カロリーが少ない人が、それに合わせて従来のメタボ対策のように摂取カロリーを減らすため食事量を減らせば、エネルギー収支バランスはとれるので体重は減少する。しかし、食事量を減らした分、からだに入ってくるエネルギーや栄養素も少なくなるため不足してしまい体調はダウンする（**図表 3.48**）。このように食事量を減らす調整法では、**図表 3.48** のCのように、健康経営の中での課題となっているプレゼンティーイズムの要因や、将来的なフレイルやロコモにもつながりかねない。体重をコントロールするとき、単にその数値だけでなく、**図表 3.48** のDのように体調が向上するような暮らし方、食べ方に修正する必要がある

(2)　体内時計とプレゼンティーイズムの関係

　多くの人は「病気ではない」状態を「健康」と捉えている。しかし、真の健康とは、体内が必要なエネルギーと栄養素で満たされ、1日を通して体調のよい状態で、仕事もプライベートも充実している状態を指す。健康診断の結果に問題が無くても、体調が優れない、疲れやすいなど、いわゆるプレゼンティーイズムの状態の人が多く、これが労働生産性の低下につながっていることが分かっている。

　体内時計の乱れは、集中力の低下や睡眠の質の低下など、様々な体調不良の要因となり、プレゼンティーイズムと直結するため、全ての人の健康施策の第一歩として、体内時計を整える支援が適していると思われる。

　体内時計を整えた効果は、朝の目覚めや午前中の集中力、夜の寝つきなど、日々の体調で実感しやすい。体調の変化を確認しながら進めることで、取組のモチベーションを上げやすくなる。

(3)　体内時計と生活リズムの関係

　体内時計は1日約24時間のリズムを刻んでいる。現在20種類以上の時計遺伝子が見つかっているが、それらは23～25時間の間で少しずつズレがあるため、毎朝スタート時間を合わせる必要がある。脳の親時計は、光が目から入ることでリセットされるため、朝寝坊すると時計は後ろにズレることになる。朝食は、消化器など末梢の時計をリセットするため、朝食抜きは体温が上がらず、エネルギー代謝を落とすことになる。消化管機能にも日周

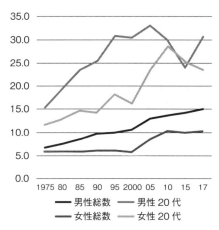

（資料：国民健康栄養調査より。1975-2010 は H24 年、
2015-2017 は H29 年調査年次別結果）

図表 3.49　朝食欠食率の年次推移

リズムがあるため、遅い時間の飲食は血糖値が上昇しやすい、脂肪が合成されやすいなどの原因となる。遅い時間にスマホなどの光を浴びることも体内時計の後退につながり、寝つきや寝起きに悪影響を及ぼす。

　このように、光が関わる起床と就寝、そして食事のリズムが乱れることが体内時計の乱れに直結する。**図表 3.46** で示した、日本人のエネルギー摂取量が多かった 1975 年頃と、現在の生活の違いがメタボや様々な体調不良を招く要因になっていることが分かる。朝食欠食率の増加（**図表 3.49**）、夕食や就床時間の後退、シフト勤務者の増加などが背景として考えられる。

⑷　体内時計を整える暮らし方、食べ方
　細かい食事内容の見直しの前に、1 日の暮らし方、食べ方を見直し、体内時計を整える。
㋐　朝の暮らし方・食べ方
　　□毎日同じ時間に起きて、光を浴びる
　　（平日と休日の起床時間のズレは 1 時間以内に）
　　□起床後 1 時間以内に朝食をとる
　　（朝食は炭水化物＋たんぱく質をしっかりとる）
　体内時計を整えて体調を上げていくうえで最も大事なのは朝。毎朝、全身の体内時計のスタート時間を揃える必要がある。その一斉スタートボタンの役割を持つのが脳にある主時計。目から光が入ることで主時計にスイッチが入り、そこから全身の子時計に指令が届き 1 日をスタートすることになる。朝起きたら早めにカーテンを開けて、朝の光を浴びること。朝日が使えない場合は、スマートフォンやテレビなどを見る。朝日に近い覚醒の光なので、ある程度リセットすることができる。休日の起床時間が大幅に遅れると、体内時計は大幅に乱れ、休み明けの体調不良につながる。

　朝食は全身の子時計に直接スイッチを入れることができる。朝の光を浴びた後、できるだけ早い時間に朝食をとることで、全身の時計が同時にスタートし、同調したよいリズムを刻むことができるため、1日を通してよい体調で過ごすことができる。夜勤などで、暗い時間に起きる人は、特に1食目（朝食）を規則的にとることを心がけるとよい。

　朝食の量と内容も体内時計のリセットに影響する。リセットに効果的な食事は炭水化物（穀類）とたんぱく質（魚・大豆製品・卵・肉・乳製品）である。パンやおにぎりだけといった主食のみで済ませず、ごはん一膳に卵や納豆、焼き魚のおかずを添えることを心がける。

　朝食欠食者が増加しているが、一刻も早く食べる習慣を回復することが望まれる。「朝食を食べなくても平気」「食べると具合が悪くなる」という欠食理由が多いが、そのこと自体が体内時計の乱れを表しており、それは1日の体調に、ひいては長期的な疾患にもつながることになる。

(イ)　昼の暮らし方・食べ方

　□ランチは食品数の多い定食をとる

　□間食は16時まで

　朝食と昼食でとったカロリーは夕方までにほぼ消費される。特に昼間は体温が高く代謝のよい時間帯なので夕食までの分をしっかり食べる。昼食を減らすと夕方以降の疲労感が増し、夕食で過食しやすい。食後の血糖値が急上昇し、体脂肪も合成されやすくなる。

　代謝のよい昼食でとった栄養素は体内で有効利用されやすいため、食品数の少ない単品料理ではなく、定食など食品数が多く栄養素が豊富にとれる食事が望ましい。

　間食も食べる時間で太りやすさが違う。体内の脂肪の量を調整する時計遺伝子（ビーマル1）は昼間に少なく、深夜は多くなるようにコントロールされているので、遅い時間に食べる方が太りやすくなる。夜はできるだけ控えて、昼間に楽しむとよい。

(ウ)　夜の暮らし方・食べ方

　□夕食は20時までに食べ終える

　　（できるだけ早く食べ終える）

　□夕食が20時より遅れる場合は夕方に補食をとる

　□夕食は食物繊維をたっぷりとる

　夜になると、からだの機能は休息に向かう。食事からとった栄養素の代謝を担う消化管にも日周リズムがあり、例えば消化酵素は夕方頃に分泌量がピークになり、夜は大幅に減る。従って、夕食を早い時間に食べ終えるとしっかり代謝され、太りにくく栄養素が有効利用され体調がよくなる。逆に、夕食時間が遅くなったり、不規則になったりすると、消化酵素の出る時間とのズレが生じ、代謝が落ちるので太りやすく、胃腸の調子など、体調を乱しやすくなる。

　夕食が遅くなる時は、間に補食をとることで体内時計のズレを防ぐことができる。エネルギー切れによる集中力の低下や疲労も防ぐことができるので、残業などで夕食が遅くなる場合は、おにぎりや乳製品などの補食をとるのがよい。

　遅い時間になると食後の血糖値上昇を抑えるインスリンの分泌量が減るため、血糖値が上昇しやすくなる。遅い時間に食べる場合は、ごはんに麦や雑穀を加える、おかずにもずくやめかぶなどを添えて、食物繊維の多い食事にする。油脂の消化力も落ちるので、揚げ物や肉料理は控えて、魚や豆腐などの料理がよい。

　アルコールを飲む人は、特に夜の食べ方と飲み方が体調に影響するので注意する。夕食後、寝るまで飲食が続かないように、飲食時間をどこかで区切るのがよい。例えば、つまみは 20 時までで終えて、アルコールは 21 時までにするなど。遅くなるほど血糖値が上昇しやすくなるので、糖質を含むビールや日本酒より、糖質を含まない焼酎やウイスキーに切り替えるのもひとつの方法。いずれにしても、量が多くなると翌朝の体調に影響するので控えめにする。

(5)　交替勤務者の食事

　交替勤務の場合は、光が体内時計のリズムと合わないことになるため、その分、食事のリズムを整える重要性が増す。欠食を避けて、1 日 3 食をとること。特に朝食時間をできるだけ一定にすることが重要になる。

(ア)　固定勤務

　夜勤のみというように、固定した勤務の場合は、1 食目を「朝食」と設定し、日中に暮らす人と同様に、2 食目を昼食、3 食目を夕食として、リズムを整える。夜勤の場合は、夜勤前の 1 食目が朝食、勤務中の夜間が昼食、終業後の朝が夕食となる。

　光が逆転してしまうので、終業後に強い光を浴びないように注意する必要がある。

(イ)　不規則勤務

　複数のシフトで変動する勤務の場合は、休日と日勤日にしっかりと時計をリセットすることを心掛ける。休日と日勤日にリセットできれば、途中の乱れによる体調への悪影響は軽減できる。

　具体的には、日勤日の生活を基本として休日は同様の暮らしにし、その他の日は、できるだけ日勤日に合わせる（乱れても仕方ない）。体内時計の乱れは避けられないため、できるだけ間食は控える、夜間の食事は軽めにするなどの配慮が必要。

(6)　加齢と体内時計

　年齢とともに体内時計の働きは弱まることが分かっている。従って、加齢に伴い、生活・食事リズムを整える重要性が増す。高齢者でも朝食欠食が増加しているが、朝食喫食の必要性は高齢者ほど高くなるため、3 食をきちんと食べるようにする。

　昼間の活動量を増やすことも体内時計の働きを強化することに役立つ。

(7)　ライフスタイルに落とし込む

　働き方や暮らし方が多様化している今、体内時計を整える暮らし方を知り、各自が自分の体調を整えるライフスタイルを確立する必要がある。

紹介してきた、1日の暮らし方・食べ方に、仕事のスケジュールを組みこみ、1日のタイムスケジュールを完成させる。

組織全員で取り組むことで生産性の高い組織になる。食事内容など細かい取組項目ではないので家族全員で取り組むことができ、家族全員の体調向上にもつながる。

6) 食生活プログラムの実際

(1) 食生活プログラムの概要

㋐ 食生活プログラムとは

食生活は生活習慣の中心となるものであり、毎日の食事の積み重ねが、健康状態に大きな影響を及ぼすこととなる。従って、日々の生活習慣の積み重ねによって発症する生活習慣病の予防、改善のためには食習慣の見直しが必要となる。多くの人はこのことを理解しているが、長年の習慣を改善することは容易ではなく、自ら取り組める人は少ない。

食生活プログラムは、一般的に生活習慣の改善が必要な人を対象者として実施する。対象者が自らの食習慣を振り返り、問題となる食習慣に気づき、改善に取り組み、行動変容に導くことを目的とする。その結果として、体調や健診結果が改善されるなど、健康な状態に近づくことが重要である。

㋑ 支援方法

食生活指導では、個人ごとの問題点や支援ポイントが異なるため、個人に対応した支援が必要である。従って食生活プログラムにおける生活習慣のアセスメントおよび、それに基づく初回の指導は個人指導を基本とする。初回面談により問題点が明確になり、支援ポイントが整理された後は、問題点ごとなど集団指導を効果的な形で併用してもよい。しかし、個人に対する支援は、一人の指導者が初回面談から、終了時まで一貫して行うのが理想的である。また、食生活には様々な生活習慣が関連しているため、改善するためには多方面からのアプローチが必要となる。そのため、医師や保健師、運動指導担当者など他職種との連携も不可欠である。

㋒ 指導期間と頻度

食生活指導により改善された食習慣が、対象者の生活に定着するためには、3～6カ月は必要である。2週間程の短期間でも一時的に改善される場合もあるが、その習慣が定着するためにはある程度の期間を要する。従って、食生活プログラムでは実施期間や介入のタイミングなどが継続率や成果に大きく影響する。

一般的に1回の食生活指導により改善された行動の持続期間は2～3週間、短い場合は1週間程度であるため、2週間に1回程度の介入が理想的である。3～6カ月の長期支援を行う場合は、最初の1カ月を導入期と考え、できるだけ高い頻度で支援できるように設定する。導入期をスムーズに乗り切り、軌道に乗ることができれば、少しずつ支援の間隔を空けながら自己管理できるように移行していくのが効果的で、効率的である。

＊介入例

○導入期：1カ月間、1～2週間の間隔で介入

　　○習慣の変化、形成期：２カ月間、月１回の介入

　　○形成された習慣の定着期：３カ月間、３カ月に１回の介入

　導入期をスムーズに乗り切れるように、２カ月程度は習慣の形成を支援する。最後の３カ月は、３カ月目までに形成された生活習慣が、定着できるように支援する。

(2)　行動変容

　「食べる量を減らす」、「メニューの選び方を変える」など、健康の保持、増進のために食行動を望ましい方向に変えていくことを「行動変容」という。食生活プログラムの目的は、対象者の行動変容である。「知識」の伝達で終わる食生活指導では、対象者の行動変容を得ることはできない。

　行動変容のためには、「知識」、「意欲」、「技術」の３つの条件が必要である。まず、正しい「知識」を得ることが必要だが、知識を得るだけで実践できる人は限られている。そこで、本人の「意欲」や実行するための「技術」が必要になる（**図表3.50**）。しかし、個人の行動には多くの要因が複雑に影響し合っている。個人的な要因として、性、年齢、社会的、経済的要因、病態、自覚症状など、環境要因としては、社会資源や関係者の援助などがある。従って対象者の行動変容を得るために、指導者はこれらの要因を理解し、本人の意欲を高める工夫や、実践のための技術のアドバイスを工夫することが不可欠となる。

(3)　プログラム開始前の準備

(ア)　質問票の作成

　質問票を準備し、プログラム進行および効果的な支援のために必要な情報を収集する。質問票は食環境、食習慣、食習慣改善意欲（行動変容ステージ）などを、対象者の負担にならないように、必要な項目を整理し絞り込んで作成する。記入しやすいように、わかりやすい表現で対象者が自分の食習慣を振り返るきっかけとなるように構成するのが望ましい。また、対象者の個人情報を聞き取ることとなるため、必要のない項目まで聞き取らないように注意する。

　質問票を事前に回収することができれば、面談前に支援の準備が可能になり、面談時間を短縮することができる。事前に回収することができなかった場合も、質問票を利用することで、必要事項の聞き漏らしを防ぐことができる。

　開始時と同様の質問に、プログラム後も回答してもらうことにより、行動および意識の変化を見ることも可能である。このように効果検証として活用する場合は、効果を測る質問項目を明確にし、開始前にプログラム後の質問票もあわせて作成しておくほうがよい。

　＊質問事項

　　○準備段階：申込み動機、期待する効果、改善意欲など

　　○健康状態：疾患の治療歴など、現在の体調、体重、体重変動歴、理想と思う体重など

　　○生活状況、活動量：仕事の形態、通勤手段、運動習慣、運動意欲など

　　○食生活状況：欠食、外食頻度、食事時間、間食頻度、飲酒習慣、問題と思っている点

○目標設定
現在の生活習慣の問題点を明らかにしたうえで、実際にどのような行動を変えるかについての目標を設定する。
（注意点）
・対象者自身が目標を選ぶこと（自己決定）
・具体的にイメージできることを目標とし、言葉にして書き表すこと
○自己監視法
自分で自分の行動を記録してみる（監視する）技法
（効果）
・自分の行動を意識（自己観察）
・その行動の良し悪しを自分で判断（自己評価）
・行動を変える動機づけ（自己強化）
（注意点）
・対象者が記録したものは指導者が必ず目を通すこと
・行動目標が実践されていなくても、記録できたこと自体を評価すること
○オペラント強化法
望ましい行動を増やし、望ましくない行動を減らす基本的方法
・望ましい行動を増やすために「ほめる」こと
・望ましくない行動を減らすために「注意を促す」こと
（「ほめる」場合の注意点）
・具体的な行動をとらえ、理由がわかるようにほめる
・真心を込めてほめる
・以前から実践できていることは何度もほめない
（「注意を促す」場合の注意点）
・望ましくない行動を直接非難せず、自分で気づかせるように誘導
・人格をとりあげず、行動面での対策を一緒に考える
○　行動形成
・今までしたことのない新しい行動を教えていく方法
・一まとめの行動が難しくてできないとき、ステップを小さくして一つひとつ教えるとできやすくなる
○　行動変容ステージの理論
・行動変容は「無関心期」、「関心期」、「準備期」、「実行期」、「維持期」の5つのステージを1段ずつ上がっていくことにより達成する
・対象者がどのステージにあるかを知り、ステージに合った指導を行う

（出典：岡山明『メタボリックシンドローム予防の健康教育』2007年3月，保健同人社）

図表 3.50　主な行動科学の手法

　など

(イ)　事前情報の確認、指導計画

　　健診データや過去の栄養指導状況、質問票など、対象者の情報をできる限り収集しておく。健診データは、基準値を超えた数値を確認するだけでなく、経年的な変化を確認し、プログラムにおける効果指標を明確にしておく。また、健診データと質問票がそろっている場合は、検査数値の変化と食習慣の関連を考察し、面談での質問事項を決定しておく。

(ウ)　指導ツールや教材の準備

　　対象者の年齢や性別、健診データや職種、ライフスタイルなどを考慮し、必要と思われる教材や媒体を準備する。職場や対象者の居住地域のヘルシーメニューを提供する店、栄養成分表示のある店など、事前にリサーチしておくことも必要である。

　　○備品：電卓、パソコン、体重計、体脂肪計、メジャーなど
　　○配布資料：パンフレット、リーフレット、セルフモニタリングシートなど

(4)　面談

(ア)　面談時の態度

　　面談では、対象者が自分のペースで安心して話ができるように、コミュニケーションが

しやすい位置関係や雰囲気などにも配慮する。

言葉遣いはなれなれしかったり、へりくだりすぎたり、丁寧すぎないように注意する。対象者が聞き取りやすいように、言葉ははっきりと、スピードや声の大きさにも配慮する。また、視線や表情、身振り、服装などもやさしく、明るい雰囲気の方がよい。

対象者から見た印象は、自分自身では判断しにくいものなので、指導者同士で演習を行い評価し合うなどの訓練が必要である。

(イ)　面談の目的

面談ではまず、対象者が自分自身の生活を振り返り、問題点に気づくことが重要である。その上で効果的な行動目標を導き、すぐに実践に移せるように支援する。生活習慣の改善は、対象者自身の主体的な取組であるため、指導者は対象者のやる気を引き出し、すぐに具体的な行動が始められるように支援する必要がある。

(ウ)　面談の進め方

面談では限られた時間を有効に活用するため、時間配分を工夫する。面談の目的である対象者自身の支援に最も時間を要するため、その他のことは手短かに効率よく進める。

まず、指導者の立場や役割を明確に伝え、自己紹介や面談の目的、タイムスケジュールなどをわかりやすく説明する（このように、全員に同様に伝える内容は紙媒体などにまとめて、見せながら簡単に説明すればより効率的である）。

(エ)　生活習慣や行動変容ステージの確認

指導効果を高めるためには、対象者の行動が変わらなければならない。しかし、健康に対する考え方や生活習慣の改善意欲には個人差があるため、一人の指導者が同じことを同じように説明しても、行動変容につながる場合とつながらない場合がある。そこで、指導者は支援に入る前に、対象者が現在、健康行動についてどう考え、行動を変えるための心理的な準備がどの程度できているか、準備度の確認をする必要がある。

事前に質問票で準備度が確認できている場合も、面談時には必ず再確認する。問診では無関心期であると判定されても、面談の場で、健診結果の説明を受けたり、指導者と会話するうちに意欲が高まることもある。また、準備度を固定したものと考えず、途中の支援の際には、その都度準備度を確認し、次の段階に進めるように支援する。

(オ)　健診結果と食生活の関係の確認

健診結果がある場合は、面談時に対象者とともに確認する。対象者は、健診結果を見るとき、治療の必要性の判定だけを見ていることが多い。面談では、健診結果から対象者が自らの生活を振り返り、問題点に気づき、今後の目標を立てられる場となるよう工夫する必要がある。

過去の健診結果もある場合は、経年的な変化を確認し将来の疾病を予測する。例えば、体重の増加に伴い中性脂肪値や血糖値、血圧などが上昇している場合はその関連を示し、今後予測される生活習慣病やメタボリックシンドロームなどの病態について説明する。対象者には、データに変化があった時期を振り返ってもらい、影響を及ぼしている生活環境や生活習慣に気づくことができるように促す。

　健診結果と食事内容の聞き取りなどにあわせて、質問票を確認し、対象者の栄養状態と食事との関連性を明らかにする。問題点を明確にした後、それらの問題点が根本的なものか、副次的なものかなどから、重要性を考慮し整理する。対象者には、優先順位を整理して問題点を示すことが重要である。特に、問題点を多く抱える対象者には、優先順位を示し、1つずつ改善に取り組めるように導く必要がある。

　例えば、中性脂肪値が高値の場合は、まず体重（腹囲）を確認し、肥満によるものなのかを確認する。肥満によるものであれば、エネルギー収支を改善し、肥満を解消することが最優先であることを伝える。さらに関連数値を確認し、γGTPには問題がなく、血糖値が高い場合は、糖質過剰が原因と考えられるため、糖質の摂取状況を確認する。このように検査値と食習慣の関係を説明しながら、対象者に関連する食習慣（ここでは間食習慣）を振り返ってもらう。間食の食べ過ぎであることが認識できれば、これが最初に改善すべき項目であることを再確認する。

　このように、健診結果と食生活の関係から自らの問題点を認識することは、プログラム開始時の大きな動機付けとなる。開始時の動機付けは、プログラムの継続および効果に大きな影響を及ぼす。

(5)　行動目標の設定と支援

　健診結果から健康状態を理解し、食生活改善の必要性を認識できたら、次に対象者自身が行動目標を決定し、取り組むこととなる。指導者は、対象者が効果的で実現可能な行動目標を導けるように支援する必要がある。以下に効果的な行動目標を導くための支援のポイントを示す。

(ア)　具体的な数値で表現する

　行動目標を実行したとき、健康状態が改善するという効果が予測される行動目標でなければならない。従って、できるだけ行動目標は具体的な数値で表す方がよい。例えば、肥満の改善のために間食習慣を改善する場合は、エネルギー摂取量の低下につながるような行動目標を設定しなければならない。1日に2回食べている場合は、「1日1回まで」、1回に食べている量が多い場合は、「今の半分にする」などが理想的である。例えば、「おやつはできるだけ控える」というあいまいな表現や、「栄養成分表示を見て買う」など、実行した結果、エネルギー摂取量が減るかどうか予測できないものは行動目標として適切ではない。ただし、「今の半分にする」という目標を立てた時に、それを実行するために「栄養成分表示を見て買う」などのアドバイスは必要である。

　また、セルフモニタリングシートの記録を簡単に（○×など）できるよう、行動目標は明確な言葉で表現することも大事である。

(イ)　実現可能な行動目標を設定する

　問題点が複数ある場合も、焦らず一歩ずつ改善できるように導く。面談の場ではその場の勢いで、できそうにない行動目標を設定しようとする場合がある。改善した生活習慣が確実に確立するためには、最初から高い目標を設定するのではなく、時間がかかってもで

きるところから一歩ずつ進むのがよい。指導者は、対象者の準備度も考慮し、現在は実行していないが努力すれば 7 〜 8 割達成できそうなレベルを目安とする。

　　長期のプログラムでは、一度に多くの目標を設定するのではなく、次の支援のタイミングに合わせて 1 項目ずつ（多くても 2 項目程度）確実に取り組めるようにする。一気に取り組みたいという対象者には、長年の生活習慣を変えることは容易ではないことを伝え、指導者は確実に改善できるように支援する。

(ウ)　最終目標を示す

　　対象者の設定した行動目標と、最終的に到達したい目標との間に開きがある場合は、最終目標もあわせて示す方がよい。対象者自身が最終目標を知っておくことは大切であり、次の支援の前に行動目標が達成されて習慣化されていたり、支援が計画通りに進まなかった時にも有効である。

　　例えば、現在 1 日 3 回間食をしている肥満の対象者が、「1 日 2 回まで」という行動目標を立てた場合、「減量のためには、最終的には 1 日 1 回までに減らしていけるといいですね」と、最終目標を示しておく。

(エ)　困難な場合の対処法を考えておく

　　決定した行動目標は対象者自身で記録し、決意表明してもらい、最後に行動目標が本当にできそうかを再確認する。困難な場合が想定される場合は、その時の対処法も同時に検討する。例えば、「宴会に誘われた時が難しい」「出張に行った時が難しい」などが挙げられる。このような機会をきっかけに、生活習慣を乱すことが多いため、事前にその時の対処法を検討しておくことで、行動目標は達成されやすくなる。さらに、このような機会が目前にある場合は、「出張が終わってから始める」など、スタートを遅らせたいと言う対象者も多い。しかし、面談から時間が経過するほど、動機付けは弱くなりやすいため、開始時期はずらさない方がよい。

(6)　セルフモニタリング

(ア)　セルフモニタリングの工夫

　　プログラム進行中は、行動目標の達成状況および、歩数や体重などのセルフチェックを促す。セルフモニタリングは対象者が自分の行動を意識し、自身で自己管理できるようになることを目的とするものであり、記録方法や支援方法も、プログラムの継続や効果に大きな影響を及ぼす。以下に効果的なセルフモニタリングのポイントを挙げる。

a　記録の形式

　　食事記録などの細かい記録は、対象者の負担となり、ストレスを感じやすく継続率を下げることにつながりやすい。行動目標の達成状況の記録は「○」「×」など、できるだけ簡単な方がよい。簡単な表現にすることで、指導者が達成状況を評価しやすいだけでなく、対象者自身も自己の達成状況を振り返りやすくなる。記録を嫌がる対象者には、規定の記録形式にこだわらず、記録と振り返りのポイントを伝え、手帳にメモする、パソコン上で入力するなど、好みのスタイルで記録してもらってもよい。それでも

難しい場合は、1週間だけ記録するなど、短期間の記録を提案したり、記録をしなくとも1週間に1回は自分で振り返りを記録するなど、対象者にできることを考えてみる。

b　継続の工夫

　セルフモニタリングの目的は対象者のセルフケアであり、厳密に管理することではないため、記録は2～3日途切れても問題ではない。生活のちょっとした変化や出来事などで、記録ができない日もある。記録を継続してきた人の中には、記録をできなかった日をきっかけに取組自体をやめてしまうことがある。このような事態を避けるため、事前に、記録ができなかった日があってもよいことを伝えておく。

　記録したセルフモニタリングシートを指導者は必ず確認し、コメントをつけて返す。支援者の存在を感じることで対象者の意欲は向上しやすいため、画一的なコメントにならないような工夫が必要である。下記にポイントを挙げる。

　　・行動目標が実践されている場合は、きちんと評価する
　　・行動目標が実践されていなくても、記録できたこと自体を評価する
　　・望ましくない行動を直接非難せず、自分で気づかせるように誘導する
　　・人格をとりあげず、行動面での対策を一緒に考える

c　セルフコントロール（自己管理）意識を高める工夫

　セルフモニタリングは、セルフケアに導く有効な手段である。従って、わかっているようでわかっていない自分の行動や習慣に気づいたり、自分自身の行動を冷静に眺めることができるものでなければならない。記録の過程で自己の食習慣を振り返り、問題点を確認、修正できるよう、記録用紙には気づきにつながるような工夫がされている方が望ましい。例えば、行動目標の達成状況を週単位で集計できるようにしておく、行動目標の振り返り欄を作っておく、体重の推移がわかりやすいようにグラフ化する形にしておく、目標体重にラインを入れておくなどがある。

　さらに、セルフモニタリングシートにつけるコメントも、対象者自身で気づかせるように工夫する。例えば「飲酒量が増えると、食事量が増えていませんか」、「夕食を食べ過ぎたときは、体重に影響が出ていないですか」などがある。

(7)　プログラム進行中の支援

　(ア)　達成感を実感させる工夫

　　プログラムを開始し、生活習慣の改善に取り組むと、すぐに目に見える効果を期待する人も多い。しかし、体重や検査データなどの数値に効果が表われる時期には個人差があり、生活習慣として根付くまで行動を継続する必要がある。そのため、検査データなどの数値以外でも達成感を味わえるような支援の工夫が必要である。

　　例えば、行動目標の達成度を点数化し、週単位や月単位で集計、自己評価できるようにする、体重のグラフの目盛りは小さい単位で設定し、少しの変化でもわかりやすくするなどがある。生活習慣を改善することで日々の体調が改善されることも多いため、日々の体調を記録するように促すのもよい。開始時に訴えていた体調不良が改善されるなど、取組

の効果を感じられることも多い。

(イ)　一気に改善しようとする対象者への対応

　　自らの生活習慣の問題点が明確になった時、一気に解決しようとする対象者もいる。例えば、減量を目標とする場合、体重が減り始めると減ることが楽しくなり、食事を抜いたり、急激に激しい運動をするなど、極端な行動を起こす場合がある。特にハイリスク者の場合は、からだへの負担が大きく危険を伴うため、このような行動は厳禁である。急激な取組で一時的には減量できたり、検査データの数値が改善しても、その生活習慣が継続できるものでなければ効果も逆戻りすることとなる。このような対象者には、努力を否定しないように認めつつ、目指す生活習慣は一生継続できるものでなければならないことを説明する。食生活は精神的な部分にも影響を及ぼし、社会的な行動であり、コミュニケーションの重要な手段でもある。これらも視野に入れ、長期的な行動変容を目指す必要がある。

(ウ)　継続のための工夫

　　長期にわたり支援を継続するプログラムでは、対象者の飽きがこないように、さらに楽しめるような配慮が必要となる。ウオーキングや料理教室など、個人や家族で参加できるイベントを開催したり、定期的なメールマガジンの発行、インターネットを活用し参加者が投稿できる掲示板を作成するなど、スタッフの数や経費などを考慮し、実施できる企画を検討する。

(エ)　進行中の評価

　　プログラム進行中は、行動目標の達成度と効果指標（体重など）をあわせて確認し、評価することが重要である。どちらか一方だけを見て評価しないように注意する。以下に、評価方法を示す。

　　○行動目標の達成度が高く、あわせて効果指標が改善されている

　　　⇒順調に進んでいる

　　○行動目標の達成度は高いが、効果指標は改善されていない

　　　⇒行動目標の設定に問題がある（効果が期待できる行動目標ではなかった）または、セルフチェックに間違いがある

　　　⇒行動目標の修正、記録方法の再確認

　　○行動目標の達成率が低く、効果指標も改善されていない

　　　⇒行動目標の設定が不適切（実現可能なレベルより高かったなど）または、行動目標を実行するための支援不足など

　　　⇒行動目標の修正または、行動目標達成のための具体的な支援

　　○行動目標の達成率は低いが、効果指標が改善されている・行動目標の達成率から想定される効果以上に、効果指標が改善されている

　　　⇒設定した行動目標以外で、対象者自身が取り組んでいることがある

　　　⇒取組内容の確認、行動目標の修正

⑻　集合教育

　　食生活プログラムでは個別教育だけでなく、集合教育も併用する方がよい。長期のプログラムの途中では対象者自身が目標を見失いそうになったり、挫折しそうになることがある。このような時期に、集合教育を入れると効果的な場合が多い。集合教育で仲間づくりができ、励ましや情報交換などにつながると、プログラムを楽しみながら継続できるようになる。例えば「アルコールを控えなければならない」というような、同じ課題を抱えるもの同士で、改善策や克服法を話し合ってもらうのが一般的である。このような場面で指導者は、グループの話し合いが順調に進行するように言葉を足す程度にして、対象者同士のコミュニケーションを大事にするように心がける。

　　調理できる場が確保できれば、調理実習で食事づくりを体験するのもよい。日頃は食事づくりをしない対象者にもできるような料理を選定し、食事の自己管理能力を高めることにつなげる。食事づくりの経験がなくても、体験することでできるようになる場合もある。

⑼　プログラム終了時の評価

　　プログラム終了時には、行動目標の達成状況および、身体状況や生活習慣の変化を確認し、評価を行う。指導者は事前にこれらの情報を整理し、プログラムの効果を検証し、対象者との面談に備えるようにする。

　　面談では、対象者が取り組んだことが、身体のどんなところによい変化をもたらしたのかをわかりやすく説明する。改善できていることは、最大限にほめ、対象者が改善できたことに自信を持ち、プログラム終了後もその生活習慣を続けようと意欲を持てるように導く。

　　プログラムの開始は、生活習慣改善の取組開始である。ただし、プログラムの終了はその途中段階であり生活習慣改善の取組の終了ではない。プログラムの終了時には、このことを対象者が理解できるように、プログラム中に改善できたことと、今後取り組むべきことを整理して説明する。さらに、優先順位に沿って取り組み、本プログラム中で取り組めなかった項目がある場合は、この後の取組項目として示しておくことも重要である。

⑽　プログラムの評価

　　1つのプログラムを複数の対象者に対して実施した場合は、全体の結果を整理し、プログラムの評価を行う。プログラム実施後、放置してはいけない。評価によりプログラムの有効な点だけでなく、問題点や改善点を見出し、プログラムの改善につなげることが重要である。さらに個別対応のプログラム以外でも、事業場全体として取り組むポピュレーションアプローチも検討できる。

㋐　プログラムの評価

　　対象者全体の行動目標の達成状況と効果指標の改善状況から、プログラム全体の有効性を評価する。体重や検査データ以外にも、効果指標とできるものはあわせて確認する。例えば、事前の質問票で確認した、体調不良が改善したなども効果指標のひとつとしてみることができる。

　　さらに参加人数や継続率、途中脱落者の割合なども確認し、プログラムの構成（期間や介入時期、頻度、イベント開催など）、募集方法、支援方法などに見直す点がないかを検討する。この作業は、できるだけプログラムに関わった指導者全員で行い、次回のプログラムにつなげるのが望ましい。

㈠　指導者側の評価

　　複数の指導者でプログラムを実施する場合、指導者によって対象者の満足度や効果が異なることがある。できるだけ、この差が出ないようにすることも重要である。そのためには、指導者は指導の過程を記録として残し、対象者の検査データや行動目標の達成度、プログラム参加の満足度などから、支援方法が的確であったかを振り返ることが重要である。また、その情報（有効だった支援方法・課題が残った支援方法など）を、指導者間で共有することで、指導者全体のスキルアップにつながる。

㈢　対象者からの評価

　　達成度が高く、効果指標が改善されていたとしても、対象者が満足できているとは限らない。従って、できれば終了時に対象者にアンケートを行う。アンケートの結果を整理し、対象者の負担が少なく、満足度の高いプログラムの構築について再検討する。

　　＊アンケート項目例

　　　○期間や、介入頻度

　　　○プログラムの満足度（面談・途中の支援・記録用紙・情報提供など）

　　　○支援方法について（支援はわかりやすかったか、行動目標は的確だったかなど）

　　　○期待する効果が得られたかなど

　　　○その他（プログラム中で気になったことを自由に記載してもらうなど）

㈣　ポピュレーションアプローチの検討

　　一人ひとりの問題点および、その優先順位を整理することで事業場全体の問題点が見えてくることが多い。例えば、ある事業場では肥満の人が多く、問題点として一番多かった項目が「遅い時間の夕食」である場合、この事業場では遅い時間の夕食の食べ方や内容に関する情報提供をしていくことで、多くの対象者の減量につなげられる可能性があることがわかる。甘い飲料を飲むことが問題点として多かった場合は、事業場内の自動販売機にポスターを貼ったり、販売する飲料自体を見直すことなども検討できる。

　　このように、プログラム実施後は事業場全体でできるアプローチ方法がないかを検討することも重要である。

【参考文献】

・岡山明編著『メタボリックシンドローム予防の健康教育』保健同人社，2007 年 3 月

4　睡眠教育

1)　良い睡眠を考えるポイントと日本人の睡眠の現状

　　良い睡眠を考えるポイントは「量」、「質」、「リズム」の 3 つがある。「睡眠不足」は寝床に

入れば眠れるが、寝床に入る時間がない状態であり、「不眠」は寝床に入る時間はあるが、寝床に入っても眠れない状態である。「社会的時差ボケ」は体内時計の時間がずれたために、不眠や眠気が起こる状態のことである。「睡眠不足」は睡眠の「量」が足りず、「不眠」は睡眠の「質」が悪く、「社会的時差ボケ」は「リズム」がずれている状態である。これら 3 つの睡眠が不十分な状態を解説する。

⑴　睡眠不足

　　この半世紀の間、日本の睡眠時間は年々減少し 1 時間以上短くなり、世界で最も睡眠不足の国の 1 つになっている。経済協力開発機構（OECD：Organisation for Economic Co-operation and Development）加盟国の中でも、アメリカやイギリス、フランスなどの欧米諸国、中国やインドなどの新興国の睡眠時間は日本よりずっと長い。日本では大学生の頃から、欧米諸国などと比べて睡眠時間が短く、自覚的不健康度も高いことが分かっている。日本の労働者は入社する前からすでに睡眠時間が短く、健康に自信のない者が多いということになる。

　　2015 年にアメリカ睡眠財団が発表した「各世代ごとの推奨睡眠時間」（**図表 3.51**）では、青年（18 〜 25 歳）、壮年・中年（26 〜 64 歳）では、推奨睡眠時間が 7 〜 9 時間、許容睡眠時間が 6 〜 10 時間とされている。つまり勤労世代では理想的には 7 〜 9 時間が、最低でも 6 時間の睡眠が必要ということである。実際、多くの研究において睡眠時間が 6 時間未満になると、眠気が強くなり、自覚的ストレス度が高くなり、うつ状態になりやすくなり、風邪にも罹りやすくなることが示されている。ところが厚生労働省の労働者健康状況調査によれば、日本の睡眠 6 時間未満の労働者の割合は 1992 年からの 20 年間の間で 2 倍以上に増えている。睡眠確保の妨げになっている要因としては、男性では仕事が最多で約 40％に達し、女性では仕事と家事がともに約 20％となっている。また男女ともに就寝前の電子機器利用が 10％強となっている（**図表 3.52**）。日本の 15 〜 64 歳の男性は OECD 加盟国の中でも最も労働時間が長いが、女性の社会進出に伴い、1 日 10 時間以上働くフルタイム労働者の割合は、男女ともに年々増えている。このように日本では、心身の健康を維持するために、最低限必要な睡眠が取れていない労働者が増えており、仕事の忙しさが一因となっている。

		推奨睡眠時間	許容睡眠時間
新生児	（生後 0 〜 3 カ月）	14 〜 17 時間	11 〜 19 時間
乳児	（4 〜 11 カ月）	12 〜 15 時間	10 〜 18 時間
年少の幼児	（1 〜 2 歳）	11 〜 14 時間	9 〜 16 時間
年長の幼児	（3 〜 5 歳）	10 〜 13 時間	8 〜 14 時間
就学児童	（6 〜 13 歳）	9 〜 11 時間	7 〜 12 時間
思春期の小児	（14 〜 17 歳）	8 〜 10 時間	7 〜 11 時間
青年	（18 〜 25 歳）	7 〜 9 時間	6 〜 11 時間
壮年・中年	（26 〜 64 歳）	7 〜 9 時間	6 〜 10 時間
高齢者	（65 歳以上）	7 〜 8 時間	5 〜 9 時間

（資料：Hirschkowitz M, et al. : National Sleep Foundation's sleep time duration recommendations : methodology and results summary. *Sleep Health*, 2015.）

図表 3.51　各年代ごとの推奨睡眠時間（2015 年にアメリカ睡眠財団から発表）

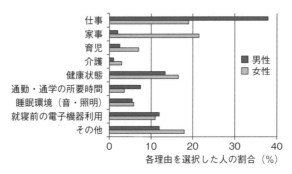

（厚生労働省 2016 のデータを用いて作成）

（資料：浅岡章一，2019「社会と睡眠」『基礎講座　睡眠改善学第2版』P.105，ゆまに書房）

図表 3.52　睡眠確保の妨げとなっている要因（睡眠時間6時間未満の20歳以上の男女において）

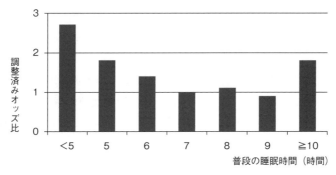

(Lombardi DA, et al. : Daily sleep, weekly working hours, and risk of work-related injury : US National Health Interview Survey（2004-2008）. *Chronobiol Int.* 2010.)

図表 3.53　普段の睡眠時間と労働災害の起こりやすさ

　昨今、働き方改革や新型コロナウイルス感染症の流行により、在宅勤務の導入が進んでいる。単純に考えると、通勤時間がなくなる分、睡眠時間が延長されることが期待される。しかし、厚生労働省の「テレワークにおける適切な労務管理のためのガイドライン」によると、在宅勤務では仕事と仕事以外の切り分けが難しく、長時間労働になりやすいという調査結果が出ている。在宅勤務は、期待されたほど「睡眠不足」解消の追い風にはなっておらず、在宅勤務者向けの睡眠指導が必要である。

　睡眠不足は健康だけでなく、安全や生産性も損なう。睡眠時間が短くなるほど労働災害は多くなる（**図表 3.53**）。また睡眠不足の状態だと人の表情を読み取る能力が落ちる。たとえば言葉では「気にしていない」と言っていても、実は心の奥では怒っているという状況を見逃してしまいやすい。ハイリスクな選択を行う傾向も高まるので、大きな事故やトラブルにつながるような重要な判断をする際には、危険な判断をしないようにきちんと寝ることが重要である。睡眠不足は労働者個人だけでなく、企業にとっても大きな損失をもたらす。

(2)　不眠

　何かストレス要因があった場合に、一時的に不眠になるのは正常な防衛反応であり、不快

な出来事を記憶に強く残さずに済む、危険が迫った時にすぐに覚醒できるなどメリットもある。従って自然災害や事故など、明らかな原因のある短期間の不眠については、必要以上に心配し過ぎないことも大切である。しかし不眠が慢性化すると、視床下部・下垂体・副腎皮質系の亢進が持続し、ストレスホルモンが高い状態が続く。つまり疲れているのに無理して頑張っている状態が続く。そうするとさらに不眠を強化する悪循環が起こり、うつ状態につながる。1年間ずっと不眠が続いていた人は、不眠がなかった人と比べ、うつ病発症が約40倍と高くなったこと示す研究結果もある。また不眠は高血圧などの生活習慣病や仕事中のけがのリスクを高め、欠勤やプレゼンティーイズムを増やす。プレゼンティーズムとは、出勤しているにも関わらず、心身の健康上の問題が作用して、パフォーマンスが上がらない状態のことを指す（16頁参照）。

　2010年の国民健康・栄養調査によれば、男性の39.6％、女性の42.1％が「不眠がときどきある」、また男性の11.7％、女性の14.5％が「不眠が頻繁にある」と回答しており、不眠を自覚している人が多い。一方で睡眠疫学調査によると、日本は不眠の解消法として「アルコール飲料を飲んだ」と答えた割合が30％と世界で最も多く、寝酒という不適切な対応をしている人が多い。不眠になった際に、眠るための過剰な努力や不適切な睡眠衛生は不眠を助長するため、不眠に対する適切な睡眠指導は重要である。

(3)　社会的時差ボケ

　時差のある海外に行くと、一時的に時差ボケの症状が出るが、「社会的時差ボケ」では日本にいながら、同じ現象が起こる。平日と休日の睡眠時間帯が大きくずれていることで、まるで毎週末に時差のある海外に行くのと同じ状態になるのが原因である。社会的時差ボケになると、体内時計と社会生活の時間が常にずれた状態になり、心身が不調になる。例えば時計の時刻は朝6時だが、体内時計の時刻が朝4時であれば、起床しても眠く、食欲もなく、やる気も起きない。逆に時計の時刻が23時でも、体内時計の時刻が21時であれば、布団に入っても眠れない。

　睡眠は、体内時計という仕組みにコントロールされている。体内時計が元々持っている時間は、約24時間10分と24時間より少し長いが、朝に光を浴びて、食事を摂るという外部要因によって、10分の遅れが調整され、概ね24時間のリズム（概日リズム）を保っている。逆に夜遅い時間に光を浴び、食事を摂ると、体内時計をずらしてしまう。土日に昼まで寝て、夜更かしをすると、体内時計の時間は1時間近く遅れてしまう。そうすると月曜日の朝は、起きるのが辛くなり、起きても眠く、食欲や意欲も起きない。

2)　睡眠指導の実際

(1)　一般的な睡眠指導

　睡眠指導の内容は「健康づくりのための睡眠指針2014」（図表3.54）の内容を基本とし、十分に睡眠指針の内容を理解した上で行うことが必要である。

　睡眠指導では、睡眠に関わる行動習慣や勤務形態は個人差が大きいことに留意し、指導内

- ・就寝前4時間以内のカフェイン摂取を避ける
- ・寝酒は止める（中途覚醒が増え、眠りが浅くなる）
- ・就寝前の喫煙を止める
- ・朝起きる時間を一定にする
- ・朝食を摂る
- ・年齢相応の睡眠時間を取り、必要以上に寝ない
  ※25歳：約7時間、45歳：約6.5時間、65歳：約6時間
- ・就寝前1時間はブルーライト（スマートフォン、パソコン、ゲーム、TVなど）を避け、朝は起きたらすぐ明るい光を浴びる
- ・日中に適度な運動をする、深夜の激しい運動は避ける
- ・眠ろうと意気込まない、夜中に時計を見ない
- ・昼寝は午後3時まで、30分以内にする

（資料：厚生労働省「健康づくりのための睡眠指針 2014 〜睡眠12箇条〜」から抜粋し一部改変）

図表 3.54　睡眠衛生指導の例

容を一方的に強制するのではなく、個別性を重視し、受け入れやすい形にアレンジする。そして、労働者自身が無理なく継続できそうなこと1つまたは2つ程度に絞って行うようにアドバイスするとよい。例えば、「起床時刻を一定にして朝食は必ず摂る」、「昼休みに15分間の仮眠を取る」、「夕方以降はコーヒーや緑茶を飲まない」、「就床前1時間はスマートフォンやパソコンを見ない」、「寝酒をしない」などである。音楽やアロマテラピーなどに関しても、好みや興味を尊重することが大切である。帰宅後にはブルーライトを浴び過ぎないことが重要である。ブルーライトは、スマートフォンやパソコンなどの電子機器の画面から出る青い波長の光で、眠りのホルモンであるメラトニンが出るのを抑え、体内時計を遅い時間にずらす。緊急時などにやむを得ず電子メールを確認する際には、ブルーライトカット眼鏡やブルーライトカットフィルムの使用もひとつの手である。

　寝床で考え事をすることも不眠の原因となる。一旦気になってしまったことを、無理に考えないようにするのは難しいので、気になることを、とりあえずメモしておき、翌朝考えるように指導する。ゆっくり腹式呼吸して、呼吸に意識を集中するのも良い。睡眠にこだわり過ぎること自体が、不眠につながることもある。日中元気に過ごせているのであれば、時々眠れないことがあっても気にし過ぎないことも必要である。

　睡眠環境を整えることも大切である。寝室の照明は月明かり程度（3ルクス程度）に暗くし、なるべく静かにする。寝室を十分に暗く、静かにすることが難しければ、アイマスクや耳栓も役に立つ。また気温と湿度も睡眠に大きな影響を及ぼし、特に夏に高温・多湿となると寝苦しくなる。夏の寝室は気温28℃、湿度60%以下が目安になるので、温度を28℃程度に設定し、タイマーを使用して睡眠前半4時間にエアコンを使用すると中途覚醒が減少し、睡眠の質が良くなる。エアコンが切れてから徐々に部屋の気温が上がってきたところで、ちょうど起床時刻になるので、冷えすぎによる朝の倦怠感も避けられ、風邪もひきにくい。家族がエアコンを嫌う場合は、冷却枕の使用も効果的である。

　睡眠指導が産業事故の発生を減らすという報告もある。工業プラントの日勤者を対象とした研究では、日中の過度の眠気を訴えた群は、訴えない群より約2倍事故の発生が多かったが、睡眠指導の介入後は、両群間で産業事故の発生率の差は消失した。職務内容に即した睡眠指導は労働者の健康だけでなく、安全を守る効果も期待できる。

(2)　年代差に配慮した睡眠指導

　　睡眠指導をしていると、「若い頃には5時間眠れば大丈夫だったのに」、「若い頃は朝起きるのが辛かったが、最近は早起きが苦にならない」などの言葉が聞かれる。このように同じ人でも、年齢とともに睡眠は変化していく。

　　睡眠時間は、成人してからは加齢とともに徐々に減っていく（25歳：約7時間、45歳：約6.5時間、65歳：約6時間）。また夜間の中途覚醒時間は10年ごとに10分ずつ増加していき、深い睡眠も年齢とともに減っていく。このように年齢とともに、睡眠の質・量が不十分になるため、中年以降になると平日の睡眠不足を土日の寝だめだけで解消できないようになり、月曜日に疲れが残るようになる。一度、徹夜するとしばらくは疲れがとれない。また30代以降は年齢とともに朝型傾向になるが、特に50代半ば頃から顕著になり、早起きは苦にならないが、夜早く眠くなってしまう。夕食後にテレビを見ながら居間でうたた寝してしまうのはこのためである。

　　従って中年以降の睡眠衛生教育では、平日6時間以上の睡眠をコンスタントに取ることを心がけるように指導する。また早起きが苦にならないので、時間外労働をするなら終業後よりも始業前にする方が身体も楽であり、仕事の効率も上がる。中年になったら、個人的にも「働き方改革、眠り方改革」が必要である。逆に中高年になってから、若い時のように7～8時間くらい朝までぐっすり眠りたいというのも、非現実的な願望である。例えば60代であれば、トイレに一度くらい起きるが、すぐ再入眠することができ、合計で6時間程度眠れ、日中元気に過ごせているのであれば、年齢相応の正常な睡眠と考えてよい。年齢不相応の高い理想を睡眠に求めると、理想と現実とのギャップが眠れないという思いにつながる。

　　一方、若年者は睡眠の質が高いため、平日の睡眠不足を土日にぐっすり眠って解消することが可能である。また10～20歳代は夜型傾向になり、夜更かしが苦にならないが、夜更かしし過ぎると体内時計が遅い時間にずれてしまい、朝起きるのが辛く、午前中調子が出なくなる。夜遅くスマホやパソコンを視る、ゲームをする、朝ぎりぎりまで寝ていて朝食を抜く、土日に昼まで寝ているなど、若年者に多い習慣は体内時計のずれを助長する。若年者の睡眠指導では、バランス栄養食やゼリー飲料でも良いので必ず朝食を摂る、夜遅くのスマホやパソコンは避けること、極端な夜型にならないように指導することが重要である。

(3)　長時間労働者への指導

　　過重労働対策では、月100時間超の時間外労働は健康障害リスクが高いと判断されるが、この月100時間という数字は、脳・心臓疾患のリスクが高まる睡眠時間5時間以下から逆算されたものである。また前夜の睡眠時間が4時間以下になると、翌日は1日中、病的な眠気に襲われ、起きているのがやっとという状態になる。従って長時間労働者の面接では、睡眠時間を必ず確認する。

　　睡眠時間7～8時間が心身の健康を保つ上で理想的であることは多くの研究が示唆しているが、多忙なビジネスパーソンにとっては実現が難しい。理想的ではあるが、実現不可能な指導をしても、暖簾に腕押しになってしまう。「睡眠時間6時間確保」は現実的で一定の

効果も期待できるため、まずは平日に睡眠6時間以上を取るように指導する。日本の勤労者を対象とした研究でも、睡眠時間6時間以上の群では労働時間が長くなってもうつ状態のリスクは高くなっていなかった。つまり、多忙な時には睡眠時間6時間を死守することが、メンタルヘルス不調の予防となる。前述した通り、眠気改善の点からも、風邪の予防の点からも、睡眠時間6時間ではリスクが減ることが知られている。

　1日の残業時間が5時間以上になると、睡眠時間は確実に短縮していくため、睡眠時間6時間を確保するためには、少なくとも22時以降の深夜残業は止めるように指導する。22時以降になると、作業能力は飲酒していなくても酔っぱらい運転並みに低下する。深夜に作成した書類を翌朝見て、とんでもない間違いに驚くことがあるのは、そのためである。さらに、22時以降の勤務は残業手当＋深夜手当の支払いが必要になるため、コストパフォーマンス上も極めて問題であることも強調したい。夜間のスマートフォン使用の影響を調べた研究結果では、自覚的な眠気が減る一方で、押し間違いが増えた。深夜のパソコン作業は、間違いが多い上に、帰宅後に、いざ寝ようとすると寝つけないという困った状態になるということである。

　もちろん平日の睡眠時間6時間は理想的ではなく、次善の策であり、平日も土日も6時間睡眠では、十分とは言えない。最低ラインを6時間としつつ、可能な日は7〜8時間眠る日もつくるように心がける。毎日6時間の睡眠が難しければ、せめて週半ばのノー残業デーなどに早く帰宅し、休日並みの睡眠時間を確保するようにすると、週の後半の眠気や疲労が軽減する。慢性の睡眠不足は本人の自覚のないまま蓄積し、心身の健康に大きな影響を及ぼす可能性があるため、「睡眠負債」と呼ばれている。睡眠の借金も、金銭の借金と同様に、こまめな返済がポイントである。

　昼休みの15分程度の仮眠も眠気の回復や作業成績の向上などの効果がある。15分程度の短時間の仮眠では、深い睡眠に入る前に目が覚めるため、すっきり目覚めることができる。職場で仮眠を取る場合は、自席で机に伏せて眠ることが多いが、横になるより、座ったままの方が深い睡眠に入りにくいので、短時間仮眠の環境としては好都合である。また、仮眠前にコーヒーや緑茶などのカフェイン飲料を摂るとより有効である。カフェインは服用してから効果が現れるまで20〜30分かかり、仮眠から目覚める頃に効き始めるので、相乗効果が期待できる。突然のトラブル対応などでやむを得ず徹夜する必要があるときは、深夜に仮眠を取ると、眠気改善や作業能力の維持、疲労軽減などの効果がある。

(4)　交替勤務者への指導

　交替勤務者では、「概日リズムに逆らって生活すること」および「日中に長く眠れず睡眠不足になること」により、眠気や不眠などの睡眠の問題が起きる。指導するポイントは以下の3点である。
　　①　夜勤以外の日（日勤、夕勤、休日）には規則正しく一定の時間帯に眠り、概日リズムをずらさないこと
　　②　夜勤の日は勤務前・勤務中の仮眠で疲労・眠気解消すること

③　日中の睡眠環境（音、光、温湿度）を整えること

仮眠は、夜勤前の仮眠と夜勤中の仮眠の2種類があるが、特に夜勤中の仮眠は効果的である。概日リズムの働きにより、夜勤中は仮眠の質が良くなるからである。夜勤中仮眠は、短時間仮眠（15〜30分）と2時間程度の仮眠がある。短時間仮眠でも眠気の解消に効果的である。2時間程度の仮眠では、眠気の改善に加えて、疲労回復、概日リズムをずらさないという効果も期待できる。夜勤中に仮眠を取る際には、仮眠後の睡眠慣性に注意する。睡眠慣性とは、目覚めた直後に生じる眠気の増加や作業能力の低下のことである。睡眠慣性を感じたときは、すぐに作業や運転を再開せず、明るいところでコーヒーや緑茶を飲んだり、軽く体を動かしながら、眠気が去るのを待つ。

(5)　在宅勤務者への指導

コロナ禍で急速に普及した働き方が、オフィスに出勤しないで自宅を就業場所とする「在宅勤務」である。通勤時間の負担軽減などのメリットがある一方で、上司の目が届かないところで仕事をするため、在宅勤務者の自己管理が問われる。在宅勤務ではICT（Information and Communication Technology：情報通信技術）の活用が必須となることから、特に夜遅くのICTの利用を避けるように指導する必要がある。

また在宅勤務の日は、朝早く起きて通勤しなくて良いため、出社日よりも起床時刻が遅くなり、日中の歩行量や、明るい光を浴びる機会が減る。翌日が在宅勤務日の場合、明日早起きしなくてもよいという気楽さから、夜更かし傾向になることは注意したい。在宅勤務の日は、出社日と同じ時刻の起床、日当たりの良い部屋での朝食摂取、昼食後や夕方のウォーキングなどを意識して行うように指導する。特に一人暮らしで夜型傾向の若年労働者には注意が必要である。

3)　睡眠指導と運動・栄養

トータル・ヘルスプロモーション・プラン（THP：Total Health promotion Plan）では、睡眠指導は喫煙や飲酒などとともに保健指導に含まれるが、睡眠は運動、栄養、メンタルヘルスとも密接な関係があるので、これらに関する教育でも、睡眠に留意して行うことが望ましい。そのことでより包括的な指導を行うことができる。

(1)　睡眠指導と運動

習慣的な運動は深い睡眠を増やし、睡眠時間を延長し、中途覚醒を減らす。20〜30分程度の有酸素運動を、週に2〜3日程度行うだけでも快眠につながる。レジスタンス運動（筋肉に一定の負荷をかける動作をくり返し行い、筋力を鍛える運動）も快眠への効果がある。労働者の生活状況や希望等を確認した上で、実現可能な有酸素運動やレジスタンス運動を行うように指導すると快眠につながる。一方で遅い時刻に激しい運動を行うと、体温が下がるまで寝つきが悪くなる。特に遅い時刻で明るい環境で運動すると、眠りのホルモンであるメラトニンの分泌を抑えてしまう。激しい運動や明るい環境での運動は、遅くとも夕方までに

するように指導する。また、睡眠時間が短いと、姿勢調節能力が落ち、運動中の転倒やけががが増える。例えば昼休みの過ごし方でも、十分眠れているときは、15分間のウオーキングを、睡眠不足のときは15分間の仮眠を取るように指導するなど、生活・勤務状況に応じて柔軟に対応する。

(2)　睡眠指導と栄養

　睡眠不足によって栄養指導の効果が乏しくなったり、食事の摂り方によって睡眠に影響が出る。食欲は摂食ホルモンの影響を受ける。全身の脂肪細胞から分泌されるレプチンは食欲を抑制し、胃から産生されるグレリンは食欲を亢進させる働きがある。睡眠時間が短くなるほどレプチンが減りグレリンが増えるため、睡眠不足になると空腹感が24%、食欲が23%増える。特に夜間の高血糖につながる高炭水化物に対する食欲に至っては32%も増える。そのため睡眠不足になると肥満になりやすくなる。残業中に空腹を感じてスナック菓子に手を伸ばし、少しのつもりが一袋食べてしまったりするのは、睡眠不足も影響している。

　また不眠と睡眠不足ではメタボリック症候群（メタボ）にもなりやすい。さらに睡眠不足だと、同じダイエットプログラム（摂取カロリーと消費カロリーが同じ）を行っても、体脂肪の減少が少ないことも分かっている。肥満やメタボ防止・改善目的の栄養指導をする際には、併せて睡眠についても確認し、睡眠不足にならないように指導する。

　現在は、人生100年時代を迎え、60歳以降も働くのが普通になりつつある。しかし、睡眠問題がよくある労働者は、睡眠問題がない場合に比べて、約3倍も定年退職前の病気退職が多いことが知られている。「睡眠」をキーワードとした包括的な健康指導を行うことで、中高年以降も心身の健康、安全、高いパフォーマンスを維持しつつ働けるようにすることが重要である。

【参考文献】

・Hirschkowitz M, et al.：National Sleep Foundation's sleep time duration recommendations: methodology and results summary. *Sleep Health*, 1, 2015, 40-43
・浅岡章一「社会と睡眠」『基礎講座 睡眠改善学 第2版』ゆまに書房、2019、p105
・Lombardi DA, et al.：Daily sleep, weekly working hours, and risk of work-related injury: US National Health Interview Survey（2004-2008）. *Chronobiol Int.* 27（5）, 2010 Jul, 1013-30.
・厚生労働省「健康づくりのための睡眠指針2014 ～睡眠12箇条～」2014

5　禁煙支援

1)　禁煙支援や受動喫煙防止をめぐる国の動き

　2013年度からの第2期特定健診・特定保健指導において健診当日からの喫煙の保健指導が強化されることになった。2018年度に改訂された厚生労働省健康局の「標準的な健診・保健指導プログラム【平成30年度版】」には、「血圧及び喫煙については、健診当日でも状態の把握が可能であるため、当日を含め、面接での対応を強化することが求められる。特に喫煙者に対しては、禁煙支援及び積極的な禁煙外来の利用を促すことが望ましい」「一方、検査データ

の異常はないが、喫煙者や多量飲酒者である等、生活習慣の改善の余地がある対象者に対しては、喫煙や多量飲酒等による生活習慣病発症リスクの高さ等に言及した上で、生活習慣の改善を促すことが望ましい」と述べられている。また、オンライン診療による禁煙治療について、保険者が保健事業（自由診療による禁煙治療）として実施する場合は2017年7月から初診も含めて全てオンラインで実施できるようになった。一方、保険診療による禁煙治療についても、2022年度の診療報酬改定により、かかりつけ患者をはじめ、一定の要件を満たせば、全てオンライン診療で実施できるようになった。さらに、2020年12月から保険診療の下で禁煙治療アプリが医療機器として使えるようになった。

2012年に策定された健康日本21の第二次計画ならびにがん対策推進基本計画の見直しにおいて、成人喫煙率を2022年度までに現状の19.5%（2010年の国民健康栄養調査結果）から12%に低下させることの目標が設定された。この目標は、たばこをやめたいと考えている37.6%の喫煙者全員がたばこをやめることを想定して設定された。この目標を達成するためには、WHOのたばこ規制枠組条約に沿って、たばこ税・価格の大幅な引き上げの継続や受動喫煙防止のための法的規制の強化などの対策に加えて、喫煙の本質がニコチン依存症という病気であることを踏まえ、職場の定期健康診断や特定健診をはじめ、広く保健医療の場での禁煙推進が必要である。

受動喫煙対策については、上述の健康日本21の第二次計画において、今後10年間の数値目標として、職場においては受動喫煙のない職場の実現を目指すこと、行政機関と医療機関では受動喫煙を完全になくすこと、家庭、飲食店では成人の喫煙率低下相当の受動喫煙の減少を考慮した上で半減すること、となった。

さらに、東京2020オリンピック・パラリンピックにむけて、2018年7月に健康増進法が改正され、受動喫煙防止のための法規制が罰則付きで強化された。2019年7月から公共性の高い学校や病院、役所などの施設から法律が段階的に施行され、2020年4月には職場や飲食店を含めて全面的に施行された。学校、病院、行政機関などの公共性の高い施設での原則敷地内禁煙化に加えて、職場については原則屋内禁煙となり、喫煙専用室の設置は認められたものの、喫煙コーナーのような不十分な対策は認められなくなるので、事業場の規模に関わらず対策が進むことになった。飲食店においても原則屋内禁煙となったが、既存の小規模飲食店への法規制の例外規定が認められた。東京都のように、従業員を雇用している場合は例外として認めない条例を法律と組み合わせると、例外規定の対象となる飲食店を減らし、利用者だけでなく従業員の受動喫煙の防止につながることが期待できる。

2021年度から健康日本21の第二次計画の最終評価が実施され、受動喫煙対策全般ならびに職場の受動喫煙対策の評価は、いずれも「改善しているが、目標年度までの目標達成が危ぶまれる」であった。この評価は2019年時点での評価であり、2020年4月には改正健康増進法が全面施行されており、さらなる改善が見込まれる。しかし、受動喫煙のない社会の実現のためには、たばこ規制枠組条約に沿ったたばこ対策の一層の強化が求められている。

たばこ税・価格の引き上げについては、2010年に実施された約110円の価格の引き上げのあと、2018年度から5年間にわたり、たばこ税が段階的に引き上げられており、価格にして

概ね 100 円を超えるまでの引き上げになる。

　このように、対策が遅れてきたわが国においても、最近になって喫煙者を取り巻く社会環境が大きく変化しつつあり、いろいろな意味でたばこを吸いづらくなってきている。今後、職場として健診等の既存の保健事業等を活用して喫煙者に禁煙のきっかけや支援を提供することにより、職場の喫煙率を効果的に減らせる状況になってきていると考える。

　本稿では、まず生活習慣病対策における禁煙の意義について述べる。次に、職場全体として効果的に禁煙を推進するためのポイントとして、既存の事業を活用した取組と、受動喫煙対策を含めた会社組織としての取組について述べるほか、多くの喫煙者に働きかけが可能な健診の場を活用した禁煙支援の具体的な取組み方、加熱式たばこの健康影響と使用者への対応について述べる。最後に、禁煙支援・治療をめぐる新しい動きと、禁煙支援に役立つ教材や指導者養成に関する情報を紹介する。

2)　生活習慣病対策における禁煙の意義

(1)　喫煙は病気の原因の中で予防できる最大の原因

　喫煙は、WHO が進めている非感染性疾患（NCD：Non-communicable diseases）対策において、対象疾患であるがん、循環器疾患（脳卒中、虚血性心疾患）、慢性閉塞性肺疾患（COPD）、糖尿病の全てに共通したリスク要因である。一方、たばこ規制・対策の推進により、未成年や成人の喫煙率が低下し、受動喫煙のばく露状況が改善する。そして、そのことによって、NCD の中でもまず循環器疾患や喘息等の呼吸器疾患の発症や死亡が早期に減少することが期待できる。

　日本人の死亡の原因を分析した最新の研究によると、喫煙による超過死亡数（喫煙に起因

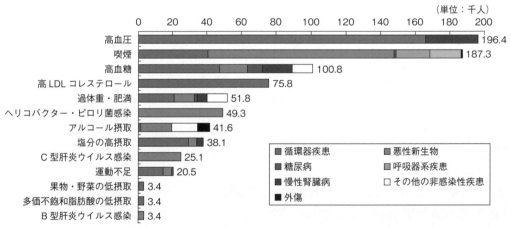

（注）日本における 2019 年の非感染性疾患と障害による成人死亡について、喫煙・高血圧等の予防可能な危険因子別に死亡数を推計したもの

出　典：Nomura S, et al.：Toward a third term of Health Japan 21-implications from the rise in non-communicable disease burden and highly preventable risk factors. *The Lancet Regional Health-Western Pacific*, 2022

（資料：厚生労働省健康局健康課「第 17 回健康日本 21（第二次）推進専門委員会 資料 1」2022 年）

図表 3.55　わが国におけるリスク要因別の関連死亡者数ー男女計（2019 年）

した健康障害の結果として増加した死亡者数）は約19万人で、高血圧の約20万人と並んで、死亡原因としての寄与が大きい（**図表3.55**）。たばこ消費量は近年減少傾向にあるが、過去のたばこ消費による長期的な健康影響と急速な高齢化により、喫煙による超過死亡数は増加している。

　一方、受動喫煙による超過死亡数は、肺がんと虚血性心疾患、脳卒中、乳幼児突然死症候群をあわせて年間約1万5,000人と推定されている。その内訳をみると、男性が約4,500人、女性が約1万400人と、女性の方が2倍以上多い。男女ともに、超過死亡数が最も多い病気は要介護の原因として重要な脳卒中であり、受動喫煙対策は非喫煙者の介護予防の点からも重要といえる。

⑵　メタボリックシンドローム対策における禁煙の意義

　特定健診・特定保健指導では、メタボリックシンドローム（以下「メタボ」）に焦点を当てられており、保健指導の内容は減量指導が中心となるが、喫煙者に対して禁煙の働きかけを行うことが大切である。その理由は次の通りである。

①　喫煙は病気の原因として予防できる最大の原因である。前述したように、喫煙による超過死亡数は約19万人で、高血圧と並んで、日本人が命を落とすリスク要因としての寄与が大きい

②　喫煙は高血圧、脂質異常、糖尿病と並んで、動脈硬化の独立した危険因子であるとともに、糖代謝や脂質代謝の異常を引き起こし、糖尿病やメタボの発症リスクを高める。

③　メタボと喫煙が重なることにより循環器疾患のリスクが相乗的に高まる。しかも男性ではメタボよりも喫煙の方が原因としての寄与割合が大きい（**図表3.56**）。

④　喫煙は動脈硬化、メタボ、糖尿病の発症だけでなく、重症化に深く関係し、重大な合併症を引き起こす。さらに、喫煙は慢性腎臓病（CKD）の進行のリスクを高める。

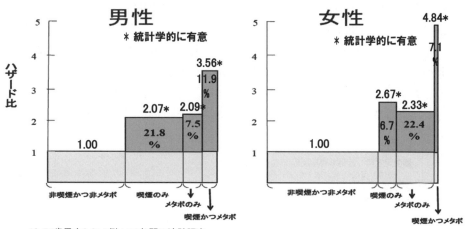

・ 40-74歳男女3,911例：12年間の追跡調査
・ 多変量解析（年齢、飲酒、GFR、nonHDLコレステロールで補正）
・ メタボリックシンドロームの定義はNCEP/ATPⅢによる

（資料：Higashiyama A, et al. *Circ J* 73: 2009）

図表3.56　喫煙とメタボの組み合わせによる循環器疾患発症のリスク－追跡調査成績－

⑤　予防プログラムの中でも禁煙支援・治療は費用対効果に優れており、喫煙率を下げるための対策をメタボ対策と並行して行うと、中長期的に確実に医療費の低減が期待できる。これらの理由から、禁煙の働きかけを先送りして減量の指導に終始していては、特定健診・特定保健指導が目指す動脈硬化性疾患の予防に十分つながらないことが明らかであり、医療費の節減の観点からも禁煙の取組の強化が求められる。

3)　職場全体として効果的に禁煙を推進するためのポイント

(1)　既存の事業の場を活用した禁煙支援

既存の事業の中でも健診の場は、多くの喫煙者に出会う場であり、医療の場に比べて若い喫煙者への禁煙勧奨も可能である。健診の場を活用して喫煙者全員に禁煙を働きかけ、禁煙したい人には禁煙外来や市販の禁煙補助薬、電話やメールなどの禁煙支援・治療につなげる仕組みを整えることが大切である。禁煙したい人に参加してもらうという「待ちの姿勢」（reactive）だけでは効果がなかなか上がらない。短時間でもいいから喫煙者が集まる既存の種々の場を利用して、喫煙者一人ひとりに禁煙を「積極的に働きかける」（proactive）取組を組み合わせて行うことが必要である。海外では電話による禁煙支援（クイットライン）の公的サービスが普及しているが、効果を上げているのは利用者が限られる「待ちの姿勢」の電話相談ではなく、支援者から「積極的に働きかける」電話相談である。健診を例にして説明すると、例えば健診において、すべての喫煙者に短時間の禁煙支援を実施し、禁煙希望者をクイットラインにつなげて、禁煙の実行を手助けするような取組がproactiveといえる。わが国では前述したように、保険者が行う保健事業や保険診療による禁煙治療において、初診からのオンライン診療を活用したproactiveな禁煙推進も制度上可能となった。

職場で取り組める禁煙支援のメニューとして、①健診や保健指導の場での短時間の禁煙支援、②電話やメール、オンラインによる支援、③個別または小集団による対面支援、④WEBや冊子などの印刷物を用いた通信教育などがある（**図表3.57**）。一般に、①は「積極的働きかけ型」、③と④は「待ちの姿勢型」（募集方式）で、②はいずれの方式でも運用可能である。さらに、禁煙治療や禁煙補助薬の利用を促進するために、⑤企業または健保内の診療所で禁煙補助薬の処方、⑥外部の禁煙外来の紹介や費用の補助、⑦市販のニコチン製剤の提供または費用の補助などを前述の①～④のメニューと組み合わせて実施する。その際に、オンラインによる禁煙治療の活用についても検討するとよい。これらの取組にあたっては、

```
■禁煙支援（行動学的支援）
1. 健診や保健指導の場での短時間の禁煙支援
2. 電話やメール、オンラインによる支援
3. 個別または小集団による対面支援
4. WEBや冊子などの印刷物を活用した通信教育
■禁煙治療や禁煙補助薬の利用促進
5. 企業または健保内診療所での禁煙治療や禁煙補助薬の処方
6. 外部の禁煙外来の紹介と費用の補助（オンラインによる禁煙治療を含む）
7. 市販のニコチン製剤の提供や費用の補助
```

図表 3.57　禁煙勧奨・支援・治療の取組メニュー

事業者と健保がコラボして取り組むことにより、内容の充実と支援サービスの利用の促進が図られると考える。

　取り組んだ保健事業が職場全体としてどの程度成果があがったかを評価する指標として、各取組が「どれくらいの人に働きかけを行ったか、または利用されたか」という「リーチ」（到達度）と、その取組を受けた人においてどの程度の効果が得られたかという「パワー」（効果）を掛け算して得られる保健事業の「インパクト」（影響）がある。

　禁煙支援の場合、リーチは「何人の喫煙者に働きかけを行ったかまたは利用されたか」、パワーは「何人の禁煙者を生み出したか」ということになる。例えば、「健診の場で全員に働きかける」ことは、短時間の働きかけで済むことなので、パワーは小さいがリーチは大きいので、一定の大きさのインパクトが得られることになる。リーチが大きくなるのは既存の事業に組み込んで実施するからである。一方、禁煙を希望する人を対象として複数回で実施する個別または小集団による対面支援の場合は、パワーが大きいがリーチが限定される。このことは募集型のプログラムの特徴であり、限界でもある。募集型のプログラムの特徴を生かすとすれば、ヘビースモーカーや精神疾患の病歴のある喫煙者など禁煙が難しいケースを対象としたプログラムとして位置付け、禁煙治療を併用してもらう形で運営し、濃厚な支援の提供を通して、より確実な禁煙を目指すとよい。

⑵　受動喫煙対策を含めた会社組織としての取組

　健診等の既存の事業を活用した個人に対する禁煙の働きかけに加えて、会社組織としての取組が必要である。喫煙対策に限らず、健康のための行動変容を個人だけに求めても限界がある。例えば、経営方針に従業員の健康増進を位置付け、トップ層が従業員の健康に関心をもって、会社として取り組むことによって、従業員の健康への認識も変わる。このような環境が整うと、個人の「ライフスタイル」が「ワークスタイル」として自然な形で認識されるようになり、組織の行動変容と組み合わさって相乗効果が生まれることになる。企業や健康保険組合にとって、従業員の健康状態の悪化は生産性の低下や医療費の増加など、経営に大きな影響を与える可能性がある。一方、従業員等の健康管理を経営的な視点で考え、戦略的に実践することは、従業員の活力向上や生産性の向上等の組織の活性化をもたらし、結果的に業績向上や株価向上につながると期待される。

　このような背景の下で、経済産業省の健康経営と厚生労働省のデータヘルス計画が実施されている。データヘルス計画は、特定健診・レセプトデータ等を分析して、科学的な方法で事業の実効性を高めていくことをねらいとしており、計画の実行にあたっては、事業主との協働（コラボヘルス）や外部事業者の活用がポイントとなる。

　職場の禁煙化は喫煙時間の短縮により労働生産性の向上につながるほか、喫煙率を低下させる効果が期待できる。トップ層に喫煙者が多く喫煙対策に関心が十分でない場合、職場の安全衛生委員会などで話し合って、トップ層に組織を使って働きかけるとよいと考える。また、職場として喫煙に対する考え方やポリシーを明確にして従業員に伝えるとともに、受動喫煙からの健康保護の観点から、改正健康増進法の趣旨に基づき、屋内を全面禁煙とし、屋

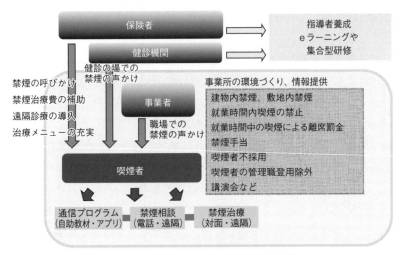

図表 3.58　職場における禁煙推進の枠組み

内に喫煙室を設けないようにすることが望ましい。改正健康増進法では屋外での受動喫煙防止が努力義務となっており、その観点から最終ゴールとして職場の敷地内禁煙を目指すのがよい。

　喫煙の深刻な健康被害を防ぐには、禁煙治療という受け皿を活用しながら、事業者と保険者、健診機関などがコラボして職場の禁煙を推進する必要がある。職場における禁煙推進の枠組みとして、欧米での健康政策に導入されている「介入のはしご」（ポピュレーションアプローチを介入内容や効果のレベル別に8つに分類・整理したもの）をもとに、筆者が作成したたばこ対策の枠組みが参考になると思われる（**図表 3.58**）。それぞれの職場においてどの程度の取組ができているのか自己点検をして、職場の禁煙推進に役立てていただきたい。

4)　健診等の保健事業の場を活用した禁煙支援の取組み方

⑴　健診等の保健事業の場での禁煙支援の方法

　健診等の場で短時間で可能な禁煙の情報提供や働きかけの方法としては、厚生労働省の「禁煙支援マニュアル（第二版）増補改訂版」に短時間支援法（**図表 3.59**）として紹介されているように、①病歴や検査値等の情報をもとに禁煙することが重要であること、②禁煙治療を受ければ「比較的楽に」「確実に」「あまりお金もかけずに」禁煙できること、の2点について助言や情報提供をして、禁煙希望者には禁煙治療や禁煙補助薬の利用を勧めることである。健診当日の短時間支援法の効果については、診察医師の禁煙の助言と保健指導者による1～2分程度の禁煙支援により、呼気一酸化炭素濃度の確認による6カ月後の禁煙率が3倍高まることが報告されている（**図表 3.60**）。

⑺　禁煙の重要性を伝える

　「禁煙をするべきであること」をはっきり伝え、禁煙が「重要かつ優先順位が高い健康課題であること」を強調することが大切である。明確な禁煙のメッセージを伝えないと、受診者に「たばこは吸っていてもかまわない」という誤った考えを持たせてしまうことに

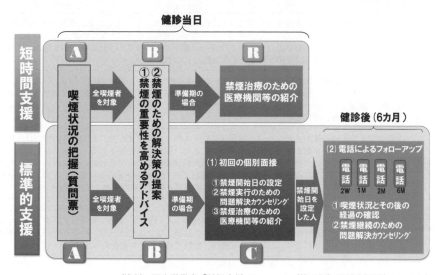

（資料：厚生労働省「禁煙支援マニュアル（第二版）増補改訂版」2018 年）

図表 3.59　短時間支援と標準的支援の流れ

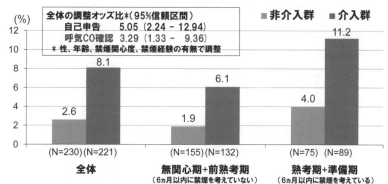

研究方法：大阪S市での総合健診（がん検診を含む）の場での介入研究、月ごとに割付
研究対象：介入群221人、対照群230人（応諾率91.7%、90.9%）、研究時期：2011〜12年
介入内容：介入群は診察医師の禁煙の助言と保健指導実施者による1〜2分間程度の禁煙支援、
　　　　　非介入群はアンケート調査のみ

（資料：中山富雄、他「健診・検診や保健指導の場における禁煙支援の事例報告」『特定健康診査・
　　　　特定保健指導における禁煙支援から始めるたばこ対策』日本公衆衛生協会. 2013 年）

図表 3.60　健診の場での短時間禁煙支援の効果－6 カ月後断面禁煙率（呼気 CO 濃度確認）－

なりかねないので、積極的な取組が求められる。

　病歴や検査値の異常、自覚症状がある場合は、それらと喫煙との関係を結びつけて、喫煙の影響や禁煙の効果について説明する（図表 3.61）。病歴や検査値に問題がない喫煙者に対しては、異常がないことをほめた上で、禁煙が取り組むべき重要な健康課題であることを伝えて禁煙を促す。禁煙の情報提供の内容については、健康面だけでなく生活面での喫煙のデメリット（例えば、喫煙によって小遣いや時間が奪われる、息がくさくなる、美容に悪いなど）についても伝えることは喫煙者の禁煙の重要性に対する認識を高める上で有用である。

血圧高値の場合	喫煙と高血圧は日本人が命を落とす二大原因であることがわかっています。喫煙と高血圧が重なると、いずれも該当しない人と比べて、約4倍、脳卒中や心臓病で命を落とす危険が高まります。また、高血圧があると、高血圧がない場合と比べて喫煙の影響が強く出やすく、脳卒中になる確率がより高くなります。この健診を機会に禁煙されることをお勧めします。
脂質異常の場合	喫煙すると、血液中の善玉（HDL）コレステロールが減少したり、中性脂肪や悪玉（LDL）コレステロールが増加することが分かっています。また、喫煙と脂質異常が重なると、動脈硬化がさらに進んで、いずれも該当しない人と比べて、約4倍心筋梗塞で死亡する確率が高くなります。この健診を機会に禁煙されることをお勧めします。
血糖高値の場合	喫煙すると、血糖値が上昇したり、糖尿病に約1.4倍かかりやすくなります。その理由は、喫煙によって交感神経の緊張が高まって血糖値があがることと、膵臓から分泌されるインスリンというホルモンの効き具合が悪くなるためです。また、喫煙と糖尿病が重なると、喫煙しない場合と比べて、動脈硬化がさらに進んで、約1.5～3倍、脳梗塞や心筋梗塞で命を落としやすくなります。さらに、腎臓の機能もより低下しやすいことが報告されています。この健診を機会に禁煙されることをお勧めします。
メタボリックシンドロームの場合	喫煙すると、血液中の善玉（HDL）コレステロールが減少したり、中性脂肪や血糖値が増加するため、メタボリックシンドロームになりやすいことが分かっています。また、喫煙とメタボリックシンドロームが重なると動脈硬化がさらに進んで、いずれも該当しない人と比べて、約4～5倍、脳梗塞や心筋梗塞にかかりやすくなります。この健診を機会に禁煙されることをお勧めします。
上記いずれもない場合	喫煙を続けていると、肺がん等のがん、脳梗塞や心筋梗塞、糖尿病、COPD（慢性閉塞性肺疾患）等種々の病気にかかりやすくなるため、現在のよい状態を維持できなくなってしまう可能性があります。この健診を機会に禁煙されることをお勧めします。

（資料：厚生労働省「禁煙支援マニュアル（第二版）増補改訂版」2018年）

図表 3.61　禁煙の重要性を高めるための情報提供

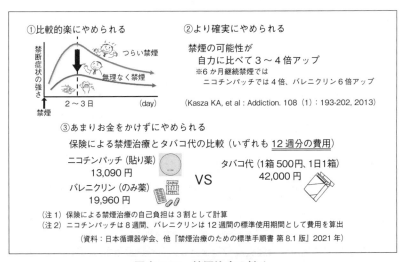

図表 3.62　禁煙治療の勧め

禁煙は自力でも可能ですが、禁煙外来や禁煙補助薬を利用すると、ニコチン切れの症状を抑えることができるので比較的楽に、しかも自力に比べて3～4倍禁煙に成功しやすくなることが分かっています。健康保険の適用基準を満たしている場合、1日20本のたばこ代に比べて1/3～1/2の安い費用で医療機関での禁煙治療を受けることができます。

（資料：厚生労働省「禁煙支援マニュアル（第二版）増補改訂版」2018年）

図表 3.63　禁煙のための効果的な解決策の提案

(イ)　楽に禁煙できる方法があることを伝える

　　禁煙治療を受ければ「楽に」「確実に」「あまりお金もかけずに」禁煙できることを伝え

る（**図表 3.62、図表 3.63**）。喫煙者の多くは「禁煙は自分の力で解決しなくてはならない」「禁煙はつらく苦しいもの」と思い込んでいる傾向がある。その思い込みを変え、禁煙には費用がそれほどかからず効果的な解決策があることを知らせることが大切である。

禁煙に関心のない人には、いきなり禁煙方法について説明しても反発するので、現在禁煙する気持ちがないことを受けとめた上で、「今後の禁煙のために覚えておかれるといいですよ」と前置きをして、上述の禁煙に関心のある人への情報提供と同じ内容を伝える。そうすれば抵抗感なく耳を傾けてくれる。

(ウ)　禁煙希望者に禁煙治療や禁煙補助薬の利用を勧める

禁煙に関する情報提供の結果、禁煙に取り組むことになった場合、次の患者要件をすべて満たしていれば、保険による禁煙治療の実施医療機関を紹介するのがよい。

①　ニコチン依存症に関するスクリーニングテスト（TDS）でニコチン依存症と診断された者

②　1日の喫煙本数×喫煙年数（ブリンクマン指数）が200以上の者（ただし35歳未満はこの案件の対象外）

③　ただちに禁煙することを望み、禁煙治療プログラムの説明を受け、文書により同意している者

保険による禁煙治療においては、ニコチンパッチか内服薬のバレニクリンが保険薬として処方できる。

保険による禁煙治療の効果については、中央社会保険医療協議会の結果検証によると、治療を5回すべて受けた喫煙者の約半数が、治療開始1年後時点で少なくとも9カ月間以上の禁煙を継続していたことが明らかになっている。

保険適用の患者要件を満たしていても、医療機関にかかる時間がとれない喫煙者や、喫煙本数が少なく自分で禁煙する自信のある喫煙者の場合は、薬局・薬店で一般医薬品のニコチンパッチやニコチンガムを購入して禁煙するという選択肢もある。ニコチンパッチの一般医薬品は2社から発売されているが、いずれも医療用医薬品のニコチンパッチと比べて用量が少なく、ニコチンの補充が不十分となる可能性がある。一般医薬品で禁煙できなければ医療機関での治療を勧める。

保険適用の患者要件を満たさない喫煙者に対しては、一般医薬品による方法か、自由診療になるが医療機関での禁煙治療を勧める。当該の保険者が自由診療で行うオンライン禁煙治療を被保険者に提供している場合はその利用を勧める。

5)　加熱式たばこの有害性と使用者への対応

新型たばことして、大きく2種類の製品が国際的に流行している。1つは、ニコチンを含んだ溶液を加熱吸引する電子たばこ（electronic cigarette、e-cigarette または vape とも呼ばれる）である。もう1つが、たばこの葉を加熱して吸引する加熱式たばこ（heated tobacco products または heat-not-burn tobacco）である。

ニコチンを含んだ電子たばこは、英米等の諸外国で流行している。わが国においては、

2010 年に旧薬事法（現在の医薬品医療機器等法）により、医薬品ならびに医療機器としての承認を得ずにニコチンを含んだ電子たばこを発売することが禁止された。そのため、公には販売されておらず、個人輸入により入手されたものが使用されている。

　一方、加熱式たばこは国際的にみるとわが国で流行が顕著である。筆者らは、その使用実態、有害性、依存性、たばこ政策への影響、規制にむけた提言で構成される総説論文をとりまとめた。有害性と依存性に関する結論は以下の通りである。

　加熱式たばこは、紙巻たばこに比べるとニコチン以外の主要な有害物質のばく露量を減らせる可能性がある。しかし、病気のリスクがどの程度減るかについては明らかでない。紙巻たばこを併用した場合に有害物質のばく露の低減が期待できない可能性が高い。ニコチンのばく露量ならびに吸収動態は紙巻たばこと類似しており、紙巻たばこを加熱式たばこに完全に置き換えることができたとしても、ニコチン依存症が継続するという問題がある。また、電子たばこでみられる禁煙効果を示す研究報告はなく、完全禁煙（すべてのたばこ製品の中止）を阻害する可能性が考えられ、ハームリダクションの可能性は現在のところ否定的である。

　2020 年の診療報酬の改定において、加熱式たばこ使用者も健康保険による禁煙治療の対象として正式に認められた。加熱式たばこ使用者には、紙巻たばこを吸わずに単独で使用している場合であっても、それをゴールとするのではなく、最終的には加熱式たばこの使用も中止するよう、情報提供や支援を行う必要がある。その際、加熱式たばこを使用することになった思いを受けとめたうえで、情報提供を行うことが大切である。具体的には、上述の加熱式たばこ使用者の心理に配慮して、加熱式たばこに切り替えた理由や切り替えて感じていることなどを聞き出して、喫煙者の気持ちを受容しながら、たばこ製品の完全使用中止にむけて話し合うことが大切である。

6)　禁煙支援・治療をめぐる新しい動き

(1)　オンライン診療

　禁煙治療のオンライン診療については、冒頭で述べたように、2017 年 7 月の医政局長通知により、保険者が保健事業として禁煙治療を自由診療で行う場合については、すべての診療をオンラインで実施できることになった。それを受けて、健康保険組合を中心に導入が進んでいる。一方、健康保険による禁煙治療については、2022 年度の診療報酬改定により、かかりつけ患者をはじめ、一定の要件を満たせば、全てオンライン診療で実施できるようになった。オンライン診療は禁煙治療へのアクセスを改善し、禁煙治療の利用率や治療完了率の向上を通じて、職場をはじめ地域社会の禁煙成功率の増加につながることが期待できる。今後、職場での効果的な活用方法を検討、実践することが勧められる。実施にあたっては、厚生労働省「オンライン診療の適切な実施に関する指針」に沿って診療を行う。

(2)　禁煙治療アプリ

　2020 年 12 月より、スマートフォンを用いたニコチン依存症の治療用アプリと携帯型呼気一酸化炭素濃度測定器（CO チェッカー）が医療機器として保険適用され、健康保険による

禁煙治療で使用できることとなった。このアプリの特徴は、アプリに組み込まれた人工知能による禁煙カウンセリングやCOチェッカーによる喫煙状況のモニタリングなどの機能を用いて、ニコチン依存症の心理行動的依存に介入することにある。有効性については、バレニクリン内服治療下で治療アプリ（COチェッカーを含む）とコントロールアプリの禁煙率を比較するRCT研究が実施され、12週間の治療終了時ならびに24週、52週時点での継続禁煙率が治療アプリ群では1.6〜1.8倍有意に高まることが確認されている。このアプリの処方にあたっては、初回診療を対面で実施し、呼気一酸化炭素濃度を測定して基準値以上（10ppm以上）であることを確認する必要がある。

7）　教材や指導者養成に関する情報

　禁煙支援の指導者向けの教材として、厚生労働省が2018年度からの第3期特定健診・特定保健指導に合わせて示した「標準的な健診・保健指導プログラム【平成30年度版】」に掲載された「保健指導のための禁煙支援簡易マニュアル」と「喫煙に関するフィードバック文例集」のほか、禁煙支援の方法をより具体的に解説した「禁煙支援マニュアル（第二版）増補改訂版」が参考になる。これらの教材作成にあたっては、筆者が研究代表者を務める厚生労働科学研究の研究班の成果が活用されているが、その元になったのが、後述するeラーニング「禁煙支援版」の主要コンテンツである。

　禁煙支援・治療の指導者トレーニングについては、有効性が確認されている日本禁煙推進医師歯科医師連盟と地域医療振興協会ヘルスプロモーション研究センターによるeラーニングプログラム（「禁煙治療版」「禁煙治療導入版」「禁煙支援版」）をお勧めする。2010年から2021年にかけて、全国の健康保険による禁煙治療登録医療機関、自治体、保険者、関係団体等と連携してトレーニングを実施し、9,000人を超える保健医療従事者が受講している。

　eラーニングの開講は2021年度をもって終了するが、2022年8月からはWEB教材として通年で公開される。自分のペースでインタラクティブな学習が可能であり、学習後のアセスメントテストや修了認定テストにより、理解度を自己チェックできる。加熱式たばこやオンライン診療、禁煙治療アプリなどのコンテンツが追加され、新しいテーマについての学習も可能となる。J-STOPのホームページで各プログラムの概要や受講の申込ができるので、興味のある方は参照されたい。

　地域医療振興協会ヘルスプロモーション研究センターでは、コロナ禍の禁煙の重要性や加熱式たばこの健康影響をわかりやすく解説した禁煙啓発用教材を作成して、ホームページで公開している（**図表3.64**）。まずコロナ禍で心身ともに健康に過ごすための生活のポイントを紹介した「新型コロナ長期戦に向けた心と体づくり」のポスターと動画は、働く世代版とシニア世代版の2種類がある。働く世代版で取り扱ったテーマは、たばこのほか、運動、食事、お酒、心の健康の5つで、それぞれの要点を3ポイントずつ示している。シニア世代版では、盛り込む要素を絞る必要があったため、たばこを含めなかったが、働く世代版では「禁煙して感染症の流行に備える：喫煙は感染症のリスクがアップ」「受動喫煙を防ぐことも大切」と、コロナ禍での禁煙の重要性と効果を解説し、最後は「決め手は禁煙外来」と確実な禁煙につながる

コロナ禍での心と体づくりの教材
（働く世代版とシニア版）

加熱式たばこの教材

上段がポスター、下段が動画教材

図表 3.64　禁煙啓発用教材—コロナ禍の禁煙啓発と加熱式たばこの健康影響

情報を提供している。

　次に、加熱式たばこの健康影響や禁煙方法について正しい情報を提供するための啓発ポスターや動画教材（約3分）では、加熱式たばこの害を紙巻たばこと比較する形でわかりやすく解説し、ニコチン依存症から離脱するために禁煙を勧める内容となっている。動画は、喫煙している3人の海賊たちが、たばこのクイズに挑戦しながら、加熱式たばこや紙巻たばこの害について学ぶというストーリー仕立てとなっており、楽しみながら学ぶことができる。教育啓発用のツールとしてご活用いただければ幸いである。

　禁煙支援・治療や受動喫煙防止対策は命を救う大切な保健活動である。喫煙者は2人に1人が早死にする。禁煙支援・治療による長期禁煙率を2割とやや低めに見積もっても、10人に禁煙の支援と治療を提供するだけで1人の命が救える計算になる。今後、職場の受動喫煙対策を含め社会としてのたばこ規制・対策が進み、現在なお喫煙している約1,800万人の中から、禁煙を考え試みる者がさらに増加することが予想される。健診や保健指導など日常業務の中で出会う全ての喫煙者に対して「命を守る声かけ」をして、禁煙希望者に禁煙治療を提供するという命を救う活動は、費用対効果にも優れ、産業保健関係者にとって今後一層重要な仕事となる。しかも、禁煙支援・治療を通して習得されるさまざまなスキルは他の生活習慣改善に応用可能であり、保健指導や健康づくりのスキルアップにつながる。今後の活動を期待する。

【参考文献】
・厚生労働省　健康局『標準的な健診・保健指導プログラム【平成30年度版】』2018.
・厚生労働省　健康局『健康日本21（第二次）』2012.
・United Nations General Assembly: Political declaration of the High-level Meeting of the General Assembly on the Prevention and Control of Non-communicable Diseases. Sept16,2011（http://www.un.org/ga/search/view_doc.asp?symbol=A/66/L.1,2022年4月1日アクセス）.
・Glantz S, et al. : Effective tobacco control is key to rapid progress in reduction of non-communicable diseases. *Lancet*. 379（9822）, 2012, 1269-1271.
・Nomura S, et al: Toward a third term of Health Japan 21 - implications from the rise in non-communicable disease burden and highly preventable risk factors. *Lancet Reg Health West Pac*. 2022,doi: 10.1016/j.lanwpc.2021. 100377.
・厚生労働省 喫煙の健康影響に関する検討会編『喫煙と健康 喫煙の健康影響に関する検討会報告書』2016.
・Willi C, et al. : Active smoking and the risk of type 2 diabetes : a systematic review and meta-analysis. *JAMA*. 298, 2007,

2654-2664.
・Nakanishi N,et al. : Cigarette smoking and the risk of the metabolic syndrome in middle-aged Japanese male office workers. *Ind Health.* 43, 2005, 295-301.
・Higashiyama A,et al. : Risk of smoking and metabolic syndrome for incidence of cardiovascular disease--comparison of relative contribution in urban Japanese population : the Suita study. *Circ J.* 73 (12), 2009, 2258-63.
・中村正和「脂質異常症における禁煙療法」『日本臨牀、71（増刊号3）』2013, 516-521
・日本腎臓学会（編）『エビデンスに基づく CKD 診療ガイドライン 2018』東京医学社, 2018.
・特集 どう高める？組織の禁煙推進力「健康保険組合 喫煙対策の実態調査」結果概要報告『へるすあっぷ21』303, 2010, 8-17,
・World Health Organization : Protection from exposure to second-hand tobacco smoke : policy recommendations, 2007.
・中村正和「健康づくりにおけるポピュレーション戦略の重要性と国際的動向」『月刊地域医学』30 (3) 2016, 185-189
・厚生労働省　健康局『禁煙支援マニュアル（第二版）増補改訂版』2018.
・中山富雄、他「健診・検診や保健指導の場における禁煙支援の事例報告 (1) 地域の事例報告」大井田隆、中村正和、他編集.『特定健康診査・特定保健指導における禁煙支援から始めるたばこ対策』日本公衆衛生協会.2013年5月.
・中村正和、他監修「禁煙ファースト通信№1～3」ジョンソン・エンド・ジョンソン, 2010.（http://www.osaka-ganjun.jp/effort/cvd/training/teaching-materials/publishing.html, 2022年4月1日アクセス）
・日本循環器学会、他『禁煙治療のための標準手順書第8.1版』2021年9月.（各学会のホームページで公開）
・厚生労働省中央社会保険医療協議会総会「診療報酬改定結果検証に係る特別調査（平成19年度調査）」『ニコチン依存症管理料算定保険医療機関における禁煙成功率の実態調査報告書』2007年7月9日（http://www.mhlw.go.jp/shingi/2008/07/dl/s0709-8k.pdf, 2022年4月1日アクセス）
・厚生労働省中央社会保険医療協議会総会「診療報酬改定結果検証に係る特別調査（平成21年度調査）」『ニコチン依存症管理料算定保険医療機関における禁煙成功率の実態調査報告書』2009年6月2日（http://www.mhlw.go.jp/shingi/2010/06/dl/s0602-3i.pdf, 2022年4月1日アクセス）
・厚生労働省中央社会保険医療協議会総会「平成28年度診療報酬改定の結果検証に係る特別調査（平成29年度調査）」『ニコチン依存症管理料による禁煙治療の効果等に関する調査報告書』2017年1月26日（http://www.mhlw.go.jp/file/05-Shingikai-12404000-Hokenkyoku-Iryouka/0000192293.pdf, 2022年4月1日アクセス）
・中村正和、他「加熱式たばこ製品の使用実態、健康影響、たばこ規制への影響とそれを踏まえた政策提言」『日本公衆衛生雑誌』67 (1)：2020, 3-14
・中村正和「UP DATE 禁煙支援・治療における新型たばこ問題」『公衆衛生』86 (2) 2022, 132-138
・厚生労働省「オンライン診療の適切な実施に関する指針」2018年3月（2022年1月一部改訂）.
・Masaki K, et al. : A randomized controlled trial of a smoking cessation smartphone application with a carbon monoxide checker. *NPJ Digit Med* 3 (35), 2020.
・中村正和、他「e ラーニングを活用した禁煙支援・治療のための指導者トレーニングの有用性」『日本健康教育学会誌』58 (3), 2017, 180-194.
・日本禁煙推進医師歯科医師連盟：J-STOP ホームページ（http://www.j-stop.jp, 2022年4月1日アクセス）
・公益社団法人地域医療振興協会：ヘルスプロモーション研究センターホームページ（https://healthprom.jadecom.or.jp/, 2022年4月1日アクセス）

6　飲酒

1）　アルコールを取り巻く世界と日本の状況

　日本では、戦後の高度経済成長とともにアルコール消費量が急激に増加した。「酔い」の一体感はコミュニケーションを円滑にして連帯感を強めることに役立ち、また個人レベルの飲酒は現代に生きる人々にとって容易に「酔い」による快感を日常的に手に入れることのできるツールである。職域においても、「酔い」は対外・対内のコミュニケーションの目的、また働く人々の発散の手段としての一翼を担っている点において身近な存在であるといえる。

　一方でアルコールによる健康障害はライフステージ全般にわたってその影響を生じる。WHO のレポートによれば、アルコールは ICD-10（国際疾病分類第10版）でカバーされる200以上の疾患やけがの原因の要素になっていると指摘されている。また、身体的影響やうつ病や不安障害などの精神疾患の増悪因子になり得るという疾病リスク以外でも、飲酒が原因の家庭内不和・DV などの家庭問題、異常酩酊による暴言・トラブルや飲酒運転などの社会的問

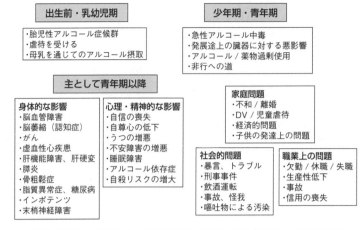

（資料：樋口進、他「アルコール関連問題を取り巻く世界の潮流と日本の動き」
『医学のあゆみ』2015）

図表 3.65　主なアルコール関連問題

題、欠勤や生産性の低下など職業上の問題なども飲酒の損害として挙げられる。**図表 3.65** に
アルコール使用によって生じ得る問題を列挙している。

　国際連合が掲げる Sustainable Development Goals（SDGs：持続可能な開発目標）のうち、
アルコールは健康が関与する SDGs の多くのターゲットに影響するため、グローバルな発展
の観点からもアルコール消費による健康被害のコントロールは注目を向けられている。SDGs
は近年様々な場面で重要視され、働く環境においても注目を浴びている。アルコールの健康障
害を個人のみならず集団・職域で予防することは SDGs に沿ったアクションでもある。

　世界規模でみたアルコールの影響は、2018 年の WHO の報告によれば、2016 年の世界人口
のうち 300 万人がアルコール消費によって死亡しており、これは世界で 20 人のうち 1 人はア
ルコールによって死亡していることを示す。アルコールに関連する死亡の内訳は、消化器系お
よび循環器系疾患が 39.3％（約 120 万人）、悪性腫瘍が 12.6％（約 40 万人）である。けがが
28.7％（約 90 万人）であり、そのうち 37 万人が交通事故、15 万人が自傷、9 万人が暴力で命
を落としている。37 万人が交通事故の影響を受け、18 万 7,000 人は運転手以外が死亡してい
る。アルコールが関連する死亡においては、世界的に見ると結核や HIV/AIDS、糖尿病より
死亡率が高いといわれている。

　日本におけるアルコールの消費動向については、国税庁が 2019 年 3 月にまとめた「酒レ
ポート」によると、全体的には国民 1 人当たりのアルコール消費量は減少しているという結
果が得られている。同レポートでは、1992 年度のアルコール消費量は 1 人当たり 101.8L だっ
たことをピークに、2017 年には 80.5L まで減少しており、ここ 25 年の間におよそ 20％程度
の消費量減少を認めていることになる。

　日本の全体的なアルコール消費量の変化と同様、飲酒者の割合に変化が見られる。本邦の飲
酒実態の調査によれば、調査前 12 カ月以内で一度でも飲酒した人の割合は、2003 年には男性
全体で 83.6％、女性で 62.5％で、これ以降もほぼ同様の割合を示している。一方で、習慣飲

酒者（週に 3 回以上飲酒し、飲酒日 1 日当たり 1 合以上を飲酒する者）は、2003 年度では男性で 42.9%、女性で 9.3% であったが、2017 年には男性で 33.1%、女性で 8.3%（2017 年度国民健康・栄養調査）と、全年齢の習慣飲酒者は減少傾向にある。また、男女ともに若年層の習慣飲酒者の減少傾向が顕著である。

このように、飲酒者および習慣飲酒者の割合は減っているというデータが得られているが、飲酒量の分布に関しては、OECD によるアルコール有害使用対策プロジェクトの報告書で、日本では、もっとも飲酒が多い 20% の人々が全てのアルコール消費量の 70% 近くを消費しているといわれており、飲酒する人口は減ってきているものの、飲酒量の分布に偏りが存在することが示されている。

この飲酒量の分布の偏りに関しては、国民健康・栄養調査における生活習慣病のリスクを高める飲酒者（1 日当たりの純アルコール摂取量が男性 40g 以上、女性 20g 以上）の割合にも見ることができる。生活習慣病のリスクを高める量を飲酒している者の割合は、男性 15.0%、女性 8.7% である。2010 年からの推移でみると、男性では有意な増減はなく、女性では有意に増加している。年齢階級別にみると、その割合は男女とも 50 歳代が最も高く、男性 22.4%、女性 15.6% である。

従って、飲酒量および飲酒習慣自体は特に若年者で減少傾向にあるといえる一方で、生活習慣病のリスクを高める飲酒者の割合は、男性で同等かつ女性では増加傾向にある。つまり、「アルコールを飲む習慣がない」人は増しているが、「健康リスクを生じるほど飲酒量が多い」人は減っておらず、特に女性でその増加が懸念されるといえる。

これらの国内の現状をみれば、現代は 1 人当たりの飲酒量や飲酒習慣が減っているからアルコールの健康被害も軽減していくだろう、という見通しでは不十分であり、リスクのある飲酒をしている人のスクリーニングや介入は、わが国においてより積極的に行っていくべき課題である。

さて、健康リスクを生じる飲酒パターンを持つ者の増加が見込まれる中で、その影響によって生じ得る代償はどれほどのものであろうか。アルコール関連問題による損失の推計値をみると、医療費が 7,902 億円と推定されている。また、アルコールによって支払わなければならないコストの特徴として、社会的な要因が大きいことが挙げられる。同調査では、労働損失・雇用の損失に 2 兆 5,635 億円、自動車事故・犯罪に 2,210 億円、社会保障に 151 億円の損失が生じ得ることが示されており、アルコールによる損失の推計値は医療費・社会的損失を足し合わせると 3 兆円超にも上る。これは年間の酒税収入をはるかに上回る金額である。リスクの高いアルコール使用を減らすことは、アルコール関連問題によって生じる経済的損失を回避することにも繋がる。

2) アルコール代謝について

経口摂取されたアルコール（エタノール）は、空腹時では約 25% が胃から、約 75% は空腸から吸収され、門脈を経由して肝臓へ到達する。アルコールの約 90% は代謝され、2 ～ 10% が未変化体のまま尿や汗, 呼吸中に排泄される。肝臓に達したエタノールはアルコール脱水素

酵素（alcohol dehydrogenase：ADH）などにより、アセトアルデヒドに代謝される。この過程の化学反応によって肝細胞内の糖・脂質代謝が障害され、高血糖や低血糖、高尿酸血症、高トリグリセリド血症などの発症に関与する。さらに、活性酸素種の発生などにより酸化ストレスが増強し、DNA や細胞障害が生じ、肝障害が発症する。

アセトアルデヒドはアルデヒド脱水素酵素 2（aldehyde dehydrogenase 2：ALDH2）によって、より毒性の低い酢酸へと酸化される。ALDH2 には遺伝子多型が存在し、酵素活性がない遺伝子型を持つヒトはアセトアルデヒドの分解能が低下しているため、顔面紅潮や動悸などの反応（フラッシング）を呈する。アセトアルデヒドは反応性の高い化学物質で、DNA、たんぱく質、脂質などのあらゆる生体内物質に影響を及ぼし、発がんを促す。

アルコールの分解時間について述べる。一般的には 1 時間で分解できるアルコールの量は「体重× 0.1g 程度」とされているが、個人差が大きい。その理由として、アルコールは胃から小腸に入ると速やかに吸収され、そのため胃からの排出時間が速いと、アルコールが血液に入って血中アルコール濃度が高くなる。食事の有無やアルコールの種類と飲み方によって、胃からの排出時間が異なるため、血中アルコール濃度も異なってくる。また、アルコールは体内の水分のある所に拡散して分布する。女性は平均的な体重が軽いうえに体脂肪率が高く総水分量が少ないので、男性と同じ量のアルコールを摂取すれば血中アルコール濃度が高くなる。さらに、アルコール分解に関する遺伝子型の違いでも代謝速度の違いが生じるし、普段の飲酒習慣によってアルコール分解酵素の量も変化する。覚醒度の影響もあり、血中アルコール濃度の消失について睡眠時と覚醒時を比較すると、睡眠時で遅く、覚醒時でより速く分解が生じる。以上の背景を含め、アルコールの吸収や分解には多くの要因が関係しており、代謝速度の予測を一概に規定することは困難である。

3）　アルコールによる臓器障害

⑴　アルコールと発がん

アルコールは口腔、咽頭、食道、肝、女性の乳がん、結腸・大腸のがんの発症の要因とされている。飲酒による発がんにはエタノールやアセトアルデヒドの作用や、併存する喫煙や偏食（野菜摂取不足）などの因子が関与する。特にアルデヒド脱水素酵素（ALDH2）の酵素活性がない遺伝子型を持つヒトは少量飲酒でフラッシング反応を持つ。アルデヒド脱水素酵素（ALDH2）の酵素活性がない遺伝子型を持つ場合、飲酒と喫煙による食道がん、頭頸部がんのリスクを相乗的に上昇させ、多発重複がんのリスク因子になるとされている。

⑵　アルコールと肝疾患

慢性的な過剰飲酒により引き起こされる臓器障害で、最も高度なものが肝障害である。通常はエタノール 60g（日本酒換算 3 合）／日以上の飲酒を 5 年以上継続（常用飲酒家）することにより発症する。一方、女性や ALDH2 の酵素活性がない遺伝子型のタイプでは、エタノール 40g／日程度の飲酒でも肝障害を起こし得る。アルコール性肝障害の診断基準による病型は 5 つに分類される。それぞれの病型と臨床経過を**図表 3.66** に示す。前述のように、

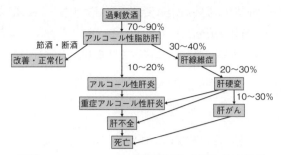

図表 3.66　アルコール性肝障害の病型と臨床経過

経口摂取されたアルコールの 90％は肝臓で代謝され、アルコール代謝の過程で糖・脂質代謝障害が引き起こされ、活性酸素類が肝障害、脂肪肝、肝線維症の原因となる。アルコール性脂肪肝は無症状で腹部超音波検査などを契機に発見され、1 カ月程度の禁酒が可能であれば軽快することが多い。アルコール性肝硬変は、慢性炎症に伴う肝細胞の減少と肝線維化の進展にとって、肝機能および肝予備能が低下する。たんぱく質・アミノ酸、糖質、脂質、ビリルビン、アンモニアなどの合成・代謝・解毒能が低下し、様々な栄養・代謝障害を高頻度に合併する。典型的な所見として、黄疸、浮腫、胸腹水、出血傾向（消化管出血）など多彩な病態が出現する。

(3)　アルコールと膵疾患

　　アルコールは急性膵炎・慢性膵炎の主たる原因である。急性膵炎は、膵臓内で消化酵素が活性化され、膵の自己消化が生じる。重症例では他の隣接する臓器などにも炎症が波及し、呼吸不全や循環不全など重篤な状態を呈することがある。慢性膵炎は、膵臓の病的線維化症候群であり、膵臓の内部に不規則な線維化などの慢性変化が生じ、腹痛や背部痛、また膵内分泌機能の低下により糖尿病の要因ともなる。急性膵炎・慢性膵炎の発症リスクは飲酒量に依存し、エタノール 48g/ 日以上の飲酒で急性膵炎の発症リスクが2.5 倍になる。

(4)　アルコールと循環器疾患

　　多量の飲酒は高血圧や心房細動などの不整脈を引き起こす。アルコールの単回摂取は数時間持続する血圧低下につながるが、長期に続けると血圧は上昇に転じる。一方、飲酒量を80％ほど減らすと 1 〜 2 週間のうちに降圧を認める。大量飲酒者においては節酒により一過性の血圧上昇をきたすことがあるが、節酒を継続すれば降圧が得られる。高血圧症患者の生活習慣の修正項目としてアルコール摂取制限が加えられている。またアルコール消費量の増加とともに心房細動のリスクが増し、エタノール摂取量が 10g/ 日増えるごとに心房細動新規発症リスクが5％上昇すると報告されている。

(5)　アルコールと糖・脂質代謝異常

　　長期的な飲酒は糖尿病の発症因子であり増悪因子である。大量の飲酒は糖・脂質代謝に影

響を及ぼし、アルコール摂取に伴い血糖は変動する。アルコールには食欲を亢進させる作用があり、またアルコール自体7.1kcal/gのエネルギー源になることもあわせて、長期継続により肥満が助長される。アルコール代謝に伴って肝細胞内の脂質の蓄積が誘導され、脂肪肝が発生する。

(6)　アルコールと認知症

　　アルコールによる中枢神経への影響は、慢性的には脳神経および脳血管障害を引き起こし、将来の認知症発症の素地となる。健常高齢者の習慣飲酒は脳血管障害のリスク因子である。65才以上の健常人を対象にした住民検診で、症状のない脳梗塞の頻度は約25％に見られ、年齢、高血圧、喫煙、男性と並んで習慣飲酒が関連因子に含まれる。また、脳画像上、生涯のアルコール飲酒量が多いほど脳の萎縮が見られており、飲酒による脳のダメージによって認知機能への影響が生じる。

4)　その他のアルコールの影響

(1)　急性アルコール中毒

　　アルコールの血中濃度の安全域は狭く、飲めば何らかの中枢神経への影響が生じる。心地よい“酔い”を感じる血中アルコール濃度は0.01〜0.1％程度、ビール350mLの飲酒で十分に達するが、すでに注意力低下が認められる。血中濃度0.1％〜0.2％では“深酔い”となる。ろれつが回らず、思考や発言にまとまりがなくなる。運動および感覚神経の鈍麻、自律神経系の不調和から、注意力や判断力のさらなる低下、性格変化、意識レベルの変容まで様々な兆候が現れる。そして0.2％以上では“泥酔”、アルコールの中毒域に入る。意識障害が生じ、嘔吐する。アルコールの血中濃度が0.3％以上になると昏睡を来たし、睡眠中枢障害により自発呼吸の停止、そして時には死に至ることがある。

(2)　アルコールの胎児への影響

　　妊娠中のアルコール使用による胎児への悪影響を胎児性アルコール・スペクトラム障害（FASD：Fetal Alcohol Spectrum Disorder）と総称し、先天異常（特異的顔貌、多動や学習障害）と妊娠経過の異常（胎児発育不全）の双方を含む。FASDが発症する飲酒量は分かっておらず、妊娠中の少量の飲酒でも引き起こされる可能性がある。また妊娠初期に発症しやすいといわれているが、妊娠中期・後期にも発症の可能性があり、妊娠中の全期間に発症の可能性があると考えられている。遺伝しない発達の遅れの最多の原因といわれ、唯一の対策は妊娠中に飲酒をしないことである。

(3)　異常酩酊

　　酩酊のパターンを記述したBinderの分類によれば、酩酊は単純酩酊と異常酩酊に分類される。単純酩酊は「(1)急性アルコール中毒」で記載した血中アルコール濃度上昇に伴った酔い方をたどるが、異常酩酊では独特の酩酊のパターンとなり得る。異常酩酊はさらに複雑酩

酊と病的酩酊に分けられる。複雑酩酊は、飲酒によって気分が刺激され、著しい興奮、爆発的・暴力的な行動に出ることがあり、犯罪や突発的な自殺につながる。病的酩酊では「追いかけられる」「襲われる」など、幻覚や妄想に基づいた危険行動に出ることがある。これらの異常酩酊は、飲酒によって繰り返し生じ、事件・事故につながりやすい。

⑷　アルコールのメンタル・睡眠への影響

　深酒の翌日に、意欲低下や軽い悲哀、易刺激性などの「抑うつ症状」を経験したことがある人は少なくないと思われる。数日間にわたってアルコール摂取を繰り返すことでうつ病に似た状態が作られることがあり、これがアルコールの直接的な薬理作用による抑うつ症状で、飲酒を止めることで抑うつは速やかに改善する。また大量飲酒は希死念慮を強めることが指摘されている。これを実験的に実証した研究では、10 名の健常者を対象に、2 時間ごとに飲酒を行う実験を連日続けた結果、全員が抑うつ症状を認め、4 名が最初の 1 週間で希死念慮を認めたため実験が中止になり、飲酒の中止とともに抑うつ症状は改善した。

　日本では、他国と比較して不眠の解消としてアルコールを利用する割合が高いことが指摘されている。アルコールは鎮静作用があるが、アルコールの代謝産物であるアセトアルデヒドが覚醒作用を持ち、深睡眠を減らす。またアルコールの利尿作用が睡眠の妨げとなる。さらに、うつ病を持つ人々がアルコールを使用すると中枢神経に対する抑制作用により抑うつ症状や不眠が悪化し、その悪化を緩和させるためにさらに酒量が増すといった悪循環に陥ることがある。不眠を飲酒で解消することの不利益、またうつ症状を有する人々が飲酒によって緩和させることが逆効果であることについて正しい理解が重要である。

5）　賢く飲酒と付き合うためのコツ

⑴　適度なお酒との付き合い方とは

　「適切な飲酒習慣」は存在するかどうか。この点については、少量の飲酒習慣がある者の方が死亡率が低下するという "J カーブ" の議論があり、J カーブが存在するかどうかは検証が続いている。一方、2018 年に科学雑誌「Lancet」に掲載された世界 195 の国や地域の飲酒に関するデータと、592 のアルコールによる健康被害データのリスクを解析した研究によれば、飲酒による健康被害を最小化できる飲酒量はゼロであるという結論が導かれている。従って、全く飲酒をしない習慣が最も健康的であるという可能性が大規模なデータ解析で示されているが、いずれにしても飲酒量が一定以上を超えればその量に応じて死亡率が上がることは共通して指摘されているところである。

　特に若年者での飲酒習慣を持つ人々が少なくなっていることは先に述べたところであるが、飲酒をしない価値観が世界で広がりを見せていることも事実である。海外では「Sober Curious（ソーバーキュアリアス）」という表現があり、健康の観点から敢えて「飲酒しない」ライフスタイル選択をしている人々を指す。日本でも健康志向の高まりから敢えて飲まない選択をする人々は増加していくであろうし、健康の観点からも勧められる。

　飲酒習慣のある人々の飲酒量の指標については、健康日本 21（第二次）にて「生活習慣

病のリスクを高める量の飲酒」として、1日当たりの純アルコール摂取量が男性40g以上、女性20g以上と示されている。一方で先に述べたように、がん・高血圧・脳出血・脂質異常症などの飲酒に関連する多くの健康問題の発生の危険性は1日平均飲酒量とともに直線的に増加することがわかっており、生活習慣病を防ぐためには飲酒量は少なければ少ないほど良いことになる。

　休肝日に関する日本の調査について述べると、日本の地方各地域に居住する40～69歳の男性約4万2,000人を対象としたコホート研究では、1週間あたり300g以上飲酒する男性多量飲酒者では、休肝日が週に3日以上あるグループよりも、休肝日が週2日以下のグループで総死亡率が高かったとの報告がある。従って、多量飲酒者では週に3日以上の休肝日と死亡率低下の関連が示唆されている。

(2)　脱飲酒習慣への支援

　生活習慣の行動変容を目指す短時間の行動カウンセリングにブリーフインターベンション（Brief Intervention）がある。ブリーフインターベンションは、飲酒を1つの生活習慣（習慣的行動）とみなし、その行動変容を目指した対個人の短時間の行動カウンセリングである。通常は1つのセッションが10～30分程度の時間で、2～4回の複数回のセッションで行動カウンセリングを行う。カウンセリングでは「健康」を主なテーマとして、飲酒量低減の具体的目標を自ら設定する。カウンセラーは依存症や嗜癖の専門家である必要はなく、ヘルスケアの従事者によって行われる。また依存症でないクライアントを対象としている。介入のキーワードは「共感する（empathy）」「励ます、元気づける（empowerment）」「誉める、労う（compliment）」とされ、飲酒問題を直面化せず、クライアントの抵抗を比較的少なくしながらカウンセリングを進めることができる。

　ブリーフインターベンションの3つの構成要素は「Feedback（フィードバック）」「Advice（アドバイス）」「Goal Setting（ゴールセッティング）」である。
・Feedback（フィードバック）：スクリーニングテストなどによって対象者の飲酒問題及びその程度を客観的に評価し、このまま飲酒を続けた場合にもたらされる将来の危険や害について情報提供を行うことを指す。
・Advice（アドバイス）：飲酒を減らす（節酒）、あるいは止めれば（断酒）どのようなことを回避できるか、そのために必要な具体的な対処法についての助言やヒントを与えることである。
・Goal Setting（ゴールセッティング）：目標設定はクライアントが7～8割の力で達成できそうな具体的な飲酒量低減目標を自ら設定してもらうことである。

　このように、ブリーフインターベンションとは、指示的・指導的な保健指導とは異なり、クライアントの自己決定を重視し、カウンセラーはそれに寄り添ってエンパワーし、サポートするという患者中心の行動カウンセリングを指す。

　日本のブリーフインターベンションのパッケージとして、「保健指導におけるアルコール使用障害スクリーニング（AUDIT）とその評価結果に基づく減酒支援（ブリーフインター

ベンション）の手引き」、国立病院機構肥前精神医療センターで開発された「HAPPY プログラム」、日本での標準的な減酒支援プログラムとして開発された「ABCD プログラム」が存在し、各資料は Web にてダウンロード可能な資材もある。

　以下にブリーフインターベンションを含めた減酒支援の概要を述べる。上記の各資料でそれぞれが特色を有しているため、実際の活用については各資料を参照してほしい。

(ア)　純アルコール量の計算

　　本人の最もよくしている飲酒パターンについて聞く。その飲酒パターンより、アルコール飲料の容量（mL）×濃度（%）× 0.8（比重）を計算すると、純アルコール量（g）が分かる。例えばビール 500mL（5%）であれば、500（mL）× 0.05（%濃度）× 0.8（比重）＝ 20g、アルコール濃度の高い酎ハイ 500mL（9%）は、500（mL）× 0.09（%濃度）× 0.8（比重）＝ 36g、となる。受診者が作成したカレンダーを見ながら、時々大量飲酒をする飲酒パターンでは、大量飲酒時の純アルコール量も算出する。このようにして、アルコール摂取量を定量化する。

(イ)　スクリーニングテスト

　　アルコール問題のスクリーニングテストは AUDIT（**図表 3.67**）が代表的である。AUDIT は 10 問の質問項目からなるスクリーニングテストである。活用される場面でカットオフポイントに多少の差はあるが、AUDIT40 点満点のうち、0 ～ 9 点が問題飲酒なし、10 ～ 19 点が問題飲酒の疑い、20 点以上がアルコール依存症の疑いと判定される。10 ～ 19 点の問題飲酒が疑われるものは飲酒量を減らした方が良く、短時間の指導で減酒が可能と考えられている。さらに、AUDIT19 点以下の者は依存症診療専門家のケアよりもプライマリケア医の方が飲酒量低減効果に優れていたとの報告がある。逆に AUDIT20 点以上またはうつ病の重症度が高い患者は専門家のケアの方が優れていたとあり、スクリーニングテストの高得点者は専門家への紹介を考慮する。診察の待ち時間に AUDIT を自記式で記入してもらうか、時間が許せば受診者に質問項目を直接聞きながらスコアリングを行ってもよい。時間がない時は AUDIT の最初の 3 問（AUDIT-C）をきくのみでもよい。3 問の質問項目での評価は AUDIT-C と呼ばれ、男性 5 点以上、女性 4 点以上で危険な飲酒と判定され、減酒支援の対象となる。

(ウ)　目標設定

　　スクリーニングの結果の評価を受診者に伝える。AUDIT10 ～ 19 点の者は減酒支援の対象となるため、次に飲酒習慣の目標設定を共有する。AUDIT の上記点数の範囲内で飲酒習慣が現在ある者に対しては飲酒量低減を促すことが適度であると思われるが、自ら断酒したいと希望する、あるいは飲酒習慣は変えたくないがトラブルを減らしたい、など様々なニーズが表明され得る。

　　減酒指導の要素として、本人のニーズに合わせたアドバイスを支持する、という姿勢が重要である。治療者の「患者を正したい願望」はなるべく抑え、受診者の要望に寄り添う形が良好な治療関係を築くことに働く。受診者本人が表明した目標、例えば 1 回あたりに飲む量を減らしたい、イベント時の飲酒量のみ減らしたい、休肝日を作りたい、特定の

AUDIT アルコール使用障害スクリーニングテスト

1．あなたはアルコール含有飲料をどのくらいの頻度で飲みますか？
　0．飲まない　　1．1ヶ月に1度以下　　2．1ヶ月に2〜4度　　3．1週に2〜3度　　4．1週に4度以上

2．飲酒するときには通常どのくらいの量を飲みますか？（ビール500ml、日本酒1合が2ドリンク）
　※ドリンクについては下記参照。
　0．0〜2ドリンク　　1．3〜4ドリンク　　2．5〜6ドリンク　　3．7〜9ドリンク　　4．10ドリンク以上

3．1度に6ドリンク以上飲酒することがどのくらいの頻度でありますか？
　0．ない　　1．1ヶ月に一度未満　　2．1ヶ月に一度　　3．1週に一度　　4．毎日あるいはほとんど毎日

4．過去1年間に、飲み始めると止められなかった事がどのくらいの頻度でありますか？
　0．ない　　1．1ヶ月に一度未満　　2．1ヶ月に一度　　3．1週に一度　　4．毎日あるいはほとんど毎日

5．過去1年間に、普通だと行えることを飲酒していたためにできなかったことがどのくらいの頻度でありましたか？
　0．ない　　1．1ヶ月に一度未満　　2．1ヶ月に一度　　3．1週に一度　　4．毎日あるいはほとんど毎日

6．過去1年間に、深酒の後体調を整える為に、朝迎え酒をせねばならなかったことが、どのくらいの
　頻度でありましたか？
　0．ない　　1．1ヶ月に一度未満　　2．1ヶ月に一度　　3．1週に一度　　4．毎日あるいはほとんど毎日

7．過去1年間に、飲酒後罪悪感や自責の念にかられたことが、どのくらいの頻度でありましたか？
　0．ない　　1．1ヶ月に一度未満　　2．1ヶ月に一度　　3．1週に一度　　4．毎日あるいはほとんど毎日

8．過去1年間に、飲酒のため前夜の出来事を思い出せなかったことが、どのくらいの頻度でありましたか？
　0．ない　　1．1ヶ月に一度未満　　2．1ヶ月に一度　　3．1週に一度　　4．毎日あるいはほとんど毎日

9．あなたの飲酒のために、あなた自身か他の誰かが怪我をしたことがありますか？
　0．ない　　2．あるが、過去1年にはなし　　4．過去1年間にあり

10．肉親や親戚、友人、医師、あるいは他の健康管理にたずさわる人が、あなたの飲酒について心配したり、飲酒量
　を減らすように勧めたりしたことがありますか？
　0．ない　　2．あるが、過去1年にはなし　　4．過去1年間にあり

 点

0〜9点：問題飲酒なし
10〜19点：問題飲酒の疑い
20〜：依存症の疑い

※参考
1ドリンク＝10gの純アルコール量に相当します。

＜2ドリンクに相当するアルコール飲料＞
ビール（5%）500ml　日本酒（15%）1合
ウイスキー（40%）60ml　焼酎（25%）100ml
ワイン（12%）200ml

または、容量（ml）×アルコール濃度（%）×
0.8（比重）×0.1＝ドリンク

※1、2、3の3問で
男性5点以上、女性4点以上で
危険な飲酒と判定します。
この評価法はAUDIT−Cと呼ばれます。

図表3.67　アルコール使用障害スクリーニングテスト「AUDIT」

```
（　）お酒の量をいつから減らすかを決める。
　　　→　　　月　　日から始める。
（　）飲む酒の種類を変える。
（　）飲む時だけお酒を買う。買い置きしない。
（　）飲酒のスピードをできるだけ遅くする。
（　）1口飲んだら、コップを必ずテーブルに置く。
（　）朝起きてからすぐ飲むことをやめる。
（　）記憶がなくなる飲み方をしない。
（　）飲む前に食べておく。水分をとっておく。
（　）飲むお酒を薄くする。
（　）ノンアルコールを飲む。
（　）自動車の運転や運動など飲んだらできないことをする。
（　）お酒を飲み過ぎてしまう相手と場所を避ける。
（　）周りの人にお酒をコントロールすることを宣言する。
（　）一緒にお酒を減らす仲間を見つける。
（　）大量飲酒は健康を害することを思い出す。
（　）飲酒について家族が心配していることを思い出す。
（　）酒席に出た時、二次会は避ける。
（　）睡眠をしっかりとる。
（　）飲酒中に、飲んだ酒量を思い出し、チェックする。
（　）たくさん飲んだ場合そのことを周囲の人に正直に話す。
```

図表 3.68　減酒のアイデア集

曜日は飲酒しないようにしたい、など様々な飲酒パターンの変化を認め、協力する姿勢を示す。減酒指導の場面においては、現在の飲酒パターンから飲酒量の低減が行われれば、対象者の QOL の上昇が期待されるということを意識しておく。

　飲酒による問題行動が大きい場合や、AUDIT 高得点者は専門医療機関への紹介を考慮する。

㈧　減酒手段のチョイス

　飲酒習慣を変えるためにどのような行動がとれるか、「飲酒する前に食事をとる」「度数の低い飲料を選ぶ」など、飲酒量を減らすアイデアを提示しながら受診者本人が選択しやすい手段を選んでもらう。減酒の具体的なアイデアについては、先に述べた各資料や**図表3.68** を参考にしてほしい。

㈤　飲酒記録（レコーディング）

　目標とする飲酒習慣、行動プランがイメージできたら、飲酒の記録をつけることを勧める。飲酒日記やレコーディングアプリなどがある。以上が初回カウンセリングのステップである。

　2 回目以降のカウンセリングでは日記の記載があれば、記載したことを充分に労う。記載してない場合もそれを責めることはせず、可能であれば取り組んでみるように促す。飲酒習慣の良好な変化があれば、習慣を変えてみて良かったことを聞き、継続あるいはさらなる飲酒量の低減を強化する。減酒がうまくいかなかった場合は、目標の再設定あるいは飲酒の制御困難の傾向が強いものには断酒を度々勧めてみる、あるいは専門医療機関への紹介を試みる。

　以上のようなブリーフインターベンションの方法に基づいた介入は、個人また社内研修など集団場面での活用もされ、飲酒習慣の改善効果が示されている。

6)　職場とアルコール

(1)　アルコール問題と職場との関連

　職域における飲酒は、飲酒の促進要因として①歓送迎会、接待、式典などのイベント、②コミュニケーションを円滑にする手段としての利用、③ストレス発散の手段、④労働者向け酒屋などの飲酒環境が豊富にあること、⑤お酒に強いことが暗に賞賛される風土、などが挙げられる。一方でアルコール問題には、精神的健康問題、身体的健康問題、飲酒によって引き起こされる暴力など、様々な生活上の問題が含まれる。労働者においては、生活時間の多くを職場で過ごしていることから仕事上の支障や困難として事例化しやすい。職場にとっても、アルコール問題はアブセンティーイズム（absenteeism）、プレゼンティーイズム（presenteeism）、事故などにつながる事項が多く、リスク管理や生産性の維持の面からも注目される。具体的な問題として、健康障害による休業は頻回欠勤、ハラスメント、生産性の低下、モラルの低下などが指摘され、さらに海外では労災事故との関連についての報告も多い。労災事故などを抑止する点からも不適切な飲酒の未然防止対策は試みられるべきである。対策の手段として、企業では健康診断や保健指導など調査・介入の機会も多く、社内教育など教育の場も設定しやすく、必要に応じて社内ルール化など、個人のみならず組織（集団）に介入できる利点がある。

(2)　職場でどのようにアルコール問題を拾い上げるか

　職域では健康診断の受診義務があり、法定項目に AST・ALT・γ GTP など肝機能や血圧、血糖値、尿酸値など飲酒に関わる項目もあり、何らかの所見があった場合に問題飲酒者にアプローチできる機会がある。また多くの企業では喫煙や飲酒量などの生活習慣を聴取する問診票を取り入れており、あわせて生活習慣の指導がしやすい環境にある。アルコール問題に関心の高い企業では、この機会を取り入れて飲酒問題のスクリーニングテスト（AUDIT）を実施する企業もあり、積極的な飲酒問題の介入を行っている。さらに、アルコールの社会的問題対策として、飲酒量や時間を制限して翌日の飲酒運転の防止やハラスメントの防止、翌日のパフォーマンス低下を予防する指導をするところもある。

　2015 年 12 月 1 日より、常時 50 人以上の労働者を使用する全ての事業所内において「ストレスチェック制度」を実施することが義務付けられ、「高ストレス者」に対しては医師による面接指導を実施することが義務付けられている。この高ストレス者に対する医師による面接指導の機会に、アルコール問題の有無を評価することも可能となり得る。

　以上より、職域では①健康診断の事後措置・保健指導、②社内教育として、③ストレスチェックの場、などの介入の機会が考慮され得る。

(3)　飲酒運転について

　飲酒量と血中アルコール濃度（Blood Alcohol Concentration：以下 BAC と略）の関係を図表 3.69 に示す。運転動作への影響は、表のうち最も酔いの程度が軽い区分の血中アルコール濃度 0.02％から出現すると言われている。低い BAC でも運転機能に影響が出る背景

酔いの区分	血中アルコール濃度	飲酒量	酔い方
爽快期	0.02%—0.04%	ビール中ビン〜1本 日本酒〜1合	陽気になる 判断力が少しにぶる
ほろ酔い期	0.05%—0.10%	ビール1〜2本 日本酒1〜2合	ほろ酔い気分 手の動きが活発になる
酩酊初期	0.11%—0.15%	ビール3本 日本酒3合	気が大きくなる 立てばふらつく
酩酊極期	0.16%—0.30%	ビール4〜6本 日本酒4〜6合	何度も同じことを喋る 千鳥足になる
泥酔期	0.31%—0.40%	ビール7〜10本 日本酒7〜10合	意識がはっきりしない 立てない
昏睡期	0.41%—	ビール10本超 日本酒1升超	揺り起こしても起きない 呼吸抑制→死亡

(資料：樋口進編『アルコール保健指導マニュアル』2003)

図表 3.69　飲酒量・血中アルコール濃度（BAC）と酔いの程度

として、実際の運転にあたっては、同時に複数の事柄に注意を払わなければならないことが多い。複数の対象に同時に向ける注意は分割的注意と呼ばれ、この機能は BAC0.02％未満から障害されると報告されている。また運転中は脳内での速やかな情報処理が求められ、この情報処理にスピードが求められた場合には BAC0.02％未満で障害される。**図表 3.69** にもある通り、BAC0.02％は、350mL（5％）のアルコール飲料で達し得る血中濃度であり、少量の飲酒から運転能力に支障を生じることは知っておく必要がある。

　また BAC が同じであれば、大量に飲酒する習慣がある人と、ほとんど飲酒しない人で運転への影響に差がないともいわれており、普段の飲酒パターンはアルコール下での運転への影響に関係しない。「普段からお酒を飲んでいるから、飲んでもいつも通りに運転できる」は誤りである。

　アルコールが血中から分解されるまでどれくらいの時間がかかり得るかの知識については、実際の分解時間と飲酒者の時間予測は乖離していることがある。先に述べたように、アルコールの分解には個人差があるが、1時間に分解するアルコール量を 4g と仮定した場合、25％焼酎を3合飲酒すると含まれるアルコール量は 540（mL）× 0.25 × 0.8 = 108g で、これにかかる分解時間は 108 ÷ 4 = 27 時間を要することになる。前日の大量飲酒が翌日にかけて体内に残り得る可能性があることを、具体的な数字を示しながら理解を促すことも重要であろう。

　飲酒運転下での交通事故は個人にとって、また労働者個人を雇用する企業にとっても大きなリスクである。血中アルコール濃度・年齢別の死亡事故リスクのグラフ（**図表 3.70**）をみれば、若年でかつアルコール血中濃度が高いほど死亡事故を起こすリスクが高いことが示されている。

　運転が業務に含まれる職種の場合は特に、飲酒運転に関するこれらのような客観的なデータを示した教育や研修が重要である。多量飲酒者や営業などで飲酒機会の多い従業員は飲酒運転のリスクが高いので、健診時や研修の機会に先ほど挙げた AUDIT などを用いてスク

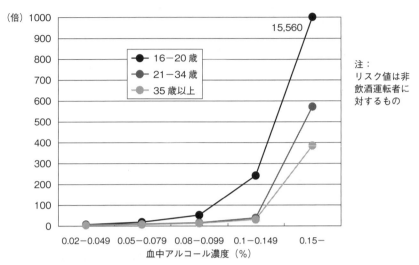

（資料：P L Zador, et al. : Alcohol-related relative risk of driver fatalities and driver involvement in fatal crashes in relation to driver age and gender: an update using 1996 data. *J Stud Alcohol* 2000）

図表 3.70　飲酒量・血中アルコール濃度（BAC）と死亡事故リスク

リーニングが行えるとよい。また就業前のアルコールチェッカーはガスセンサー式と燃料電池式があり、ガスセンサー式は購入価格が安いが誤作動が多く信頼性が低いと言われている。出勤時に臭いがする人、勤務中に酒の臭いがする人にチェッカーのデータは客観的であり、指摘時に有効である。

　飲酒運転は上司の管理責任も問われる。職域全体への教育・啓発は充分に行われているとは言えず、注意喚起のための研修等の充実は今後の重要な課題である。

【参考文献】

・WHO：*Global status report on alcohol and health 2014.*
・樋口進、他「アルコール関連問題を取り巻く世界の潮流と日本の動き」『医学のあゆみ』254（10）、医歯薬出版、2015、869-874.
・WHO：*Global status report on alcohol and health 2018.*
・国税庁『酒レポート 平成 31 年 3 月』https://www.nta.go.jp/taxes/sake/shiori-gaikyo/shiori/2019/pdf/000.pdf.
・Yoneatsu O, et al. : Prevalence and Trends in Alcohol Dependence and Alcohol Use Disorders in Japanese Adults; Results from Periodical Nationwide Surveys. *Alcohol Alcohol.* 51（4）, 2016 Jul, 465-73.
・OECD『Tacking Harmful Alcohol Use Economics and Public Health Policy. カントリー・ノート：日本』2015.
・尾崎米厚、他「アルコール関連問題による社会的損失の推計」『日本アルコール・薬物医学会誌』2017.
・Lieber CS：Metabolism of alcohol. *Clin Liver Dis.* 9, 2005, 1-35.
・Forsander OA, et al. : Metabolites produced in the liver during alcohol oxidation. *J Biol Chem.* 235, 1960, 34-6.
・Zakhari S et al. : Determinants of alcohol use and abuse: Impact of quantity and frequency patterns on liver disease. *Hepatology.* 46, 2007, 2032-9.
・Zakhari S：Overview: how is alcohol metabolized by the body? *Alcohol Res Health.* 29, 2006 245-54.
・International Agency for Research of Cancer. : *IARC Monographs on the Evaluation of Carcinogenic Risks to Humans,* Vol 44. IARC, 1988.
・鈴木達也、他「アルコールと身体疾患―総論」『別冊医学のあゆみ』医歯薬出版、2021、46-51.
・アルコール医学生物学研究会編『アルコール性肝障害診断基準 2011 年版』響文社、2012.
・福井次矢、他編『今日の治療指針 2021』Vol 63、医学書院、2021.
・急性膵炎診療ガイドライン 2015 改訂出版委員会編『急性膵炎診療ガイドライン 2015』第 4 版、金原出版、2015.
・日本高血圧学会『高血圧治療ガイドライン 2019』ライフサイエンス出版、2019.
・日本循環器学会『2020 年改訂版 不整脈薬物治療ガイドライン』2020.
・Schwarzinger M et al. : Contribution of alcohol use disorders to the burden of dementia in France 2008-13: a nation-

wide retrospective cohort study. *Lancet Public Health*, 3（3）2018, e124-e32.

・Matsui T et al.：Elevated plasma homocysteine levels and risk of silent brain infarction in elderly people. *Stroke.* 32（5）, 2001, 1116-9.

・Taki Y et al.：Both global gray matter volume and regional gray matter volume negatively correlate with lifetime alcohol intake in non-alcohol-dependent Japanese men: a volumetric analysis and a voxel-based morphometry. *Alcohol Clin Exp Res.* 30（6）, 2006, 1045-50.

・Marx JA：*Rosen's emergency medicine: concepts and clinical practice.* 5th ed. Mosby, Inc. 2002.

・Williams JF, et al.：Fetal Alcohol Spectrum Disorders. *Pediatrics.* 136, 2015, e1395-e1406.

・Birnbaum, I.M. et al.：Alcohol and sober mood state in female social drinkers: Alcohol. *Clin. Exp. Res.* 7, 1983, 362-368.

・中野和歌子、他「アルコール使用障害における抑うつ状態」『臨床精神薬理』15、星和書店、2012、1125—1133.

・GBD 2016 Alcohol Collaborators.：Alcohol use and burden for 195 countries and territories, 1990-2016: a systematic analysis for the Global Burden of Disease Study 2016. *The Lancet.* 392, 2018, 1015-1035.

・Tomomi M et al.：Patterns of alcohol drinking and all-cause mortality: results from a large-scale population-based cohort study in Japan. *Am J Epidemiology.* 65（9）, 2007, 1039-1046.

・Bien, T et al.：Brief interventions for alcohol problems: a review. *Addiction*, 88（3）, 1993, 315-335.

・Anderson P, et al.：*Alcohol and primary health care: clinical guidelines on identification and brief interventions.* Department of health of the government of Catalonia, Barcelona. 2005.

・AMED 委託研究開発「アルコール依存症予防のための簡易介入プログラム開発と効果評価に関する研究（2017 年度〜 2019 年度）」研究開発代表者：杠岳文.

・Wallhed Finn S, et al.：Treatment for alcohol dependence in primary care compared to outpatient specialist treatment. A randomized controlled trial. *Alcohol Alcohol*, 53（4）, 2018, 376-385.

・樋口進、他編集『職場×依存症・アディクション』南山堂、東京、2019.

・Webb GR, et al.：The relationships between high-risk and problem drinking and occurrence of work injuries and related absences. *J Stud Alcohol.* 55（4）, 1994, 434-446.

・E.J.D. Ogden, et al.：Effects of alcohol and other drugs on driving performance. *Traffic Inj Prev.* 5, 2004, 185-198.

・S.Jongun, et al.：The sensitivity of laboratory tests assessing driving related skills to dose-related impairment of alcohol: A literature review. *Accid Anal Prev.* 89, 2016, 31-48.

職場における
メンタルヘルスケア

第4章
働く人のストレスとメンタルヘルス

1　事業場で必要なメンタルヘルス対策とその基礎的事項

1)　職場および労働者のメンタルヘルスの現状

　職場およびそこで働く労働者のメンタルヘルスについては、厚生労働省（以下「厚労省」）などによる公的資料からその概況を知ることができる。2020年労働安全衛生調査の結果によると、職業生活に関して強い不安やストレスとなっていると感じる事柄を自覚している労働者の割合は54.2％であり（**図表4.1**）、50～60％程度で推移している（以前は、「労働者健康状況調査」として調査していた）。

　厚労省の患者調査では、気分障害圏の推計患者数が、2017年には約127万6,000人と、以前に比べて非常に高値となっている。年齢層別の分布には性差があり、男性では就労年齢に多くみられる。労働者が当該年齢層の数値を押し上げていることによると推測される。

　自殺については、急増した1998年から2011年まで続いていた年間3万人超（警察庁の調査による）の高値が、2012年以降減少に転じ、2016年以降は2万～2万1,000人台である。

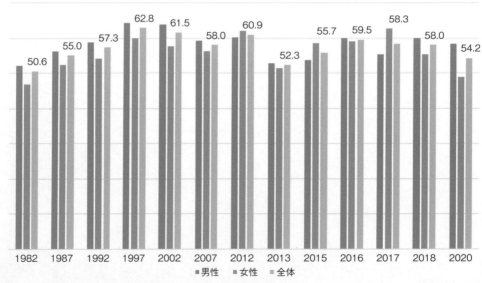

図表4.1　仕事や職業生活に関することで、強い不安やストレスとなっていると感じる事柄がある労働者の割合

図表 4.2　被雇用者・勤め人の年間自殺者数の推移

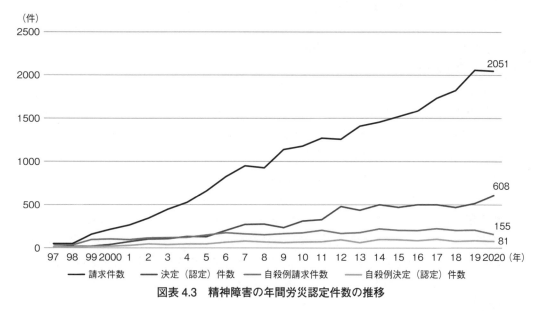

図表 4.3　精神障害の年間労災認定件数の推移

労働者（被雇用者・勤め人）に限ってみると、6,200 〜 6,700 人台となっている（**図表 4.2**）。原因別内訳では、健康問題が最多であり、その中にはうつ病が多く含まれる。20 歳代から 50歳代にかけての勤労年代では、勤務問題もそれぞれ 400 例以上みられている（自殺については後述する）。

　また、精神障害の労災認定件数は、増加傾向を続けている。2020 年度は 608 件で、うち自殺例は 81 件であった（**図表 4.3**）。この動向には、労災認定基準も影響を及ぼしていると考えられる。

　このような状況から、メンタルヘルス対策は産業保健上の最重要課題のひとつとなっている。また、2020 年から続いたコロナ禍によってテレワークの導入が急激に進み、労働環境や労働者の仕事の仕方、生活習慣などが変化した。そのメンタルヘルス面への影響についても、報告がみられるようになっている（**図表 4.4**）。産業保健活動についても、直接対面での関わりが困難になり、新たな相談者が減少している、問題の早期把握やタイムリーな対応が困難に

- 生活習慣（睡眠、飲酒など）が乱れた
- 仕事のメリハリをつけにくく、気分転換が困難になった
- 業務の遂行においてちょっとした相談がしづらくなった
- 業務の遂行において必要な資料の入手がしにくくなった
- 望ましい執務環境の確保ができない
- 他部署との円滑な連携が困難になった
- 非公式なコミュニケーションがとりづらくなった
- （管理者として）部下の健康状態の把握が難しくなった
- （管理者として）部下の仕事ぶり（詳細な業務の進捗管理）がしづらくなった
- 労働時間管理があいまいになった
- 周囲からの情緒的なサポートが低下した

図表4.4　急速なテレワークの導入による労働者のメンタルヘルスへの影響例（望ましくない事柄）

なっているといった問題が生じている。

2)　職場のストレスとストレス関連疾患

(1)　ストレスと健康障害

(ア)　ストレスの定義

　　労働者に限らず、誰もが日々ストレスを抱えて毎日の生活を送っている。このストレスという用語は、ストレス科学関連の学術領域では、外部からの侵襲（刺激）による負担、特に心理的な負担を指すのが一般的である。その外部からの刺激をストレス要因（ストレッサー）、ストレス要因によって引き起こされる不安、怒り、抑うつなどの心理的反応、倦怠感、不眠などの身体的反応および喫煙や飲酒量の増加、身だしなみの悪化などの行動変化をストレス反応という。ストレスが高い（強い）とは、強いあるいは数多くのストレス要因によって、大きい影響を受けている状態を指し、通常はストレス反応も強くなっている。ただし、日常的には、ストレス要因、ストレス反応あるいは両者をあわせたものをストレスと称する場合もあるため、文脈によりその意味するところを解釈することが求められる。

(イ)　ストレスによる健康障害のメカニズム（**図表4.5**）

　　ストレス要因に直面すると、脳内のノルアドレナリン、ドーパミン、セロトニンなどの神経伝達物質が変化し、抑うつ、不安、怒りなどの気分・感情が引き起こされる。不安障害やうつ病などの多くの精神障害の発症には、これらの神経伝達物質の多寡や伝達の異常が関与していることが知られている。

　　ストレス要因は、生存のために重要な体内の3つの系、すなわち内分泌系、自律神経系および免疫系に影響を及ぼす。

　　内分泌系では、視床下部の神経細胞が活性化され、脳下垂体を介して、副腎系を刺激するホルモン類が産生されて最終的に血液中のコルチゾール、アドレナリン、ノルアドレナリンなどが増加する。コルチゾールは、糖の新生の促進、免疫反応の抑制、胃酸分泌促進作用があるため、糖尿病の発生を助長し、感染抵抗性を低下させ、胃・十二指腸の粘膜に悪影響を与える。アドレナリン、ノルアドレナリンは、血圧の上昇、心拍数の増加、血液

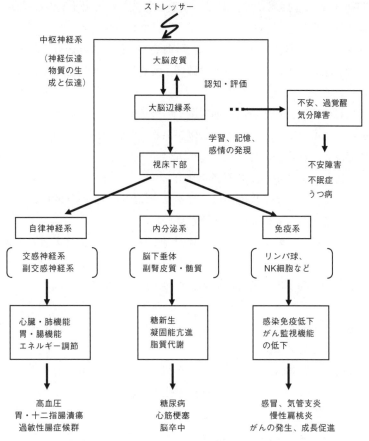

図表 4.5　ストレスによる健康障害のメカニズム

凝固の促進、胃粘膜血流の低下、過覚醒などの作用を持つ。

　自律神経系には、交感神経系と副交感神経系があり、身体の諸器官は、この両者の支配を同時に受けてコントロールされている。ストレスが高まった状況では、交感神経系が優位になる。他方、副交感神経系は、睡眠時、休息時、食後などに優位になる。副交感神経系は、消化器の機能も調整している。自律神経の中枢も視床下部にあり、感情の中枢である大脳辺縁系に近く、多くの神経網で連絡されている。このため、怒りや不安と動悸、抑うつ気分と食欲の低下などの同期が見られることになる。

　免疫系は感染、がんの発生などに関与している。高ストレス状態が長く続くと、感冒に罹患したり、ヘルペス、慢性扁桃炎など、通常は免疫で抑えられている疾病を発症したり、増悪させたりすることがよく観察される。これは、コルチゾール、アドレナリンなどが、免疫反応を担うリンパ球やナチュラルキラー（NK）細胞の働きを抑えることによるとされている。

（ウ）　ストレス関連疾患

　これら3つの系は、急激に非常に高いストレス状態に陥るか、あるいは高ストレス状態が持続すると、全体としてのバランスを保てなくなる。内分泌、自律神経系が亢進し、

免疫系が抑制されて、何らかの健康障害、すなわちストレス関連疾患が発生しやすくなる。

　ストレス関連疾患の代表例としては、循環器系では高血圧症、狭心症、心筋梗塞、内分泌系では糖尿病、消化器系では胃・十二指腸潰瘍、過敏性腸症候群、呼吸器系では過換気症候群、気管支喘息、神経・筋肉系では頭痛、腰痛、精神疾患としてはうつ病、適応障害などがあげられる。

　これらの疾患の発症、増悪には、通常多くの因子が関与しているが、ストレスも発症の促進因子や症状の増悪因子となっている例がある（それぞれの疾患のすべての例が高ストレスの影響で生じているわけではない）。

(エ)　ストレス反応とメンタルヘルス不調のサイン

　上述したように、ストレス反応には、様々な身体的反応、心理的反応、行動面の変化があり、人によって現れやすいものに相違が見られる。

　心理面については、一般的に、ストレスの高まりに伴って、まず活力が低下し、次にイライラ感、疲労感が出現しやすくなる。抑うつ気分は、ストレスが一定以上高まると、急激に出現する割合が高まる。他方、身体愁訴の出現しやすさは、ばらつきのあることが知られている。

　労働者の場合、本人が自覚するストレス反応は、主として仕事に関連した悩み、苦しみであることも少なくない（**図表4.6**）。

　ストレス反応には、本人よりも周囲のほうが気づきやすいものもある。周囲が気づきやすい変化としては、表情の乏しさ、積極性や仕事の能率の低下、ミスの増加、衛生面（身だしなみなど）の変化などがあげられる（**図表4.7**）。

　初期の段階でストレス要因が軽減するか、あるいは適切なストレス対処行動（後述）がとられると、ストレス反応は病的な水準まで至らず、速やかに軽減することも期待できる。しかし、長期化すると程度も強くなり、病的水準に至ると休養や治療が必要となる。回復にも時間がかかる。

(オ)　ストレス対処行動（コーピング）

　ストレス要因とストレス反応の関係については、過去に様々な仮説が提唱されてきた。ここでは代表的な理論を紹介する。

　われわれは刺激・出来事に直面すると、自分の能力や価値観、過去の経験などをもとに、それによるストレスの程度を評価する。これを認知的評価ともいう。ストレスが強い

| ① 疲れやすくなる |
| ② 考えがまとまりにくくなる |
| ③ 意欲や集中力がなくなる |
| ④ 気分が落ち込み，楽しめない |
| ⑤ 自信を失う |
| ⑥ 睡眠に支障が出る |
| ⑦ 頭痛，めまい，吐き気などが強くなる |

図表4.6　労働者に見られる主なストレス反応（本人が自覚しやすいもの）

| ① 表情に覇気がない |
| ② 仕事の能率，正確さが低下する |
| ③ 欠勤や遅刻が多くなる |
| ④ 人間関係がぎくしゃくする |
| ⑤ 上の空になることが目立つ |
| ⑥ 他人の言動を気にする |
| ⑦ 不自然な言動がみられる |
| ⑧ 身だしなみが乱れる |

図表4.7　労働者に見られる主なストレス反応（周囲が気づきやすいもの）

と評価された刺激・出来事だけをストレス要因と定義するという考え方もある。ここでの評価は、一次的評価と二次的評価の2つに分けることができる。一次的評価とは、何かが危うくなっているという評価、評定であり、細分すると、すでに自らに生じている害や損失に関する評価、予測される有害性に対する評価、予想される好ましい点に関する評価がある。二次的評価は、自らがそれに対処できるかどうかの評価をさす。これらの結果、ストレスがみずからにとって強いと評価されると、否定的な感情が惹起される。そして、その感情を軽減させるよう動機づけがなされる。このプロセスをコーピング（ストレス対処）という。コーピングとは、「個人の資源に負荷を与える、あるいはその資源を超えると評価・評定された外的ないし内的要請を処理するために行う認知的、行動的努力のプロセス」などと定義され、ストレス要因とストレス反応の間のメディエーター（仲介役）としての機能を果たしているものとみなされている。

　コーピングについては、数多くの分類方法が提唱されている。一例を**図表4.8**に示した。

　問題解決（あるいは問題焦点）型コーピングとは、ストレス要因となっている外的事象自体への対応である。直面している問題に対して努力あるいは工夫などによって立ち向かうような対処を指す。他方、情動処理（あるいは情動焦点）型コーピングとは、自らの情動をコントロールすることによりストレスに対応しようとするものである。社会的支援探索型コーピングは、問題解決型と情動処理型の混合型とみなされることが多い。

　適切なコーピングができれば、ストレス反応は軽減するが、うまくいかなければ高まってしまうことになる。一般には、問題解決型コーピングが望ましいとされるが、状況によっても影響され、一律に決めつけることはできない。また、精神的健康が損なわれると、問題解決型コーピングが困難になり、ストレス反応の軽減がさらに困難化しやすい。

⑵　職業性（産業）ストレスに関するモデルとストレス評価

　㋐　職業性ストレスに関するモデル

　　職場にはさまざまなストレス要因がある。具体的には、物理化学的環境、役割葛藤、役割の曖昧さ、グループ内およびグループ間対人葛藤、仕事のコントロール（裁量権や技術の活用）、量的労働負荷、労働負荷の変動、勤務形態、仕事の将来の曖昧さなどがあげられる。こうしたストレス要因が、高ストレス、さらにはそれによる健康障害を引き起こすことを示すモデルがいくつか提唱されている。

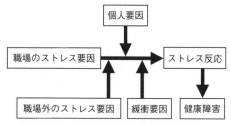

問題解決型（問題焦点型）
情動処理型（情動焦点型）
　積極的認知
　期待的思考
　自責
　回避
社会的支援探索型

図表4.8　ストレスコーピングの分類例

図表4.9　米国国立労働安全衛生研究所（NIOSH）のモデル（一部改変）

　米国国立労働安全衛生研究所（NIOSH：National Institute for Occupational Safety and Health）によるモデル（**図表 4.9**）は、職場の様々なストレス要因とストレス反応、健康障害の発生およびその修飾要因の相互の関係を包括的に示すもので、職場でメンタルヘルス対策の枠組みなどについて議論する際に活用しやすい。仕事に関するストレス要因は、仕事以外のストレス要因（例えば、家庭内の揉め事、介護問題）と相まって、心身にストレス反応を引き起こす。このストレス反応が強く長期化すると（非常に強い場合には短期でも）、ストレス性の健康障害が生じる。この系に影響を及ぼす因子として、個人要因と緩衝要因が設定されている。ストレス要因が同程度であっても、個人要因の相違によって、ストレス反応の強さやストレス性健康障害の起こりやすさは異なる。また、緩衝要因が大きければ、逆にストレス反応が和らげられることが期待できる。個人要因としては、年齢、性別、遺伝的素因、性格傾向などが、緩衝要因としては上司や同僚などの職場関係者、家族からの支援などがある。

　仕事の要求度—コントロールモデルは、仕事に関するストレスを、仕事の要求度（仕事の多忙さ、役割の重さなど）とコントロール度（裁量性、技術の活用度など）の 2 つの軸で評価するモデルである。前者が高く、後者が低い場合に、ストレスが高まり、健康が脅かされやすいとする。さらに社会的支援（低いほうが好ましくない）の軸を加えて 3 つの軸とするモデル（仕事の要求度—コントロール—支援モデル）もよく知られている（**図表 4.10**）。このモデルは、ストレスチェック制度における職場単位のストレス度を測る集団分析での使用が推奨されている。

　努力—報酬不均衡モデルは、仕事に関して費やす努力（仕事の要求度、責任、負担など）と、そこから得られるべき、あるいは得られることが期待される報酬（金銭、地位、職の安定性、自尊心など）が釣り合わない状態（高努力／低報酬）で、ストレスが高まると考える。この関係に影響を与える個人要因として、仕事に傾注する度合いも評価される。

　両モデルは、多くの職場でメンタルヘルス対策におけるストレス評価に用いられている。

㈠　ストレス関連事項の評価

　ストレスやメンタルヘルスに関連した事項を評価・測定する際には、目的を明確にしたうえで、それに合った評価対象を決め、調査時期、測定手段、調査手順などに関する計画を立てる。事後措置の詳細も事前に決めておくことが必要である。

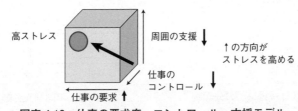

図表 4.10　仕事の要求度—コントロール—支援モデル

a　ストレスの評価

　ストレスの測定には主に２つの方法が用いられている。

　ひとつは、一定期間内の人生における大きな出来事の経験を問うもので、ライフイベント法と呼ばれる。ホームズとレイによる尺度は、この古典的なものとしてよく知られている。多くの人にとって生活上の大きな出来事と考えられる事項が列挙されており、それぞれの出来事はそのストレス強度があらかじめ点数化されている。定められた期間に体験した出来事のストレス点数の合計得点でストレスの強さが表現される。出来事のストレス点数は、時代、文化、習慣などによって異なるため、過去に外国で開発されたものをそのまま日本で利用するのは勧められない。わが国でも、夏目らによる勤労者を対象とした尺度の他、いくつかの種類が作成されている。

　もうひとつは、日常的によく経験される苛立ち事の蓄積が、大きなストレスとなり得るという理論をもとにしており、それらを測定するものである。ラザルスらによって開発された「日常苛立ち事評価尺度」がよく知られている。日本では、宗像らによって開発された尺度などがある。

b　ストレス反応の評価

　ストレス反応の評価法としては、不安、抑うつ、これらを総合した精神健康度などを測定する質問紙法がよく用いられる。しかし、例えば同じ抑うつに関する測定であっても、尺度によって、うつ病のスクリーニング、重症度あるいは症状プロフィールの評価、一時的な状態像の推定など、想定されている使用目的（何を測定するのか）が様々である点に留意し、単なる項目数などで選択すべきではない。なお、これらには著作権、版権がかかっているものが多いため、使用にあたっては、それについても注意が必要である。

　ストレス反応の生物学的評価法としては、唾液中のコルチゾールや血中のアドレナリン、ノルアドレナリンなどのカテコラミンの量、自律神経機能、リンパ球や NK 細胞などの免疫能などの測定がある。個人差や様々な環境による変動しやすさの問題に加え、測定に時間と費用がかかることから、職場ではあまり行われていないのが現状である。

c　職業性ストレスの測定法

　職業性ストレスの評価法としては、上述した「仕事の要求度―コントロール―支援モデル」や「努力―報酬不均衡モデル」などをもとにした調査票の他、ストレス要因を多面的に評価できる NIOSH 職業性ストレス調査票などがある。

　わが国では、職業性ストレス簡易調査票（**図表 4.11**）が広く普及している。わが国で開発され、集計やフィードバックのためのプログラムも公開されている。全 57 項目の質問からなり、各項目４つの選択肢から１つの回答を選ぶ方式となっている。NIOSH のモデルにおける仕事のストレス要因、ストレス反応、緩衝要因が同時に測定できること、ストレス反応では心身両面の反応が測定できること、あらゆる職種で使用可能なことなどが特徴である。結果は、「あなたのストレスプロフィール」（**図表 4.12**）

A　あなたの仕事についてうかがいます。
最もあてはまるものに○印をしてください。

そうだ／まあそうだ／ややちがう／ちがう

1. 非常にたくさんの仕事をしなければならない　①②③④
2. 時間内に仕事が処理しきれない　①②③④
3. 一生懸命働かなければならない　①②③④
4. かなりの注意を集中する必要がある　①②③④
5. 高度の知識や技術が必要なむずかしい仕事だ　①②③④
6. 勤務時間中はいつも仕事のことを考えていなければならない　①②③④
7. からだを大変よく使う仕事だ　①②③④
8. 自分のペースで仕事ができる　①②③④
9. 自分で仕事の順番・やり方を決めることができる　①②③④
10. 職場の仕事の方針に自分の意見を反映できる　①②③④
11. 自分の技能や知識を仕事で使うことが少ない　①②③④
12. 私の部署内で意見のくい違いがある　①②③④
13. 私の部署と他の部署とはうまが合わない　①②③④
14. 私の職場の雰囲気は友好的である　①②③④
15. 私の職場の作業環境（騒音、照明、温度、換気など）はよくない　①②③④
16. 仕事の内容は自分にあっている　①②③④
17. 働きがいのある仕事だ　①②③④

B　最近1か月間のあなたの状態についてうかがいます。
最もあてはまるものに○印をしてください。

ほとんどなかった／ときどきあった／しばしばあった／ほとんどいつもあった

1. 活気がわいてくる　①②③④
2. 元気がいっぱいだ　①②③④
3. 生き生きする　①②③④
4. 怒りを感じる　①②③④
5. 内心腹立たしい　①②③④
6. イライラしている　①②③④
7. ひどく疲れた　①②③④
8. へとへとだ　①②③④
9. だるい　①②③④
10. 気がはりつめている　①②③④
11. 不安だ　①②③④
12. 落着かない　①②③④
13. ゆううつだ　①②③④

ほとんどなかった／ときどきあった／しばしばあった／ほとんどいつもあった

14. 何をするのも面倒だ　①②③④
15. 物事に集中できない　①②③④
16. 気分が晴れない　①②③④
17. 仕事に手がつかない　①②③④
18. 悲しいと感じる　①②③④
19. めまいがする　①②③④
20. 体のふしぶしが痛む　①②③④
21. 頭が重かったり頭痛がする　①②③④
22. 首筋や肩がこる　①②③④
23. 腰が痛い　①②③④
24. 目が疲れる　①②③④
25. 動悸や息切れがする　①②③④
26. 胃腸の具合が悪い　①②③④
27. 食欲がない　①②③④
28. 便秘や下痢をする　①②③④
29. よく眠れない　①②③④

C　あなたの周りの方々についてうかがいます。
最もあてはまるものに○印をしてください。

非常に／かなり／多少／全くない

次の人たちはどのくらい気軽に話ができますか
1. 上司　①②③④
2. 職場の同僚　①②③④
3. 配偶者、家族、友人等　①②③④
あなたが困った時、次の人たちはどのくらい頼りになりますか？
4. 上司　①②③④
5. 職場の同僚　①②③④
6. 配偶者、家族、友人等　①②③④
あなたの個人的な問題を相談したら、次の人たちはどのくらいきいてくれますか？
7. 上司　①②③④
8. 職場の同僚　①②③④
9. 配偶者、家族、友人等　①②③④

D　満足度について

満足／まあ満足／やや不満足／不満足

1. 仕事に満足だ　①②③④
2. 家庭生活に満足だ　①②③④

図表 4.11　職業性ストレス簡易調査票

と「仕事のストレス判定図」（**図表 4.13**）の2種類の形で出力できる。それぞれ個人と集団（各部署や全体）のストレス状態の評価結果を視覚化したものである。「あなたのストレスプロフィール」は、仕事のストレス要因、ストレス反応、緩衝要因の3つについて、個人レベルの評価結果をレーダーチャートの形で見ることができる。また、

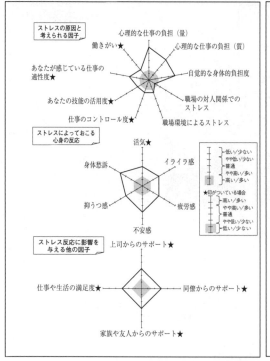
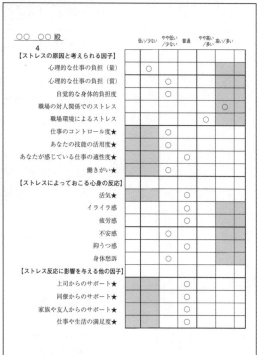

図表 4.12　あなたのストレスプロフィール

「仕事のストレス判定図」では、職場のストレスによる健康リスクが、全国平均を 100 とした場合の数値で表される。

本調査票は、ストレスチェック制度においても利用が推奨されている。

d　ストレス評価を行う場合の注意事項

質問紙法は費用もあまりかからず容易に実施できるように思われがちだが、注意すべき点も少なくない。

上述したように、実施に当たっては、目的の明確化に加え、正直な回答が得られるような環境づくりも不可欠である。結果の一部が独り歩きして、個人や集団の間で誤解が生じないようにする配慮も重要である。また、どのような優れた質問紙でも、疾患の確定診断はできない。

さらに、メンタルヘルスに関わる調査結果は、健康情報の中でも特に機微な情報であるため、取扱いの際には個人情報保護を徹底することも必要である。

3)　職場のメンタルヘルスに関する法令などの概要

⑴　メンタルヘルス指針

「労働者の心の健康の保持増進のための指針」（以下、メンタルヘルス指針）は、職場におけるメンタルヘルス対策のあるべき全体像と、その進め方の原則を包括的に示しており、それを職場において進めていく上で、非常に重要である。労働安全衛生法（以下「安衛法」）

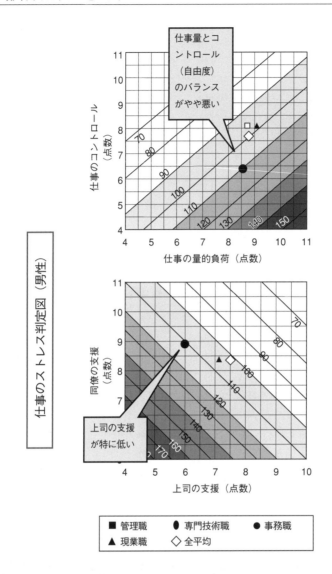

仕事のストレス判定図（男性）

職場名	対象者数（人）	主な作業内容
経理課	20人	事務、伝票処理

尺度名	平　均　点	読みとった健康リスク
仕事の量的負担	8．5	(A)　108
仕事のコントロール	6．4	
上司の支援	6．0	(B)　112
同僚の支援	8．8	
総合した健康リスク [＝ (A) × (B) /100]		121

この職場では仕事のストレスにより健康リスクが通常の20％増加と推定

出典：川上憲人，他：「仕事のストレス判定図」の完成と現場における有用性の検討．労働省平成 11 年度「作業関連疾患の予防に関する研究」労働の場におけるストレス及びその健康影響に関する研究報告書．2000, pp12-39.

図表 4.13　仕事のストレス判定図

第69条および第70条の2に関連づけられ、これに沿った取組を行うことが、事業者の努力義務となってもいる。職場のメンタルヘルス対策に関わる者は、メンタルヘルス指針の内容をよく理解しておくことが求められる。メンタルヘルス指針の要点を**図表4.14**にまとめた。

メンタルヘルス指針では、「メンタルヘルス不調」という用語が、「精神および行動の障害に分類される精神障害や自殺のみならず、ストレスや強い悩み、不安など、労働者の心身の健康、社会生活および生活の質に影響を与える可能性のある精神的および行動上の問題を幅広く含むもの」と定義された。「メンタルヘルス不調」は、職場のメンタルヘルス対策が対象とする範囲を表しており、またそれが疾病管理に留まるものではないことを示唆している点でも注目すべきである。

メンタルヘルス指針では、事業者が率先してメンタルヘルス対策に取り組む旨を表明すべきである点が強調されている。活動の進め方としては、衛生委員会などを活用し、職場の実態を把握した上で、中長期的な計画（心の健康づくり計画）を策定して、以下の4つのケアを関連づけながら、事業場全体で推進することが求められている。

① セルフケア：労働者が自らのストレス状態を知り、それに適切に対処する取組（周囲への自発的な相談を含む）
② ラインによるケア：管理監督者による職場環境の評価と改善、部下からの相談への適切な対応など
③ 事業場内産業保健スタッフ等によるケア：産業医およびそれに準じる医師、看護職、衛生管理者、衛生推進者（以上を「産業保健スタッフ」という）、人事労務管理スタッフなどによる、それぞれの（専門的）立場からの活動。セルフケアおよびラインによるケアが適切に行えるような支援、メンタルヘルス対策の企画立案、事業場外資源とのネットワークの形成などを含む。
④ 事業場外資源によるケア：事業場外の専門家、専門機関を活用した活動

この4つのケアの関係は並列ではなく、前二者が活動の中心であり、それらを支えるものとして後二者があると考えるべきである。

また、これらの活動は、労働安全衛生マネジメントシステムの考え方を導入して進める

・事業場全体で，計画的に活動を推進する．
　－トップ（事業者）が積極的な推進を表明する．
　－衛生委員会等で審議し，計画を策定する．
　－中長期的な視点に立って，継続的かつ計画的に実施する．
　－労働安全衛生マネジメントシステムの考え方を導入する
・各人の役割（行うべきこと）を明確にし，連携を図る．
　－一般労働者，管理監督者，産業保健スタッフ等の活動を整理する
　－そのための教育研修・情報提供を充実させる．
・幅広い活動にする．
　－職場復帰支援，不調例の早期発見・早期対応，職場環境の改善
　－個人情報の保護に留意する．
・要となる担当者をおく．
　－事業場内メンタルヘルス推進担当者
・外部機関を有効に活用する．

図表4.14 「労働者の心の健康保持増進のための指針」の要点

ことが推奨されている。労働安全衛生マネジメントシステムとは、安全衛生活動を、PDCA サイクルを回す形で継続的に実施し、その水準を高めていく取り組み方である（第1章 17 頁、20 頁を参照）。

　活動の範囲に関しては、メンタルヘルス指針の法的位置付けからも、メンタルヘルス不調者の未然防止（第一次予防）に関して詳述しているが、メンタルヘルス不調者の早期発見・早期対応（第二次予防）、メンタルヘルス不調で休業した労働者の職場復帰支援（第三次予防）にも言及している。メンタルヘルス対策は、幅広い活動が求められているといえる。働きかけの対象も、労働者個人と職場環境等（詳しくは後述）の両面となっている。

　役割分担については、労働者、管理監督者、事業場内産業保健スタッフ、人事労務管理スタッフ、心の健康づくり専門スタッフ（精神科医、心療内科医、心理職など）が、自らの役割を認識し、連携を保ちながら活動を推進していくこととされている。その他、事業場内に活動推進の実務を行う事業場内メンタルヘルス推進担当者を選任するよう努めることも明示されており、常勤の看護職あるいは衛生管理者等からの選任が勧められている。この役割を果たすためには、職場の実情や諸制度を熟知していることが重要となるためである。

　教育研修および情報提供が重視されている点も注目すべきである。指針には、労働者（全般）、管理監督者および事業場内産業保健スタッフ等にむけた教育研修・情報提供に盛り込まれるべき事項が列挙されている。教育研修を円滑かつ効果的に実施するため、事業場内で教育研修担当者を計画的に育成することも推奨されている。

(2)　過重労働対策

　1980 年代以降、長時間労働をはじめとする負荷の過重な労働が脳・心臓疾患の発症に加え、メンタルヘルスにも影響を及ぼすことが指摘され、社会の関心を集めてきた。

　2014 年には、過労死等防止対策推進法が成立し、翌年に「過労死等の防止のための対策に関する大綱」が公示された。同法でいう「過労死等」とは、「業務における過重な負荷による脳血管疾患もしくは心臓疾患を原因とする死亡もしくは業務における強い心理的負荷による精神障害を原因とする自殺による死亡またはこれらの脳血管疾患もしくは心臓疾患もしくは精神障害」をさしている。これによって、国は過労死等の防止のための対策を効果的に推進する責務を有することになり、事業者には国と地方自治体が実施する対策に協力するとともに、労働者を雇用する者として、責任をもって対策に取り組む努力義務が課せられた（第1章 43 頁を参照）。

　2018 年、働き方改革を推進するための関係法律の整備に関する法律（働き方改革関連法）が成立し、過重労働対策も見直された。各事業所には、「過重労働による健康障害防止のための総合対策」の別添として公表されている「過重労働による健康障害を防止するため事業者が講ずべき措置」に示された取組を実施することが求められている。

　長時間労働者に対しては、医師による面接指導が義務付けられている。この面接指導では、脳・心臓疾患のリスクとともに、メンタルヘルス不調に関する評価が行われなければな

らず、必要に応じて、専門医の受診勧奨や就業上の配慮もなされることになっている。

過重労働対策では、時間外労働の削減、有給休暇の取得促進についての取組がまず推進されねばならない。そのうえで、やむを得ない事情で長時間労働が発生した場合に、医師による面接指導が実施されるという考え方に立つ必要がある。

(3) 労働契約法

2007年に制定された労働契約法の第5条には、安全配慮義務の規定がある。安全配慮義務とは、長く事業者の信義則上の債務のひとつとみなされてきた雇用する労働者の生命と安全を確保する義務であり、労働者のメンタルヘルス不調に関する民事訴訟でも取り上げられることが多かった。

安全配慮義務は、危険予知義務と結果回避義務から構成される。前者は、雇用する労働者が仕事を遂行する中で生命や安全が脅かされることがないかどうかを確認することであり、後者はその可能性が高い場合に未然に必要な対策を講じることを意味する。

(4) 労災認定制度

2011年に公示された「心理的負荷による精神障害の認定基準」は、精神障害が業務上疾病として労災認定されるための要件を定めたものである（第1章41頁参照）。基本的な考え方は、前身の「心理的負荷による精神障害等に係る業務上外の判断指針」（1999年）と変わっておらず、労災請求件数の増加に伴って生じた審査期間の長期化に対処することなどを主な狙いとして、見直しがなされたものである。以下の①〜③の3つの要件をすべて満たした例を、労災認定することとしている。

① 対象疾病に該当する精神障害を発病していること。

対象となる精神障害は、国際疾病分類第10回改訂版（ICD-10）第Ⅴ章に示されている「精神および行動の障害」である。実質的には、F3（気分障害）およびF4（神経症性障害、ストレス関連障害、身体表現性障害）が主な対象となっている。

② 対象疾病の発病前おおむね6カ月間に、客観的に当該精神障害を発病させるおそれのある業務による強い心理的負荷が認められること。

本要件を満たすか否かは、「業務による心理的負荷評価表」を用いて判断される。同表には、職場において起こり、心理的負荷（ストレス）の原因となる主な出来事（ストレス要因）が列挙されており、各出来事について、一般的にはどの程度の強さの心理的負荷と受け止められるかを判断する「平均的な心理的負荷の強度」（Ⅰ（弱）〜Ⅲ（強）の3段階で評価）、それに個別事情を加味して心理的負荷の総合評価（強、中、弱の3段階）を行うための「心理的負荷の総合評価の視点」および「心理的負荷の強度を「弱」「中」「強」と判断する具体例」が示されている。これらに沿った検討により、総合評価が「強」の場合に、②の要件が満たされたと判断される。

なお、「生死にかかわる、極度の苦痛を伴う、または永久労働不能となる後遺障害を残す業務上の病気やケガをした」などの心理的負荷が極度のものおよび極度の長時間労働

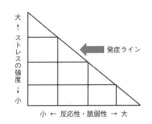

図表 4.15 ストレス―脆弱性理論

は、「特別な出来事」とされ、いずれかが存在した場合には、それだけで業務による心理的負荷の総合判定は「強」とされる。

③ 業務以外の心理的負荷及び個体側要因により当該精神障害を発病したとは認められないこと。

業務以外の心理的負荷の評価のためには、「業務以外の心理的負荷表」が用いられる。個体側要因（個人のストレス脆弱性）については、既往歴、生活史（過去の社会適応）、アルコール等の依存状況、性格傾向が評価の参考とされる。

認定は原則として初発例に限られるが、すでに精神障害を発症していても、前述した「特別な出来事」を契機として病状が増悪した場合に限り、増悪した部分について認定がなされることになっている。

以上の労災認定の考え方は、「ストレス―脆弱性理論」（脆弱性―ストレスモデル）に基づいている。「ストレス―脆弱性理論」とは、環境に起因するストレスと個人の反応性（ストレスに関する脆弱性）との関係で精神的破綻が生じるかどうかが決まると考えるものである。環境に起因するストレスが非常に強ければ個体側の脆弱性がさほど高くなくても、逆に個人側の脆弱性が高い場合には環境に起因するストレスがあまり強くなくても、精神的破綻が生じるとする（**図表 4.15**）。

(5) 復職支援手引き

メンタルヘルス不調により休業した労働者は、職場復帰を果たしても、症状の再燃・再発により、安定的な勤務ができなくなったり、再休業となったりすることが多い。厚生労働省から公表されている「心の健康問題により休業した労働者の職場復帰支援の手引き」（以下「復職支援手引き」）（2012 年改訂）は、こうした実態を踏まえ、メンタルヘルス不調によって休業した労働者の復職支援のあり方を具体的に解説している。メンタルヘルス指針のように、安衛法に関連づけられているものではないが、復職支援活動を推進するうえで参考になる。

復職支援手引きでは、復職支援を、当該労働者が休業を開始してから復職を果たし職場に再適応するまでの期間の活動とし、（第一ステップ）病気休業開始および休業中のケア、（第二ステップ）主治医による復職可能の判断、（第三ステップ）復職の可否の判断および復職支援プランの作成、（第四ステップ）最終的な復職の決定、（第五ステップ）復職後のフォローアップ、の 5 つのステップに分けて整理している。

- メンタルヘルス不調（メンタルヘルス指針で定義されている）の一次予防（未然防止）を第一義的な目的とする。
- 質問紙法によるストレスチェック（条文では「労働者の心理的な負担の程度を把握するための検査」と表現されている）と，それによって高ストレス者と判断された者に対する面接指導およびその事後措置（受診勧奨および就業上の配慮）からなる。
- 個人別結果は，本人の了承がない限り，事業者には知らされない。集団分析の結果は事業者に知らされる。
- 健康診断とは別枠で実施しなければならない（同時実施は可能である）。
- 労働者の受検は強要されない。事業者が受検の勧奨をすることはできる。
- ストレスチェックの結果は，職場環境の改善にも活かすことが事業者の努力義務である。
- 実施項目は，「仕事のストレス要因」「心身のストレス反応」「周囲のサポート」の3領域を評価できる内容でなければならない。「職業性ストレス簡易調査票」（およびその簡略版）が推奨されている。
- ストレスチェックの企画および結果の評価に関与する「実施者」は，医師、保健師および一定の研修を受けた看護師、精神保健福祉士、歯科医師、公認心理師とする。

図表 4.16　ストレスチェック制度の概要

(6)　ストレスチェック制度

　2015 年、ストレスチェック制度が施行となった。安衛法において、実施が事業者の義務とされており、労働者数 50 人以上の事業場では、年に 1 回ストレスチェックとその事後措置を実施しなければならない（第 1 章 38 頁参照）。

　ストレスチェック制度の概要を**図表 4.16** にまとめた。ストレスチェック制度は、メンタルヘルス不調の一次予防（未然防止）を主眼とする取組であり、その照準となっている健康水準は、THP 指針（第 1 章 21 頁参照）に示されている健康保持増進活動のそれに近い。なお、同指針には、「その実施に当たっては、メンタルヘルス指針を踏まえて、集団や労働者の状況に応じて適切に行われる必要がある」と記されている。

　ストレスチェック制度の実施手順、留意点などは、「労働安全衛生法に基づくストレスチェック制度実施マニュアル」（2016 年改訂）に詳述されている。

4)　職場のメンタルヘルス対策の実際

(1)　基本的な考え方

　(ア)　様々なメンタルヘルス対策の位置付け

　職場で行われているメンタルヘルス対策の主な活動を、前述した NIOSH が提唱するモデルに当てはめると、**図表 4.17** のように表せる。

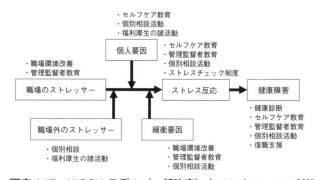

図表 4.17　NIOSH モデル（一部改変）とメンタルヘルス対策

　職場のストレス要因を軽減させる取組としては、様々な職場の問題を評価して軽減する職場環境改善、部下を持つ管理監督者にその重要性と方法を理解してもらうための管理監督者教育があげられる。緩衝要因としての社会的支援を強化する取組には、上司や同僚の支援を高め、人間関係を円滑にするための活動が該当する。ストレス反応の高まりを早期に察知し、必要な対応を行う取組には、教育研修と相談活動がある。ストレスチェック制度もそれを主な狙いとしたものである。職場以外のストレス要因の軽減や個人要因への働きかけの多くは、事業者責任の範囲外であるが、健康の保持増進を図るうえでは軽視できず、メンタルヘルス対策の効果を高めるためには、積極的に目を向けることが望まれる。

　予防水準別にみると、職場環境改善は、主として一次予防を目的とするが、二次予防や三次予防にも資する面がある。管理監督者教育、セルフケア教育も、すべての予防水準にわたる内容を盛り込むことが望まれるが、一次予防と二次予防に関連の深い事項が中心となる。

　こうした点を理解しておくと、対策の位置付け、効果評価などを行う際に、それらの優先順位や活動指標を整理でき、計画が立てやすくなるであろう。

(イ)　心の健康づくり計画の作成と計画の進め方

　メンタルヘルス指針の「心の健康づくり計画」の項には、「事業者自らが事業場におけるメンタルヘルスケアを積極的に推進することを表明するとともに、その実施体制を確立する必要がある」と述べられている。

　活動の効果を高めるためには、労働安全衛生マネジメントシステムの流れに沿って、まず目的を明確にして組織を編成し、それを達成するために計画を立てて、実践するとともにその効果評価を行い、問題点を改善して次の計画につなぐという自律的、継続的な取組にすることが肝要である。

　ここでは事業場内での合意の形成と周知、計画の策定から実践、効果評価、改善に至るまでの一連の過程について整理する。

a　メンタルヘルス対策の推進に関する事業場内の合意の形成と周知、組織づくり

　衛生委員会などを活用し、メンタルヘルス対策を、他の安全衛生活動と同様に、中長期的計画のもと、事業場全体で推進することの合意を得る。事業場における問題点や予測されるリスクなどに関する資料を用意すると、説得力が増すであろう。資料の作成のために、労使の理解に基づいたワーキンググループなどを組織すると、合理的に進めることができる。

　合意の形成ができれば、各職場での掲示や社内報で周知する。経営層からのメッセージが添えられると、その後の円滑な推進に好影響がもたらされるであろう。

　計画の実施のためにも、組織づくりが必要である。通常、労働者および管理監督者の代表、産業保健スタッフ、人事労務管理スタッフ、事業場内メンタルヘルス推進担当者（前述）などからなる組織をつくり、定期的な打合せを持つ。組織内の役割分担、連絡網も明確にする。

b　年次計画、アクションプランの作成

　当面の３年間程度の計画を立てる。とりあえず短期の計画を用意し、それをつない

でいくことも可能であるが、組織体制などが変わっても活動が継続できるように、中長期的な計画も有しておいたほうがよい。その際には、目的と年（度）ごとの目標を明確にする。

　次に、年（度）内の何月にどのような活動を行うのかなどについて具体的なアクションプランを作成する。工場などで、すでに毎年安全衛生活動の年間計画を策定しているところでは、その手順を参考にすることができる。

c　対策の実施

　対策の実施に当たっては、個々の活動の実施責任者を明確にする。軌道に乗るまでは、活動の実施手順をできるだけ詳細に文書化していくことが勧められる。

　不慮の事情により、活動ができなかった場合には、その事後策を速やかに協議することも重要である。計画の途中で人事異動などにより実施責任者が関われなくなる事態も起こり得る。そうした場合にも活動が大幅に後退することなく継続できるような仕組みをつくっておくとよい。

d　効果評価

　活動の実施後には、必ず効果評価を行う。参加者の満足度や感想のようなもの（それらも重要ではあるが）だけでなく、その活動の目的がどのくらい達成できたかを確認できる指標も含めるべきである。次段階の活動を計画する際にも結果が活かせるように、評価の仕方を工夫することも有用である。

　効果評価は、短期的な視点と中長期的な視点の両方が必要である。メンタルヘルス対策は、産業保健活動の中でも、継続的に行うことが重要な取組のひとつと言える。評価指標によっては、例えばメンタルヘルス不調による休業率の低下などのように、重要ではあるが短期的には改善が見込みにくいものがある。短期間の活動で目に見える成果が得られなかったため、その後の計画が打ち切りとなってしまうといった事態が起きないようにするためには、短期間の取組でも変化が表れやすい指標を組み入れておくとよい。中長期的な評価指標は、企業の業績など、対策の中身以外の事柄によって影響を強く受けることもある。

(ウ)　活動の優先順位

　事業場の業種、規模、組織形態、過去のメンタルヘルス対策の実施状況、他の産業保健活動の実態、事業場内産業保健スタッフの充足度、事業場外資源の活用可能性などによって、メンタルヘルス対策の優先順位や内容は大きく異なる。

　これまでメンタルヘルス対策に着手してこなかった事業場では、活動の継続性を重視する点から、できるだけ職場全体の理解が得られやすい取組から始めるのがよい。一般的には、職場のストレス状況を調査し、その結果の解説も盛り込んだ教育研修から開始するという順序が勧められる。特に管理監督者教育は、事業者の安全配慮義務を履行するという意味でも重要である。また、差し迫ったニーズに応えるところから始めるのも、周囲の理解が得られやすいため、メンタルヘルス不調者の復職を契機として、その支援を検討するなかで必要な活動を議論するという進め方も考えられる。

(2)　相談対応

相談窓口の開設は、実施されている割合の高いメンタルヘルス対策のひとつである。相談対応者（担当者）としては、産業医、産業看護職などが挙げられる。心の健康づくり専門スタッフが担当している事業場もある。いずれであっても、対象者（来談者）の大半は、業務遂行能力が大きく損なわれている病者ではなく、通常の業務に従事している（少なくともそれに近い）者であることを踏まえて行われなければならない。

ストレス反応を思わせる不調感に関する相談では、その強さや持続期間（自覚し始めた時期）を確認することはもちろんであるが、ストレス反応に伴う苦痛、苦悩を受け止める姿勢が求められる。なお、それらの不調感は、身体疾患や頭部外傷などでも、見られることがあり、安易にストレスによるものと決めつけないようにすることが重要である。不調感が徐々に増悪し、持続期間が長くなっている例では、医療機関の受診を勧める必要がある。

ストレスが不調感の原因（主因）であると考えられたら、一般論としてストレスが原因で心身に変化が生じたり健康障害が起きたりすることがある旨を伝え、それに影響を及ぼしている出来事や、自分自身の受け止め方、ストレス対処などへの気づきを促す。

ストレスチェック制度では、高ストレスと判定され医師による面接指導を勧められたにもかかわらず、それを希望しなかった労働者に対して、心理職などによる相談対応を行う取組も勧められている。この相談対応では、できるだけ相談をしやすいような窓口の設置とともに、状況によっては就業上の配慮などに結びつけられる体制も望まれる。

相談活動の具体的な進め方については、後述する。

こうした専門職による相談対応とは別に、管理監督者は、ラインによるケアの一環として、日頃から部下とのコミュニケーションに留意し、随時部下からの相談に応じることが求められている。仕事によるストレスあるいは不調感が高まっていると考えられる労働者には、声をかけて話を聴く。また、必要に応じて産業保健スタッフや事業場外資源への相談や受診を勧める。その考え方や方法（傾聴法など）については、管理監督者教育で扱う。

企業によっては、個別相談を事業場外のメンタルヘルスサービス機関に委託しているところもある。事業場外のメンタルヘルスサービス機関では、対面やオンラインの相談に加え、家族の利用も可能とした電話相談などが行なわれている。

(3)　教育研修・情報提供

メンタルヘルス指針で示されたセルフケア、ラインによるケアおよび産業保健スタッフ等によるケアが効果的に推進されるためには、そのための教育研修の実施が肝要である。

方法としては、従来小集団教育が中心であったが、オンライン、さらにはオンデマンド形式（eラーニングを含む）によるところも増えている。

(ア)　セルフケア教育

自らのストレスに関しての気づきと適切な対処や周囲への相談を促す教育は、全労働者に対して行うことが望ましい。

代表的なストレス反応を具体的に例示し、ストレスとストレス反応との関連について説

明するとともに、周囲の助言からストレスに気づく場合もあること、そのためには日頃から職場や友人間の交流を大切にすべきであることなどを伝える。

　主題を睡眠、飲酒、運動などの生活習慣などに絞った話題提供を、それぞれ問題を有する特定の対象に実施する方法もあるが、その場合には個人情報の保護に留意し、参加者は全員がその問題を抱えている者であるようにはしない（例えば、広く参加希望者を募った上で、特に参加を求めたい者には個別に勧奨を行う）といった配慮が求められる。

　なお、何らかの行動変容を狙いとした教育の場合、効果をあげるためには、フォローアップを含め複数回実施する必要があることも指摘されている。

　メンタルヘルス指針では、望ましいセルフケアの教育内容が示されている（**図表4.18**）。

　パンフレット、社内報などで、情報の一部が家族にまで届けられれば、家族からの働きかけによって、労働者のストレスの気づきが促されることも期待できるかもしれない。

(イ)　管理監督者教育

　メンタルヘルス指針には、管理監督者研修で取り扱われるべき事項も列挙されている（**図表4.19**）。

　管理監督者教育の内容は、職場環境等の改善と部下に対する相談対応、すなわち職場管理と部下管理（支援）の重要性と方法が中心となる。部下の相談対応については、リスナー教育として積極的傾聴法などの技法が紹介されることもある。一方的な講義だけでなく、特定の主題についての小グループによる討議、事例検討、ロールプレイなどの形式を取り入れることにより、参加者の理解を深めることができる。

　管理監督者教育も、すべての管理監督者を対象とすべきであるが、仕事の負荷が高まっている職場やメンタルヘルス不調が多くみられる職場の関係者を先に実施するなど、優先順位を付けて順次進めることも重要である。

(ウ)　産業保健スタッフの研修

　産業保健スタッフは、通常セルフケアおよびラインによるケアを支援する役割を果たすが、そのためには、メンタルヘルスに関する知識や技法を修得し、その水準を高めておく

・メンタルヘルスケアに関する事業場の方針 ・ストレスおよびメンタルヘルスケアに関する基礎知識 ・セルフケアの重要性および心の健康問題に対する正しい態度	・ストレスの気づき方 ・ストレスの予防、軽減およびストレスへの対処の方法 ・自発的な相談の有用性 ・事業場内の相談先および事業場外資源に関する情報

図表4.18　メンタルヘルス指針が求めるセルフケア研修の内容

・メンタルヘルスに関する事業場の方針 ・職場でメンタルヘルス対策を行う意義 ・ストレスおよびメンタルヘルスに関する基礎知識 ・管理監督者の役割および心の健康問題に対する正しい態度 ・職場環境等の評価および改善の方法 ・労働者からの相談対応（話の聴き方，情報提供および助言の方法）	・心の健康問題により休業した者の職場復帰への支援の方法 ・事業場内産業保健スタッフ等との連携およびこれを通じた事業場外資源との連携の方法 ・セルフケアの方法 ・事業場内の相談先および事業場外資源に関する情報 ・健康情報を含む労働者の個人情報の保護等

図表4.19　メンタルヘルス指針が求める管理監督者研修の内容

ことが求められる。事業場外の研修会や学術学会に参加し、自己研鑽さんを積むことが肝要である。

　　また、日頃から、職場巡視、相談活動、教育研修などを通じて、事業場全体および各職場の実態を把握しておくと、それも相談活動や教育研修の質を向上させることにつながる。

⑷　職場環境等の改善

　㋐　職場環境等の改善の進め方

　　職場環境等の改善は、不調（健康障害）の原因に働きかけるという意味で、産業保健活動としては優先順位が高い。他のメンタルヘルス対策と同様に、労働安全衛生マネジメントシステムの考え方に沿って進める。

　　その方法は大きく3つに分けることができる。トップダウン型、労働者参加型、専門家主導型である。トップダウン型は、経営層主導型と管理監督者主導型に細分することも可能である。

　　経営層主導型は、経営層が自らの経験、経営判断などを踏まえて主導するものである。事業場の組織体制や制度の見直しにも取り組みやすく、費用面の理由による突然の中止といった事態も起きにくい反面、企業（事業場）の規模が大きいと、職場単位の特徴を踏まえた細やかな活動になりにくいことが懸念される。管理監督者主導型は、事業場の方針に基づき、管理監督者が自職場の改善を牽引するものである。職場ごとの特徴を反映した活動が行いやすく、活動を契機として部署内の結束力が高まることも期待できるが、管理監督者が自らの裁量の範囲内で容易に行える活動にしてしまおうとしたり、独断的になってしまったりする恐れがある。リーダーシップを強く問われ、負担が大きくなる可能性も高い。

　　労働者参加型は、職場の多くの労働者が直接参加し、小グループの討議を中心に進めることを基本とする。職場のストレス調査などは上層部が企画したとしても、その結果をもとに、具体的な改善策を労働者間の議論と協働により決定して、実施する。現場に合った細かい活動の計画を立案しやすく、活動の過程で職場内の相互理解が進むことも期待できる。他方、職場によっては、参加者のスケジュール調整が困難な場合があるであろうし、職場の協調性が問われる面もある。

　　専門家主導型については、費用はかかるが職場の負担感が少ないであろうという理由から、導入しやすいと感じられるかも知れない。しかし、現場のニーズが反映されにくい、職場の自主性が醸成されにくいといったデメリットが生じる可能性に注意が必要である。

　　事業場の実態に合った方法を選択すればよいが、何らかの形で労働者の意見を取り入れることは、活動の成果を高めるために必須である。

　　ここでは、労働者参加型活動の進め方について述べる。

　　職場環境改善を行う職場単位は、業務内容のまとまりや組織形態などを参考にして決定する。1単位を10人未満の少人数にすると、後述する実態調査において集計を行う際に、

個人の回答内容が推測されやすい、一部に偏った回答があった場合にそれが全体の結果に影響を及ぼしやすいといった問題が生じるため、注意が必要である。

(イ)　職場環境改善のためのツールの活用

　　職場環境等の改善のためには、まず実態調査を行わねばならない。その代表的なツールは、既述した職業性ストレス簡易調査票および仕事のストレス判定図である。職業性ストレス簡易調査票の回答結果を職場単位で集計し、仕事のストレス判定図を利用することによって、各職場のストレスの強さ、ストレス要因の特徴を評価できる。

　　次に、実態調査の結果をもとに、職場環境等の改善に関する計画を立てる。この過程についても、活用できるツールが開発されている。主なものに、職場環境改善のためのヒント集（メンタルヘルスアクションチェックリスト）（**図表4.20**）、メンタルヘルス改善意識調査票（MIRROR）（**図表4.21**）がある。

　　メンタルヘルスアクションチェックリストは、簡潔な職場改善案30項目からなり、各5項目の6領域に分けられている。労働者は各項目が示す内容を自らの職場に当てはめ、当該対策を「提案する」「提案しない」のいずれかを選択する。「提案する」の場合には、優先度を高くするか否かについて、回答をする。回答結果を集計することによって、各職場単位の改善すべき点が明らかになる。また、各項目について、仕事のストレス判定図における「仕事の要求度」、「仕事のコントロール」、「上司の支援」、「同僚の支援」との対応表も用意されており、両者の結果を関連づけて、課題を整理することもできる。

　　MIRRORは、職場の望ましい状況を表現した45項目9領域で構成されている。労働者は各項目について「すでに実現しており改善は不要」、「できれば改善が必要」、「ぜひ改善が必要」、「（当）職場とは関係がない」の4つの選択肢から最もあてはまるものを回答する。回答は職場単位で集計、各職場にフィードバックされる。標準的なフィードバックとしては、「すでに実現しており改善は不要」の回答が多かった項目（5項目程度）を当該職場の強み、「ぜひ改善が必要」の回答が多かった項目を課題として、当該職場の特徴を表すことが提唱されており、そのためのフォーマットも用意されている。

　　職場単位の調査に共通することであるが、その結果は職場や管理者の成績表のように用いられるべきではない。より良い職場づくりのための資料であることを周知徹底しておきたいところである。

(ウ)　職場環境等の改善活動の実践

　　結果をもとにして、職場でのグループ討議によって、具体的な活動計画を立てる。グループ討議の参加者は、適切な手順で選抜された職場代表者であってもよいが、できる限り当該職場全員の意見が反映されるようにするべきである。最初は、議論が円滑に進むように、産業保健スタッフ等がファシリテーターとして参加することも勧められる。

　　改善活動は、期限を区切って実施する。活動開始後も、途中で進捗状況を確認し、必要に応じて手順や方法を見直す場を設けるべきである。

　　改善活動の終了期限が来たら、速やかにその成果をまとめ、評価を行う。評価方法はあらかじめ決めておくとよい。評価結果は、必ず衛生委員会などで公表し、次の計画に活用

領域	アクション項目	「仕事のストレス判定図」との対応			
		仕事の量的負担	仕事のコントロール	上司の支援	同僚の支援
A 作業計画への参加と情報の共有	1. 作業の日程作成に参加する手順を定める 　作業の分担や日程についての計画作成に，作業者と管理監督者が参加する機会を設ける．		◎		
	2. 少数人数単位の裁量範囲を増やす 　具体的なすすめ方や作業順序について，少数単位又は作業担当者ごとに決定できる範囲を増やしたり再調整する．		◎		
	3. 個人あたりの過大な作業量があれば見直す 　特定のチーム，又は特定の個人あたりの作業量が過大になる場合があるかどうかを点検して，必要な改善を行う．	◎	○	○	○
	4. 各自の分担作業を達成感あるものにする 　分担範囲の拡大や多能化などにより，単調な作業ではなく，個人の技量を生かした達成感が得られる作業にする．		◎	○	
	5. 必要な情報が全員に正しく伝わるようにする 　朝の短時間のミーティングなどの情報交換の場を設け，作業目標や手順が各人に伝わり，チーム作業が円滑に行われるように，必要な情報が職場の全員に正しく伝わり，共有できるようにする．		◎	○	○
B 勤務時間と作業編成	6. 労働時間の目標値を定め残業の恒常化をなくす 　1 日，1 週，1 ヵ月後との労働時間に目標値を設け，ノー残業デーなどを運用することなどで，長時間労働が当たり前である状態を避ける．	◎	○		
	7. 繁盛期やピーク時の作業方法を改善する 　繁盛期やピーク時などの特定時期に個人やチームに作業が集中せず作業の負荷や配分を公平に扱えるように，人員の見直しや業務量の調整を行なう．	◎	○		
	8. 休日・休暇が十分取れるようにする 　定められた休日日数がきちんと取れ，年次有給休暇や，リフレッシュ休暇などが計画的に，また必要に応じて取れるようにする．	◎	○		
	9. 勤務体制，交代制を改善する 　勤務体制を見直し，十分な休養時間が確保でき，深夜・早朝勤務や不規則勤務による過重負担を避けるようにする．	◎	○	○	
	10. 個人の生活条件に合わせて勤務調整ができるようにする 　個人の生活条件やニーズに応じて，チーム編成や勤務条件などが柔軟に調整できるようにする． （例：教育研修，学校，介護，育児）	◎	○	○	○
C 円滑な作業手順	11. 物品と資材の取り扱い方法を改善する 　物品と資材，書類などの保管・運搬方法を工夫して負担を軽減する． （例：取り出しやすい保管場所，台車の利用，不要物の除去や整理整頓など）	◎	○		
	12. 個人ごとの作業場所を仕事しやすくする 　各自の作業場のレイアウト，姿勢，操作方法を改善して仕事しやすくする． （例：作業台の配置，肘の高さでの作業，パソコン操作方法の改善など）	◎	○		
	13. 作業の指示や表示内容をわかりやすくする 　作業のための指示内容や情報が作業中いつでも容易に入手し確認できるようにする． （例：見やすい指示書，表示・ラベルの色分け，標識の活用など）	○	◎	○	
	14. 反復・過密・単調作業を改善する 　心身に大きな負担となる反復作業や過密作業，単調作業がないかを点検して，適正な負担となるよう改善する．	◎	○		
	15. 作業ミス防止策を多面に講じる 　作業者が安心して作業できるように，作業ミスや事故を防ぎ，もし起こしても重大な結果に至らないように対策を講じる． （例：作業手順の標準化，マニュアルの作成，チェック方法の見直し，安全装置，警報など）	◎	○		

図表 4.20　職場環境改善のためのヒント集（メンタルヘルスアクション

D	作業場環境	16. 温熱環境や音環境，視環境を快適化する 　冷暖房設備などの空調環境，照明などの視環境を整え，うるさい音環境などを，個々の作業者にとって快適なものにする.	○	○	○	○
		17. 有害環境源を隔離する 　健康を障害するおそれのある，粉じん，化学物質など，人体への有害環境源を隔離するか，適切な防護対策を講じる.	○			
		18. 職場の受動喫煙を防止する 　職場における受動喫煙による健康障害やストレスを防止するため，話し合いに基づいて職場の受動喫煙防止対策をすすめる.			◎	◎
		19. 衛生設備と休養設備を改善する 　快適で衛生的なトイレ，更衣室を確保し，ゆっくりとくつろげる休憩所，飲料設備，食事場所や福利厚生施設を備える.	◎		○	○
		20. 緊急時対応の手順を改善する 　災害発生時や火災などの緊急時に適切に対応できるように，設備の改善，通路の確保，全員による対応策と分担手順をあらかじめ定め，必要な訓練を行なうなど，日頃から準備を整えておく.	○	○		
E	職場内の相互支援	21. 上司に相談しやすい環境を整備する 　従業員が必要な時に上司や責任者に問題点を報告し，また相談しやすいように普段から職場環境を整えておくようにする．（例：上司に相談する機会を確保する，サブリーダーの設置，相談しやすいよう職場のレイアウトを工夫するなど）			◎	○
		22. 同僚に相談でき，コミュニケーションがとりやすい環境を整備する 　同僚間でさまざまな問題点を報告しあい，また相談しあえるようにする． 　（例：作業グループ単位で定期的な会合を持つ，日報やメーリングリストを活用するなど）			◎	◎
		23. チームワークづくりをすすめる 　グループ同士でお互いを理解し支えあい相互に助け合う雰囲気が生まれるように，メンバーで懇親の場を設けたり研修の機会を持つなどの工夫をする.			◎	◎
		24. 仕事に対する適切な評価を受け取ることができる 　作業者が自分の仕事のできや能力についての評価を，実績に基づいて，納得できる形で，タイミングよく受け取ることができるようにする.			◎	○
		25. 職場間の相互支援を推進する 　職場や作業グループ間で，それぞれの作業がしやすくなるように情報を交換したり，連絡調整を行なったりするなど，相互支援を推進する.	○	○	○	○
F	安心できる職場のしくみ	26. 個人の健康や職場内の健康問題について相談できる窓口を設置する 　心の健康や悩み，ストレス，あるいは職場内の人間関係などについて，気兼ねなく相談できる窓口または体制を確保する．（例：社内のメンタルヘルス相談窓口の設置）	○	○	○	○
		27. セルフケアについて学ぶ機会を設ける 　セルフケア（自己健康管理）に役立つ情報を提供し，研修を実施する. 　（例：ストレスへの気づき，保健指導，ストレスへの上手な対処法など）	○	○	○	○
		28. 組織や仕事の急激な変化にあらかじめ対処する 　組織や作業編成の変更など職場の将来計画や見通しについて，普段から周知されているようにする.	○	○	○	○
		29. 昇進・昇格，資格取得の機会を明確にし，チャンスを公平に確保する 　昇進・昇格のモデル例や，キャリア開発のための資格取得機会の有無や時期が明確にされ，また従業員に公平にチャンスが与えられることが従業員に伝えられているようにする.		○	◎	○
		30. 緊急の心のケア 　突発的な事故が生じた時に，緊急処置や緊急の心のケアが受けられるように，あらかじめ職場内の責任者や産業保健スタッフ，あるいは社外の専門家との連絡体制や手順を整えておく.	○		○	

注）　◎＝特に関係あり　　○＝関係あり

（資料：吉川徹、他「職場環境改善のためのメンタルヘルスアクションチェックリストの開発」『産衛誌』49：2007、127-142）

チェックリスト）（「仕事のストレス判定図」の4領域との対応を含む）

あなたについて、該当するものを各項目1つずつチェック（✔）して下さい。

［所属部署］　　（　　　　　　　　　　　　　　　　　　）

［職種］　　□研究・開発　□ＳＥ　□製造　□営業・販売　□企画　□その他（　　　　　）

［職位］　　□管理職　□一般社員　□その他（　　　　　　　）

［性別］　　□男　□女　　　　　［年齢]（　　　　）歳

この調査票には、職場において望ましいと考えられる状態が述べられています。あなたの職場について、(1)すでに実現しており改善は不要、(2)できれば改善が必要(3)ぜひ改善が必要、(4)職場とは関係がない項目である、の中から、最も近いものを1つ選び、〇印を付けて下さい。

組織運営・教育

	実現しており改善は不要	できれば改善が必要	ぜひ改善が必要	この職場とは関係がない
1　人の配置や仕事量の割り当てが適切に行われ、特定の人に負荷が偏らない。	1	2	3	4
2　仕事の指示をする人が明確になっており、誰に従うか迷うことはない。	1	2	3	4
3　それぞれの技能に見合った難易度の仕事が割り当てられている。	1	2	3	4
4　業務分担の内容は明確化されている。	1	2	3	4
5　他のグループとの連携・協力はうまくいっている。	1	2	3	4
6　配置転換・グループ換えは適切に行われている。	1	2	3	4
7　仕事の方針はみんなの納得のいくやり方で決められている。	1	2	3	4
8　職場では、だれでも自由に意見や考えを述べることができる。	1	2	3	4
9　顧客からの意見が製品開発やシステム作りに反映されている。	1	2	3	4
10　仕事の目標、作業の見通しや位置づけの情報がきちんと伝えられている。	1	2	3	4
11　進捗状況・達成度について上司と定期的に話し合う場が設定されている。	1	2	3	4
12　ミーティングの回数や内容が適切で、情報や問題が共有できている。	1	2	3	4
13　能力や経験に見合った訓練や能力開発のための研修が行われている。	1	2	3	4
14　上司が部下の訓練や研修の機会を積極的に与えている。	1	2	3	4

作業・業務の改善

15　本来の業務を圧迫するほどの余分な仕事はない。	1	2	3	4
16　生産や注文などの入力作業による負荷は多すぎない。	1	2	3	4
17　資料や報告書の作成は必要最小限になるように配慮されている。	1	2	3	4
18　出張業務時の連絡・支援のためのシステムが整備されている。	1	2	3	4
19　仕事の大きな負荷が長期化する場合の補充・支援は速やかに行われている。	1	2	3	4
20　顧客や関連業者とのトラブル発生時の相談・支援体制はできている。	1	2	3	4

対人関係

21　職場の中で、勝手にふるまう者はいない。	1	2	3	4
22　職場の中で、取り残されたり孤立したりする者はいない。	1	2	3	4

職場環境

23　職場の分煙は適切に行われている。	1	2	3	4
24　作業環境調整(空調・照明など)に、作業者の希望が反映されている。	1	2	3	4
25　自分の業務に必要な作業空間は十分に確保されている。	1	2	3	4

図表 4.21　メンタルヘルス

勤務時間・休息

26　残業や休日出勤が多くなりすぎないよう配慮されている。	1	2	3	4
27　休憩時間中は確実に休める。	1	2	3	4
28　休憩中の電話や来客対応は、特定の人に偏っていない。	1	2	3	4
29　仕事の区切りがついたら他の人に気がねせずに帰れる。	1	2	3	4
30　「ノー残業デー」が設定され、活用されている。	1	2	3	4
31　年休はとりやすい。	1	2	3	4
32　時間が不規則な勤務でも、健康面に配慮した勤務体系になっている。	1	2	3	4
33　休日出勤はないか、あっても連日にはならない。	1	2	3	4
34　休日出勤の後には代休をとりやすい。	1	2	3	4
35　混雑する時間・経路を避けて通勤できる。	1	2	3	4

裁量・権限

36　現場の担当者には、円滑に仕事を進めるために十分な権限がある。	1	2	3	4
37　その日の業務量を、自らの裁量で調節できる。	1	2	3	4

技能活用・やりがい

38　職場では、各人の能力や工夫を生かすことができる。	1	2	3	4

上司の支援

39　上司が忙しすぎないので、部下からの相談を受ける余裕がある。	1	2	3	4
40　上司は部下からの報告・相談を受け、適切な業務調整を行っている。	1	2	3	4
41　上司が多忙な職場では、代理を務める者が設定されている。	1	2	3	4
42　上司はみんなの仕事が円滑に運ぶよう取りはからっている。	1	2	3	4
43　上司と部下の定期的な面接の際、部下の心身の健康状態を確認している。	1	2	3	4
44　上司から部下へは、何事についてもきちんとした説明がなされている。	1	2	3	4

同僚の支援

45　同じ職場のメンバー同士で、互いに協力できている。	1	2	3	4

上記以外に改善が必要と思われる項目がありましたら、記入して下さい。

本チェックリストは平成16-18年度産業医科大学高度研究「ハイリスク職場におけるメンタルヘルス対策のためのツールの開発と多施設介入研究」の一環として、産業医科大学産業生態科学研究所　精神保健学研究室で作成されたツールです。

出典：Tahara H, et al.：Development of a Work Improvement Checklist for Occupational Mental Health Focused on Requests from Workers. *J Occup Health* 51: 2009, 340-348.

改善意識調査票（MIRROR）

する。

　職場環境等の改善活動のサイクルは、一般的には1年間程度が妥当である。あまり短いと、関係者の負担が重くなり、長続きしない恐れがある。

(5)　職場復帰支援

　復職の良否は、換言すれば当該労働者の職場再適応の良否であり、それには個人側の要因と職場側の要因が関与する。復職支援活動では、その両者に対する評価、支援が求められることになる。以下では、復職支援手引き（既述）に示されている5つのステップに沿って、活動のポイントを概説する。

(ア)　第1ステップ

　通常、労働者が何らかの傷病で休業を開始する際には、本人から休業診断書の類が提出される。復職支援は、この時点から開始すると考えるべきである。本人および家族が安心した状態で療養に専念できるように、休業および復職に関する手続きを分かりやすく説明し、必要に応じて休業中に活用できる地域資源の情報を提供する。また、この段階で本人の了解を取って、主治医との連携を図る。主治医に、休業前の本人の仕事内容、仕事ぶりに関する情報に加え、休復職に関する当該事業場の諸制度、復職を認める業務遂行能力の回復の水準などを伝える。これらは、診断や治療に寄与するとともに、主治医が復職の時期を判断する際の参考になる。また、職場側で本人が復職するにあたっての問題点が明らかになっていれば、この段階で改善活動に着手しておく。

(イ)　第2ステップ

　病状が改善して、本人が復職希望の意思を表明し、主治医による復職可能の意見書を提出したら、その情報を職場関係者間で共有し、改めて主治医との連絡を行い、復職判定の準備を始める。この過程を円滑に行うために、主治医との間で復職の話が出たら職場に一報を入れるように、本人に伝えておくのもよい。

(ウ)　第3ステップ

　復職支援の核になる段階である。主治医から本人の治療過程、回復状況、今後の見通しなどに関する詳細な情報を入手し、本人と直接面接を行って、復職に対する意思および病状の回復の確認、業務遂行能力の回復程度の推定などを行う。この面接は通常産業医が担当するが、その前後に人事労務担当者や上司が各々の立場からの面接を行うことも多い。至近数週間の本人の生活状況が参考になる。起床、就寝、昼寝、食事、運動、外出などの時間とそれぞれの時点の疲労感や気分の変動などを表にして持参してもらうとよい。集中力、判断力、行動力といった業務遂行に直結する能力は、他の症状よりも回復が遅れる場合が少なくない点に注意が必要である。これらの情報を総合的に評価して、職場復帰の可否を決定する。最終的な決定は人事労務担当者が行うのが一般的である。この過程で復職が時期尚早と判断された場合には、その旨と理由をまとめ、本人、家族および主治医に伝えて、理解を求める。

　復職可能と判断されたら、復職支援プランの作成を行う。具体的な復帰日、職場復帰に

あたっての業務上の配慮の内容（配置転換が必要な場合は新しい配属先と業務内容）など
を決定する。本人の意向を確認することは重要であるが、必ずしも本人の希望をすべて叶
える必要はない。また、本人の希望どおりにすることが、必ずしも良い結果を生むとは限
らない。復職先は元の職場とするのが原則であるが、人間関係や適性の問題を主因として
メンタルヘルス不調に陥った例では、配置転換を行った方がよい場合もある。

（エ）　第4ステップ

　　最終的な復職の決定がなされれば、詳細な書面を作成する。復職日、当面の就業上の配
慮の内容などを主治医にも伝える。

（オ）　第5ステップ

　　症状の再燃、再発による不安定な勤務や再休業を防止するために重要な支援段階であ
る。復職支援プランに沿って、復職後のフォローアップを行う。主治医との連携を継続す
ることも重要である。症状の再燃、再発がみられる例、業務遂行能力の回復などが当初の
予定より遅れている例、新たな問題が生じている例などでは、支援プランの見直しも検討
する。上司や同僚が本人への対応などで強い負担を感じている場合には、その相談対応も
行われる必要がある。

（カ）　試し出勤制度

　　復職支援手引きでは、正式な復職前に、短時間の出勤を試みる制度を、試し出勤制度等
として紹介している。当該労働者にとっても、就業に関する不安を緩和させることができ
き、また実際の職場で自分自身および職場の状況を確認しながら復職の準備ができるた
め、より高い復職率を期待できるとしている。導入に当たっては、この制度の主旨が職場
において業務の訓練を行うところにはないことを明確にした制度設計を行い、事業場内に
周知すべきである。

（キ）　リワークプログラム

　　リワークプログラムとは、在職精神障害者の復職支援プログラムの通称である。精神障
害により休業を繰り返す労働者を主な対象として開始されたが、最近では初回の休業者も
数多く参加している。現在、地域障害者職業センターおよび民間の精神科医療機関などで
実施されている。実施機関によって相違はあるが、数カ月以上の継続を想定して、不調に
至る」過程の振り返り、生活リズムの再構築、業務遂行能力の回復、障害の理解、自己健
康管理方法やコミュニケーション技法の修得などを狙いとしたプログラムが準備されて
いる。

(6)　事業場外資源の活用

　　メンタルヘルス対策を推進するために活用できる事業場外資源としては、医療機関や労働
衛生機関（健診機関など）、産業保健総合支援センター、精神保健福祉センターなどがある。
産業保健総合支援センターは、産業保健全般に関する情報発信の他、具体的な活動の進め方
に関する相談の対応、産業保健スタッフ等を対象とした教育研修などを行っている。労働衛
生機関においても、メンタルヘルスケアに関するサービスを提供するところが増加してお

り、ストレスチェック制度の実施への支援や保健師等による相談活動、教育研修などを手掛けている。精神保健福祉センターは、地域によって産業保健への関わりに温度差がみられる。

　また最近は、メンタルヘルスサービスを専門にした民間機関が増え、企業と契約を結んでメンタルヘルス支援を行っている。EAP（Employee Assistance Program：従業員支援プログラム）機関と呼ばれることもある（EAPは、元々業務遂行能力の回復、増進を狙いとする特色のあるプログラムであり、米国で発展した歴史を持つ）。大都市を中心に活動が展開されているが、地方にも広がりを見せている。中央労働災害防止協会（中災防）も事業場外資源の1つとして、メンタルヘルス対策の推進を図るための各種事業を展開している。

5)　心理相談活動

(1)　心理相談担当者とその活動範囲

　1988年に公表されたTHP指針では、メンタルヘルスケアの担当者として、「心理相談員」が規定された。後に「心理相談担当者」と名称変更されたが、その役割は変わらず、労働者の個別相談を主な職務とした。メンタルヘルス指針の前身にあたる「事業場における心の健康づくりのための指針」（2000年）では、心の健康づくり専門スタッフとして位置付けられた。メンタルヘルス指針では、「心理相談担当者」とは明記されていないが、心理職という表現が使われており、臨床心理士や産業カウンセラーと共に、それに含まれているとみなすことができる。

　THP指針は、2021年の改正で大幅に内容が変わり、「心理相談」や「心理相談担当者」という表現はなくなったが、メンタルヘルスケアを積極的な健康づくりを目指す人を対象にした健康指導の一部に位置付け、その内容として、ストレスに対する気づきへの援助、リラクセーションの指導を例示している。これは、改訂前の指針に記されてきた心理相談担当者の役割と同様である。こうした活動は、メンタルヘルス指針を踏まえて適切に行われる必要があるとも記されており、従来心理相談担当者が行ってきた個別相談は、上記健康指導に加えて、メンタルヘルス指針が示すセルフケア（一部、ラインによるケアを含む）への支援の一部としても実施されることが望まれる。また、指針では「労働者に対してメンタルヘルスケアを行うことができる専門スタッフを養成し、活用することも有効である」とも記されており、その担当者の資質についても、少なくとも従来と同等水準のものを備えるべきと解釈される。

　こうしたことから、ここでは改正THP指針が示す健康指導としてのメンタルヘルスケアにおける個別相談を心理相談、その担当者を心理相談担当者と表現し、その具体的な活動について解説する。

　心理相談活動を行うに当たって、心理相談担当者に求められる要件を**図表4.22**にまとめた。これらの基本的な要件を備えていない者が行う心理相談は、来談者にとっても、職場にとっても、当の心理相談担当者にとっても良い結果をもたらさない。⑥と⑦は、個別相談以外のメンタルヘルス対策に関わる際にも求められる必須要件である。

> ① 来談者の話がきちんと聴ける―少なくとも「積極的傾聴法」の知識と技法を習得している
> ② 心理相談担当者としての活動について、常に自己評価を怠らない
> ③ すべての来談者に対して、公平さ、一定の心理的距離を保てる
> ④ 産業医、産業看護職などの産業保健スタッフと連携、協働作業ができる
> ⑤ 健康情報の管理ができる―守秘義務、個人情報管理についての知識を身につけ、それを実践できる
> ⑥ 他の産業保健活動（特に、メンタルヘルス対策）のことを理解している
> ⑦ 当該企業、事業場の組織、規則、制度などを熟知している

図表 4.22　心理相談担当者に求められる基本的要件

(2)　心理相談の枠組み

　一般に、事業場内で労働者に対して行われる心理（個別）相談の類は、2つに大別することができる。1つは、相談活動の結果の概要を、産業医をはじめとする一部の産業保健スタッフに報告し、必要に応じて当該労働者の上司や人事労務管理スタッフ等と連携することにより問題の解決や改善を図る対応を含むものである。もう1つは、相談内容を来談者と担当者以外は一切知り得ないようにするものであり、いわば密室での相談活動である。企業や健康保険組合は経費だけを拠出し、そこで行われる相談の内容については関知しないことになる。労働者が事業場外の相談機関に足を運ぶ時間が省けることを除けば、この相談対応を事業場内で行う利点はあまりない。

　相談活動をいずれの形にするかは、人事労務担当者や産業保健活動に関わる関係者の間で協議し（衛生委員会等で審議をしてもよい）、事業場内に広く周知しておくべきである。産業保健活動の一環として実施される場合には、前者の形をとるのが一般的であり、以下の解説も前者に限定して行う。

　心理相談の枠組みの一例を、**図表 4.23** に示した。

　活動は、就業時間内に事業場内で行うのがよい。産業保健活動であることを考えれば当然であるが、来談希望者から就業時間後に事業場外の喫茶店などで相談したいといった要望が出されることがある。就業時間外（特に、夜間や休日）の相談、事業場外での相談は、トラブルの原因となる場合があるため、勧められない。

　また、心理相談は、臨床的な治療行為ではなく、健康の保持増進活動であるため、扱う内容を「来談者を受容、共感、支持することで対応可能な」問題に限定する。諸事情により、すでに精神障害に罹患し治療を受けている労働者の相談を行う場合には、その方向性や留意点を主治医に確認しながら進める必要がある。

場所	事業場内の相談室
時間	就業時間内で、1 時間以内 / 回。
対象	原則として精神障害により治療を受けている労働者を除く。対象とする場合には、主治医との連携を密にする。
内容	仕事関連の問題を優先的に取り扱う。
情報の共有	相談内容の概要を産業医に報告。
手法	傾聴を中心とする。
問題解決	場合によって、上司・人事と連携する。

図表 4.23　事業場内における心理相談の枠組みの一例

　心理相談担当者は各々の事例について、「心理相談担当者が自力のみで対応できる事例」、「スーパーバイザーの指導を受ければ対応できる事例」および「専門家に紹介しなければならない事例」のいずれに該当するかを判断し、3番目に該当する例では、速やかに専門家との連携を図ることが求められる。

　来談者の悩み、ストレス要因は多岐にわたることが多いが、職場や仕事に関連した現実的な問題を主に取り扱う。むろん、来談者の抱えている悩みが仕事外の問題に由来するもので、依頼もそれに関することの相談であった場合にはその限りでない。仕事上の問題とそれ以外の問題が絡み合って分けることができないこともある。しかし、心理相談担当者の個人的な興味や人の心理に関わっているという実感を得たいといった理由から、仕事に関連した解決可能な問題がないかどうかの確認はおざなりにして、来談者の幼少期に遡って成育歴を詳細に聴取したり、深層心理に迫ろうしたりするような働きかけは適切でない。

　相談内容を産業医などと一部共有することについては、あらかじめ来談者に伝えておくほうがよい。来談者の職務負荷の軽減、業務内容の変更、配置転換などが望ましいと判断された場合、それを実現するためには、上司や人事労務担当者との連携が必要になる。産業保健部門からのそうした助言、勧告の類は、通常産業医からなされることが多く、心理相談でもそのルートによることが望ましい。それを円滑に進めるためには、相談内容の概要を産業医には報告することが肝要である。特に、産業医が非常勤で事業場への来所頻度が低い場合には、どのように連携を図るか、役割分担も含めた体制を決めておくべきである。

　以上のような枠組みを定め、職場に周知すると、労働者が個人情報の漏洩などについて警戒心を強め、当初は来談者が少なくなる可能性も否定できない。しかし、このことは事後のトラブルの発生を防止し、長期にわたって相談活動を安定して継続するために重要である。心理相談を利用されやすくする工夫は別の面で行うことができる。メンタルヘルス対策におけるセルフケアやラインによるケアに向けた教育研修の一部を担当し、相談活動を広報するのも有用である。教育研修は、労働者、管理監督者との交流の場となり、事業場の実態を把握することにもつながる。また、良質の相談活動が積み重ねられると、労働者の間で口コミにより評判が広まり、利用件数が増加するものである。

　産業保健活動の一部であるという観点からみた心理相談の留意事項を**図表 4.24** に掲げた。

---

① 他の産業保健活動との関連に注意を払う
　　来談者への助言と、事業場で行われている他の産業保健活動の取組との間に、考え方や内容のずれ、矛盾が生じていないかを意識し、来談者が混乱を起こさないように配慮する
② 相談活動が、来談者のみならず、その職場関係者（上司、同僚など）に与える影響についても留意する
　　来談者のためには望ましいように思えても、周囲の職場関係者に大きな戸惑いや迷惑を与えるような助言、指導、承認は好ましいとは言えない
③ 事業者の安全配慮義務について理解し、それに基づいた活動を心掛ける
※安全配慮義務については 本章第 1 節第 3 項を参照のこと

図表 4.24　産業保健活動としての心理相談の留意点

(3)　心理相談の実際

　(ア)　相談室の整備

　　　来談者が落ち着いてゆったりした気持ちで相談できるように、相談室の環境を整備することが望まれる。相談内容が室外に漏れないようにするのはもちろんであるが、外部の騒音をできるだけ遮断し、室内温度、湿度、照度なども適切に保たれるようにする。

　　　出入り口についても、あまり人目に付かずに入退室ができるような配慮をすることが望ましいが、周囲から隔絶されたような場所にすると、逆効果となる可能性もある。待合室を設ける場合も同様である。

　　　テーブル（机）、椅子については、あまりこだわらなくてよい。面接の間、来談者が苦痛を感じたり気が散ったりしない程度の座り心地があれば十分である。新たに応接セットのようなものを購入したり、高価なソファーを準備したりする必要はない。

　　　来談者が入室する際には、椅子から立ってその近くまで歩み寄り、声をかけて迎え入れる。氏名を確認することも忘れてはならない。同姓同名の者がいる可能性があれば、過去の相談や他の健康管理関係の記録を参照する際に取り違えを起こさぬように、部署なども併せて確認するとよい。

　　　相談時に来談者と心理相談担当者が座る位置関係は、正面を避け机やテーブルの角を使ってほぼ直角になるようにするのが一般的である。

　(イ)　相談対応の仕方

　　　心理相談を開設すると、**図表4.25**のようなルートから依頼が来ることが予想される。ただし、⑥と⑦は通常極めて少なく、大半が①〜④であろう。管理監督者に対するメンタルヘルス教育（メンタルヘルス指針における「ラインによるケア」のための教育研修）が効果的に行われると、④の例が増えることになる。ストレスチェック制度において、高ストレス者で医師による面接を希望しない者などの相談窓口、医師による面接指導後のフォローアップなどを、心理相談として担当する場合もあろう。

　　　本人以外（例えば、上司）からの相談例では、様々な判断や助言をするにあたって、必ず当の本人と直接面接をすべきである。間接的な情報だけを基にした判断は、大きな誤りやトラブルを引き起こしかねない。本人との面接を行うためには、来談者から本人にそれを勧めてもらう。その勧め方についても、必要に応じて来談者と打合せの場を持つとよい。

　　　相談を開始する前に、上述したように、相談内容を一部産業保健スタッフ等の間で共有

```
①　メンタルヘルス指導票の指示（健康測定をもとにしたもの）
②　産業医からの依頼
③　来談者からの直接の相談
④　管理監督者からの部下についての相談
⑤　人事労務管理スタッフからの特定の労働者に関する相談
⑥　同僚、部下からの相談
⑦　労働者の家族（親族）からの当該労働者についての相談
```

図表4.25　心理相談が依頼される主なルート

することについて了解を得る。相談中にメモを取ることは特に問題ないが、それも事前に一言断ってから行うと、来談者に要らぬ警戒心を抱かせずに済む。

1回の相談時間枠を決めておくことも勧められる。枠組みの説明でも示したが、1時間程度に設定するのがよい。それ以上続けても、面接が冗長になる、心理相談担当者の側が疲弊するなどのマイナス面が強くなる恐れがある。

回数を重ねても、相談内容が深まらず、何ら進展を認めないように思われる例では、産業医等に相談して、その後の対応を検討すべきである。

自分自身を傷つけたくなる、あるいは気に入らない同僚を殴りたくなる衝動に駆られるといった自傷他害の恐れがある例、車両や機械の運転中強い眠気に襲われることが判明した例などについては、本人や周囲の労働者を保護し、事件や災害の発生を防ぐ必要から、本人が躊躇しても、その事実を速やかに産業医等に知らせなければならない。

(ウ)　来談者名簿と相談記録の作成および保存

来談者名簿と相談記録は必ず作成する。来談者名簿には、相談開始時に来談者に署名をしてもらうのも良い。産業医等との連絡はこれをもとに行う。

相談記録は、個人別に作成し、第三者の目に触れないように、鍵のかかる保管庫などに保存する。産業医等からの要請があったら、いつでも提示できるようにしておく。また、来談者本人から開示の要請があった場合にどのような手続きによってそれに応えるかについても、あらかじめ関係者で決めておくほうがよい。パソコンや健康管理システム上に保存する場合も、同様の注意が必要になる。

(エ)　産業医への報告と事後措置

相談内容は、個々の相談別にその要点をまとめ産業医等に報告する。就業上の配慮が必要と判断された例などでは、産業医は本人と面接し、場合によっては上司あるいは人事労務管理者等と連携して適切な対応を進める。また、そうした連携を行う際には、本人の了解を得ておくことが必要になる。

問題点が職場の組織体制や指揮命令系統などにある場合、産業医がそれらの改善、見直しを提言し、職場全体のストレスが軽減されれば、来談者のみならずその同僚等の職場関係者にとっても有益な結果がもたらされることになる。

(オ)　その他の留意事項

心理相談担当者は、心理相談を通じて得られる情報には限界があることを理解して活動する必要がある。言うまでもなく、どれほど経験を積んでも心理相談活動だけで来談者のすべてを掌握することは不可能である。これは、心理相談の類全体に当てはまるが、特に職場内の相談であるがゆえに来談者が口に出さない事柄も少なくない。相談が終了した後、思わぬところから当該事例に関する重要な事実が耳に入ってくることもあり得る。

上司から相談があり、それをもとに本人との面接を始めた場合は、本人の了解を得たうえで、その経過や見通しなどを元々の依頼主である上司にも報告することを忘れてはならない。

すでにメンタルヘルス不調により通院をしている労働者から相談があった場合には、主

治医の了解を得ているかどうかを確認し、得ている場合でも産業医を通じて主治医の意向も聞いた上で、心理相談の中でどのような事柄を取り扱うかを決めるのがよい。

(4)　心理相談の技術向上のために

　(ア)　精神医学的、心身医学的知識

　　　心理相談担当者による心理相談は、いわゆる健常者を対象とすることが大原則であり、そのことは事業場内に周知しておくべきである。しかし、そうした枠組みを設定しても、心理相談を希望してくる労働者の中には、精神障害や心身症で投薬をはじめとする専門治療を要する者が含まれる可能性がある。

　　　そうした事態に適切に対応するために、心理相談担当者は来談者の状態が専門治療を受ける必要がある病的な水準に至っていないか、受療の緊急性はどうかについて、ある程度の「見立て」をする能力が求められることがある。

　　　その能力を修得維持するためには、精神医学および心身医学領域の知識と技術を深める取組を怠らないことが大切である。

　(イ)　心理相談活動の質

　　　心理相談における問題のとらえ方、話の聴き取り方、問題の評価、事後措置等については、一朝一夕に高い技術を修得できるわけではない。できれば、知識や経験が豊かなスーパーバイザーを確保して、定期的に指導を受けることが望ましい。それが難しい場合には、産業保健関連のネットワークや各種学術学会等が開催する事例検討会などに継続的に参加し、自らの抱える事例を提示して他の参加者の助言を得たり、他の参加者が持ち寄った事例の検討に積極的に加わったりすることを勧めたい。ただし、事例を企業外で提示する場合には、個人情報だけではなく、企業の情報を持ち出すことになる可能性もあるため、職場関係者の承諾を得たうえで、内容の一部を改変する必要がある。

　(ウ)　職場に関する様々な情報の収集

　　　就業に関する規則や社内の諸制度について詳しく知っておくことは当然であるが、それ以外にも各職場の仕事の特性、主なストレス要因、作業負荷の程度などについて、日頃から情報収集を怠らないことも肝要である。それらは、相談活動において、来談者のストレスを推察し、問題解決の方向性を考えるうえでの重要な手がかりとなる。

(5)　職場環境等の改善への関与

　　心理相談を続けていると、来談者を通じて、職場のストレス要因を問題視するようになる。特定の職場からの相談が複数寄せられ、その背景に指示命令系の複雑さや業務負荷の偏りのような問題がある場合には、個別の相談対応よりも、その問題を改善することが、効率的で適切な対応であると推察できる。従って、心理相談担当者が、産業医などと連携して、職場環境等の改善に取り組むことは、有意義な活動と言える。

　　しかし、それを心理相談から得た問題意識、情報だけを拠りどころにして推進するのは勧められない。心理相談から得た情報は、貴重なものではあるが、職場全体の問題の一部でし

かなく、また偏りがある可能性もある。一般に、職場環境改善は、先述した手順で行われるのが一般的である。心理相談で得られた情報は、別の手段で行われたストレスの評価結果と併せることによって活かせる。また、職場単位で具体的な改善策を検討する際に、ファシリテーターとして参加し、議論の活発化を促すのにも有用である。

⑹　ストレスチェック制度への関与

　心理相談担当者が、ストレスチェック制度に直接関与し得る場面は、医師による面接指導の対象となる高ストレス者の選定のための面接（面接を質問紙と併せて実施する事業場に限られる）、高ストレスと判定され医師による面接指導を勧奨されたにも関わらず、その申し出をしない者等に対する相談対応（相談窓口）、医師による面接指導後のフォローアップ（実施されない事業場も少なくないであろう）である。高ストレス者の選定に係る面接の場合は、当該労働者に確認する事項をあらかじめ産業医等と打ち合わせて決めておくとよい。いずれの場合も、既述した見立てがある程度求められる。

　心理相談担当者が保健師である場合、看護師、精神保健福祉士、公認心理師のいずれかの資格を有しており、一定の研修を履修した場合には、ストレスチェック制度の実施者として、中心的な関わりを持つこともあり得る。

2　職場におけるストレスとメンタルヘルス

1)　事例性の重要性

　職場に集う多くの関係者は専門家ではないので、必要以上に精神医学をもちだす必要はない。メンタルヘルス不調が疑われた際には、「事例性（caseness）」と「疾病性（illness）」との2つに分けて考えていくと理解しやすい。「事例性」は労務問題、「疾病性」は健康問題とほぼ同義語と考えると分かりやすいだろう。職場において対応の検討が必要になるのは、**図表4.26** の重なり合う部分である。前節（194頁）の「行動面におけるストレス反応」は「事例性」として把握される可能性がある。

　「事例性」とは仕事ができない、勤務態度が不良、同僚とのトラブルが多いなど実際に呈示される事実で、職場の関係者はその変化にすぐに気がつくことができる。一方、「疾病性」とは疾病の有無や症状の程度に関することで、幻聴があり統合失調症が疑われる、うつ状態が認められるなど専門家が判断する分野である。

　例えば、「何か奇妙な行動をとる人がいる」と周囲が感じた職場という現場では、統合失調

図表 4.26　事例性と疾病性

症だ、うつ病だといった精神医学的な診断（疾病性）よりも、本人もしくは周囲にどう影響しているかの現実をとらえることが先決となる。「出勤状況が不規則だ」「仕事に集中できず、周囲に負担をかけている」「そうした状況を本人は少しも自覚していない」など具体的に把握していく。次項にも示すが、「疾病性」の診断を行う治療医にとって、「事例性」は大変重要な情報になり得る。

2)　精神障害の概要

　ここからは前項で述べた疾病性についての各論の説明になる。現代の精神医学では、米国精神医学会の『精神疾患の診断・統計マニュアル』（DSM-5）もしくは世界保健機関（WHO）のICD-10に示される診断基準に基づいて診断、つまり疾病性の判断を行っている。現代医学では生物学的客観的検査所見によって診断できる精神疾患がほとんどない。そのため、診断基準は次の3点で構成されている。

①　疾患特有の症状の存在
②　症状の継続期間
③　本来の社会的機能の支障の程度

　診断を行う治療医にとって、初診患者は当然ながら初対面である。身体疾患は、労働者が受診さえしてくれれば、様々な検査の発達により疾病性の判断を行いやすい。精神疾患に関しては、初診患者であれば、本来の姿も知らないし、元々の業務遂行能力も知らない。診断上③の社会的機能の支障の程度を把握することは大変重要である。これは前項で述べた「事例性」に関する情報である。産業保健スタッフ等からの事例性情報が治療医に伝われば、診断の精度の向上につながる。診断の精度が高まれば、治療の精度も高まるのは言うまでもない。

(1)　うつ病

　精神障害の代表的な疾患のひとつはうつ病である。精神障害には多くの種類があり、うつ病だけが心の病ではない。わが国においては、1998年から自殺が急増し、年間に3万人を超えることが15年ほど続いた。最近では3万人を下回っているが、相変わらず高水準で推移している。年齢階層別の死亡原因をみると、20歳代から30歳代において死因の第1位を占めている。労災申請および労災認定状況をみても、自殺および精神障害の件数は増加傾向にある。そして、年齢階層別にみると30代が最も多くなっており、この年齢層が最もリスクの高いことがうかがわれる。自殺の背景には、うつ病があることが多いと一般的に考えられている。

　脳機能は大変複雑なものであるが、知・情・意とあえて簡素に3点に分けてみると、理解が促される。実はこの3点は哲学者カントが提唱したものである。「知」は知能・思考力。「情」は感じる力。「意」は意思決定力・判断力・行動力。様々な出来事について、「情」で情報が"入力"されて感じ取り、「知」で情報が"処理"され、「意」で意思決定されて言動として"出力"される。うつ病はこの知・情・意の機能がすべて低下してしまう。

(ア)　うつ病の症状

  a　身体症状

    うつ病では様々な身体症状がみられやすい。そのため、内科などかかりつけ医を訪れる場合が多い。

  b　早朝覚醒

    早朝覚醒といわれる「朝早く目覚めるタイプ」の不眠がうつ病では特徴的である。寝床の中で苦しく考え込むため、朝の不調感も大きい。寝つきが悪い（入眠障害）、途中で目が覚める（中途覚醒）、眠った気がしない（熟眠障害）などの睡眠障害もみられる。時には過眠もみられる。

  c　日内変動

    日内変動といわれる状態も特徴的である。朝に調子が悪く、午後に調子が出てくるのが典型的だが、重症であれば一日中不調となる。回復の過程では、最初は一日中悪いが、だんだん午後から夜にかけて調子が良くなる。次いで朝は悪いが昼前には調子が出るようになり、しまいには朝から調子が良くなる。気をつけたいのは、うつ病で休んでいる人が夜は調子が良くなるので、「明日は出社する」と上司に電話して、翌朝になると上司に電話すること自体つらくなり、結果として無断欠勤となり、信用をなくしてしまう場合もある。

  d　罪責感

    「調子が悪く成果が出ない。欠勤して、会社に迷惑をかけている。申し訳ない。会社を辞めたい」と突然言い出すこともある。責任を感じてこのような発言をすることはよくあるが、実際には仕事ができているにも関わらず、「まったくできていない。無駄飯食いだ。月給泥棒だ」と語る人もいる。これは、抑うつ状態により自己評価が低くなり、罪責感を抱くということである。この罪責感は「死んでお詫びする」という気持ちにまで至ることもあり、要注意である。自己評価の低下も、うつ病の主な症状のひとつである。

  e　希死念慮

    自殺をしたいという気持ちは、抑うつ状態では珍しくない症状である。「したい」というが単なる願望とは異なり、「死ぬしか道がない」という心理的な視野狭窄からそのように考えてしまう。希死念慮のすべてが病的な状態によるものではないものの、その多くは病的な状態でみられる。例えば、貧困の状態にあっても皆が死のうと思うわけではない。会社に大きな損失を与えても、死んでお詫びをしなくてはとまで思う人は一部である。つらい身体の病気になっても、死にたいと思うとは限らない。一般的には、死にたくなるほどの苦しみを体験しても、なんとか生きる道はないか、という気持ちの方が勝つものである。

  f　否定的認知

    抑うつ状態では、自分に対しても、将来に対しても、周囲に対しても、悲観的にとらえてしまう傾向がある。自分のやってきたことを否定し、孤立無援の状態であると考

えてしまい、将来はないと考えてしまう。心理的な視野狭窄が生じるためである。こうした認知は抑うつ状態が改善してくれば変わる。そのため、「辞めたい」という話に対して、「健康な状態でも判断が難しい事項については、今は結論を出さないで、状態が良くなってから考えましょう」と言って、重大な結論は状態が改善してから検討してもらうよう促すことが重要である。状態が良くなってくると、今後のことを心理的視野狭窄のない様々な観点で、考えられるようになる。

g　食欲低下・体重減少

ほぼ確実に食欲は落ちる。ダイエットなど意図的に減量をしないのに、体重減少が見られれば症状ととらえていいだろう。「食べてもおいしいと感じない、何かを食べたいという気持ちになれない」という段階から、「食べたくない、吐き気がする、吐く」という段階まで様々である。

h　興味の喪失

何をやってもつまらないと訴える。テレビを見てもつまらない、ただつけているだけという話をよく聞く。いつもなら楽しめる趣味があるのに、興味や関心を失い、やってみても楽しく感じない。

i　意欲低下

脳のエネルギーレベルが低下するうつ病においては、意欲の低下が特徴的である。「どうも最近やる気がしない、意欲が出ない」というレベルから、「一日中何もできず、風呂に入ることすらおっくうで1週間も入浴していない」という状態まで、様々なレベルがある。

j　注意力・集中力の低下

注意力の低下や集中力の低下はミスや事故につながる症状であり、特に注意を要するものである。注意・集中力が落ちると、仕事の能率も悪くなり、仕事がはかどらず残業が多くなりがちである。残業が多くなると無理が重なり、うつ病の状態が余計に悪化し、さらに注意力・集中力の低下が強くなり、悪循環に入るため労務管理上特に注意を要する。時間外労働はやめ、時には一定期間休むなどの方法を考える必要がある。

(イ)　うつ病の治療

うつ病への治療は、休養、薬物療法、心理療法、が3本柱となるが、再発防止のための環境調整も重要となる。

休養の程度も様々で、働きながら休養を増やす方法もある。例えば、時間外労働時間を減らしたり、業務内容を調整するなども休養の一部である。さらには休業して休養に専念するという方法もある。休業した場合は、うつ病の人は生真面目な人が多く、会社や周囲の人間に迷惑をかけているとして、焦りが強く早期に復職を希望する。しかし、うつ病では、「十分に休養をとること」が治療のポイントである。そして再発しないコツでもある。「休み方を身につける」という意味もある。うつ病になりやすい人は、休み方を知らない人ともいえる。

再発を繰り返さないために、うつ病になった経過をきちんと把握して、うつ病を生じた

背景、誘因（うつ病になったきっかけ）などを分析して、適切な対策を講じる。そうしないと繰り返す可能性が高くなる。うつ病では、脳内の神経伝達物質の変化が見られるため、身体疾患と同じような意味での「病気」であると考えられている。そのため薬が必要である。最近では、SSRI（Selective Serotonin Reuptake Inhibitors：選択的セロトニン再取り込み阻害剤）およびSNRI（Selective Serotonin & Noradorenaline Reuptake Inhibitors：選択的セロトニン・ノルアドレナリン再吸収阻害剤）、NaSSA（Noradrenergic and Specific Serotonergic Antidepressant：ノルアドレナリン作動性・特異的セロトニン作動性抗うつ薬）といった新しいタイプの抗うつ薬が使えるようになってきた。従来の抗うつ薬に比べて、格段に効果が高いということではないが、副作用が少ないので、服用しやすいということが最大の利点である。状態は薬物療法により平均3カ月程度で改善するが、薬物療法はさらに半年〜1年程度続けるのが一般的であり、そのほうが再発する可能性が少なくなるとされている。またカウンセリング（心理療法）も行った方がより再発が少なくなる。

　最近では、うつ病の再発（一度治ったものが再び病的状態になる）や再燃（改善していたもののぶり返す）、さらに遷延性うつ病（治らず長引いている）が大きな問題となっている。もともと、うつ病は再発をしやすい病気であるが、職場では復職後の早期に病状が悪化して、再休職に入る人が多くなっている。この背景として、最近、職場環境が厳しくなり、業務負荷が増大していることがある。また従来であれば、復職当初は定型的業務など軽減業務をしばらく行いながら、職場に徐々に慣れていくといった配慮が可能であったが、簡単な業務は外注化される傾向にあり、ソフト・ランディングが難しくなってきている。心の病から復職する労働者に対する職場における受け入れ状況の厳しさがこの背景にあると考えられる。

(2)　双極性障害

　歴史的には、うつ病は「躁うつ病」と呼ばれた時代もあった。「躁うつ病」には抑うつ状態のみを繰り返すものと躁状態と抑うつ状態が交替するものとがあることは知られていたが、長い間、両者を分けて扱うことはされていなかった。もともと「躁うつ病」は、これといった背景要因がなくても発症し、特別な治療をしなくても自然によくなって病前の状態に戻ることが多いが、再発を繰り返す病気として認識されてきた。放置しておくと、どんどん病状が悪化して精神機能が壊れていく統合失調症と対置される病気として扱われてきた。

　うつ病と双極性障害を分けた方がよいと考えられるようになった背景には、遺伝の影響が双極性障害で明らかに高いこと、治療に用いる薬物が異なること（気分安定薬を用い、原則として抗うつ薬は使わない）、治療のゴール設定が異なることなどが挙げられる。

　うつ病の項で説明した知・情・意であるが、躁状態の時は、この知・情・意の機能がすべて亢進している状態で、「情」は今まで関心のなかったあらゆることに興味を持ち、「知」は頭の回転が通常より速くなんでも過剰に積極的に考え、「意」は後先を考えずにすぐに行動に移してしまい、結果的に様々なトラブルも生じてしまう。

(ア)　躁状態と軽躁状態の症状

　　躁状態では、気分が異常かつ持続的に高揚し、開放、易怒的（ささいなことに怒りやすくなること）になる。自分が病気であるという認識をもつことが出来ないことも多い。これを「病識がない」という。主な症状を以下に示す。こうした症状のため、職場、学校、家庭での生活を維持できなくなり、入院が必要になることも珍しくない。

　　①　自尊心が肥大し、自分中心に世界が回っている感じをもつ。

　　②　睡眠欲求が減少し、眠らなくても支障を感じない。

　　③　しゃべらずにはおれない気持ちになる。普段より多弁になり、話声も大きくなる。

　　④　観念奔逸（頭に次々と考えが浮かんでくること）、またはいくつもの考えが頭の中でせめぎあっているといった主観的な体験があり、それが言葉として表現されるので、話の内容に一貫性がなくなり支離滅裂になる。

　　⑤　活動的ではあるが、注意散漫であり、仕事上のミスが多発する。

　　⑥　目的志向性の活動が増加する。そのため、例えば、新しい企画の提案をしてくるが、直属の上司がそれを取り上げてくれないと、それが我慢できず、社長に手紙を書いたりメールをしたりという直接行動をとる。やりたいと思ったことを止められると怒りが生じ、イライラしてじっとしていられない状態になる。

　　⑦　困った結果を引き起こす可能性が高い活動に熱中するようになり、例えば、高額の品物を次々に買う、異性関係が乱れる、飲酒量が極端に増えるなどの現象が生じる。周囲が注意をしても、そうした行動を思いとどまることができない。

　　軽躁状態は、躁状態と症状そのものは同じだが、周囲とのトラブルが躁状態ほど顕著ではないというのが相違点である。社会的または職業的機能に著しい障害が生じることがないため、本人も周囲も「ちょっと元気すぎる働き者」と判断していることが少なくない。しかし、よく観察すると、空回りをしていたり、軽躁状態の後に今度はやる気が感じられない時期がみられることが分かる。本人も周囲も困っていないことも多いため、軽躁状態では精神科医を受診しないということもあり、軽躁状態は見逃されやすい。

　　軽躁状態に早く気がつくには、その人の「いつもの状態」と比較することが役立つ。言葉数が多くなる、声が大きくなる、活動的になるなどがよい目安になる。また、自分の思ったようにことが進まないとイライラして、怒りを感じることが多くなることを本人に理解させておくことも軽躁状態への気づきを早め、結果としてその後のうつ状態も軽減できる。

(イ)　双極性障害の治療

　　双極性障害の治療で重要なのは、躁・抑うつの気分の波の振幅を可能な限り小さくし、日常生活に支障をきたさないようにすることである。また、躁・抑うつのエピソードの間にある寛解期（気分の波が小さくて安定している期間）の長さを可能な限り長くすることも重要である。

　　その鍵を握るのが薬物治療である。治療薬のひとつである気分安定薬は、てんかん発作を抗てんかん薬でコントロールするのと同じように、継続的に服用することにより症状を

軽減し、予防にも有効である。また、最近は非定型抗精神病薬により治療効果があることも分かってきた。

　こうした治療薬の効果を上げるには、生活のコントロールが必要である。双極性障害の人は、軽躁状態が自己のベストコンディションだと考える傾向がある。この状態にならないと、万全ではないと考えがちである。自覚的なベストコンディションの80%程度のレベルで生活をコントロールすることにより、抑うつ状態に陥る頻度を減少させる可能性が高まる。また、意欲が高まっていると睡眠を削ってでも何かに没頭しようとする。いつも以上に脳活動が増えているにも関わらず脳の休息を減少させると、その後のうつ状態を引き起こす。そのため睡眠の重要性も繰り返し助言することが大切である。

(3)　不安障害

㋐　パニック障害

　パニック障害は、パニック発作を主症状とする疾患である。パニック発作では、動悸、息苦しさ、震え、吐き気、目まい、手足のしびれや硬直などの症状が急に生じて、「おかしくなるのではないか」、「死んでしまうのではないか」、という恐怖感をともなうことが多くみられる。概ね10分くらいの間に不安発作はピークに達する。最初の発作では救急車で病院に運ばれることもあるが、多くの場合、病院に着くころには発作はおさまっていることが多い。

　パニック発作を体験した人の多くは、再びパニック発作が起こるのではないかという不安を抱くが、この不安を「予期不安」と呼ぶ。例えば、通勤途上の混んでいる電車の中で最初のパニック発作を経験した人は、混んでいる電車に乗ると再びパニック発作が起こるのではないかと心配になり、満員電車に乗れなくなることがよくみられる。無理をして自家用車で通ったり、空いている朝早い時間帯の電車に乗るなどして、パニック発作になりそうな状況を避ける回避行動をとることが多く、それにより疲弊してしまう。

　パニック障害は、短期間で軽快することは少なく慢性的に経過することが多い。その理由のひとつは、検査では身体的異常がないので、病院で「気のもちよう」と言われたり、「過換気症候群」、「心臓神経症」、「自律神経失調症」などと診断されて、適切な治療を受けていない場合もあるためである。パニック障害は慢性化する過程で、うつ病を発症することが多いことも知られている。

㋑　社交不安障害

　社交不安障害は、古くは「あがり症」、「赤面恐怖」、「対人恐怖症」などといわれた。会議でプレゼンテーションする際に、強い不安を抱き、頭が真っ白になり、混乱してしまう状態を指す。人前で話をすることにより、その人達から悪い評価を受けるのではないか、失敗して恥ずかしい思いをするのではないかという不安から、震え、発汗、動悸などの身体症状が現れる。そのため重要な会議を休む、人と一緒に食事をすることができない、公衆トイレが使えない、人前で記帳ができないなど、社会生活に支障を生じることもある。

　この社交不安障害は、かつては性格の問題とも考えられていたが、今は、薬物療法や心

理療法によって症状が改善することが明らかになり、「心の病」のひとつであるとされている。生涯有病率（一生の間にこの病気にかかる人の割合）は 3 〜 5％とされている。

(ウ)　強迫性障害

　　頭ではおかしいと分かっていながら嫌な考え（強迫観念）がどうしても頭から離れず、それを打ち消すために表面的には意味があるように見える行為（強迫行為）を何度も繰り返してしまうことが、強迫性障害の特徴である。例えばトイレに行った後に、手がばい菌に汚染されていると感じ、手を何度も洗ってしまうこと（洗浄強迫）や、鍵を何度も確認する（確認強迫）、何か行動をするときに必ず決まった順番でやらないと気がすまない（儀式）といったものがある。多くの者は、強迫症状が奇異であったり、不合理であるという自覚（病識）を持っているため、思い悩んでしまう。また強迫観念や強迫行為に時間を取られ、仕事など約束を守れないこともあり、日常生活に支障が出てきてしまうことも少なくない。一般的にこれらの強迫症状はストレスにより悪化する傾向がある。強迫性障害は神経伝達物質を含む脳の機能障害が関連していると考えられている。強迫性障害の治療法は、SSRI などの抗うつ薬を用いた薬物療法と認知行動療法などの心理療法がある。

(4)　心的外傷およびストレス関連障害

　　DSM-5 では、ストレス反応として成人にみられる障害が、「急性ストレス障害」、「心的外傷後ストレス障害（PTSD）」、「適応障害」の 3 つに整理された。

　　「急性ストレス障害」は心的外傷後ストレス障害と同じレベルの強いストレス要因にさらされた直後から生じるストレス反応のことで、症状の持続が 3 日以上 1 カ月以内のものであり、1 カ月を超える場合は、通常 PTSD と診断することになっている。

(ア)　心的外傷後ストレス障害：PTSD

　　通常の日常生活においては体験しないような衝撃的な出来事に遭遇した際に生じる「心の傷」をトラウマと呼んでいるが、トラウマへの反応の中で特定の症状を呈する一群の病態が PTSD である。最近は、PTSD やトラウマという言葉がやや安易に使われる傾向があるが、命の危険を感じるレベルの強い恐怖感を伴う体験が診断上必須となる。症状としては、体験等の一部や全体にかかわる追体験（フラッシュバック）、トラウマの原因になった障害、関連する事物に対しての回避傾向、強い不安、不眠などの過覚醒症状などがみられる。

　　米国において、ベトナム戦争からの帰還兵に多くみられ、国家賠償の対象として取り上げられるようになってから、とりわけ注目されるようになった。戦争やテロ以外に、レイプなどの犯罪、大規模な自然災害、交通事故を体験したり、目撃することで生じ得る。阪神・淡路大震災（1995 年）、東日本大震災（2011 年）では、多くの PTSD の患者が発生した。

　　治療には SSRI などの抗うつ薬を中心とする薬物治療と心理療法が用いられている。心理的外傷となる出来事への情緒的な反応を軽減するには、認知行動療法を含む心理療法も有効である。

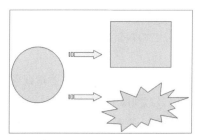

図表 4.27　左のボール、右のどちらの箱に入りやすいか？

(イ)　適応障害

　「適応障害」は、なんらかの環境変化があり、それによって精神的な症状（憂うつ感、不安感など）、もしくは行動面の変化（職場に行きづらい、趣味にも興味がなくなる、人づきあいが減るなど）が生じ、結果的にその人の社会生活に大きな支障が生じるものを指す。**図表 4.27** のボールを箱に入れる時、どちらの方が入りやすいだろうか。多角形の箱は角が鋭角でボールを傷つける。ところがボールが非常に硬ければ、四角い箱に入るのも苦痛が伴う。ボールが人、箱が環境として適応障害を考えてみると、環境に問題がある場合もあれば、本人に問題がある場合もある。環境が過酷であれば、多くの人が適応障害になり、個人のストレス耐性が弱ければ、環境の問題が些細であっても不適応に陥ることがある。職場では配置転換・異動・上司の交替・業務変更などが契機となり、適応障害に至るということがある。診断上重要なポイントのひとつに「他の精神疾患の基準を満たしていないし、すでに存在している精神疾患の単なる悪化でもない」というものが挙げられる。つまりは、うつ病や不安障害など、他の精神障害を満たすほどではないレベルであり、通常ストレス要因がなくなると速やかに軽快する。その状態から、「抑うつ気分を伴うもの」、「不安を伴うもの」、不登校のように「行動の障害を伴うもの」などに分けられている。

　治療は、環境の問題、本人の問題が絡み合っているため両側面からのアプローチが有用である。まず環境面に対しては、必要に応じ、本人の同意の上、管理者に対し、適応を促すことが本人にとっても部署にとっても得策であることを説明しつつ、管理者に対しての心理的負荷のケアも意識する。明らかな適正配置のミスと考えられる場合には、配置転換や職種転換も考慮する。本人側に問題があれば、今の部署で適応していく上で問題となっていることは何かを傾聴し、その問題に対処するための具体的行動を検討するなど、環境適応を促す支援を行うことも重要である。この場合にはカウンセリング・心理療法が有効である。薬物療法としては、うつ病や不安障害といった疾患に準じ、抗うつ剤や抗不安剤による一定の効果は期待できるが、あくまで環境適応を補助的に支える位置付けとなる。

　適応障害は最近増加傾向にあるが、職場状況が厳しくなってきていることと、若年労働者のストレス耐性の問題など、複合的な要因が増加傾向に関与していると考えられる。こうした労働者に対しては、職場の状況および本人の特徴を十分に考慮して、適正配置などの対応を行うべきである。職場不適応は、マネジメントの工夫により対応可能な状態であ

ると考えられる。

(5)　統合失調症

　㋐　統合失調症の症状と治療

　　統合失調症は精神科領域の代表的な疾患で、多様で特異な病像を示し、しばしば慢性の経過をたどり、適切な対応がなされないとやがて人格変化を残すため、そのケアが難しい病気であることは昔も今も変わらない。

　　2002年に日本精神神経学会において、以前は「精神分裂病」という病名が「統合失調症」に変更された。変更の理由は、病気になった患者やその家族が「精神分裂」という言葉のもつ強いイメージから、当疾患に関する誤解や偏見を助長させていた可能性があったためである。現在は治療薬も多彩となり、適切な治療を受ければ社会生活も十分継続可能となってきた。

　　一般人口の0.7〜0.9％に出現するといわれ、思春期が好発時期である。原因は不明なことがまだ多く、遺伝、性格、環境、ストレス、ホルモンなどが複合的に関与していると考えられている。

　　急性期の症状として、幻聴（人が自分の悪口を言っている）や体感幻覚（コンピュータで操られ体がビリビリする）、被害妄想（盗聴器がしかけられている、同僚が自分のウワサをする）、作為体験（自分が他人から操られてしまう）、思考伝播（自分の考えが他人にわかってしまう）といったものがある。急性期の多くは病識（自分が病気にかかっているという自覚）が希薄なため、精神科受診の遅れの大きな要因となり得る。

　　治療の原則としては病期に即した対応が必要で、急性期においては脳内の神経伝達物質（ドーパミンなど）に作用する抗精神病薬が用いられる。最近では非定型抗精神病薬の発達がめざましく入院治療の必要性も低下している。一昔前と違い、薬をきちんと服用することで激しい症状はやわらぎ、再発を防ぐことも可能となった。治療や生活を支えていく上で、家族の援助が有効である。

　　統合失調症は、単一の病気ではなく、多様な原因から生じる「症候群」と考えられている。短期間で回復して、以後完治といってよいほど経過のよい例もある。統合失調症の病状が落ち着けば、適正配置を行うことによって、安定的に業務を遂行することが十分に可能である。

(6)　発達障害

　　メンタルヘルス不調で休職し、状態が回復して職場復帰をしてもすぐに症状が再燃してまた休んでしまう例が少なくないが、そうなる要因として、その人のもつ「パーソナリティの偏り」が問題になることがある。こうした事例の特徴として、同僚・管理監督者・人事担当者、さらには産業保健スタッフに、「自己中心的で、協調性に乏しく、自分の感情をコントロールすることができない」といった印象を与えやすいことが挙げられる。そう感じた同僚・管理監督者・人事担当者・産業保健スタッフは、その人に対する「陰性感情」を持ちや

すく、一般に、できればかかわりたくないし、支援もしたくないと考えてしまうこともある。結果として、発達障害圏の人たちは職場で良好な人間関係を構築し維持することが困難となり、環境適応に苦労し精神疾患の発症、再燃の要因になると考えられている。

「発達障害」は、最近まで小児の病気として扱われてきたため、成長して社会人となった者についての情報がほとんどないものだった。従って、一般の精神科医が関心をもつ機会も少ない時期が長かった。ところが、2010 年前後から発達障害に関する精神医学的知見が少しずつ蓄積されてきた。その結果、大学生、そして大学を卒業して職場に入った者にも、発達障害のために社会的な適応がうまくできないで、問題を抱えながら仕事をしている者の存在がクローズアップされ、代表的な発達障害である「アスペルガー障害」に注目が集まるようになった。アスペルガー障害を持つ者も「わがままで協調性に乏しく、自己中心的で、自分の感情をコントロールすることができない」といった印象を与えやすいことが分かつてきたわけである。

こうした背景があって、企業でも今までパーソナリティの偏りと判断していた事例を発達障害の視点で見直すことが必要となった。発達障害の原因はいまだ特定されていない。しかし、発達障害は文字通り発達の障害であり、乳幼児期の発達の過程で生じた、脳の特定部位の機能異常であると考えられている。遺伝の関与もみられる。こうした点がパーソナリティ障害とは明らかに異なるのだが、ある時点で横断的にみると、パーソナリティ障害と区別がしにくいという事態が生じる。

アメリカ精神医学会の DSM-5 は、発達障害を「神経発達障害群」とよんで、①知的能力障害群　②コミュニケーション障害群　③自閉症スペクトラム障害　④注意欠如・多動性障害　⑤限局性学習障害　⑥運動障害、に分類している。職場で問題になるのは主に③と④である。

(ア)　自閉症スペクトラム障害：ASD

自閉症スペクトラム障害には、程度が重いものから軽いものまで自閉症のすべてが含まれている。従来は、自閉症とアスペルガー障害のように、重症度の違いによって病名を使い分けていたが、病気としての本質は両者に違いはなく、症状の出方がヒトによって異なったり、同じヒトでも発達段階によって異なったりするだけであると考えて、病名が整理された。そしてその考え方を、あいまいな境界を持つ連続体という意味である「スペクトラム」という言葉で表現することになった。そのため DSM-5 にもとづく正式な診断名としては「自閉症スペクトラム障害」、それに障害の程度が付記されることになる。しかし、職場に提出される診断書は必ずしもそうはならず、今後も発達障害やアスペルガー障害がそのまま使われることも予測される。

自閉症スペクトラム障害に特徴的な症状は、次の 4 つだとされているが、とくに①～③は重なり合っており、明確に分けることはできない。

①　社会性の障害　　　　　　　③　強いこだわり・限られた興味

②　コミュニケーション障害　　④　知覚過敏

①の核となる現象は、相手の立場に立って想像することが困難なため相手の気持ちを推

し量るのが苦手で、相手の気持ちに配慮した行動ができない。結果として相手の嫌がることを、悪気はないものの無造作に言ってしまったりする。さらに、相手が嫌な思いをしていることに全く気がついてないこともある。①は③のために生じていて、③は②も引き起こしていると言うこともでき、絡み合っていることが多い。

　②のコミュニケーション障害の特徴は、非言語的なコミュニケーションがうまくできないことをさす。表情や動作から相手の気持ちを想像することが苦手である。特に目に見えないものの情報処理が苦手なため、仕事の指示は口頭ではなくメモやメールで視覚化することも大切である。管理監督者から以下のような相談も増えてきた。「何度注意をしても同じ間違いをする。注意を上の空で聞いている風でもないので、その理由を尋ねても答えは返ってこない。大学もそれなりの成績で卒業し、自分のしたいことは普通以上にできるので、知的な障害があるとも考えられない。どう指導したらいいのか知りたい」といった内容である。

　③の強いこだわり・限られた興味により、興味のあることには必要以上に没頭するが、そうでないことは手がつかない、といったことが生じる。例えばミニカーを集める大人もいる。これもこだわりだが、たいていはその先に本物の車のイマジネーションを「展開」しながら楽しんでいる。ところがこの障害によるこだわりでは、例えば同じミニカーをずっとぐるぐる走らせて、本物の車をイマジネーションするというより、ただくるくるとタイヤを回し続けている感じである。求められている仕事と本人の興味が重なれば成果がでるが、そうでないとうまく進まず、「好きなことしかしない、融通が利かない」と思われてしまうことがある。

　④については、聴覚過敏の頻度が高いと言われている。「耳の中に入ってきた音が出ていかなくて、頭の中をぐるぐる回っている感じ」という発言もみられる。こうした社員からは、耳に入る音を可能な限り少なくしたいので、就業中に耳栓とイヤーマフを使う許可をほしいという希望が出たりする。聴覚過敏が強くなると、同僚などとの関係がよくない状況下では誰かが自分のことをうわさしているのではないかと考えが発展することもある。これは医師から、幻聴あるいは妄想と誤解して捉えられる可能性のある症状でもある。

(イ) 注意欠陥・多動性障害：ADHD

　注意欠陥・多動性障害に特徴的な症状は次の3つだとされている。

　① 不注意
　② 多動性
　③ 衝動性

　①の不注意が日常生活で引き起こす出来事は、忘れ物・なくし物が多い、約束が守れない、期日までに提出物が出せないなどで、管理監督者から何度注意を受けても直せないということが生じる。この場合重要なのは、コミュニケーションに問題があってこうした問題が生じているわけではなく、目の前のことに気を取られ、他の重要なことがすっかり注意から外れてしまうことによって起きると考えられる。そのため、文書の誤記・内容の不

正確さ、身の回りの整理整頓ができない、作業を順序立てて行うことができない、気が散りやすくて仕事を仕上げることが難しいといった症状もみられる。

　②の多動性は、大人になると目立たなくなるといわれているが、大人になっても身体をよく揺らす、会議中にそれほど重要ではない理由で何度も席を離れてしまう、ついつい人の話に口をはさんでしまう（口の多動）などがみられる。誰にでも躊躇なく愛想よく声をかける人もいて、職場を明るくする存在になっている場合もある。

　③の衝動性の症状としては、言いたいことを言わないで我慢しているとイライラする、些細なことでもつい叱責してしまう、会議中に不用意な発言をするなどが挙げられる。

　自閉症スペクトラム障害、注意欠陥・多動性障害ともに、定義上大人になってから発症することはないので、診断に際しては、幼児から中学生の時期にそうしたことを示唆する症状があったことを確認することも重要である。

　注意欠陥・多動性障害には使用できる薬物がある。薬の効果は症状を軽減してくれる。この効果で環境への適応が改善する可能性があるが、服用を継続しても発達障害がなくなるわけではない。自閉症スペクトラム障害にはこうした障害に特化した薬が現時点でない。その意味で、現状では治療が難しい。従って、「治す」というよりも「補う」という考え方が重要となる。本人にとっては、足が不自由な人が松葉杖の使い方を身に付けるのと同じように、失敗した体験から「このような状況の時は、こう行動する」という対処パターンを身に付けていくことになる。また、職場には就業の継続ができるようにする配慮として、各人各様の症状に配慮して、仕事の内容や与え方を見出すことが求められる。簡単な行程ではないが、取組を始め、それを少しずつ進めていくことが必要になる。

(7)　パーソナリティ障害

　パーソナリティ障害は、人格上の偏りが、本人に苦痛をもたらし、あるいは社会生活上の問題を生じることである。通常青年期など若年時に始まる。幼少期の環境など様々な外的要因と生まれ持った気質とが相まったものと考えられている。横断的にみると前項の発達障害との区別が難しいことがある。

　典型的なパーソナリティ障害ではなく、最近人格の未熟さ、社会性の未熟さが目立つ人が増えてきている。こうした人々は、ストレス要因に対する耐性が低く、そもそも対人葛藤や対人ストレス要因を生じやすく、容易に不適応となることがある。その場合にも、他責（他人を責める）傾向が強く、「上司が悪い」、「組織が悪い」と思いがちであり、目が自分に向くことが少ないのが難しいところである。治療は心理療法が中心であり、ものの見方、考え方、行動の偏りを小さくすることを目指し、必要に応じて薬物療法を併用する。

(8)　依存症（嗜癖）

　嗜癖とは本来、ある特定のものを好きこのむ癖のことであるが、精神科領域では癖よりもさらに強く飲酒や薬物摂取などへの習慣にとらわれてしまい、社会生活、職業生活、人間関係などに支障が生じてさえも、自分ではコントロールできなくなる状態をいう。今日では、

依存という言葉も広く使われている。嗜癖はその対象物によって3つに大別される。1番目はアルコールや薬物、食物などの物質を摂取する「物質嗜癖」、2番目はギャンブル、借金、買い物、仕事など行動に関する「行動嗜癖」、3番目は利那的な恋愛や暴力的な人間関係などの「人間関係嗜癖」である。問題の背景には家族の機能不全があるといわれている。嗜癖は本人も周囲もなかなか問題を認めたがらないという「否認」が特徴的である。そのため相談や治療に結びつきにくく、問題が深刻化して生活や人間関係が破たんしてしまうこともある。本人や周囲が問題であることを認識するところから治療がスタートするといってもよいだろう。回復には本人も家族もこうした問題意識を持ち続け、過去の自分や人間関係の持ち方を振り返り、これからの生き方を再構築していくことが重要である。そのために病気の知識を学ぶ心理教育や、家族教室、自助グループへの参加が有効である。

アルコール依存症は、従来より指摘されている職場の3A（Absenteeism：欠勤、Accident：事故、Alcohol：アルコール）のひとつである。アルコール関連問題の頂点に位置するものであり、アルコール関連問題の中で最も重症な病態であると考えられる。

アルコール関連問題は、社会的問題、身体的問題、精神的問題に分けられる。社会的問題としては、家庭における問題（夫婦関係の不良、別居、離婚、家族への暴力など）、職業上の問題（遅刻、欠勤、生産性低下、労働災害、失職など）、経済的問題（借金など）、刑事問題（飲酒運転事故、暴力事件など）などが挙げられる。

身体的問題は、肝障害、膵障害、上部消化管障害、中枢神経障害、末梢神経障害、心筋障害など多岐にわたる。アルコールによる精神的問題には、振戦せん妄、アルコール性幻覚症、アルコール性コルサコフ症候群、アルコール性認知症などがある。また、アルコール問題が絡むと自殺のリスクが急増することも知られている。

職場の周囲の理解が非常に重要である。アルコールに関しては寛容であった日本の職場の風土が、この問題の背景にあることが指摘されている。

3）メンタルヘルス不調者への対処

メンタルヘルス不調者に対して、職場では主に次の3点の視点で対応を検討していく必要がある。①診断区分（ⅰ症状なし、ⅱ要観察、ⅲ要医療）、②就業区分（ⅰ通常勤務、ⅱ制限勤務、ⅲ要休業）、③フォローアップの区分（ⅰフォローアップ不要、ⅱ本人に対してのフォローアップ、ⅲ管理者や人事に対してのフォローアップなど）、である。

⑴　診断区分：精神科医の面接が望ましい

ストレス反応がある一定のレベルを超えると病的な状態、つまりメンタルヘルス不調になってしまう。メンタルヘルス不調である疑いが考えられた場合には、産業医面接により「疾病性」の判断の必要性がある場合、精神科医の面接を受けさせるのが望ましい。必ずしも診断名を確定することは必須ではないが、社内に精神科医がいる場合は、その精神科医に面接を依頼する。社内にいない場合には、社外の精神科医の面接を受けてもらうとよいだろう。精神科医への依頼事項としては、病的状態であるかどうかの判定である。病的状態であ

ると判断された場合には、治療が開始される。ただし、治療を行うのは必ずしも面接を行った精神科医である必要はない。

(2)　就業区分

　　治療の必要性の有無に関わらず、就業上の措置の必要性の有無に関して、精神科医などの面接による「疾病性」の結果を根拠として、産業医が判断することになる。休業が必要なこともあれば、時間外労働・交替制勤務・深夜業・出張・危険作業・車両運転などについて制限が必要かどうかの判断を行う。

(3)　フォローアップの区分

　㋐　管理監督者や人事担当者への助言指導

　　当該の労働者の就業上の措置に関して、その理由や内容等について産業医が管理監督者や人事労務担当者に助言指導を行う。主に生じている「事例性」に対する対応を検討することになる。

　㋑　不調者本人へのフォローアップ

　　メンタルヘルス不調者を定期的にフォローアップしていく。第一に、心のケアを継続的に行うという意味合いである。当初、治療が必要ないと判断されたものの、心身の状態が変化して治療が必要になることもある。また病状の推移に合わせて、就業上の措置の変更を行うこともある。管理監督者や人事担当者に対しても、労働者のフォローアップによって生じた就業上の措置の変更等について助言指導することも必要になる。

4)　自殺の実態と予防を含めた対応

(1)　自殺の実態

　　図表 4.28 に警察庁が作成した自殺者数の年次推移を示した。2020 年は、自殺者総数は 2 万

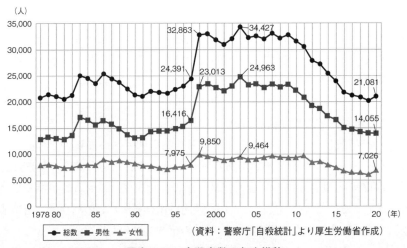

(資料：警察庁「自殺統計」より厚生労働省作成)

図表 4.28　自殺者数の年次推移

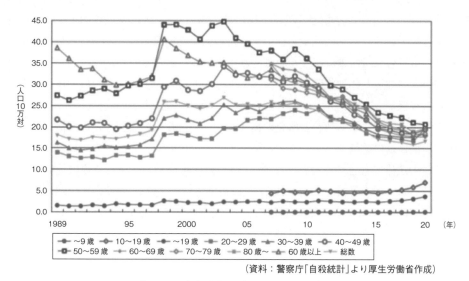

（資料：警察庁「自殺統計」より厚生労働省作成）

図表4.29　年齢階級別自殺死亡率の年次推移

1,081人で、自殺者がもっとも多かった2003年の3万4,427人と比べると約1万3,000人減少している。自殺者は1998年に3万人を超え、その状態が続いていたが2012年にようやく3万人を切る。人口10万人当たりの自殺死亡率はピーク時の2003年が27.0、2020年は16.7で10ポイント以上さがっている。ただ、1999年から2020年で自殺者数も自殺死亡率も若干上がっており、世界的な新型コロナウイルス感染拡大の影響の可能性が考えられている。

　性別の自殺者数は、男性1万4,055人、女性7,026人で、男性は女性の約2倍である。自殺死亡率は男性22.9、女性10.9で、男性は女性の約2倍となっている。2019年に比し、2020年では男性より女性の自殺者数および自殺死亡率の上昇が目立っている。新型コロナウイルス感染拡大により、女性の負担がより高まった可能性が考えられている。

　年齢階級別の自殺死亡率は**図表4.29**のとおりで、例年は50歳代が最も高く、80歳代、70歳代、40歳代、60歳代の順となってい。中高年が最も高いのは先進国の中でも日本の特徴である。ところが2020年は新型コロナウイルス感染拡大の影響により、少し変化が出ていると思われる。50歳代が最も高いのは同じだが、次いで80歳代と20歳代が同率、次いで40歳代、30歳代、70歳代と続き、労働者年齢の自殺死亡率が軒並み上がっている。

　職業別自殺者数は、無職者1万1,718人、被雇用者・勤め人6,742人、自営業・家族従事者1,226人の順となっており、被雇用者・勤め人の総数に占める割合は32％であった。

　動機別では、健康問題1万195人、経済・生活問題3,216人、家庭問題3,128人、勤務問題1,918人で、勤務問題の総数に占める割合は9.1％となっている。

(2)　自殺対策基本法

　「自殺対策基本法」（平成18年法律第85号）は、自殺対策に関する基本理念と基本対策となる事項を定めた法律である。この法律は基本理念として、自殺を個人的な問題としてのみ捉えることを排し対策を社会的な取組として行うこと、単に精神保健的観点のみならず自

殺の実態に即して行うことなど5項目を掲げている。2014年に改正され、次の8項目を基本的施策としている。さらに施策を推進するために、都道府県は「都道府県自殺対策計画」、市町村は「市町村自殺対策計画」をそれぞれ策定することとされた。

① 調査研究の推進と体制整備　　　　⑤ 自殺発生回避のための体制整備
② 人材の確保　　　　　　　　　　⑥ 自殺未遂者の支援
③ 心の健康の保持に係る教育と啓発の推進　⑦ 自殺者の親族などの支援
④ 医療提供体制の整備　　　　　　　⑧ 民間団体の活動の支援

　また、この法律にもとづく指針として、「自殺総合対策大綱〜誰も自殺に追い込まれることのない社会の実現を目指して」が2017年に策定された。この大綱では、2026年までに自殺死亡率を13.0以下にすることが目標値として設定されている。

(3) 労働者の自殺対策

　自殺予防の対策としては、

① 自殺が起こることを予防すること（プリベンション：事前準備や教育）、
② 現に起こりつつある自殺の危険に介入し、自殺を防ぐこと（インターベンション：危機介入）、
③ 不幸にして自殺が生じてしまった場合に他の人に与える影響を最小限とし、新たな自殺やメンタルヘルス不調を防ぐこと（ポストベンション：事後対策）

がある。自殺未遂者への心のケアも含まれる。

㋐ プリベンション：事前準備や教育

　労働者の自殺予防の職場における対策として、自殺予防のみだけを単独で行うのは不自然である。自殺者数は企業単位で見れば頻度は限られたものであるため、その少ないケースに焦点を合わせると方向性を誤ってしまう危険性があるからである。うつ病をはじめとする一般的なメンタルヘルス対策を組織的に一歩一歩着実に実施していくことが、結果的に自殺予防対策にもつながると考えるべきである。まずは事業者が「心の健康づくり計画」を策定し、その計画に基づいて、4つのケアが継続的かつ計画的に行われることを示していくことである。

　最近では、事業場内産業保健スタッフの一員である心の健康づくり専門スタッフとして、非常勤精神科医や心理職が配置される例も増えてきている。非常勤精神科医の業務内容としては、①精神科領域の健康相談、②心の健康問題で休業中の労働者に対する復職判定やフォローアップなど、メンタルヘルス対策における産業医の活動のサポートがある。

　①の利点は、自殺のリスクがあると考えられる事例を把握して産業保健スタッフとタイムリーな連携が取れることである。また、職場環境の改善が状態の悪化を防げる可能性があれば、精神科医が他の産業保健スタッフと連携し環境調整につなぐ。

　②は、「復職支援手引き」に基づいた業務である。復職判定は産業医の業務だが、精神科医が心の健康づくり専門スタッフや事業場内産業保健スタッフとして支援する。事業場外の精神科医療機関との連携、休業中の労働者本人・職場の管理監督者・労務管理担当者

などとの話し合いを円滑に進めることにコミットすることになる。職場復帰直後は状態の悪化や再発が多くみられるため、このような支援は自殺予防対策としても重要である。

　全国労働衛生週間などのイベントとして「職場のメンタルヘルス研修会」などが企画され、精神科医がその講師となることも増えている。対象が従業員全員である場合は、「セルフケア」を中心に、管理監督者が対象の場合は、「ラインによるケア」を中心に啓発教育を行う。労働者本人にはもちろんのこと、日常的に労働者と接する管理監督者にも、安全配慮義務の観点から心の健康づくりについての正しい知識や対処法を身に付けることが求められている。その際、単なる病気の説明にとどまらず、具体的な対応や職場の活性化を含めた内容に話を展開する必要がある。

(イ)　インターベンション：危機介入

　労働者の自殺予防に対し、職場において危機介入し得る専門家としては、産業医、保健師・看護師などがあげられる。これらのスタッフがそれぞれの立場で資質の向上を図るべきであり、危機介入時の動き方を認識しておく必要がある。自殺の兆候を最初に気付く者としては、職場では上司や同僚が多いと思われるため、そうした状況においては、職場の周囲の者が産業保健スタッフに相談するか、周囲の者が自殺の兆候を示す労働者に産業保健スタッフへ相談するように勧める。状況が切迫している場合には家族に連絡し支援を求めることが必要となる。個人情報や守秘義務よりは安全確保がより重要であることは明白なので、まずは安全確保の観点に立って適切な対応を迅速にとることが重要である。

　特に注意を要するのは、労働者に専門医療機関への受診勧奨を行うのは産業医等の医療保健職であること、受診に同伴するのは原則的に家族であることである。状況が切迫していて家族の到着を待てない場合においても、電話等で受診に関して家族の了解を得て、産業保健スタッフを含む複数の者が受診援助を行う。また地域資源（保健所・保健センター、都道府県や政令指定都市の精神保健福祉センターなど）から助言を得て連携し、地域資源の積極的活用を考えるとよい。もちろん当該の労働者には十分に説明を行って、受診についての同意を求めなくてはならない。

(ウ)　ポストベンション：事後対策

　不幸にして自殺が既遂されてしまった場合には、どちらかというと日本人は自殺についてはそっとしておくこと、触れないでおくことが真心であるという風潮があるものの、自殺予防対策としては解決へ向かわない。ポストベンションとは、自殺は遺族や職場でも大きな波紋が広がるが、その影響を最小限とし、新たな自殺やメンタルヘルス不調を防ぐことである。

　a　遺族への対応

　　家計を支えている労働者が急に自殺で亡くなることは、遺族にとっては心理的ショックだけでなく、経済的にも大きな不安を抱くことになる。また、どうして救うことができなかったのかと自責的な感情もわき起こる。これらの感情の持って行き場がなく、職場に対し「職場に問題がなかったのか」という質問が出ることもあるが、このような場合の職場側の初期対応は非常に重要である。

　職場側からはむきになって否定することよりも、事実を冷静に具体的に、しかも誠実に話すことが大切である。あくまでも遺族の気持ちに沿って共感しながら話を進めるべきである。時には非常勤精神科医を含む産業保健スタッフが同席し、健康情報の資料を開示して説明したり、あるいは遺族の中に二次的なメンタルヘルス不調と思われる症状を訴えた場合は相談に応じる姿勢も大切である。

b　職場の者への対応

　管理監督者や故人と精神的につながりが強かった同僚は心理的ショックが大きくなる。管理監督者は、当該の部下に対して事前により適切な配慮や対応ができなかったかと自問自答することがよく見られる。職場の同僚などは、心理的ショックに加えて、故人の残した業務の整理や後任が決まるまでの業務の割り振りなどの業務が増える。そのため二次的なメンタルヘルス不調の防止のために、職場で直接的影響が強いスタッフを集め、管理監督者が中心となって今回の自殺の影響について話し合って、適切な業務分担を含めて検討することも必要となる。その場に非常勤精神科医を含む産業保健スタッフが同席することが望ましい。

c　関わった専門家への対応

　自殺が起こってしまったケースに関わる専門家が事後の早いうちに集い、問題点、改善すべき点、今後の対策、関わった専門家の心の整理などを目的に語り合える機会を重視したい。産業医、精神科医、保健師・看護師などが自らのメンタルヘルスが良い状態でなければ、良質な対応ができないからである。また反省点から今後の対応の改善点を見出し対策の質の向上へつなげることも可能となる。

(注)　本節において、メンタルヘルス不調、心の病、精神障害は同意語である。

【参考文献】
・厚生労働省「事業場における労働者の心の健康づくりのための指針」2015（改定）
・アメリカ精神医学会『DSM-5 精神疾患の分類と診断の手引き』医学書院　2014
・WHO『ICD.10　精神および行動の障害　新訂版』医学書院　2008
・高野知樹「労働者の精神医療の実際と産業精神保健」『産業医学レビュー』公益財団法人産業医学振興財団　2014

3　メンタルヘルスケア技法

1)　メンタルヘルスケアのための基礎知識

　メンタルヘルス不調や症状の一次予防、早期発見・早期対応（二次予防）、再発予防（三次予防）を行うために、また相談業務と援助を行うために、相談担当者はメンタルヘルスケアの各技法を使いこなす必要がある。それらの技法の前提は、働く人の姿を多方面から理解しておくことである。

　そのような理解とは、どのようなものだろうか。

　まず一般に、人の存在を認知、感情・情動、身体反応・活動が相互作用しているものとみる、という総合的な視点である。人は、身体的活動を通して外部環境（環境）と相互作用を行っていることも見落としてはならない。環境には、自然、人、物、慣習、規則、役割、制

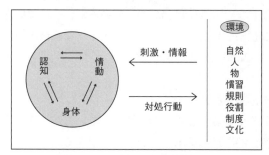

図表 4.30　環境と人間の相互作用

度、文化など多様なものがある（**図表 4.30**）。

　人の認知、感情・情動、身体反応・活動は、そのいずれかが不足ないし過剰であったり、また非合理的なものであったりする。そしてそれらが問題とされていたり不調の直接の原因や誘発因子・持続要因になったりしている。

　このうち認知は、ものの見方や考え方、信念や確信、さらに判断・決断である。

　情動は主観的感情に生理的反応を伴うものだが、それは、快、満足、喜び、楽しみ、充実、期待や希望などのポジティブなものと、不安・恐怖、不快、悲しみ、抑うつ、緊張、怒り、焦燥、落胆、絶望などのネガティブなものとに分けることができる。

　身体反応・活動には、外界に働きかけるものだけでなく、睡眠、休息、飲食物の摂取や排泄、緊張や弛緩などが含まれる。

　以上のような視点は、アメリカの内科・心療内科医、精神科医ジョージ・エンゲル（1913-1999）が提唱した「生物−心理−社会モデル」と同じものである。

　それでは、以下、認知、感情・情動、身体反応・活動の関係をそれぞれみていこう。

⑴　身体と感情・情動との関係を知る

　恐い話を聞いたときは背筋がゾクゾクするし、怒ったときは全身の筋緊張が高まる、というように、情動と身体的な条件とは密接な関係がある。

　また、身体の使い方や休息の取り方、運動の仕方、食事の仕方などの生活習慣は、とても重要である。社会的な場面での身体の使い方、振る舞い方も大切なポイントである。

　人は、徹夜した後や強い疲労状態では、不快感や怒りなどのネガティブな感情を抱きやすく、喜びなどのポジティブな感情は鈍くなりやすい。また、蓄積された疲労や過剰な緊張は、思考能力を低下させる。

　また、日常の運動習慣について、どの程度、どのくらいの範囲で身体を動かし、どのくらいの時間同じような姿勢を続けているかを聴取していく必要がある。身体を動かさずにいると、生活習慣病になりやすいだけでなく、根気のなさ、無気力、抑うつなどが生じやすいからである。

　ネガティブな感情・情動によって筋緊張は強くなり、また自律神経系の反応性も変化する。生体は、ホメオスターシス（恒常性）と呼ばれる調整機能を持ち、外界の環境変化に対

し内部環境の平衡が崩れないように自己調節しているが、そこでは内分泌系、免疫系とともに自律神経系が大きな役割を果たしている。ネガティブな感情・情動が持続している場合には、自律神経系の失調反応が長引きやすい。

(2)　認知と感情・情動との関係を知る

過去を思い出して話している人は認知的作業をしているが、その人を観察すると、その時体験された感情的・情動的な反応を示していることがある。本人は、体験を再体験しているのである。このように、認知と感情・情動も密接に関係している。

人は認知的作業によって行動をするが、また人は、その行動の結果に対してある認知を持ち、その認知が次の刺激となって行動に影響をもたらす。

例として、不安を取り上げてみよう。

近い未来に対して不安は形成され、その結果予測によって現在の行動が自己規制される。予測がネガティブなものであれば非合理な自己規制がなされていく。例えば、毎月の給与が減額されそうだという情報だけでも、人の仕事へのモチベーションは低下する。人間関係で、相手に予想した対応をしてもらえないとわかった場合、人は抑うつ状態に陥るかもしれない。

相談者が自身の感情や情動のコントロールができるように援助を行うとき、その認知的要因への介入が必要になる。その場合、相談者の環境への認知、自分自身の対処行動への認知を明らかにし、修正点を明確にすることができれば、効果的な対処に導いていくことができる。

また、相談者がポジティブな自己イメージを持っているか否か、という自己教示（自分自身に言い聞かせること）も検討する。ポジティブな自己教示があれば解決に取り組みやすくなるが、ネガティブな自己教示はその反対の結果をもたらしやすい。

さらに、本人の対処行動の吟味を行う。自己の努力水準や能力に適した目標を立てているか、目標達成のための方法や手段の学習は十分か、準備は適切か、またその判断や評価力はどうか、問題解決に要するエネルギーは十分に用意されているか、その補給を調えているか、などである。

その上で、自分だけでコントロールできない問題を抱えたときに他者の援助を得ることは恥ずべきことではないこと、また他者の援助を得て新しく学習し自己の成長を図ることは大切なこと、という考えを育てていく必要がある。

(3)　身体と感情・情動との関係を知る

ある感情・情動が続いているときにどのような身体的反応や行動が起こるか、反対に身体的活動によってどのような感情・情動が生起するかという相互作用を見てみよう。

例えば、ゆったりとしているときと、イライラしているときを比べれば、タバコの持ち方も異なるし、吸うテンポにも著しい違いが見られる。また、「タバコを強く吸い、早目に煙を吐くように」という教示を与えて喫煙させると、じっとしていられない感じ、イライラ感

などの反応が生じる。このような関係は、食事、歩行、仕事の仕方など、多くの行動で見られるものである。

　自分にむち打つように仕事をし、時間に追われ、周囲から高く評価されることを望み、帰属集団や社会のトップを狙う野望や功名心を持つ「タイプA行動パターン」を示す人は、競争心・敵がい心が強い。物事のプロセスを味わうより早く遂行して結果を出したい人が示す行動パターンだが、そのような人は、人一倍心疾患に罹患しやすいと言われる。

(4)　認知、感情・情動と環境との相互作用を知る

　外部環境には、季節、天候、日照時間などの自然環境だけでなく、日常の風景や住居などその人を取り巻く条件も含まれる。また、周囲から求められる役割、期待、責任、規則や慣習などの生活環境、人間関係なども含まれる。人はそのような環境から様々な刺激や情報を受け続け、人の生活はそれらを刻々処理しながら営まれている。

　例えば人は、職場という環境への不適応の結果、あるいは過剰適応（過剰な適応努力）の結果としても身体の病気に罹ると考えられる。

　精神的不調でも、同じ図式を身体としての脳に当てはめることができる。「引っ越しうつ病」を考えると、生活環境の変化がどれほど心身のバランスに影響するか理解できるだろう。安定的な人間関係、慣れていた役割、安息を得ていた部屋の模様、勝手知った街など、精神生活に深くなじんでいた環境を離れることによって心の平衡を失う可能性がある。相談担当者はこのような環境因子を分析し、何がどのように影響しているかを知る必要がある。

　環境因子という場合、ライフイベントによるストレスも考えられるが、実際には「いつもの環境で、いつものように頑張っていたら、この病気になった」ということも少なくない。従って、日常の環境からの刺激や情報、いつもの本人のパーソナリティ、いつもの行動・習慣や対処行動を検討し、それらの要因に対しても援助的に関わっていかなければならない。

　環境因子の中で特に人間関係が重要である。相談担当者も相談者に影響する環境因子となる可能性がある。相談者が人間関係をどのように認知しているかが重要なポイントである。

　ただし、環境を変えようとしても、実際には膨大な時間やエネルギーを要するなど困難が予想されることがあり、変更不可能な場合も少なくない。その場合、まず問題や症状を抱えている相談者の認知や感情・情動、行動を取り扱っていくことが現実的だろう。その場合、緊張や不安をコントロールするだけでなく、現実的な対人関係や対応の仕方についての修正が必要になってくる。

(5)　人は環境に適応する

　適応とは、環境の変化によって生じる事態に対し、自らを変化させたり適切な解決手段を持ったりして効果的に対処していくことをいう。適応力は生得的能力だけでない。人は学習によって適応行動を獲得するので、積極的な学習が絶えず必要となる。

　負荷になるものが自分の対処能力を超えていると認識されたり、周囲からの支援がなかったり、効果的な対処行動が取れなかったりした場合には、強いストレス反応が生じ、自信を

喪失し、無力感や絶望感を覚えるようになる。そして、不安、緊張、抑うつ、焦燥、不満、怒りなどのネガティブな情動反応が生じる。このため解決に必要な冷静さや客観的に評価する力がより低下し、解決意欲も損なわれやすい。そして、それ自体ストレス要因になり、悪循環を形成する。

　さて、解決のために問題の原因を詳細に追究していく必要があるように思われるだろうが、相談担当者が実際に効果的な援助を行っていくためには、現在まで問題が続いている条件、すなわち誘発因子や持続因子を見つけ出すことがより大切である。それには、相談者の実際の生活環境における出来事を聞き、それをどう認識しどう対処しているか、周囲を取り巻く人々の反応や行動はどうかなどをチェックしていく。

　また、これまでしてきた自己努力も聞き、現在何をどのように変えたいと思っているのか、何を期待しているのか、解決が達成されたときにはどうなっているか、何ができているのか、などの情報も積極的に集めていかなければならないだろう。

2）　面接技法

　相談業務担当者ないし支援者は、相談室などで面接をするようになる。その時に必要になる面接技法についてみていこう。

(1)　場面構成を行う

　面接は、具体的には「場面構成」から始まる。
　①　外的な設定（場所、時間、継続回数など）の他、
　②　内容的な設定（相談担当者は解決策を提示するのではなく、相談者の援助者・支援者であること）、
　③　守秘義務があること、
　④　守秘義務の制限もあること、
　などを提示し、同意を得るのである。

(2)　気づきの程度を知る

　上手な対応や解決は、本人の自覚、すなわち「気づき」から始まる。自覚と気づきが解決の道への第一の扉である。気づきの程度は人それぞれで、不十分な相談者にはそれを促す働きかけが必要になるかもしれない。

　しかし、来談した時点で相談者は、解決できると期待して（あるいは信じて）いる。相談者本人に「何とかなる」という見通しが立てば、問題に見えたものもその相貌を変える。それは、相談者自身では容易にコントロールできない、あるいはどう扱っていいかわからない障害物であったものがそうでなくなるからである。

　先に述べたように、根源的な原因追求よりも、誘発因子や持続因子を見つけ出すことが大切かつ必要な作業である。実際の生活環境における学習過程で生まれた望ましくない行動は、その環境下の条件によって維持されているからである。

　本人の気づきがなく、周囲の者が先に気づく場合もある。しかし、本人の気づきがない限り効果的な改善努力を望むことはできない。むしろ、身近な関係者である家族や職場の人々が、不適切に注目したり保護し過ぎたりしているからこそ、問題とされる事態が続いているのかもしれない。その場合、関係者の協力が不可欠になる。

　相談者が相談業務の目的、意義、やり方、関連した指示をよく理解し、また周囲の人々の協力を得られることにより、相談者の行動が変化するだろう。

(3)　具体的な理解を心掛ける

　人は、日常行動の大部分を学習で身に付ける。それらは、必ずしも適切なもの、正しいものであるとは限らない。学習機会の不足や欠落があるかもしれない。また、学習は直接の経験だけではなく、間接的にも行われるので、見聞きしたことにも大きく影響される。

　まず、どのような条件（刺激、情報）の下で事態が生じているのか、相談者をどのような環境条件が取り巻いているのか、また相談者はどのように認知し、どのような対処行動をとっているのかについて詳しく聴くようにする。同時に、相談者自身の認知はどのような傾向を持っているか、持続しているネガティブな感情・情動はどのようなものなのか、日常的な身体条件はどうなっているか、について検討を進めていく。

　また、セルフケアの実践や相談の動機付けなどを聞き、それらをさらに強化するように働きかけていくことも重要である。

(4)　積極的傾聴を行う

　面接技法の代表的なものに「積極的傾聴法」がある。これは、相談者の身になり、相談者が話すことを「こういうことなのですね」と深く理解していこうとする聴き方である。

　実際には、批判的、説教的、評価的な態度をとらず、一貫して寛容で受容的な暖かさという雰囲気を醸し出すように行われる。相談者の気分や感情を敏感に感じ取り、それに応じながら話を進めていかなければならない。

　特に、面接開始時点において相談担当者は、相手が話すテンポや声のトーンに同調し、必要なことに限って応答した方がよいことが多い。話の口火を切り、相づちを打ち、言いよどみがある場合には話しやすいようにもっていくことなどである。

　この時点で注意すべきことは、相談者が自分の意思で相談に来たのではなく、上司や家族から勧められて来談することになった場合もよくあることである、この場合、そのような事情を受け止め、その上で耳を傾けなければならない。

　具体的な面接では、ていねいなあいさつと状況確認の後、まず「本日はどのようなことでご相談に来られましたか」「ここに来てよかったと思われるには、どのようなことが達成されるとよろしいでしょうか」など、「オープン・クエスチョン」で話を開始する。これは、「クローズド・クエスチョン」が「イエス、ノー」で答えられるような問いであるのに比べ、相談者が自由に答えてよい質問である。

　このようにして面接が開始されるが、面接初期の段階で相談者は、相談担当者に自分が問

題としているものの困難さや苦悩を訴えないことがある。そのことを積極的・肯定的に評価することには慎重さが必要であろう。

また、相談者への批判や説得が効果をあげることはない。批判や説得が必要だと考えられても、それは信頼関係（ラポール）ができてからである。

一般に、人生で積極的傾聴の体験を得る機会はそう多くはない。その機会を得たことにより、相談者は相談担当者に強い信頼感を抱くようになる。自分そのものを理解されたと感じ、信頼関係ができたときに初めて、相談者は相談担当者のアドバイスや提案を素直に受け入れ、努力しようと決意する。

なお、相談者の話には、言っている内容と、その底に流れている気持ちという2つの面がある。その両方ともに受け止めたときに真の相談者の姿が見えるのであり、相談担当者はこの両者に対して応答すべきである。

多くの場合、その底の気持ちの方が重要である。

底の気持ちを理解するには、相談担当者は相談者の言葉だけではなく、声の調子や抑揚の変化、息づかい、表情、動作や姿勢、目の動きなどといった言葉以外の（ノンバーバルな）表現に注意を払っていく。言葉にならない、あるいはなりきっていない気持ちも含めて、尋ねたり確かめてみたりすることが大切である。

1回の面接の終わり方も重要である。目標が明確であれば、話し合った内容を確認し、目標がどの程度達成されたかを確認して終了する。そうでない場合でも、話し合った内容を確認して終えるが、相談者が努力していること、強み、支援があることなど、対処に役立つ情報をフィードバックする。面接目標が達成されなければ次回の日時を決めて終了する。

(5)　体験過程を重視する

アメリカの臨床心理学者カール・ロジャーズ（1902-1987）は、治療者（相談担当者）の条件の中核的因子として、

①　共感的に理解し、そうしていることを伝えること、
②　無条件の肯定的関心を払い、そうしていることを伝えること、
③　自己一致していること（相談担当者がありのままの態度で接していること）、

の3点を見出している。

技術を覚えたり習熟したりすることより、治療者の態度の重要性に焦点を当てたのである。

そして、治療者の非指示的態度を徹底し、「クライアント中心療法」に発展させた。これは相談者の自己探求につながるもので、治療者はその協力者にすぎないが、「相談担当者は何も言ってはいけない」「相談者の質問に答えてはいけない」ということではない。

またロジャーズは、治療が成功したケースの条件や因子について「体験過程が特に重要である」と指摘している。「体験過程」とは、気づいていてもいなくても、注意を向けると何らかの形で意識される、今、ここのすべての感覚刺激や特定の記憶のことである。ロジャーズは、自身の体験過程を踏まえて話をし、それを表現し、伝えようとしていたクライアント

が成功例となっていた、という事実を発見したのである。

　ロジャーズのこのような考えから、アメリカの哲学者、臨床心理学者ユージン・ジェンドリン（1926-2017）はパーソナリティを「過程」としてとらえる見方を徹底し、それに基づいた技法を「フォーカシング（焦点付け）技法」と名づけた。それは、暗々裏に感じる流れである体験過程と象徴、感じられる意味との相互作用がパーソナリティの本質であると考えるものである。

　このように「体験過程論」はロジャーズとジェンドリンによって創造されたものであるが、これは同時に、感覚刺激とそれに結びついた記憶という、身体上のプロセスが持つ重要な意味を再評価することになった。感情以前あるいは言葉になる以前に、身体は生命体として何らかの感覚を感じている。従って、身体レベルで感じている実感（フェルト・センス）に気づいていくこと、この実感に合致した言葉を適切に選んで話し、伝えていくことが重要になるのである。

　相談担当者は、相談者の発言に振り回されてはならない。重要なのは相談者の体験過程の実感を明らかにすることである。その実感に適切に合致した表現ができたときに、感情は変わるものである。相談者のもっと深いところにあるフェルト・センスに関心を払い、そこから伝わるメッセージを理解し、可能な限り生き生きと、正確に言語化していくように援助する。

　この体験過程は、ロジャーズのいう自己探求の積極的な実践であり、気づきの促進技法としても利用することができる。フェルト・センスを伴わない表面的な相談者の言葉に対し、「治療者（相談担当者）は鏡のごとくあらねばならない」という態度であってはいけない。

⑹　解決の構築を目指す

　さて、人はごく短時間、短期間でも新しいことを学習することができ、よい方向に変化できる存在である。このような変化は、日常いつも生起している。相談活動においては、伝統的な心理療法のように相談者の弱さや欠点に注目するのではなく、相談者に内在する強さや、すでに持っている力に焦点を合わせていくことが大切である。また未来に向かって生きる人の存在の本質から見ても、過去ではなく、現在から未来に目を向けていくことが重要である。

　問題とされるものを具体的に捉え、かつ相談者をよく観察するのは、本来このような目的のためである。その上で、相談者の行動、考え、信念をまず受け入れ、それを未来への変化のために利用していくことが大切になる。このような解決に向けた働き掛け（解決構築）を強調するものが、アメリカのソーシャル・ワーカー、心理臨床家のインスー・キム・バーグらが提唱した「ソリューション・フォーカスト・アプローチ」（解決志向アプローチ）である。

　このアプローチでは、まず、相談者が具体的にどのような変化を求めているのか、あるいは解決したときに具体的には何がどう違っているか、を話し合う。また、「例外」（あるはずの問題がなくなったり、意外によい状態で過ごせたりした場面、ないし問題があまりなかっ

た状況など）を探し出す。相談担当者は、このような「例外」について相談者がどう認識しているかを尋ね、強化し、尊重していく（その話を膨らましていく）ようにするのである。

　面接では、より積極的にオープン・クエスチョンを用いる。このアプローチでは質問法を工夫することで、過去ではなく未来に、相談者ができないことではなく今できている（ないし、これまでできていた）ことに焦点を当てていく。代表的な問い掛けは、以下のようなものである。

　「状態がよくなっているとき、どのような違ったことが起こっているでしょう。他の人はあなたが、どのような違ったことをしていると気づくでしょうね」

　「問題が解決したときに、生活はどうなっているでしょう」

　「ほんの少しでも状態がよくなるために、どんなことをすればいいと思われていますか」

　「あなたが眠っている間に奇跡が起きて、今ここで話し合っていることがすべて解決したとします。眠っていたので、あなたは奇跡が起こったことは知らないのですが、解決していると気づく最初のことは何でしょう」

　このような問いかけで、相談者自身が持っている長所や力量を理解し、相談者と共同して本人が満足のいくゴール（解決の具体的なイメージ）を描き出す。そして、それが現在もある程度実現されている（相談者自身が実現している）ことを確認し、さらにステップを踏んで実現していく、という面接を行う。この面接技法は、相談者自身の価値観に沿って行われるので、一般の面接でも無理なく導入でき、かつ非常に役に立つものである。

(7)　援助過程の段階―各段階における目標と課題を明らかにする

　相談ないし援助のプロセスにはその段階がある。各段階における目標、課題についてみていこう。

●第1段階：情報収集と関係づくりの段階

　最初の目標と課題は、問題とされる事柄や相談者の行動を、相談者と相談担当者の共同作業で具体的に把握していくことである。

　まず、問題とされているものは何か、その強度や頻度はどうかを把握する。そして、問題とされる事態が、どの程度相談者の日常生活の障害となっているかを具体的に把握していく。さらに、誘発する条件、持続させる因子、増悪ないし軽快に関与する因子などを明らかにしていく。

　また、二次的に失ったもの、できなくなったことがあるだろうし、かえって得られたり、回避できたりしたこともあるかもしれない。これらのことも聴き取り、確認していく。

　さらに、相談者の身近な人々の中で、相談担当者と連係を取ってサポートをしてくれる協力者を探し出しておくことも大切である。

●第2段階：援助計画の策定

　この段階のポイントは、達成する目標の設定と援助のために用いる主な技法の選択であ

る。何を目標にし、どのような順序で、どこまで、どのように援助していくかについて具体的に決定するのである。これも、相談者と相談担当者の共同作業で行う。

　なお目標の順序立ては、一般に、日常的に多く見られる問題から対処していくようにする。それは、もしそのステップが達成されると、相談者自身が改善を実感しやすいからであり、その実感が次の課題への動機付けを高めることになるからである。

　さらに、それぞれの目標に合致した技法の選択、および契約（相談の目標に関する契約と時間、回数、場所などの契約）事項の決定を行う。

　また、第1段階で得られた協力者の活用についても、具体的にどのような協力を仰ぐか、検討する。

●第3段階：援助の実践
　この段階は、まさに実践過程だが、随時その成果を評価することが必要である。経過が思わしくなければ、第1段階・第2段階の手続きに戻り、改めて援助計画を練り直す。その際、援助の実践過程において、その方法や手順を修正する必要があるかないか吟味し続ける態度を持つようにする。そのために相談者の変化のプロセスを克明に記録するが、このとき、相談者がどのように考え、どのように行動しているかという記述と、相談担当者が感じたり考えたりしたこととを混同しないようにすることが大切である。

●第4段階：援助の終結
　所期の目標が達成されれば援助は終結となるが、それだけではなく、相談者が各段階で学んだ問題の認知と対処法などのセルフコントロールのノウハウを今後の生活に生かし、解決した成果を維持していくようにする。

　相談担当者は、援助の過程を再吟味し、相談者が何をどのように学習し、どのようによい結果につながったのかについて考察し、さらにより効率的な援助方法がなかったかどうかを検討することが必要である。

3）　自律訓練法
　リラクセーション技法は、ストレスを抱える現代人にとって、心身の不調時だけでなく、健康時にも必要になる、健康の維持・増進のための技法である。それは、人はストレスにさらされると緊張や不安などの状態が生じるからである。

　反対に、ストレスで筋肉が不要に収縮すると、精神活動も自律神経系も刺激を受ける。中枢神経系より筋肉に刺激が送り返されると筋緊張はさらに亢進し、悪循環が形成される。

　その結果、筋緊張に伴う痛みや疲れだけでなく、各臓器や脳の機能性障害が引き起こされ、最終的には各臓器の器質的障害や精神疾患に進行することになる。

　以上のような状態の改善や予防のためにも、リラクセーション技法の習得とその日常的な実践が重要である。ここでは、自律訓練法、呼吸法、筋弛緩法を挙げるが、指導する者が自ら実践し、体験することが指導の前提になる。

　自律訓練法は、ドイツの精神科医、大脳生理学者のヨハネス・ハインリッヒ・シュルツ（1884-1970）により創案され、カナダの心療内科医、神経内科医のウォルフガング・ルーテ（1922-1985）によって体系化されたリラクセーション技法である。

　まず基本となる「標準練習」を習得するが、日常的な実践を継続し、全部で数カ月程度を要する。職場の集団指導はその一部を行うもので、その指導法は最後に述べる。

(1)　期待できる効果は何か

　(ア)　リラクセーション効果がある

　　　効果の中心はリラックス状態がもたらされることだが、そこでは緊張と弛緩のほどよいバランスが保たれ、自己をコントロールしていく力も強まる。心身が安定するので、精神的、身体的な疲労や痛みも緩和される。

　　　刺激に穏やかに対応できるようになるので、イライラ、攻撃的態度、衝動的行動も減少し、対人関係の無駄な摩擦を回避することができるようになる。

　(イ)　トロフォトロピック効果がある

　　　リラックスすると、蓄積された疲労が回復し、心身のエネルギーを蓄積しやすい状態になる。これを「トロフォトロピック効果」といい、自律神経系、内分泌系など全身の維持システム（ホメオスタシス）が調整される。症状や病気の直接的改善のためだけではなく、病気の予防や健康増進にも有効である。

　(ウ)　受動的注意集中ができるようになる

　　　自律訓練法で得られる意識は、日常の積極的集中とは異なっている。例えると、眼に入ってくる景色を、自然に、全体的に、見るともなくただボンヤリと眺めているというような意識のあり方である。外界の雑音や心に湧いてくる雑念なども、個別に注意を向けずに、そのまま眺めるような態度で受け入れる。

　　　このような意識状態は、集中してはいるが、能動的なものではない。これを「受動的注意集中」といい、あらゆる努力を放棄したさりげない態度そのものである。

　　　この状態でいると、気づきの力が高まり。自分の心身の変化にも気づきやすくなるが、特定のとらわれからは脱しやすくなり、心気的、神経質な態度から自由になりやすい。

　　　受動的態度時の生理的の検査の結果をみると、脳波はやや徐波化し、手指の皮膚温度や血流量が増加し、胃腸の温度および血流量が増加する。精神面では自我の防衛が流動化し、情動の解放が起こりやすくなる。一方、現実感が増すので、客観的かつ俯瞰的な意識が持ちやすくなり、自己コントロール力が増し、また内省力がついて自己向上性が増す。

　(エ)　自己の再統合が起こる

　　　自我の防衛機能が流動化すると、精神や心理の再体制化や再統合が促進される。これにより、成熟度を高める機会がもたらされる可能性が生まれる。それによって自信がつくと、自発的活動が増え、自己表現ができるようになる。忍耐力も増し、感情の不安定さや乱れやすさが改善され、神経質的な態度が改善する。

㋕　あがりが防止できる

　　いろいろな刺激やストレスに対するクッション効果があるので、過剰反応しない対処ができるようになる。それだけでなく、しっかりした自己を持つことができるので、過剰な緊張から解放されてあがりにくくなり、人前でも本来の能力が発揮できるようになる。

㋕　創造性が向上する

　　自律訓練法によって得られる自律状態では、集中力が高まり、想像力や創造性が向上し、記憶力が増すと言われる。

㋖　自律性解放が起こる

　　練習時の姿勢や態度が正しいにもかかわらず、自律訓練法の練習中に、予想していない心理生理的諸現象が出現することがある。これは、それまで十分に処理できず、心身両面でうっ積していたエネルギーの発散によるものである。

　　運動面では、手足のピクピクした動き、緊張反応、けいれん、不随意運動など。感覚面では、シビレ感や麻痺感、圧迫感、かゆみ、熱感、左右の不均衡感、めまい感、浮動感、落下感など。感情面では、不安、憂うつ、多幸感、孤独感、悲哀感などがある。

　　これらはうっ積していたエネルギーの発散なので、悪いことではなく、心身の自動的な自己処理的機能が働き出したための現象である。これを「自律性解放」と呼ぶ。

　　練習中に自律性解放が多くなって練習が困難になった場合には、例えば1回の練習時間を30秒程度から1分までに短縮し、受動的態度が保てるようにする。

(2)　練習の実際を学ぶ

　　ここでは、個人で体験する、あるいは個人指導を行う場合の実際について述べよう。

㋐　練習の場所を選び服装を整える

　　練習を開始して2、3週から1カ月くらいの間は、明るすぎず、静かで落ち着くことができる場所を選んで練習する。室温にも気を付け、服装もゆったりとしたものとし、体を締めつける下着やベルト、ネクタイをゆるめ、靴下、時計、メガネも脱いだり外したりしておくと練習しやすい。

　　なお、自律訓練法がある程度身につけば、職場でも、あるいは電車の中や雑踏の中でも練習することができるようになる。

㋑　練習時の姿勢を整える

　　練習は、**図表4.31**に示すように、椅子に腰をかけるか、仰向けに寝る姿勢で行う（椅子には単純な椅子と安楽椅子がある）。

　　単純椅子姿勢では、楽に深く腰をかけ、背筋はまっすぐとし、頭はその上に載るようにして、肩の力を抜き、両手をポトリと太股の上に置くようにする。手のひらは下にする。両手の力を抜いて両側に垂れ下げるようにしてもよい（**図表4.31.2**）。

　　両脚は、膝を肩幅ぐらいになるように広げる。膝は90度より少し鈍角になるように曲げ、足の裏を床につける。人前で両膝が開くのが気になる場合は、膝を少し近づけてもよい（両膝をつけないようにする）。

図表 4.31.1
力を抜き、楽に深く腰かける。
両腕を太股の上におく

図表 4.31.2
両側に力を抜いて垂れ下げる
ようにする

図表 4.31.3
家で練習するときは仰向けに寝た姿勢で、
枕は低めにして両腕は外側へ「くの字」、
手のひらは下にして、体側へ
脚は肩幅で、くつろいだ状態

図表 4.31　練習時の姿勢

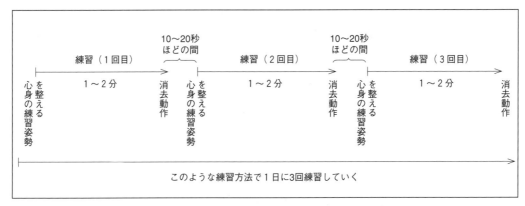

図表 4.32　標準練習の練習回数と時間

　初心者は、仰向けに寝た姿勢での練習が行いやすいかもしれない（**図表 4.31.3**）。この場合、枕は低めにして、首筋まで乗せるようにし、肘は外側に少しだけ曲げて「くの字」型とし、手のひらは下にして体側に置くようにする。足元は、かかとの間が 10cm 程度から肩幅程度になるように開く。

　姿勢を整えた後、軽く目を閉じ、口元をややゆるめて歯を噛み合わせないようにし、練習を開始する。目を閉じることに不安を感じる人は、半眼でも、目を開けていてもよい。目を開けている場合は、目線を下に落とす。

　心の姿勢として、一生懸命、集中して行うという態度ではなく、何も意図しないようなボンヤリとした気持ちを保ちながら練習を行う。その上で標準練習の「公式」の言葉を、頭の中で、声を出さずに繰り返す。

（ウ）練習の回数と時間、終了について

　1 回の練習時間は 1、2 分程度で、長くても 2、3 分とし、1 セッションで 3 回練習を繰り返すので 1 セッション数分の所要時間である（**図表 4.32**）。一定期間、練習は 1 日 3 セッション（朝、昼、晩）行うように努める。

　練習が終ったら、1 回ごとに「取消し動作」を行う。これは賦活動作で、練習後に立ち

図 4.33.1
練習が終わったら取消し動作をする
両手を握り、少し力を入れて両腕を数回曲げ伸ばしして、上半身を揺さぶる

図 4.33.2
全身を大きく伸ばし、深呼吸を 2 ～ 3 回して目を開く
（1 回ごとに取消し動作をして再び練習）

図表 4.33　取消しの動作

くらみやだるさなどの感じが残るのを防ぐためのものであるが、練習後にその前よりも活動や作業に適した状態にする効果が期待できる。

具体的には、両手指の開閉を数回繰り返し、少し力を入れてこぶしを握り、両腕を数回以上曲げ伸ばしし（**図表 4.33.1**）、その後手足と全身を大きく伸ばして深呼吸を 2、3 回行い、その後に開眼する（**図表 4.33.2**）。

このように練習終了時に 1 回ごとに取消し動作を行い、再び心身の姿勢を整えて 2 回目の練習を実施するようにする。

(エ)　標準練習の公式を覚える

標準練習では簡単な言語公式が用いられるが、それは背景公式と 6 つの練習公式とで構成されている。

- ●背景公式：「気持ちが落ち着いている」
- ●第 1 公式：「両腕両脚が重たい」（重感練習）
- ●第 2 公式：「両腕両脚が温かい」（温感練習）
- ●第 3 公式：「心臓が静かに規則正しく打っている」（心臓調整練習）
- ●第 4 公式：「楽に呼吸している」（呼吸調整練習）
- ●第 5 公式：「お腹が温かい」（腹部温感練習）
- ●第 6 公式：「額が涼しい」（額部涼感練習）

(オ)　練習を進める

練習は比較的長期にわたるので、続けていく意欲を持つ、あるいは持たせることが大切である。練習者は、自律訓練法の目的と効果（すぐには感じられないこともある）を正しく理解し、練習を積み重ねていかなければならない。

以下、標準練習の進め方について述べる。

●背景公式、第1公式

　まず姿勢を整え、軽く目を閉じて背景公式を唱える。さらに1、2分の間、第1公式の言葉（重感）を頭の中で、穏やかに、自分のペースで数回繰り返す。

　練習は、原則的には利き腕から開始し、次に反対側の腕を加えていく。脚も同様に、段階的に進めていく。

　背景公式の「気持ちが落ち着いている」では、すでに得ている、ゆったりとした落ち着いた心身の感じが味わえればよい。

　公式の暗唱は、最初は「気持ちが落ち着いている（数回繰り返す）…右（左）腕が重たい（数回）…」であり、次の段階は「気持ちが落ち着いている（数回）…右（左）腕が重たい（数回）…左（右）腕が重たい（数回）…」となり、さらに次の段階では「気持ちが落ち着いている（数回繰り返す）…両腕が重たい（数回）…‥右（左）脚が重たい（数回）…」のように行う。「重たい」は「重い」と唱えてもよい。

　第1公式の最終段階では、「気持ちが落ち着いている（数回）…両腕両脚が重たい（数回）…」というように、公式をまとめながら練習する。

　2、3週間第1公式を続け、次の第2公式の練習へと進む。「重たい」という感じを十分つかめなくても、少しでも感じることができれば第2公式に進むようにする。

　練習を指導するときには、公式の言葉と言葉の間を10〜15秒開ける。自律訓練法は自分で身に付けていく技法なので、練習者に自分のペースで公式を反復させることが重要である。

　練習は、焦らず気長にやるようにする。練習中にイライラや不安を訴えたり、胸痛や動悸を感じたりする場合には、練習を中止するか、より注意しながら指導するようにする。

●第2公式

　第2公式（温感）は第1公式最終段階の「両腕両脚が重たい」に加えるようにして行うが、重感練習中に多少なりとも温感を自覚していることが多い。

　公式の暗誦は「気持ちが落ち着いている（数回）…両腕両脚が重たい（数回）…右腕が温かい（数回）…」だが、重感練習と同様に、段階的に進めていく。この公式の最終段階では、「気持ちが落ち着いている（数回）…両腕両脚が重くて温かい（数回）…」のように行う。

　血管運動が過敏な練習者の場合には、練習中に不快になる人もいるので、温感練習を避けたり、慎重に指導をしたりする方がよいことがある。その場合、「わずかに温かい」といった減弱公式を採用するなどを検討していく。

●第3公式

　次は、第3公式（心臓調整）である。重温感が習得されると、一般に脈拍は減少し、規則正しくなっていることが多い。第3公式の練習では、すでに整っている心臓の動きに気づき、その様子を確認するようにする。

公式の暗誦は「気持ちが落ち着いている（数回）…両腕両脚が重たい（数回）…気持ちが落ち着いている…両腕両脚が重くて温かい（数回）…気持ちが落ち着いている…心臓が静かに規則正しく打っている（数回）…」のように行う。

心臓疾患や心臓に不安を抱いている人は心臓調整練習を避けた方がよい。練習中に心臓と関連した不安、頻脈、痛みなどが生じる場合には練習を中止する。

●第4公式

次は、第4公式（呼吸調整）である。重温感が習得されると、呼吸もすでに調整されていることが多いので、すでに整っている呼吸に気づき、それを確認していくようにする。呼吸は随意的にも支配されるが、自然に行っている呼吸にわずかに注意を向けるようにするのである。

公式の暗唱は「気持ちが落ち着いている（数回）…両腕両脚が重くて温かい（数回）…心臓が静かに規則正しく打っている（数回）…楽に呼吸している（数回）…」のように行う。

気管支喘息や過換気症候群などの呼吸器疾患や呼吸困難などの症状を持つ人は、呼吸調整練習は避けたほうがよい。

●第5公式

第5公式（腹部温感）は、重温感練習と同じく緊張緩和や中枢神経活動に対する鎮静効果が大きい。

腹部温感がつかみにくい人は、右の手のひらをお腹の上に軽く当て、手のひらの温感が腹部に伝わっていく感じに受動的な注意を向けるようにする。このとき腕の緊張が生じやすくなるので、椅子姿勢でも安楽椅子や肘かけ椅子を用い、肘をのせて行うようにする。仰臥姿勢でお腹に手をあてがう場合には、肘の下に支えのクッションなどを置いて腕の緊張を少なくする。

公式の暗唱は「気持ちが落ち着いている（数回）…両腕両脚が重くて温かい（数回）…気持ちが落ち着いている…心臓が静かに規則正しく打っている（数回）…楽に呼吸している（数回）…気持ちが落ち着いている……お腹が温かい（数回）…」のように行う。

胃潰瘍や十二指腸潰瘍、激しい痛みを伴う胃炎などの消化器疾患の急性期の人はこの練習を避けたほうが無難である。糖尿病の場合、糖代謝が変化するので慎重に行う。また、妊娠8カ月以上でもこの練習を避けたほうがよいとされる。

●第6公式

第1公式から第5公式までの練習は、心身のリラックスや鎮静効果をねらったものだが、第6公式（額部涼感）は、内的覚醒や適度の緊張を保つことが目的であり、リラックスした状態を保ちながら、活性化を促すものになっている。

公式の暗唱は「気持ちが落ち着いている（数回）…両腕両脚が重たくて温かい（数回）…心臓が静かに規則正しく打っている（数回）…楽に呼吸している（数回）…お腹が温かい

（数回）…気持ちが落ち着いている…額が涼しい（数回繰り返す）…」のように行う。

　てんかん、頭部外傷後遺症、脳障害などがある人にはこの公式を適用しないようにする。また、第6公式の練習中や練習後に頭痛や片頭痛などが繰り返される場合には、この練習を中止すべきである。

　㈹　訓練記録を活用する

　　指導に当たっては、訓練者が書いた「訓練記録」を参照し、それに基づいて訓練を続けてもらう。記録はもちろん指導に直接役立つが、それ自体、比較的長期にわたる練習の動機を維持するのにも有用である。

4）　呼吸法

　人は普段、意識せずに呼吸しているが、リラクセーション技法としての呼吸法は呼吸を意識して行うものである。意識的な呼吸自体が一定の「刺激」となり、自然の摂理に意識を合わせることで意識と無意識との調和を図ることができるようになり、さらに呼気時に筋弛緩の状態を得ることができる。

　「腹式呼吸法」は、鼻腔を通した吸気、および横隔膜呼吸を特徴とする、一定のリズムで行う呼吸である。吸気時に鼻腔内の神経末端が刺激されることで神経系の安定がもたらされ、横隔膜と肺の規則的な動きにより腹部の太陽神経叢（迷走神経＝副交感神経の集まり）が刺激され、一定間隔でゆっくり行う呼吸により心理面での安定がもたらされる、という心理生理的な効果が期待される。

●腹式呼吸法の実際を学ぶ

　自律訓練法と同じく、椅子法や寝た姿勢で行う方法などがあるが、ここでは椅子法について説明する。

　環境は、静かな、そう明るくない場所で行う。トイレを済ませ、身に着けているもので気になるもの（メガネ、腕時計、ベルト、締め付ける服装など）があれば、外すようにする。

　椅子法では、椅子に腰を掛け、楽なポジションを取る。手は膝の上に自然に置くが、両手を胸部まで挙げ、手首からダラーンと下げ、そのまま両膝の上に置くようにしてもよい。そして目を閉じるが、閉じることに不安を感じる場合には、半眼でも、目を開けていてもよい。

　息を吸うときには口を閉じ、鼻から吸って口から吐くようにする。横隔膜の存在をイメージし、腹部を膨らませるようにして呼吸する。このとき肩や前胸部を動かさないように注意するが、腹部に手を当てて腹部の動きに注意してもよい。ゆっくり息を吸った後、短く（1秒程度）息を止める。

　気管支喘息などの呼吸器疾患やその既往歴がある場合で、もし「息ができなくなる」という恐怖体験があれば、口を閉じた吸気への心理的抵抗があるかもしれない。この場合、鼻呼吸を無理に行わせずに口から吸気を行ってもよい。

　1分間の呼吸数は、標準的には6〜8回だが、慣れてくればさらに呼吸数を減らすことも可能である。呼気時には、口唇をろうそくの火を消す形にし、ゆっくりと吐く。吐き切った後、停止時間を取るようにしてから次の吸気を行う。

　当初は、指導者が「声掛け」をする練習でもよい。その場合、指導者は「始めますね」と声を掛け、次の吸気のタイミングでカウントを開始する。声掛けは、「1、2、3…」や「ひとーつ、ふたーつ」などで、カウントは一つひとつの数字を流れるように（つなげるように）行う。また、呼吸のリズムよりも少し遅めにカウントし、次第にカウントの間隔を広げるようにする。なお声掛けは、最初ははっきりカウントするが、リズムが合うのを見ながら声を小さくしていく。

　以上を7回から10回程度行って終わる。終了後そのまま静かに呼吸を続け、1分間ほど間を空けた後、ゆっくりと目を開ける。なお、眠気やふらつきが残る場合があるので、取消し動作（254頁を参照）を行うなど、十分に覚醒した後で立ち上がるようにする。

5)　筋弛緩法

　アメリカの内科医、精神科医、生理学者のエドモンド・ジェイコブソン（1888-1983）が考案した「漸進的筋弛緩法」は、ほぼ全身部位、200から300セッションを、1日から1週間以上の期間、毎日1時間以上練習するように指導する技法である。

　容易に習得しにくく、膨大な日時がかかるものなので、アメリカの精神科医、行動療法家のジョセフ・ウォルピ（1915-1998）によって簡略法が考案された。これは、6つの段階のそれぞれの部位を1日2回15分ずつ練習するように指導するものである。

　さらに日本の心理学者、松原秀樹（1947-2011）は、ウォルピの簡略法を改変し、練習方法の工夫を図って「積極的筋弛緩法」を開発した。

(1)　全身型の筋弛緩法を学ぶ

　それは、まず筋肉に70〜80%の力を込め、ゆっくり最終ポーズへと動作を進め、5〜10秒ほど力を入れ続け、その後脱力させるものである。脱力したまま10〜20秒程休息していると、さらに弛緩が深まっていく。

　この要領で同じ部位に再び力を込め、それから緩めていく。このようにして2、3回繰り返すと十分な弛緩効果が得られる。この技法を全身的に行っていく（**図表4.34**）。

　図表4.34.6〜**図表4.34.9**に、全身的方法の2種類の最終ポーズ（臥位および側臥位）を示す。

　図表4.34.6は、身体前面の筋肉を縦横に伸展させたもので、背部から見ると、首、肩や背部の筋肉を中心にして5〜10秒程力を込めているポーズである。その後脱力させ、10〜20秒ほど弛緩した状態を味わう。これを数回繰り返す。

　図表4.34.9は**図表4.34.6**とは逆向きの練習で、胸部や腹部の筋肉を中心にして、身体前面の筋肉に力を込め、また脱力させる方法である。**図表4.34.7**のように側臥位で行う場合には、右側を下にしているが、練習する本人がやりやすい姿勢を取って行うようにする。

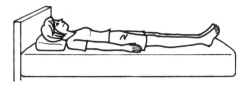

図表 4.34.1
仰臥位で、体側に両手を置いておく

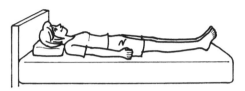

図表 4.34.2
肘を伸ばし、拳を握っていく

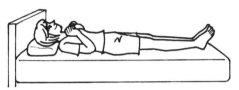

図表 4.34.3
腕全体に力を入れ肘から曲げていく

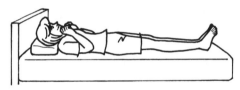

図表 4.34.4
首肩全体に力を入れて肩をすくめるように力む

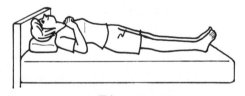

図表 4.34.5
腰を反らせていくように力み、肩や胸を反らすように力んでいく

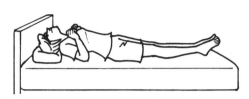

図表 4.34.6
後頭部を枕に押しつけるように後の首筋に力を入れながら、顎を伸ばすように力んでいく
この最終ポーズで5〜10秒力み続けてから、脱力し休息する

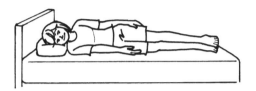

図表 4.34.7
右下でも左下でも自分のやりやすい向きで横になった姿勢をとる

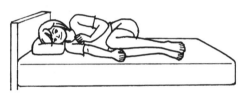

図表 4.34.8
下側の腰・脇腹をベッド方向（下）に押しつけるように力み、次いで上側の拳を力み腕を曲げて肩をすくめて力んでから胸をせばめるように力み、足も力を入れて縮めていく

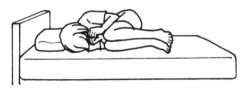

図表 4.34.9
最後に頭も前屈させるようにし、全身を丸めこんでいくようにして、5〜10秒ほど力んでから脱力して休憩する

図表 4.34　全身型筋弛緩法

(2)　部分的筋弛緩法を学ぶ

　　全身の筋肉を2群に分け、それぞれ練習を行う。第1群は腕、顔、首、肩の筋肉の弛緩、第2群は胸、腹、腰、脚の筋肉の弛緩の練習である。この2段階の練習をマスターした後に、全身型の筋弛緩法の練習をしてもよい。

　　練習では、まず1週間ほど第1群を行う。各部位の練習を2、3回ずつ反復して行うと効

果が上がりやすい。練習の中で緩めているとより気持ちがよい部位があれば、そこは他の部位に比べて緊張が高い所なので、さらに1、2回回数を増やして実施するようにする。

　最終ポーズでは、全身型と同様5〜10秒ほど力を込める。そして、10数〜20秒ほど脱力してくつろいでいく感覚を味わう。

　第1群に続いて第2群の練習を行い、この段階までマスターしたところで全身型の練習に移行するようにする。その後は全身型の練習のみを日に数回施行するが、必要に応じて第1群、第2群の練習を追加して行う。

● 第1群の練習

　腕の弛緩練習では、力を入れて両腕を前に伸ばし、こぶしを握り、前腕に力を込めるようにする。次に、力を入れたまま肘から腕を曲げ、上腕に力を入れる。続いて、力を入れたまま再び腕を前に伸ばし、手指もしっかり伸ばして力を入れ、その後で両腕を脱力させる（**図表4.35**）。

　次は、顔面の筋肉である。まず、眉毛を見上げるように上目遣いにし、額にシワを深く刻むように力を入れ（**図表4.36.1**）、その後脱力させ、軽く目を閉じて休む。続いて、瞼をきつく閉じるように力を込め、その後脱力させ、同じように軽く目を閉じて休む（**図表4.36.2**）。さらに、奥歯を噛み締め、唇をきつく結んで力を込め（**図表4.36.3**）、その後ポカンとした口元にして脱力させる。最後に、唇をすぼめて前に突き出すように力を込め（**図表4.36.4**）、その後同じくポカンとした口元にして脱力させる。

　舌の筋肉の弛緩練習は、上顎部に舌を押しつけて力を込め、次にポカンとした口元にして脱力させる（**図表4.36.5**）。

　首の筋肉は、まず首の後ろに力を込め、天井を見上げるように頭を後に倒して力を入れた後、力を抜いてうなだれるような姿勢で休む（**図表4.36.6**）。その後反対に、ヘソをのぞき込むように頭を前に倒して力を入れ、脱力させる（**図表4.36.7**）。最後に、左右に振り向くように頭に力を入れ、緩めるようにする（**図表4.36.8**、**図表4.36.9**）。

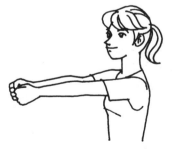
図表 4.35.1

図表 4.35.2

図表 4.35.3

図表 4.35　部分的筋弛緩練習（第1段階：腕）

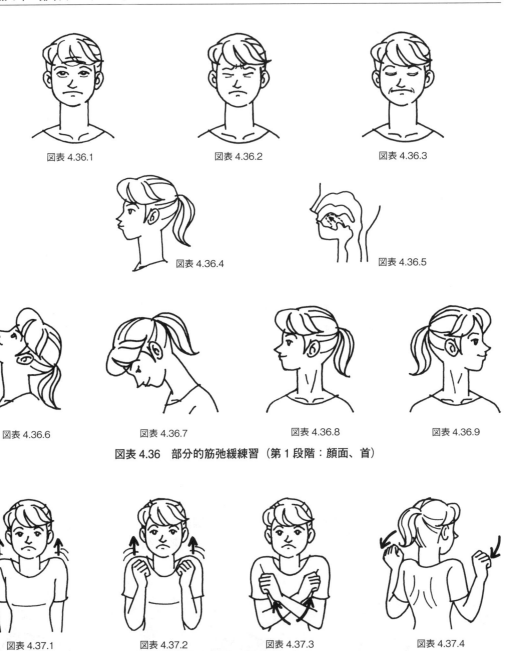

図表 4.36.1　　　　　　　　図表 4.36.2　　　　　　　　図表 4.36.3

図表 4.36.4　　　　　　　　図表 4.36.5

図表 4.36.6　　　図表 4.36.7　　　図表 4.36.8　　　図表 4.36.9

図表 4.36　部分的筋弛緩練習（第 1 段階：顔面、首）

図表 4.37.1　　　　図表 4.37.2　　　　図表 4.37.3　　　　図表 4.37.4

図表 4.37　部分的筋弛緩練習（第 1 段階：肩）

　肩の筋肉は、両肩に力を入れたまま持ち上げ、首をすくめるようにして力を込め、脱力させる（**図表 4.37.1**）。効果的に行うには、こぶしを握って力を入れたまま肘から腕を曲げていき、両肩をすくめるように上げ、力を入れたまま連続的に肩を前後に反らしたり狭めたりしながら力むようにする（**図表 4.37**）。

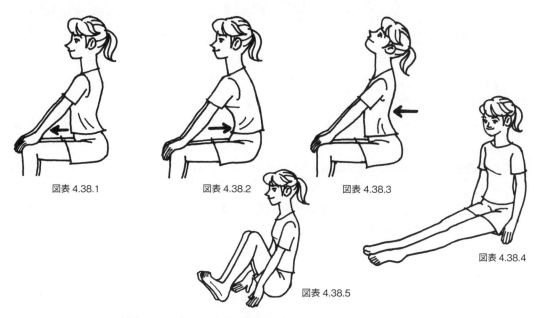

図表 4.38.1　　　　　　　図表 4.38.2　　　　　　　図表 4.38.3

図表 4.38.4

図表 4.38.5

図表 4.38　部分的筋弛緩練習（第 2 段階：胸、腹、腰、脚）

●第 2 段階の練習

　　胸の筋肉は、大きく息を吸い込み、息を止めて胸部全体に力を込めるようにし、その後脱力させる。緩めるときには、息を吐き、自然な呼吸を行う。

　　腹筋は、腹部を両手で圧迫し、それを腹筋で押し返すように力を入れる（**図表 4.38.1**）。そして、狭い場所を横にすり抜けるようなつもりで腹をへこませ、その後脱力させる（**図表 4.38.2**）。

　　腰の筋肉は、腹を突き出すようにし、胸を張り、背から腰を反らせて力を込め、脱力させる（**図表 4.38.3**）。

　　最後は脚の筋肉である。伸筋群（**図表 4.38.4**）と屈筋群（**図表 4.38.5**）に分けて練習を進める。立位で行う場合には、ゆっくりとつま先立ちをし、もも、すね、ふくらはぎに力が加わるように力を入れる。屈筋群は、立位であれば、もも、すね、ふくらはぎに力を入れ、ゆっくりと徐々にしゃがみ込むようにする。

(3)　職場でリラクセーション技法を活用する

　　一般に職場はストレスフルな環境で、疲労も蓄積しやすい。そこで、ストレスへのクッション効果があり、また精神的、身体的な疲労や痛みの緩和効果もあるリラクセーション技法は有用である。

　　職場のストレス要因として、人間関係の摩擦が大きい。リラクセーション技法を身につけると、刺激に穏やかに対応できるようになり、イライラ、攻撃的態度、衝動的な行動が減少し、対人関係においても無駄な摩擦を回避することができるようになる。

　　個人的にも、自己の再統合が図りやすくなるので、自己コントロール力が増し、自発的な

活動が増え、自己表現が行えるようになり、また内省力がついて自己向上性が増していく。

　仕事では、作業能率が上がり、また想像力や創造性が向上し解決や企画・開発のアイデアが出やすくなることが期待できる。集中力が高まるので、事故防止など安全管理上の意義も大きいと考えられる。

　実際には、個人指導を行う場合と職場全体で取り組む場合がある。

　個人指導では、通常の相談業務に伴う場合と、リラクセーション技法の指導だけを行う場合がある。相談業務に伴う場合、場を作るのに有効であるが、相談者が何らかの症状を持っている場合は注意が必要で（自律訓練法の場合、第2公式までしか行わない、など）、通院中の相談者なら主治医の許可が必要である。

　職場で、集団で行う場合、同一曜日の同一時刻に集合し、自律訓練法では1回10分ほどの運用とする。集団の効果は高いが、試行中自律訓練法の「自律性解放」などの発生もゼロではないので、第2公式までとし（健康人対象なら第2公式までは比較的安全に行うことができる）、また少しでも違和感があれば無理をせず、中止してもかまわない旨をあらかじめ伝えておく。また、リラクセーション後の活性化効果を狙うのであれば、取消し動作をしっかりさせるようにする。

　筋弛緩法では、部分的な練習にとどめ、長時間にならないようにする。

6)　交流分析

　交流分析は、アメリカの精神科医エリック・バーン（1910-1970）が創始した、体系的で実践的な心理学である。それは、精神分析から出発し、分析の対象を精神から交流に変えた点に特徴がある。これは交流があるところであれば適用できるので、心理や医療の分野における治療に限らず、広く日常生活の問題まで使われるようになっている。

　具体的には、まず交流している人が示すパーソナリティを3つの「自我状態」の概念を用いて分析し、構造として理解する（構造分析）。

　その上で、人がどのように交流しているのかの分析を進め（やり取り分析、心理ゲーム分析）、さらに「なぜ人は、それが苦痛を伴うものであっても、子ども時代に用いたやり方を繰り返してしまうのか」を「人生脚本」という概念を用いて説明する（脚本分析）。この全体が交流分析である。

(1)　パーソナリティの構造分析を行う

　(ア)　自我状態の分類を知る

　　　自我状態は、「その人の思考と感情のパターンで、それは観察できる行動パターンと直接関連している」と定義されるものである。

　　　すなわち、人の思考、感情、行動をひとまとまりのものとして理解するもので、この概念により、「人がどのような体験をしているか」と「人が自分をいかに表現しているか」とを統一して理解することができるのである。

　　　この自我状態は、「親」（〈ペアレント〉：P）、「成人」（〈アダルト〉：A）、「子ども」

図表 4.39　パーソナリティの構造分析

(〈チャイルド〉：C) の3種類に分類される。

　まず人は、「今、ここ」で起こっている問題に対して直接取り組むために「成人」として振る舞う。これは流動的で限定されたものではない。

　また人は、過去に取り入れた特定の「親」の姿を再現する。これは固定的・限定的なものである。

　さらに人は、自分の子ども時代のある年齢の姿を「子ども」として再演する。これも固定的・限定的なものである。

　これらの概念を用いてある人のパーソナリティを分析することを「パーソナリティの構造分析」という。その構造は「円を積み上げた図」として描かれる。(**図表 4.39**)

　この分析にあたっては、

① 　人がどのように行動し、人に働きかけているか、

② 　どのような交流をしているか、

③ 　どのような親のもとで、どのような子どもとして過ごしたか、

④ 　自分が「親」として振る舞っている、「子ども」として振る舞っている、などと実感できるか、の4つのステップを踏む。

●機能的自我状態論とエゴグラムを知る

　なお、「親」を外から描くようにみると、人をコントロールしようとしている時と人に温かく接している時があることがわかる。前者の姿を「コントロールする親」(CP)、後者の姿を「自然な、ないし養育的な親」(NP) という。また「子ども」を同様にみると、少なくとも「自然な、ないし自由な子ども」(NC または FC)、および「順応的な子ども」(AC) の側面がある。CP は、外部の相手をコントロールするだけでなく、内的にも働き、AC をコントロールしようとする。

　アメリカの精神科医、交流分析家ジャック・デュセイ (1935-) は、これら CP、NP、および FC、AC に「成人」A の働きを加え、CP、NP、A、FC、AC の順に並べ、それらを5つの「機能的自我状態」と呼んだ。そして、それぞれに精神エネルギー量が充当されているとの想定のもと、その量を棒グラフで表して図示する「エゴグラム」を考案した。

　日本では、この考えに基づき、質問への回答によって計測しようとするものが開発された。標準化されたものとして、SGE (自己成長エゴグラム) と TEG (東大式エゴグラム) がある。

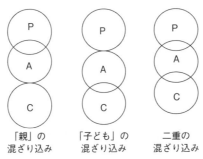

図表 4.40　自我状態の混入

㈱　構造上の病理を考える

　各自我状態はそれぞれ独立しているが、病的状態では、2つの自我状態域が混ざったり（「混ざり込み」）、ある自我状態が締め出されたりする（「締め出し」）現象がある。これを「構造上の病理」という。

　例えば、本当は「親」や「子ども」を再演しているのに、「自分は、『今、ここ』で現実に反応している」と思い込んでいるとすれば、この現象を「『親』や『子ども』の『成人』への混ざり込み」という。

　教え込まれた信条をよく吟味せずに「今、ここの現実」と誤解している時は、「成人」に「親」が混ざり込んでいる。職場で、「女性はまだまだ役に立たない」などの偏見を強制する上司などはその例である。

　また、考えを子ども時代の思い込みで曇らせ、想像や空想を事実と誤解している時は、「成人」に「子ども」が混ざり込んでいる。子ども時代の体験を引きずって「職場全体が自分を攻撃している」という被害妄想を持つ人がその例である。

　さらに、ある信念を持つ「親」の声を聞き、それにある思い込みを持った「子ども」が順応して、その両方とも現実である、と誤解する事態を「二重の混ざり込み」がある、という（**図表4.40**）。

　さて、人が3つのうち1つないし2つの自我状態をまったく示さない現象を、自我状態の「締め出し」という。

　「親」を締め出した人は、既成のモデルに倣うことも世間のルールに従うこともない。

　「成人」を締め出した人は、現実を吟味することができない。

　「子ども」を締め出した人は、自分自身の子ども時代の記憶を締め出してしまい、「親」の信条に支配されてしまう。

　「成人」の締め出しが最も重大だが、「親」「子ども」の締め出しでは、それらを資源（リソース）として活用できないことになる。

㈡　「成人」を活性化する

　構造分析においては、「成人」を「親」「子ども」から切り離し、混ざり込みを解除して「成人」の活性化を図るようにする。必ずしも「親」や「子ども」を変える必要はない。どのような人でも、「成人」への混ざり込みを解除し、その活性化を図ることによって、

いつでも今、ここでの対応ができるようになるのである。

(2)　やり取りを分析する

　「やり取り」は、ある人が相手にメッセージを送り、相手がそれに応えたときに成立する「社交の基本単位」である。最初のメッセージが「刺激」となり、応答はそれへの「反応」となる。「やり取り分析」では、刺激の方向をそれぞれ矢印（ベクトル）で表し、やり取りを図解する。

　「相補的なやり取り」は、相手が期待した自我状態で反応し、当初の自分の自我状態に返ってくるやり取りである。上司が「これやっといてくれ」と言うのに対し、部下が「はい、わかりました」というのがその例である（**図表4.41**）。

　「交差的なやり取り」は、反応した相手の自我状態が期待されたものではない時のやり取りである。「書類どこに置いた？」と同僚から尋ねられたとき、興奮して「そんなことまでオレに聞くなよ！　自分のことは自分でやってくれ！」と怒鳴った、というのがその例である（**図表4.42**）。

　1つのやり取りで、2つのメッセージが同時に伝達されることがある。1つは「表のメッセージ＝社交レベルのメッセージ」で、もう1つは「裏のメッセージ＝心理レベルのメッセージ」である。「表」のメッセージは言葉で示されるが、「裏」は非言語的な手がかりを観察して初めてわかることが多い。ふつう両者は一致しているが、一致しないことがあり、そのやり取りを「裏があるやり取り」という。図では、「表」の「刺激と反応」は実線で描き「裏」は点線で描く。

　上司の「企画書は、どうなっている？」との言葉に対し、部下が「今、作成していますが…」と答えたのがその例である。言葉では「成人」と「成人」の相補的なやり取りだが、上

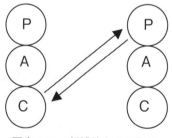

図表 4.41　相補的なやり取り

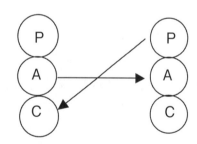

図表 4.42　交差するやり取り

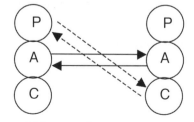

図表 4.43　裏があるやり取り

司の顔はややこわばっていて語気は強く、部下の顔はうつむき加減で声は細く震えている。すなわち、「裏」では上司の「親」と部下の「子ども」のやり取りが行われていたのである。「裏」のメッセージは、上司「お前はいつも企画書作成が期日に間に合わないじゃないか！」、部下「いつもあなたは私を追い詰めて困らせるんだ」であったかもしれない（**図表4.43**）。

(3)　ストローク交換を理解する

　人は、交流によってストロークを交換している。ストロークは、「相手の存在を認める働きかけの単位」である。これは、子どもはもとより、大人が生きるにも必要不可欠なものである。

　人が2人ないしそれ以上集まり、ストロークを交換して過ごす時間の過ごし方にはいろいろなものがあるが、これを「時間の構造化」といい、それには①引きこもり、②儀礼、③暇つぶし、④活動、⑤心理ゲーム、⑥親密さの6種類がある。

(4)　心理ゲームを分析する

(ア)　ラケット感情を知る

　人はしばしば、交流後にネガティブなラケット感情を感じる。ラケット感情は「裏で力を持つ感情」であって、「ストレス状況で経験される、なじみ深い感情。幼い頃に奨励され学習されたもの」と定義される。

　ラケット感情を感じた時、人は、その場で表出する以外に「後で使うためにせっせと蓄える」というやり方を取ることがあるが、このやり方を「スタンプを貯める」という。ここでスタンプは「心理上の景品券」の意味で、人はそれを一定の枚数を貯めて「心理上の景品」に交換する。それによって自らの脚本の結末に向かって進んでいく。

　スタンプを貯めるために、人は「ラケット」と心理ゲームを行う。これらはともに「脚本を演じる一連の行動で、周りを操作して最後にラケット感情を得るプロセス」である。

(イ)　心理ゲームを知る

　これは、プロセスの途中で参加者がその「役」を切り換え、当惑したり他の誰かを非難したりして終わる時間の構造化である。最後になって初めて期待外れの結果に驚くが、前にも同じことがあったことにも気づく。なお、ラケットでは役の切り換えはみられない。

　心理ゲームの特徴は、

① 何度でも繰り返される、
② 「裏があるやり取り」によって進行する、
③ 「成人」の参加者がいない、
④ 参加者がラケット感情を感じて終わる、
⑤ 驚きや混乱の瞬間を含むプロセスである、

というものである。

　アメリカの交流分析家スティーブン・カープマンは、「ドラマ三角形（三角図）」という図式を提案している。それは、人が心理ゲームをするときは「迫害者」「救助者」「犠牲

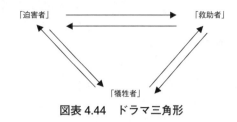

図表 4.44　ドラマ三角形

者」という 3 つの役のうちの 1 つを演じている、そしてその役を変えることでドラマチックな効果をあげている、というものである（**図表 4.44**）。

　助言者からの提案を「はい、そうなんですが…」と受け入れるようでいて「でも」と否定してしまう心理ゲーム（「はい、でも」）をする人は、「犠牲者」から「迫害者」に役を変更する。これは、「どんなことがあっても自分の考えを曲げないぞ。変えようと思うならやってみなさい、絶対に思いどおりにはならないから」という意図を示している。その相手は「あなたのお役に立とうとしただけなのに」という心理ゲームをしていることが多いが、その人は「救助者」から「犠牲者」に役を変えることになる。

　また、いろいろあった結果、相手から見捨てられる心理ゲーム（「キック・ミー」）をする人は、例えば「迫害者」から「犠牲者」に役を変更する。その相手は自分の失敗からスタートしながら最終的には相手の失敗を見つけて締め上げる「あらさがし」の心理ゲームをしているかもしれないが、この人は「犠牲者」から「迫害者」に役を変えるのである。

　このような心理ゲームはストロークを得ようと思ってなされるものだが、脚本の一幕を上演すると同時に、脚本を強化する。

　ラケットや心理ゲームへの対処法は、まずそれが「ラケットである」「心理ゲームである」と気づくことである。相手に止めてもらうのではない。気づいたとしたら、自分で、「成人」によって別の道を選択するようにするのである。

(5)　脚本を分析する

　(ア)　基本的な人生のポジションを理解する

　　人は大人になっても、幼い頃自分で描いた物語に従って生活するが、この人生物語が「人生脚本」である。しかし人は、脚本があることにさえ気づかないことが多い。バーンは脚本を「前意識の人生計画」と定義し、「この計画は、子ども時代に（両親によって作られた枠組に順応して）書かれたもので、生起するいろいろな出来事で正当化され、最後に自分が選んだ結末でピークに達する」と言っている。人生を舞台に例えると、上演される劇の脚本となるのである。

　　脚本は本人によって書かれるが、両親が子どもに大きな影響を与えている。「自分、他人、世の中についての親のメッセージ」に子どもが順応するのである。

　　この順応は「自分自身と他人が持つ価値に対して取る、基本的なスタンスと態度」に基づいていて、人は自分の脚本をそれに合うように構成する。このスタンスと態度を「基本的な人生のポジション」という。これは、

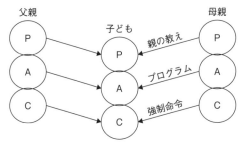

図表4.45　脚本マトリックス

1）存在するな
2）お前であるな
3）子どもであるな
4）成長するな
5）成功するな
6）するな（何もするな）
7）重要であるな
8）属するな
9）近づくな（親しくするな）
10）健康であるな（正気であるな）
11）考えるな
12）感じるな

図表4.46　強制命令リスト

　①　私は OK、あなたも OK、

　②　私は OK だが、あなたは OK でない、

　③　私は OK でないが、あなたは OK、

　④　私は OK でなく、あなたも OK でない、

の4つに分類される。

(イ)　脚本マトリックスを理解する

　　脚本メッセージが親から子にどのように伝えられるかを図解したものが、アメリカの交流分析家クロード・スタイナー（1935-2015）の「脚本マトリックス」である（**図表4.45**）。

　　その構成要素をみると、まず「強制命令」がある。アメリカの交流分析家グールディング夫妻は、子どもが親から受け取る12の脚本メッセージを発見し、それを「強制命令リスト」として報告した（**図表4.46**）。これは、親の「子ども」からの子どもの「子ども」へのメッセージである。

　　次に「親の教え」がある。人は強制命令の衝撃を避けるために、それに対抗する命令を身につけるが、それは「強制命令と組み合わされ、その衝撃を和らげる親からのメッセージ」である。これは、親の「親」から子どもの「親」のメッセージであり、「何をすべきで、何をすべきでないか」についての命令や、人間と世の中に対する定義から成り立っている。

　　最後にプログラムだが、これは「何をどのように行うか」を示すもので、親の「成人」から子どもの「成人」へのメッセージである。

(ウ)　古い脚本からの解放を達成する

　　さて、交流分析の治療のゴールは古い脚本からの解放である。

　　バーンはまず「治ること」を強調し、「『治る』とは、古い脚本を打ち捨て、新たな脚本を上演すること」と述べている。必ずしも古い脚本を変える必要はない。古い脚本からの解放は、新しい脚本の上演で新しい人生を送ることによってなされるのである。

(6)　職場において交流分析を活用する

　　交流があるところにはすべて交流分析が適用できる。産業領域では、企業や組織の在り方

の分析、マネジメント、コーチング、コミュニケーション・トレーニングの技法として用いることができる。コーチング、コミュニケーション・トレーニングでは、グループを作ってワークをするとよいが、その時指導者はファシリテーターとして振る舞うことになる。

　特に伝えるべきは職場におけるストローク交換の重要性で、それは挨拶のような儀礼からスタートする。「職場の精神的健康は朝の『おはよう』から始まる」というのは究極の真実である。

　また、ラケットや心理ゲームへの理解が深まれば、職場内の無用な混乱を鎮めることができる。この時、「他人と過去は変えられない」という交流分析の原則に則り、交流する相手を変えようとしないこと（変わってくれることはある）、また過去のいざこざを変えようとしないこと（過去への見方が変わることはある）を徹底するようにする。

　個別相談への活用では、まず相談者と相談担当者の交流に注意を払う。来談時から相談者にストロークを提供することから始めるのである。

　相談内容が対人関係に関連するものであれば、そこには固定的な「親」「子ども」の自我状態、それに基づくラケットや心理ゲームが含まれる。それは古い親子関係の再現であることが多い（ちなみに相談においてもこの関係は繰り返されることが多い）。

　相談担当者は、相談者の「親」や「子ども」を変えようとせず、またラケットや心理ゲームを変えようとせず、ていねいに「成人」を誘い出し、相談者の「成人」と相談担当者の「成人」の対話が成立するようにもっていく。その上で、相談者の古い脚本を検討し、解放に向かうように支援するのである。

7)　認知行動療法的アプローチ

　認知行動療法は、行動療法に認知療法などの認知的アプローチを加えたアプローチの総称である。人の認知と身体的反応・行動に関する知見に基づいた多くの技法があるが、日常の相談業務でも用いられることがある。

　ここでは、相談担当者に必要ないくつかの技法についてみていこう。

(1)　認知行動療法の歴史的背景を知る

(ア)　第1世代：行動療法の登場

　　行動療法は、ロシアの生理学者イワン・パブロフ（1849-1936）の「レスポンデント条件付け」、アメリカの心理学者バラス・スキナー（1904-1990）の「オペラント条件付け」など、実験的に明らかにされた行動理論に基づいて、不適切な行動を減らし、適切な行動を増やす技法である。

　　すなわち、測定可能、観察可能な行動を重視し、先行刺激に反応して取る行動を観察し、それを結果によって適切、不適切に分け、適切な行動を強化し、不適切な行動を消失させる（反応しない）のである。

　　この先行刺激、行動、結果の関係を「三項随伴性」という。

㋑　第2世代：認知的アプローチの展開

　続いて、カナダの心理学者アルバート・バンデューラ（1925-2021）が提唱した認知に着目した「社会的学習理論」に始まり、アメリカの臨床心理学者アルバート・エリス（1913-2007）の「論理療法」やアメリカの精神科医、アーロン・ベック（1921-2021）の「認知療法」などによって展開されたものが認知療法的アプローチである。

　これは、問題とされるものは何かの出来事ではなく、その捉え方、受け止め方、すなわち認知で生じる、と考え、認知の変容を通して不適切な感情や行動を変えようとするのである。

㋒　第3世代：新世代の認知行動療法

　これは、アメリカの心理学者マーシャ・リネハン（1943-）による「弁証法的（対話的）行動療法」、「マインドフルネス認知療法」「アクセプタンス＆コミットメントセラピー（ACT）」などの総称である。

　弁証法的行動療法は、とくに境界性パーソナリティ障害を対象にした技法で、「変化させること」と「変化させず受容すること」のバランスが重要であるとする。

　マインドフルネス認知療法は、「マインドフルネス」という状態を用いた心理療法を行っていたアメリカの生物学者、心理学者ジョン・カバット・ジン（1944-）の「マインドフルネスストレス低減法」を基に開発された技法である。マインドフルネスは、「今、ここでの自分の体験に対し、判断をせず、意図的に気づきを向けている」状態で、嫌な体験があってもそれを変えようとせず、あるがままに受け止め、それはそれとして、自分の人生にとって価値がある行動に取り組むのである。

　ACT は、「アクセプタンス」（受け入れること）に「コミットメント」（関わること）および行動変容を併せることによって、心理的柔軟性の向上を目指すものである。その目的は、困難を取り除くことではなく、今、ここに留まり、自分の人生にとって価値ある行動に向けて進むことである。ここでは、不快な気分に対して過剰反応せずにいること、開かれていること、そのような気分が起こるような状況を避けずにいてもよいことを学ぶことが重視される。

　まとめると、第1世代、第2世代の認知行動療法が不適切な行動や認知を変えようとしたのに対し、新世代の行動療法はそれらを変えようとせず、その体験を味わい、体験とのつき合い方に焦点を当てるのである。

(2)　認知行動療法の技法を学ぶ

　ここでは、「セルフモニタリング」「エクスポージャー」「行動活性化」「ソーシャル・スキル・トレーニング（SST）」「アサーション・トレーニング」「認知的再構成法」について述べる。

㋐　セルフモニタリングを行う

　これは自分自身の行動、認知、ないし感情をモニター（自己観察）するものだが、それによって相談者自身が自分の状態を客観的に理解できるようになることが期待される。そ

のことで変えたいと思う行動が自然に変わるようになる。また、セルフモニタリングと組み合わされる認知行動療法の技法がスムーズに導入しやすくなる。

　観察する事項は様々で、例えば困難な状況の程度と内容、気分、その場で浮かぶ考え（自動思考）、行動の頻度などがある。

(イ)　エクスポージャーを図る

　これは、不安などの反応を誘発する刺激に一定の時間曝していくことによって、ならしていく技法である。不安がもとになった症状に有効であるが、手洗い強迫などには、自分が汚いと思い、恐怖を感じる対象に触れた後、手を洗わずに過ごし、不安が静まることを実感する技法もある（暴露反応妨害法）。

　ならしていくのに、「不安階層表」などを用いて弱い不安から強い不安に順番に段階を踏む技法を「シェーピング法」という。

(ウ)　行動活性化を行う

　これは、活動がうまくできていない状態や嫌な体験で取っている回避行動を減少させ、適切な、あるいは自分にとって価値がある行動を増やすことを目指す技法である。

　具体的には、「活動記録表」などを用いてセルフモニタリングを行ってもらい、自分の行動がポジティブなものなのか、消極的な、あるいは回避的なものなのか振り返ってもらう。そして、その行動がその後の気分にどのような影響を及ぼしているのかを考えてもらい、回避するような行動を選択せず、望ましい結果につながる行動が選択できるようにするのである。

(エ)　ソーシャル・スキル・トレーニングを行う

　これは、「社会的なスキル」が不足していることで不適応状態に陥っている場合に、そのスキルを獲得させようとする技法である。社会的スキルとは、職業生活を含む社会生活を営む上で必要な対人的関わりの技術を指す。

　実際には、具体的で達成可能な、そう大きくない目標を立て、ロールプレイなどによって訓練し、望ましい行動を強化するようにする。練習したスキルは日常生活で実践してもらい、評価するようにする。

(オ)　アサーション・トレーニングを行う

　自分の気持ちや意見を相手に、また社会的に認められる形で表出し、伝えていくために必要な主張行動を訓練する技法である。自分も相手も尊重するのである。

　具体的には、まず自分の気持ちや意見を心の中で確かめ、次に相手と交流する土台があるかどうかを確認し、相手に理解してもらえる形で主張する訓練をロールプレイなどで行う。

(カ)　認知的再構成法

　これは、うまくいっていない認知に焦点を当て、より機能的な認知に再構成していく認知療法の技法である。

　まず、相談者に最近の、不安になったりするなどのストレス場面を振り返ってもらい、そこで起こる自分の生々しい、ホットな思考（自動思考）に気づくようにする。そして、

それに対して「根拠は十分だろうか」「別な解釈はできないだろうか」などの問いかけをさせ、不適切な認知と思考に対する別の考え方（適応的思考）を探し、自動思考から抜け出せるようにするのである。

また、自動思考の背後に、過去の経験から作られた長期に続く考え、価値観、評価基準という思考の枠組み（スキーマ）があることがある。そのスキーマが非適応的なものであれば、それを現実に即した柔軟なものに変容してもらうようにする。

8)　マインドフルネス

最後に、第3世代の認知行動療法に分類されるマインドフルネス認知療法についてより詳しくみていこう。

マインドフルな状態では、

① 　嫌な体験であっても回避せず、

② 　自分の頭の中と現実を混同せず、

③ 　過去の後悔や未来への不安に呑み込まれずに、

今、ここの現実に限りなく開かれているのである。

ここでは、このような状態を体感するマインドフルネス瞑想についてみていこう。これはリラクセーション技法ではない点に注意が必要である。

●マインドフルネス瞑想を行う

集団指導で行っても、個別指導で行ってもよい。ただし、

① 　練習初期は、静かな、落ち着いた環境で行うようにする。

② 　健康人ではとくに不調を起こすことはないと考えられるが、もし途中で心身の不調が感じられれば、無理をしない（その日は続けない）。

③ 　瞑想終了後、作業などがある場合は、練習を5分程度（10分以内）に止め、ゆったり深呼吸するなど身体に力を戻し、日常の意識に戻るようにする、

などの注意が必要である。

なお、日常の意識といっても、練習以前と異なり、より深く現実に関与できるようになることが期待される。

それでは、「呼吸に伴う身体の感覚に集中する瞑想」の実際をみていこう。

① 　椅子を用いる場合、背筋を伸ばして座り、肩の力など全身の力を抜き、手はストンと前に落とす。手のひらは下向きでも、重ねてもいい。

② 　身体はほんの少し前屈みで、下腹にやや力が入ることを感じる。身体が傾きすぎであればまっすぐに修正する。

③ 　目は軽く閉じるが、半眼や開眼でもよい。開眼する場合は目線を下に落とすようにする。

④ 　身体全体にぼんやりと意識を向け、力が入っているところがあれば緩めるようにす

る。

⑤　姿勢が整ったら呼吸にていねいに注意を向ける。注意は向けるが、「呼吸のことは呼吸に任せる」ようにし、コントロールしようとしない。

⑥　胸部や腹部の動きに気づいても、身体の感覚にそのまま寄り添う。呼吸をしていて身体の感覚が最も感じられる場所に意識を向けるようにする。

⑦　途中で雑念がわいたら、「雑念、雑念」と頭の中で唱え（ラベリング）、「戻ります」と唱えて呼吸に伴う身体感覚にゆっくり注意を戻す。雑念を振り払うのではない。ある特定の感覚を感じたり感情がわいたりしても、そのままにして（例えば怒りの感情なら「怒り、怒り」とラベリングして）、同様に呼吸に伴う身体感覚に注意を戻す。この時、姿勢が歪んでいれば、ゆっくり立て直す。

⑧　5分から10分程度行ったら、呼吸に集中し、自分のペースで最後に5回呼吸を行い、意識をもとの空間に戻すようにして、ゆっくり目を開ける。

⑨　今、身体が感じている感覚を味わって終了する。

【参考文献】
・佐々木雄二著『自律訓練法の実際』創元社、1978
・松原秀樹著『リラクセーションの基礎と実際—自律訓練法と筋弛緩法—』適性科学研究センター、1983
・日本自律訓練学会教育研修委員会編『標準自律訓練法テキスト第二版』日本自律訓練学会、2017
・イアン・ステュアート、他著、深沢道子監訳『TA TODAY』実務教育出版、1991
・イアン・ステュアート著、日本交流分析学会訳『エリック・バーン』実業之日本社、2015
・日本交流分析学会編『交流分析基礎テキスト』日本交流分析学会、2017
・エリック・バーン著、江花昭一監訳『エリック・バーン　人生脚本のすべて』星和書店、2018
・エリック・バーン著、繁田千恵監訳『エリック・バーン　心理療法としての交流分析』星和書店、2021
・福井至『図説・認知行動療法ステップアップガイド』金剛出版、2011

職場の健康づくりを支援する　働く人の心とからだの健康づくりテキスト

令和 4 年 6 月30日　　第 1 版第 1 刷発行
令和 5 年 8 月17日　　　　　第 2 刷発行

編　　者　　中央労働災害防止協会
発行者　　平山　剛
発行所　　中央労働災害防止協会
　　　　　　東京都港区芝浦 3-17-12　吾妻ビル 9 階
　　　　　　〒 108-0023
　　　　　　電話　販売　03（3452）6401
　　　　　　　　　　編集　03（3452）6209

印 刷・製 本　　新日本印刷㈱
表紙デザイン　　ア・ロゥデザイン
本文イラスト　　佐藤正、平松ひろし

乱丁・落丁本はお取り替えいたします。　　　　　　　©JISHA 2022
ISBN978-4-8059-2051-0 C3060
中災防ホームページ　https://www.jisha.or.jp